CW01004396

Benedikt Jeßing

Johann Wolfgang Goethe

Verlag J.B. Metzler
Stuttgart · Weimar

Die Deutsche Bibliothek – CIP-Einheitsaufnahme

Jessing Benedikt:
Johann Wolfgang Goethe / Benedikt Jessing.
– Stuttgart ; Weimar : Metzler 1995
(Sammlung Metzler ; Bd. 288)
ISBN 3–476–10288–2
NE: GT

ISBN 3–476–10288–2
ISSN 0 558 3667

SM 288

© 1995 J.B. Metzlersche Verlagsbuchhandlung
und Carl Ernst Poeschel Verlag GmbH in Stuttgart
Einbandgestaltung: Kurt Heger
Satz: Johanna Boy, Brennberg
Druck und Bindung: Franz Spiegel Buch GmbH, Ulm-Jungingen
Printed in Germany

Verlag J.B. Metzler Stuttgart · Weimar

EIN VERLAG DER   SPEKTRUM FACHVERLAGE GMBH

Inhalt

Vorwort

Goethes literarisches, naturwissenschaftliches und autobiographisches Werk hat bekanntermaßen einen beträchtlichen Umfang. Die Weimarer Sophienausgabe (1887ff.) mit ihren 143 Bänden belegt dies eindrucksvoll. Ungleich umfangreicher ist jedoch die Fülle der Forschungsliteratur zu Goethe: Werkdarstellungen, literaturgeschichtliche Einordnungsversuche, Einzelinterpretationen und Biographien (u.v.a.m.). Der vorliegende Band kann keine vollständige Werk-Gesamtdarstellung sein insofern, als er tatsächlich jeden einzelnen Text aufführte oder gar die unterschiedlichen Forschungspositionen jeweils darstellte. Vielmehr liefert er einen Überblick über das Werk Goethes: Einzelne Texte werden exemplarisch aufgegriffen, um an ihnen sowohl die ästhetischen, konzeptionellen und literaturgeschichtlichen Dimensionen von Goethes schriftstellerischem Werk aufzuzeigen als auch die oft kontroversen Forschungsansätze und Deutungsaspekte ihrer Interpretationsgeschichte zu referieren.

Die Textauswahl berücksichtigt zu einem großen Teil diejenigen Werke Goethes, die gemeinhin als seine ›Hauptwerke‹ gelten. Einerseits geschieht dies, um dem Einführungscharakter des Bandes in Goethes Werk gerecht zu werden, andererseits, da gerade an diesen sogenannten Hauptwerken durchaus die wesentlichen inhaltlichen, konzeptionellen und selbstreflexiven Aspekte des Werkes ebenso wie die Hauptlinien seiner Rezeption und Deutung nachvollzogen werden können.

In drei nach literarischen Gattungen unterscheidenden Teilen werden die lyrischen, die dramatischen und die epischen Texte Goethes in der Chronologie ihrer Entstehung vorgeführt und die wesentlichen Schwerpunkte ihrer Interpretation dargestellt. Die Auswahl der Texte erfolgt je nach Gattung nach unterschiedlichen Kriterien, die jeweils die Hauptaspekte der Goetheschen Produktion hervorheben.

Unter den lyrischen Texten wird vor allem nach dem Kriterium der poetischen Reflexion des Dichterischen, des Dichters, der Sprache und der zur Sprache zu bringenden Subjektivität ausgewählt. Damit wird eine kritische Diskussion der vorrangigen traditionellen Deutung von Goethes Gedichten als ›Erlebnislyrik‹ notwendig, die vielfach beobachtbare Selbstreflexivität des Schreibens konstituiert eine Vielfalt anderer Bedeutungen, der erst die neuere Forschung Rechnung trägt.

Die fünf ausgewählten Dramen bestimmen sich durch die dramatische Verhandlung unterschiedlicher Handlungs- und ästhetischer Konzepte, die in problematischer Relation zu ihrer ästhetischen Umsetzung stehen. Das Konzept »Klassik«, das spätestens seit dem *Egmont* im Zentrum der literarischen Bemühungen Goethes steht und gleichermaßen die moralischen Antriebe der Dramenfiguren, die ästhetische Gestaltung der Texte selbst und die sogar bis ins Kultur- und Gesellschaftspolitische hineinreichende Wirkungsabsicht der Stücke betrifft, bildet den zentralen Gegenstand der ausgewählten Goetheschen Dramen (die gleichzeitig die prominentesten sind). Ebenfalls bestimmt ›Klassizität‹ die vorrangige Interpretationstradition der Texte – der aber spätestens mit den Forschungsbeiträgen seit den späten sechziger Jahren einerseits eine Differenzierung, andererseits eine deutliche Kritik bzw. Revision widerfahren ist.

Unter den epischen Texten Goethes fällt die ›Auswahl‹ leicht: Alle vier großen Romane müssen ausführlich behandelt werden als Goethes epochemachender Beitrag zur Entwicklung des Romans als dem literarischen Medium bürgerlicher Kultur, in welchem die subjektiven, individuellen und partikularen Ansprüche des Einzelnen auf Glück, individuelle Selbstentfaltung und gesellschaftliche Integration in Relation zur determinierenden gesellschaftlichen Umwelt gesetzt werden. Die Kategorien des Bildungs- und Erziehungsromans einerseits, des Gesellschafts- und Sozialromans andererseits bezeichnen Dimensionen der Deutung des Goetheschen Romanwerks, die ausführlich referiert werden müssen. Der Grenzbereich des Epischen und Lyrischen, das Versepos, soll beispielhaft an der Idylle *Hermann und Dorothea* vorgeführt werden.

Die Darstellung der naturwissenschaftlichen Schriften beschränkt sich zum einen auf Goethes Entdeckung des Zwischenkieferknochens beim Menschen und seine Hauptschriften zur *Metamorphose der Pflanzen* und zur *Farbenlehre*, will zum anderen aber die bestimmenden Prinzipien Goethescher Naturerforschung nachvollziehen, die gleichzeitig Schwerpunkte ihrer Deutung sind. *Dichtung und Wahrheit*, Goethes großer autobiographischer Versuch über die eigene Jugendzeit bis zum Weggang nach Weimar, wird ins Zentrum der Erörterung der epischen Selbstkonstitution dichterischer Identität als geniehafter gestellt – die ›Erschreibung‹ dieses Selbstbildes bildet gleichzeitig den Hauptstrang der Forschungsdiskussion über diesen Text.

Über die Darstellung ausgewählter Werke und ihrer Deutung hinaus soll ein abschließendes Kapitel zur Goethe-Rezeption die Entstehungs- und Verlaufsgeschichte des bildungsbürgerlichen Mythos »Goethe« nachvollziehen. Ausgangspunkt dieser Überlegungen ist einerseits die textliche Grundlage der Auratisierung der Dichterpersönlichkeit, die Autobiographie *Dichtung und Wahrheit*, andererseits die umfassende Technik der Selbstinszenierung Goethes, die ihre Wirkung schon auf die Zeitgenossen nicht verfehlte. Paradigmatisch sollen an fünf Texten bzw. Werkgruppen die unterschiedlichen Erscheinungsformen dieser Rezeption aufgezeigt werden: *Werther*-Mode, Auratisierung, Personen- und Dingkult, Mythologisierung und Mißachtung bzw. Publikumsverlust. Darüber hinaus sollen die vielfältigen Dimensionen der Goethe-Rezeption zwischen Zeitgenossenschaft und spätem zwanzigsten Jahrhundert, zwischen kritischer Textwahrnehmung und alltäglich-bürgerlicher Goethe-Verkultung knapp referiert werden.

Der Biographie Goethes wird in diesem Einführungsband kein eigenes Kapitel gewidmet. Einerseits müßte dieses sich aus gebotener Kürze auf einen knappsten tabellarischen Lebenslauf beschränken – der ausführlicher in jedem größeren Lexikon zu finden ist –, andererseits soll der Schwerpunkt der Darstellung auf den literarischen, naturwissenschaftlichen und autobiographischen Texten und ihrer Deutung liegen. Damit soll auch der lange Zeit dominierenden erlebnisästhetischen Projektion von biographischen Daten auf die literarischen Texte vorgebeugt werden, also der Realisation des Personen-Mythos um Goethe in einer vermeintlichen Text-Interpretation. Gleichwohl werden die ausgewählten Texte jeweils knapp in ihren biographischen Kontext gestellt, ihr Entstehungszusammenhang referiert. Insgesamt fühlt sich diese Einführung der Argumentation Hans Mayers verpflichtet, der in seinem Bändchen *Goethe. Ein Versuch über den Erfolg* (1973) eine »genauere, verstehende, nicht beschönigende *Darstellung der Mißerfolge, Anachronismen, Ungleichzeitigkeiten*« im Leben Goethes einforderte (16) – einen Gegenentwurf also zur mythischen Überhöhung der angeblich ganzheitlichen Person Goethes, die von der zweiten Hälfte des 19. Jahrhunderts an fast über ein Jahrhundert lang die Rezeption dominierte. Die Texte, anhand derer der vorliegende Band Werk und Forschungsdiskussion darstellen will, werden daher auch als die literarischen Aufarbeitungen persönlicher und ästhetischer Krisen, auch des Scheiterns der dichterischen Konzeptionen ausgewählt.

Im Regelfall zitiert der vorliegende Band Goethes Werke nach der als Studienausgabe sinnvollen und auch als Taschenbuch greifbaren »Hamburger Ausgabe« (HA), in Ausnahmefällen nach der Weimarer Sopienausgabe (WA) oder der Münchner Ausgabe (MA). Die Briefe Goethes, Tagebücher oder Annalen werden nach der Hamburger Ausgabe der Briefe (HAB) oder der Weimarer Ausgabe zitiert.

Die Forschungsliteratur wird insgesamt in der Bibliographie im Materialteil des Bandes zusammengefaßt, geordnet nach der Kapitelgliederung des Bandes. Der erste Teil dieser Bibliographie umfaßt die wichtigsten Ausgaben von Goethes Werken, Goethe-Biographien, Gesamtdarstellungen und Goethe-Bibliographien. Im Einzelfall werden Ausgaben, Biographien und Bibliographien im Hinblick auf ihre Nutzbarkeit kommentiert.

I. Lyrik

Die Interpretationsgeschichte der Lyrik Goethes stand lange Zeit unter dem Zeichen des einfühlenden, miterlebenden, bestenfalls deutenden Nachvollzugs des biographischen Erlebnisses, das hinter dem Gedicht stehe, über das poetisch gesprochen werde. Ausgangspunkt dieser Interpretationstradition war die Erlebnisästhetik Wilhelm Diltheys, der in seinem 1905 erschienen Bändchen *Das Erlebnis und die Dichtung* vier Aufsätze zur deutschen Literatur vereinigte, die entgegen den zeitgenössischen philologischen Detailanalysen literarischer Texte den Nachvollzug dichterischen Lebens und Erlebens in das Zentrum textdeutender Arbeit stellte.

»Wenn nun die Erinnerung, die Lebenserfahrung und deren Gedankengehalt diesen Zusammenhang von Leben, Wert und Bedeutsamkeit in das Typische erheben, wenn das Geschehnis so zum Träger und Symbol eines Allgemeinen wird und Ziele und Güter zu Idealen, dann kommt auch in diesem allgemeinen Gehalt der Dichtung nicht ein Erkennen der Wirklichkeit, sondern die *lebendigste Erfahrung* vom Zusammenhang unserer Daseinsbezüge in dem Sinn des Lebens zum Ausdruck. *Außer ihr gibt es keine Idee eines poetischen Werkes und keinen ästhetischen Wert, den die Dichtung zu realisieren hätte. Dies ist das Grundverhältnis zwischen Leben und Dichtung.*« (Dilthey [1905] 1991, 150; Hervorhebungen von mir, BJ)

Unmittelbar an die Veröffentlichung des Bandes schloß sich eine Fülle erlebnisorientierter Deutungen vor allem lyrischer Texte an, die dann oft Goethes Gedichte betreffen – auch dies wieder im Gefolge Diltheys: Goethe stellt für ihn das Vorbildliche und Exemplarische schlechthin dar. Dilthey behauptet

»die wunderbare Einheit und Harmonie in diesem [Goethes] Dasein. Es gibt in ihm kaum Rätsel und Dissonanzen. Dies Leben ist ein Wachstum nach einem inneren Gesetz, und wie einfach ist dies Gesetz, wie regelmäßig und stetig wirkt es! Aus seiner Anschauung von der bildenden Kraft der Natur schafft Goethe ihr das Leben nach, das der Gegenstand der Dichtung ist, und nach der hier gefundenen inneren Gesetzlichkeit formt er seine dichterische Welt und gestaltet sich selbst – dies beides in einem untrennbaren Zusammenhang.« (Dilthey [1905] 1991, 167)

Die behauptete Identität von Naturgesetz, Leben und Dichtung verlangt danach, die Erlebnisse hinter der Dichtung auf-

zuspüren und dies als Textdeutung oder -verstehen auszuge-
ben. Lyrik als vermeintlich unmittelbarste und authentischste
literarische Gattung ist dem dichterischen Erlebnis am nächsten – und wird der bevorzugte Gegenstand der Dilthey nachfolgenden Tradition. Bieses *Zur Erfassung und Deutung lyrischer
Gedichte* (1913), Gundolfs *Goethe* (1916) und Ermatingers *Die
deutsche Lyrik seit Herder* (1920) sind frühe herausragende Beispiele dieser Tradition. Für Gundolf sind Goethes Gedichte
»rhythmische Schwingung seiner Frühlings-, Gottes- oder Lie-
besaugenblicke« (Gundolf [13]1930, 286), Ermatinger ordnet sie
großzügig Goethes ›Liebeserlebnissen‹ zu:

>»Und wie zu jeder Zeit, so liebt Goethe in jeder Form. Er erlebt die un-
>bewußte Sinnlichkeit der heftigen Knabenleidenschaft in Gretchen. Die
>lüsterne Keckheit des jugendlichen Don Juans in Annette Schönkopf.
>Die im Augenblick des Jetzt die ganze Zukunft vergessende Gefühlsin-
>brunst des Jünglings in Friederike Brion. Den in pantheistisches Sich-
>Verströmen maskierten Egoismus des Kraftgenies in Lotte Buff. Die bür-
>gerliche Liebe des Verlobten in Lili Schönemann. Die Entsagungsselig-
>keit des zur Erkenntnis der notwendigen Sitte vorgeschrittenen Mannes
>in Charlotte von Stein. Die starke Sinneskraft des reifen Mannes in
>Christiane Vulpius. Die schmerzvolle Resignation des Angejahrten in
>Minna Herzlieb. Die durch reizvollen Kulturgehalt vergeistigte Leiden-
>schaft des Alters in Marianne Willemer. Die gänzliche Hoffnungslosig-
>keit des Greisentums in Ulrike von Levetzow.« (Ermatinger [2]1925, 109)

Die an Dilthey orientierte Deutungtradition bestimmte die
Deutung der Lyrik Goethes bis weit in die sechziger Jahre hinein, sowohl Staigers Versuche des kongenial-einfühlenden
Nachvollzugs der Texte, wenngleich sie das Erlebnis nicht
mehr als derart zentrale Kategorie setzen (Staiger 1952), Wie-
gands Lyrikband (1956) als auch Kommerells herausragende
Gedanken über Gedichte (1943) gehören noch in diese Reihe –
daneben eine Fülle von Einzelinterpretationen, auf die im Einzelfall noch hingewiesen werden wird.

Kommerell differenziert beim Blick auf das lyrische Ge-
samtwerk: Sein »Schema zu Goethes Gedichten« löst die lyrischen Texte weitgehend aus der historischen und biographischen Chronologie und ordnet sie einer Zwölf-Punkte-Skala
zwischen »innerem Moment« und »naturphilosophischer Lyrik« zu, also ihrer thematischen Zugehörigkeit zu sprachlich
gestalteter Innerlichkeit auf der einen Seite und großschwei-
fender Reflexion auf der andern. Das »Schema« geht zurück
auf die oben thematisierte zentrale Annahme der absoluten Exzeptionalität Goethes als Mensch und Dichter. Hinter Kom-

merells Auffassung von Lyrik – die er exemplarisch und idealtypisch an Goethes Gedichten erarbeitet – steht die These, jedes »Goethe-Gedicht [sei] ein *begriffenes* Erlebnis« (Kommerell
[4]1985, 74), Erlebnisse auf verschiedenen Stufen der Unmittelbarkeit bzw. der Reflexion stellten das System des lyrischen
Gesamtwerks dar. Einerseits bildet also ein Konzept Dilthey-
scher Lebens- und Erlebnisphilosophie den Hintergrund; andererseits aber das traditionell-goethephilologische Postulat
der gleichsam kosmologischen Qualität der Goetheschen Erlebnisse: »alle Gedichte Goethes [sind] Weltberührungen, jede
hellt eine verdeckte Ähnlichkeit des Inneren mit der Welt auf,
und zwar im Moment der Berührung« (Kommerell [4]1985, 75).
Diese Qualität zögen, so Kommerell, die Gedichte Goethes aus
dem exzeptionellen, dem »dämonischen« Lebenslauf:

»Daß Zeitalter und Umwelt mit einem bevorzugten Individuum verab-
redet sind und darin wetteifern, es stufenweise in all seinen Anlagen auf-
zuschließen, und daß ferner dieses Individuum selbst säkular ist, und,
wie überragend auch immer, doch die selben Elemente als Baustoffe in
sich organisiert, das war Goethes Glück, Goethes dämonische Begünsti-
gung ungeachtet aller Leiden, Krisen und Gefahren seines Lebens.«
(Kommerell [4]1985, 75)

Kommerells Entwurf stellt den wohl gelungensten und lesens-
wertesten, gleichzeitig aber auch den idealtypischen Repräsentanten jener traditionellen Goethe-Forschung dar, deren Ausgangspunkt immer die für exzeptionell erachtete, auratisch
überhöhte und aus den Regionen ›normaler‹ Menschen weit
entrückte Gestalt des Weimarer Dichters war: ein Mythos.
Gleichwohl verfügen die *Gedanken über Gedichte* über eine
Vielzahl genauester und vielfach nicht besser artikulierbarer ästhetischer Erfahrungen mit Goethe-Gedichten.
    Neben der erlebnisorientierten Lyrikinterpretation gibt es
einerseits einige wenige Versuche, die die Darstellung des lyrischen Gesamtwerks Goethes auf thematische oder formale
Schwerpunkte konzentrieren: *Tageszeiten, Jahreslauf, Lebensalter in Goethes Lyrik* (J. Müller 1969), *Goethes lyrische Kurzgedichte 1771-1832* (Trunz 1964), Kurzgedichte, Gelegenheits-
gedichte, freie Rhythmen oder sonst ein Unterschiedungs-
merkmal lyrischer Texte sondert einen Teil Goethescher Gedichte aus. Andererseits aber bildete sich, in der Germanistik
der DDR ein wenig früher, in der der BRD weitgehend erst
von den späten sechziger Jahren an, eine Deutungstradition,
die sowohl die Erlebniskategorie als weitgehend irrelevant dis-

qualifizierte (s. insbesondere Segebrecht 1977, 1991, der den Goetheschen Begriff des »Gelegenheitsgedichtes« positiv gegen den verquasten Gebrauch der ›Erlebnislyrik‹ setzt) als auch den Interpretationsschwerpunkt eher auf Sozialgeschichte, Klassengeschichte und Ideologiekritik setzte. Vor allem in der Germanistik der DDR – in der BRD eigentlich fast ausschließlich unmittelbar nach 1968 – wurden Goethes Gedichte auf dem Hintergrund des historisch-materialistischen Geschichtsbildes etwa als lyrische Aufarbeitung der Heraufkunft eines neuen bürgerlichen Klassenbewußtseins interpretiert, die eher positivistische Literatursoziologie erarbeitete die historisch konkreten Bedingungen sowohl der Textproduktion und -verbreitung als auch der Rezeption. Die psychoanalytisch ausgerichtete Lyrikinterpretation, die ebenfalls in den siebziger Jahren verstärkt auftrat, begann, die poetisch versteckten Anteile des (Autor-) Unbewußten an den Texten bzw. die subjektive Motivstruktur hinter der Textproduktion zu analysieren. Spätestens in den achtziger Jahren begann im Gefolge des französischen Neostrukturalismus die diskursanalytische Textbehandlung, als deren Ziel nicht mehr die Bedeutung eines Textes angesehen werden kann, sondern sowohl die immanente Reflexion der Entstehensbedingungen der literarischen Rede als auch seine Situierung im Gesamt der zeitgenössischen oder die Tradition bildenden Diskurse (dazu im einzelnen siehe in den folgenden Kapiteln etwa J. Müller 1969, Metscher 1974, Segebrecht 1977, Conrady 1978, Sorg 1984, Kaiser 1987).

1. Straßburger und Frankfurter ›Genie‹-Zeit

Gerade die lyrischen Texte aus Goethes sogenannter Sturm-und-Drang-Periode, der Straßburger und Frankfurter ›Genie‹-Zeit, bieten sich fast idealtypisch für die Projektionen der Erlebnis-Ästhetik an. Sie kommen stilistisch und von ihrem emphatischen Gestus genau diesem identifizierenden Lesen entgegen. Daß aber die Texte differenziert auch und genau *gegen* die Erlebnisprojektion gelesen werden können, soll als Ausgangsthese die Arbeit am Text und an einem repräsentativen Querschnitt durch die Forschungsliteratur lenken.

Goethes Lyrik beginnt nicht erst mit der Straßburger ›Genie‹-Zeit. Der Patriziersohn und humanistisch-künstlerisch Gebildete versuchte sich schon in der Frankfurter Jugendzeit und als Leipziger Student am gedichteten Wort – Texte, die in auswählenden Ausgaben oft mit dem Begriff der »Anakreontik« überschrieben sind. Der griechische Dichter Anakreon aus Teos (6. Jh.v.Chr.) wurde im Laufe des 18. Jahrhunderts zum Namensgeber für eine Literatur, die formal nur noch wenig mit dessen ›anakreontischen‹ Oden zu tun hatte. In dieser spielerischen, inhaltlich unverbindlichen und gleichwohl kunstvoll ausgeführten Verskunst dienten zur Darstellung von Affekten typisierte inhaltliche und formale Bausteine aus der literarischen Tradition, aus denen ausgewählt werden konnte: Metaphern und sprachliche Bilder, Reim- und Strophenformen. Die Literatur war eingebunden in die repräsentativen Zusammenhänge adliger oder gutbürgerlicher Festlichkeiten, in den galanten Umgang mit dem weiblichen Geschlecht.

Bis zu seiner Leipziger Zeit (1766-1768) steht die lyrische Produktion des jungen Goethe ganz in der geselligen Funktion jener oben beschriebenen Rokokoliteratur. Zu Familienfesten werden kleine Strophen geschmiedet, im Kontext mehr oder weniger ernsthafter Liebschaften werden Gedichte auf die Angebeteten geschrieben – jeweils angefüllt mit antik-mythologischer Metaphorik und Allegorik, mit konventionellen sprachlichen Figuren und Bildern, mit gängigen und leichtfüßigen Versmaßen. Nur selten allerdings entsprechen diese Texte in Versmaß und Stil so dem original Anakreontischen wie z.B. das Einleitungsgedicht des Buches *Annette* aus dem Jahre 1767 (vgl. HA 1, 14).

Diese Spielart lyrischen Schreibens war gewiß die populärste – jedoch nicht die einzige. Literaturgeschichtlich interessanter und – als Vorbild für die Wendung, die Goethe dann vollzog – folgenreicher war das Erscheinen eines neuartigen Versepos im Jahre 1749: *Meßias/Ein Heldengedicht* von Friedrich Gottlieb Klopstock. Ebenfalls Klopstocks Oden und kürzere lyrische Gesänge, vor allem die naturreligiös geprägte *Frühlingsfeyer* (1759/71), waren von entscheidender stilbildender Wirkung: Die Sprache des Versepos und der Oden entfernte sich weit von der Leichtigkeit des Rokoko – die feierliche Schwere der Odenstrophen setzte gewissermaßen eine Naturreligion in Sprache um, die vor allem für den jungen Goethe bedeutsam werden sollte. Neben Klopstock wurde noch eine zweite Figur zum Wegbereiter einer neuen Literatur: der Geistliche, Sprachhistoriker und -philosoph Johann Gottfried Herder. Schon in den sechziger Jahren begann er, sich mit dem ›Ursprung der Sprache‹ zu befassen und sein Interesse auf das

›Volkslied‹ zu lenken, die vorgeblich nicht gekünstelte lyrische Rede, wo angeblich reine Natur spreche (vgl. Laufhütte 1991, 86f.; Brandt 1991, 39). Die Bekanntschaft mit Herder und den Versen Klopstocks wird für Goethe in der ersten Hälfte der siebziger Jahre wichtig für seine volksliedartige Lyrik, die ›Erlebnis‹-Lyrik und ihre Sprache und drittens das neue dichterische Selbstbewußtsein, das epochemachend sein würde.

Reisen durch das Elsaß setzen Herder und Goethe in Kenntnis der dortigen Volksliteratur: »Ich habe noch aus Elsaß 12 Lieder mitgebracht, die ich auf meinen Streifereien aus denen Kehlen der ältesten Mütterchens aufgehascht habe« (an Herder, Herbst 1771, WA IV.2, 2). Eine der berühmtesten Volksliedbearbeitungen Goethes aus der ersten Straßburger Zeit stellt gewiß das *Heidenröslein* dar – das den Vorteil bietet, daß den literaturwissenschaftlichen Lesern und Leserinnen sowohl das wahrscheinlich zugrundeliegende Volkslied, eine Bearbeitung Herders und verschiedene Fassungen aus Goethes Feder zur Verfügung stehen, was den genauen Nachvollzug der Verfertigung ›naturnaher‹ Dichtung im Volksliedton ermöglicht.

Die Volksliedfassung dieses Liedes findet sich erstmals in einer Liedersammlung Paul van der Aelsts aus dem Jahre 1602: *Sie gleicht wohl einem Rosenstock*. Seine Herkunft aus dem Elsaß ist zwar nicht gesichert, vermutlich aber mag es Herder und Goethe auf ihren Reisen durch die Umgebung Straßburgs zur Kenntnis gelangt sein. Im Lied finden sich schon einige der poetischen Versatzstücke der späteren Bearbeitungen: der Vergleich von Frau und Rose, der Knabe, der das Röslein brechen will, ebenso der Refrain, den Goethe übernehmen wird: »Rößlein auff der Heyden«. Gleichzeitig weist es noch viele typische Charakteristika des Volksliedes auf; die Unreinheiten der Perspektivführung und der Metaphernverwendung gehen auf den uneinheitlichen mündlichen Überlieferungszusammenhang zurück. Schon van der Aelst hatte alle verfügbaren Strophen aufgegriffen und zusammengestellt, als Sammlung konnte der ›Text‹ daher kaum poetische Kohärenz aufweisen.

Etwa 1771 legt Herder eine Bearbeitung des Liedes vor: *Die Blüthe. Ein Kinderlied.* Herder macht aus dem ›Röslein‹ ein »Knöspgen«, er reduziert völlig auf die Bildebene des Volksliedes. Herder hängt dem dreistrophigen Lied eine pragmatische Moral an, die sehr deutlich zeigt, wie stark er dem pädagogischen Anspruch der literarischen Aufklärung verpflichtet war: » Brich nicht o Knabe nicht zu früh / die Hoffnung süßer Blüthe« (Herder: Sämtliche Werke 25, 438f.).

Mit der Angabe *Deutsch – Aus der mündlichen Sage* veröffentlicht Herder in dem Band *Von deutscher Art und Kunst* eine Fassung des *Heidenrösleins*, die er als Volkslied ausgibt, die sich aber später, durch die Ausgabe von Goethes Schriften 1789, als Goethesche Bearbeitung des Stoffes herausstellt, die dieser vor 1773 verfertigt haben muß. Diese Fassung reduziert den im Volkslied ausgeführten Vergleich zwischen Frau und Rose völlig auf die metaphorisch gemeinte Darstellung der Naturszene, auf Gespräch und Handlung zwischen Knabe und Rose; sie weist einen einheitlichen Refrain auf, das Versmaß wird auf dreihebige Verse gestrafft. Der Ton, den Goethe hier trifft, ist in seiner Simplizität derart ›volksliedhaft‹, daß Herder das Lied als Volkslied auffassen kann. Goethe überarbeitet diesen Text noch zweimal, 1787 und 1828, der Ton wird nochmals vereinfacht, der ›volkshafte‹ Charakter radikalisiert.

Die 1789 erschienene Fassung des Textes zeigt ganz deutlich die Spuren der dichterischen Arbeit am möglichst einfachen, volksliedhaften Text. Sie dient der nochmaligen Straffung der Darstellung, der Handlungszusammenhang wird dynamisiert, durch Wegfall oder Apostrophierung der tonschwachen Silben wird das Hauptwort gewichtiger und die Verse nähern sich einem volksliedhaften Gesangscharakter (»Es sah« wird zu »Sah«, »Das Röslein« zu »s'Röslein« usw.). Diese Überarbeitung erreicht den höchsten Grad künstlerisch hergestellter Einfachheit – einzig ein Wort fällt »für das geschulte Ohr [...] aus der Einfalt des Sagens heraus: morgenschön« (Kommerell [4]1985, 330). Diese Wortneuschöpfung, grundsätzliches Charakteristikum Goethescher Sprache im Sturm und Drang, gehört eindeutig in den Bereich der dichterischen Sprache, nicht der volkshaften. »Hierin liegt der Abstand des sich verbergenden Dichters, sein und seiner Epoche Abstand zu dem, was sie als früh, als jugendlich empfindet« (Kommerell [4]1985, 330).

Das *Heidenröslein* gehört zum Kanon deutscher Volkslieder – Berühmtheit erlangte es durch Franz Schuberts und unzählige andere, vor allem romantische Vertonungen. In Hinsicht auf die Entwicklung der Goetheschen Lyrik kommt ihm, stellvertretend für einige aus dem Volksmund übernommene und überarbeitete Lieder, große Bedeutung zu insofern, als Goethe sich hier erstmalig dezidiert von der populären Unterhaltungs- und Gelegenheitsdichtung der Rokokohöfe und bürgerlichen Familienkreise lossagt und, zunächst am Material einer ›anderen‹ Sprache und anderer dichterischer Formen, eine eigene Sprache auszubilden sucht (zur auch politischen Bedeutung

des Volksliedes bei Herder und Goethe, zu den Bearbeitungs-
stadien des *Heidenrösleins* und den Volksliedeinflüssen auf
Goethes Werk s.v.a. Wertheim 1968).

Sesenheimer Lieder

Blieb das *Heidenröslein* noch einer stark konventionellen, eben
›volkshaften‹ Sprache verbunden, ist ein literaturgeschichtlich
neues lyrisches Sprechen mit der wichtigsten Lyrik aus Goethes
Straßburger Zeit erreicht: den sogenannten *Sesenheimer Liedern*. Im Oktober 1770 wird Goethe ins Haus des Pfarrers Johann Jacob Brion in Sesenheim eingeführt. Zur jüngsten Tochter des Hauses, Friederike, entspinnt sich ein über Monate
dauerndes, durch innige Zuneigung geprägtes Verhältnis, das
Goethe immer wieder zum Ritt in das elsässische Dörfchen
veranlaßte. Mit Goethes Rückkehr nach Frankfurt 1771 ende-
te diese für die Lyrikgeschichte so wichtige Beziehung.

Eines der Sesenheimer Lieder steht paradigmatisch für den
Beginn der neuen lyrikgeschichtlichen Epoche: *Es schlug mein
Herz* – ein lyrisches Ich, auf dem wilden Ritt durch eine gei-
sterhaft belebte Natur, die allerdings nicht ›Seelenlandschaft‹
ist (vgl. Michelsen 1973, 15; Gnüg 1983), die Natur steht für
sich, hat eine eigenständige Qualität, die sie selbst und den
Helden schärfer konturiert (vgl. Brandt 1991, 40); Begegnung
mit der Geliebten und Abschied im zweiten Teil. Fraglos ist
richtig, daß das subjektive ›Erlebnis‹ eines Individuums hier
den Hintergrund bildet für die lyrische Aufarbeitung; der Begriff der »Erlebnislyrik« aber greift grundsätzlich zu kurz, da er
in der Textinterpretation lediglich auf die Freilegung eben dieses sogenannten subjektiven Erlebnisses abzielt (in diese Interpretationstradition gehört, bei differenzierter Textanalyse, Michelsen 1973; zur grundsätzlichen Kritik des Begriffes »Erlebnislyrik« s.u.a. Brandt 1991, 39 und v.a. Segebrecht 1977, 1991,
der demgegenüber Goethes Wortgebrauch vom »Gelegenheitsgedicht« zur Verwendung vorschlägt).

Der Erlebnishintergrund wird zum Gedicht verwandelt:
Das Ich ist nicht erlebendes, sondern erinnerndes und schrei-
bendes Subjekt. Die Erinnerung ist der Stoff für die durchge-
hend meditative Haltung des sprechenden Ich, die Handlung
wird kommentiert, ja sogar bewertet, das »Ich« selbst ist Gegenstand seines Nachdenkens. Das wertende Schlußurteil des
lyrischen Sprechers im letzten Verspaar ist zeitlos geltende Re-

flexion, erhebt das Erinnerte zum »Exemplarischen« (Leistner 1982, 58). Erinnerndes und reflektierendes Schreiben aber ist genau das Gegenteil von jenem Unmittelbaren, das der alte Begriff des Erlebnisgedichtes suggerierte. Die dichterischen Erlebnisse entstehen erst »mit der Ankunft im Wort. Sie sind insgesamt *erschrieben*« (G. Kaiser 1987, 135), das vorgebliche Erlebnis ist allemal »Erschreibnis« (ebd. 138). Erst im Schreibvorgang selbst wird ein neuartiges Bewußtseinsereignis erzeugt: »Ehe das gesagt wurde, gab es das nicht« (ebd. 140). Diese These des Erschreibnisses als Konstitution des Gedichtes selbst als gegenwärtigen Erlebnisses mündet damit in die Wiederbelebung des Begriffes der »Erlebnislyrik« auf einer höheren, nicht mehr biographisch einfühlenden Ebene: »Das Erlebnisgedicht ist weder Protokoll noch Imitation biographischer Erlebnisse, sondern Produktion von Erlebnissen, die sich im Gedicht einstellen und mitteilen« (ebd. 142).

Das neuartige Bewußtseinsereignis, das hier im Text konstituiert wird, wird notwendigerweise mit einer ebenso neuartigen Sprache erschrieben: Erregung wird scheinbar unmittelbar umgesetzt in Sprache: Ausrufe, Ellipsen und Synkopen; das neu zu Sagende verlangt ebenfalls neue Worte: »Nebelkleid«, »tausendfacher« und »rosenfarbes Frühlingswetter« sind Wortneuprägungen Goethes, die eine neue Autonomie gegenüber dem sprachlichen Material anzeigen. Darüber hinaus wird Natur herausgelöst aus dem Kulissenhaften, sie wird belebt als selbst Subjekthafte, der Mensch wird neu in die Natur und in eine Beziehung zu ihr gesetzt.

Für die Ausgabe seiner Werke 1789 hat Goethe den Text überarbeitet. Starke Metaphern und Wendungen werden getilgt: Aus »Und fort, wild wie ein Held zur Schlacht« wird »Es war getan fast eh gedacht«, der Neologismus »tausendfacher« in Vers 14 wird zu »frisch und fröhlich« abgeschwächt. Die Bearbeitungsstrategie dient der weiteren Distanzierung des lyrisch Erinnerten, der schreibenden Objektivierung der tragischen Implikationen des Vorgangs und der teilweisen Eliminierung der Wildheit des Ichs (vgl. Leistner 1982, 60ff.). Andererseits werden in der Abschiedsszene Schmerz und Tränen, Aktion und Leiden gleich verteilt auf ›Du‹ und ›Ich‹ – eine nachträgliche Harmonisierung der dargestellten Liebesbeziehung.

Die spätere Fassung trägt den Titel: »Willkomm und Abschied«, nach 1810 »Willkommen und Abschied«. Das Textgeschehen insgesamt könnte allerdings nicht plausibel unter diesem Titel verstanden werden. Goethe lehnt sich mit diesem Titel vielmehr an eine Formulierung aus dem preußischen Landrecht an, dessen reformierter Text ihm spätestens 1788 zur Begutachtung vorlag: »Willkomm« und »Abschied« hießen die Prügelstrafen, die in preußischen Gefängnissen bestimmten Delinquenten bei Eintritt und Entlassung verabreicht wurden. Mit der Wahl des Titels stellt er die Reflexion des vergangenen Liebeserlebnisses unter das Zeichen des Strafrechts (vgl. Meyer-Krentler 1987). Damit bekommt auch die Reflexion des Liebeserlebnisses mit Friederike Brion neue Qualität: Der Umgang mit der Geliebten der Jugend wird nachträglich als Schuld reflektiert, das Gedicht wird zur schuldbewußten Selbstbezichtigung. In der bearbeiteten Fassung des Textes wußte Goethe sich selbst moralisch zur Rechenschaft gezogen – moralisches Bewußtsein und symbolische Selbstbestrafung in Lyrik, die den Lesern über zwei Jahrhunderte verborgen geblieben zu sein scheint. Lyrik wird hier zum Modus »der Selbstbehauptung eines umfassenderen erlebenden und reflektierenden Bewußtseins, das sich nicht auf Unrecht und Unmoral festlegen läßt und sich dem Gewaltmonopol des Staates entzieht« (ebd. 121).

Ebenso paradigmatisch als »Erlebnisgedicht« interpretiert worden ist Goethes *Mayfest*, das in unmittelbare Nähe zu *Wild schlug mein Herz* gehört – ohne daß es die gleiche Wertschätzung erfuhr wie jenes (vgl. Staiger 1952, 58; May 1957, 71ff. u.a.). Natur wird hier, ansteigend gestaffelt in Pflanzen, Tiere und Menschliches, auf neuartige Weise hingeordnet auf das Ich – »Wie herrlich leuchtet / *Mir* die Natur« (zu ›Natur‹ als im *Mayfest* dichterisch gestaltetem Programmbegriff des Sturm und Drang s.u.a. Boyle 1982/83, 18ff.; Brandt 1991, 45 und v.a. Hölscher-Lohmeyer 1982, 11ff.). Diese Hinordnung der Natur korrespondiert mit ihrer individuellen Erfahrung und dem entsprechend neuen Ausdruck: »Morgenwolken«, »Blütendampfe«, »Himmelsduft«. In dieser neuartigen Rede konstituiert sich ein neues lyrisches Subjekt, das sich als Teil der segnenden und schöpferischen Natur aufgewertet empfindet und sich im Prozeß des Dichtens als lyrisches konstituiert (vgl. Sorg 1984, 58; Brandt 1991, 45). Die gefühlvolle Emphase des Gesangs ist kaum zu übertreffen: »O Erd', o Sonne, / O Glück, o Lust, / O Lieb', o Liebe« (V. 11-13). Zwischen religiös besetzter Natur (»Du segnest herrlich / Das frische Feld«) und der Liebe wird ein innerer Zusammenhang gestiftet. Die Liebe zum Mädchen, die ein Teil der Natur-Erfahrung als Liebe ist (vgl. Pietzcker 1969, 21; Hölscher-Lohmeyer 1982, 15), ist es dann, die das neue Dichten hervorbringt: »Die du mir Jugend / Und Freud' und Mut / Zu neuen Liedern / Und Tänzen gibst« (V. 31-34). Natur-, Liebes- und Icherfahrung münden in die Selbstthematisierung des neuen lyrischen Sprechens, des ›Dichtens als Naturlaut‹ (vgl. Kaiser 1991, 69f.).

Hymnen

So sehr mit der sogenannten *Sesenheimer Lyrik* ein neues Sprechen im Gedicht und damit die dichterische Erzeugung neuartiger Bewußtseinsereignisse sowie schon die Konstitution eines ebenso neuartigen lyrischen Subjektes einsetzen – ein neuer Dichter- und Subjektbegriff erscheint erst explizit und beispielhaft in der Frankfurter Hymne *Prometheus*.

Sie entstand nach der Rückkehr Goethes aus Straßburg aller Wahrscheinlichkeit nach im Herbst 1774 – im Kontext eines *Prometheus*-Dramas, das allerdings Fragment geblieben ist. Nach Goethes Darstellung im 15. Buch von *Dichtung und Wahrheit* sollte die Hymne als Monolog des Prometheus den dritten Aufzug eröffnen. Der Text wurde allerdings, ohne Goethes Billigung, als alleinstehendes Gedicht und ohne Autorangabe in der Schrift Friedrich Heinrich Jacobis *Über die Lehre des Spinoza* veröffentlicht.

Goethe behandelt den antiken Mythos sehr großzügig. Der bestrafte Feuerbringer spielt gar keine Rolle, sondern vielmehr der Prometheus, der selbst Menschen schuf. Dieser ist nicht mehr Sohn des Iapetos, sondern des Zeus. Damit gewinnt die Anredestruktur der Hymne die neue Qualität des Vater-Sohn-Gegensatzes, der das ganze Gedicht strukturiert und den wesentlichen Grund für seine immense Wirkung ausmachte.

Die Argumentationsstruktur der *Prometheus*-Hymne geht in zwei Richtungen. Erstens verhält sie sich polemisch oppositionell gegenüber den traditionellen Herrschaftsstrukturen. Zweitens artikuliert der Text ein neues Bewußtsein dichterischer oder künstlerischer Identität: Das, was sich der göttlich angemaßten Majestät entgegensetzt, ist selbsttätig erschaffene eigene Identität und ebenso selbst erzeugte Welt: »meine Erde«, »meine Hütte« auf der handwerklichen, »forme Menschen nach meinem Bilde« auf der künstlerischen Seite. Die Anmaßung göttlicher Schöpfungskraft drückt sowohl neues menschliches als auch neues künstlerisches Selbstbewußtsein aus. Der Mensch begreift sich als das Subjekt seiner Geschichte, als den Macher seiner eigenen Welt.

Forschungsgeschichtlich sind Entstehungs- und Erstveröffentlichungskontext der Hymne konsequenzenreich gewesen. Etwa von der Hellen (1902, JA I), Staiger (1952), Braemer (1959) und noch Zimmermann (1979) interpretieren den Text aus dem dramatischen *Prometheus*-Fragment heraus; Conrady (1956) mag als Beispiel für viele gelten, bei denen der Spinozismuskontext der Erstveröffentlichung den Blick auf den Text in Teilen verstellte (s.a. Braemer 1959; zum Spinozismus-Kontext insgesamt s.a. Reinhardt 1991, 157ff.). Zunächst abseits vom oppositionellen Gestus der Hymne lag das Hauptaugenmerk der Interpretationen auf der Entwicklung des Genie-Gedankens – beispielhaft für die traditionelle Goethe-Forschung wieder Conrady (1956):

»Die Prometheus-Ode ist [...] die dichterische Verherrlichung und Freisprechung der im ›Genie‹ wirkenden schöpferischen Kräfte, die, da auch sie im ›heilig glühenden Herzen‹ als göttlich erfahren werden, eigenes Recht und eigene Geltung beanspruchen, nicht in Willkür, sondern gebunden an Mächte, die größer sind als ein in der Transzendenz persönlich vorgestellter Gott.« (226)

Der oppositionelle Impetus gegen einen persönlichen Gott wird hier spinozistisch verstanden, Korff (1923, 273ff.) legt aber die Überlegung nahe, hier auch an den christlichen Gott zu denken. Dieser Anregung folgend arbeitet Wruck (1987) die Züge des christlichen Gottes im Text heraus: Anklänge an Psalm 29 und Klopstocks *Frühlingsfeyer*, christliche Askese in VI, Erbarmen und Gnade als Züge des christlichen Gottes.

Materialistisch gedeutet, wird aus dem oppositionellen Impuls der Hymne ein »Sinnbild bürgerlicher Auflehnung gegen den fürstlichen Absolutismus, der sich so oft auf sein Gottesgnadentum berief« (J. Müller 1959, 879), der Text wird eingeordnet in die bürgerliche Emanzipationsbewegung des 18. Jahrhunderts (vgl. etwa P. Müller 1976, 53), er wird zum Beginn »antifeudaler Hüttenideologie« (Braemer 1959, 283). Vor allem die Literaturwissenschaft der DDR und teilweise die der BRD der siebziger Jahre arbeitete mit einigem Recht den gesellschaftskritischen, revolutionären Geist der Hymne heraus, nicht ohne ihn marxistisch zu kritisieren: *Prometheus* als politische Programmatik einer kleinbürgerlichen Warenproduktion ohne Einsicht in die problematische Dialektik bürgerlicher

Ökonomie (Träger 1961, 215f.; P. Müller 1976, 72f. u.v.a.
Metscher 1974, 416ff.).

In anderer Perspektive wird die polemische Zeus-Anrufung
der Hymne dort gedeutet, wo sie als Anzeichen oder poetische
Verarbeitung einer religiösen Krise angesehen wird (Walzel
1910, 105ff.; Richter 1928, 87 f.), eine These, der Reinhardt
sich anschließt (1991, 150ff.). Auch die Aufarbeitung anderer
individualpsychologischer oder frühkindlicher Erlebnisse Goethes bzw. deren schöpferische Umformung im Gedicht stellt
eine Interpretationstradition dar, die sowohl durch den Vater-
Sohn-Gegensatz, der die Anredestruktur der Hymne ausmacht,
nahegelegt wird als auch durch das quasi kindliche Formen
menschlicher Gestalten im Lehm (Fischer-Lamberg 1959;
Pietzker 1985). – Die absolute und autonome Selbstsetzung
des schöpferischen Menschen, die im *Prometheus* Text wird,
stellt aber grundsätzlich, gleichgültig, in welche politische
Richtung der Text interpretiert wird, ein Zentrum der Analyse
dar: »Das Genie erhebt [im *Prometheus*] einen viel größeren
Anspruch als den der Befreiung von lähmenden Autoritäten
[...], es konzipiert sich als Grund und Mitte der Welt, als
Schöpfer« (Sorg 1984, 66; vgl. auch Hubig 1988, 193ff.) – im
Gedicht konstituiert sich der Dichter als ›Original-Genie‹.

Konträr zur schöpferischen Emphase der sich selbst bewußt
werdenden künstlerischen Identität in der *Prometheus*-Hymne
artikuliert die fast zeitgleich entstandene Hymne *Ganymed* das
expansive Naturgefühl des Sturm und Drang, das das vollständige Aufgehen im als göttlich erfahrenen Naturzusammenhang
ersehnte. Anders als der *Prometheus* greift diese Hymne nicht
konkret auf den Mythos um Ganymedes zurück, der als Sohn
des Menschen Tros und der Nymphe Kallirrhoe wegen seiner
Schönheit von Zeus' Adler als Mundschenk und Augenweide
an den Olymp geholt wurde – allenfalls die Motive des Schwe-
bens und der Schönheit können als Anlehnungen an den Mythos aufgefaßt werden (vgl. zum Verhältnis des Mythos zum
Gedicht Keller 1987). Ähnlich wie im *Mayfest* werden Frühling und Liebe gleichermaßen als Naturphänomene angerufen,
die Gedankenbewegung des Liedes zielt auf das Verschweben
in der Natur: »In eurem Schoße / Aufwärts,/ Umfangend um-
fangen!/ Aufwärts / An deinem Busen,/ Allliebender Vater!«
(HA 1, 47; vgl. zum Zusammenhang beider Oden J. Müller
1959; zum konträren Verhältnis von Konzentration und Expansion in *Prometheus* bzw. *Ganymed* v.a. Zimmermann 1979,
119-166).

Goethes *Prometheus*-Hymne umreißt den gesellschaftspolitischen, weltanschaulichen und poetologischen Stellenwert, den die junge Generation der Literatur zumaß. Literatur wird hier einerseits zum Medium einer politisch oppositionellen Haltung der jungen bürgerlichen Intellektuellen: Der Mangel an politischer Öffentlichkeit und Betätigungsmöglichkeit wird vermeintlich kompensiert durch die Begründung der bürgerlichen und unter anderem literarischen Öffentlichkeit. Gleichzeitig wird in dieser Literatur der alten und überlebten herrschenden Klasse, dem Feudaladel, die Erfindung des bürgerlichen Subjektes entgegengesetzt – als eines, daß sich ausspricht über seine *neuartige* Innerlichkeit, Subjektivität und Empfindsamkeit. Diese inhaltliche politische Opposition bedingt auch eine ästhetische: Die kanonischen Formen repräsentativer Lyrik feudal-aristokratischer Rokoko-Zerstreuungskultur werden ebenso abgelehnt wie jedwede Regelpoetik, die die Verwendung poetischer Mittel zum Affektausdruck kasuistisch vorschrieb oder, wie Gottscheds aufklärerischer *Versuch einer Critischen Dichtkunst* (1730), Literatur zum Erziehungsmittel instrumentalisierte. Goethes Lieder und Hymnen sind beredte Ausweise einer neuartigen Konzeption von Literatur. Das Individuelle strebt hier erstmalig einen ihm gemäßen Ausdruck an: »Eigenes Sein eigen kund tun galt seit langem als Lyrik. Und doch ist dies Lyrik erst durch den ein ganzes Jahrhundert überschattenden Goethe« (Kommerell [4]1985, 57) – oder, mit moderneren Worten: In neuer Sprache und dichterischer Form werden neuartige Bewußtseinsereignisse und Subjektentwürfe dichterisch konstituiert (vgl. Kaiser 1987).

Bürgerliche Öffentlichkeit ist als literarische der bloße *Schein* einer tatsächlichen politischen Öffentlichkeit. Analog dazu ist Goethes frühe Lyrik Dokument dafür, daß die Individualität, die sich ausspricht im neuen lyrischen Ton und sich mit neuartiger Autonomie gegen die alten Herrschenden aus Religion und Adel setzt, nur so tut, »als gebe es autonome Schöpferkraft, (nur der Zeit und dem ›Schicksal‹ unterworfen) unabhängiges Handeln und Selbstverwirklichung im Schaffen und Geschaffenen« (Conrady 1978, 110) und nicht die universeller werdende Entfremdung in der bürgerlichen Gesellschaft, im Tausch der Ware. Was die Literatur des Sturm und Drang insgesamt programmatisch forderte, einsetzte, feierte und in stilistischer Emphase zum Ausdruck kommen ließ, ist ein utopischer Vorgriff:

»In den Goetheschen Gedichten dieser Phase bleibt Unabgegoltenes: der fortdauernde Anspruch der Rechte des Individuums, seiner naturverbundenen Erlebnisbasis, seines Verwirklichungswollens; Unabgegoltenes als Aufforderung an die Gestaltung gesellschaftlicher Verhältnisse. Sie müssen der Prüfung unterliegen, ob und inwieweit in ihnen Übereinstimmung des Menschen mit sich selbst und seiner Umwelt möglich wird, und diese Übereinstimmung mißt sich immer auch am Glücksgefühl des je einzelnen.« (Conrady 1978, 113)

2. Frühe Weimarer Jahre

Die utopische Selbstsetzung der bürgerlichen *und* schöpferischen Individualität in Goethes Gedichten des Sturm und Drang mußte notwendigerweise an den völlig verhärteten und beharrlichen Strukturen der feudalabsolutistisch verfaßten Gesellschaft scheitern. Nicht der literarische Erfolg blieb diesen Gedichten versagt, vielmehr begründeten sie, zusammen mit *Werther* und *Götz,* einen Ruhm, den der ältere Goethe niemals wieder genießen konnte. Doch die Gründe für den Erfolg der Lyrik waren analog zu denen ihrer Entstehung: Indem sich dort ein Individuum als autonomes, empfindsames und schöpferisches Subjekt in Natur und Gesellschaft setzte, boten sich die Texte für die Projektionen einer bürgerlichen Leserschaft an. Wegen ihres rein literarischen Charakters jedoch mußten diese utopischen Selbsttätigkeitsphantasien notwendig gegenüber der außerliterarischen Gesellschaft versagen. Goethes Konsequenz aus dem Scheitern dieser literarisch-politischen Opposition war sein abrupter Wechsel, seine Flucht an den Hof nach Weimar.

Die Lyrik des ersten Weimarer Jahrzehnts stellt ein viel inhomogeneres Textcorpus dar als die der Jahre zuvor. Vieles ist Auftragslyrik, wie sie vom Dichter am Hofe verlangt wurde. Einiges allerdings von dieser Auftragslyrik geht weit über diesen funktionalen Status hinaus und reflektiert die Stellung des Dichters im Verhältnis zum Hof und seine Einbindung in die feudale Repräsentationskultur. Ein kleinere dritte Gruppe setzt sich ganz bewußt vom Hof ab – hier wird die Fortführung der im Sturm und Drang begonnenen Traditionslinien stärker sichtbar. Darüber hinaus gibt es noch einzelne Gedichte, die sich gerade auf Goethes Weg nach Weimar, auf das Irrationale dieser ›Flucht‹ beziehen und eine Reflexion dieser Entscheidung literarisch umsetzen.

Harzreise im Winter (1777)

In strenger Chronologie der Werkentstehung soll hier aus den Gedichten des ersten Weimarer Jahrzehnts zunächst eines dazu dienen, die literarische Aufarbeitung der biographischen Krise nachvollziehbar zu machen. Goethes *Harzreise im Winter* aus dem Jahre 1777 wird in vielen Goethe-Ausgaben noch zu den ›großen Hymnen‹ gerechnet (vgl. HA 1, 50ff.) – auch paßt sie wohl von ihrer äußeren Form und in etwa auch ihrem Tone nach dorthin. Von den großen Hymnen unterscheidet sich die *Harzreise* dadurch, daß sie in Weimar abgefaßt wurde, ohne genauere Kenntnis der biographischen Umstände ist sie aber nicht verstehbar. Gerade diese biographischen Randdaten des Textes haben zu einer Tradition des positivistischen Mißverständnisses geführt. Goethe selber hat diese falsche Fährte gelegt: Als Reaktion auf eine Interpretation seines Gedichts von dem Gymnasialprofessor Kannegießer verfaßte er im Dezember 1820 einen Erläuterungstext, der die unmittelbaren Entstehungsumstände der *Harzreise* als eine allzu eindeutige Deutungsfolie unter den Text legt: »Das Gedicht aber, welches der gegenwärtige Erklärer gewählt, die Harzreise, ist sehr schwer zu entwickeln, weil es sich auf die allerbesondersten Umstände bezieht« (WA I, 41.1, 330). Goethes erläuternde Ausführungen dienen allerdings, wie an anderer Stelle Überarbeitungen oder ebenfalls biographische Reminiszenzen, eher dazu, dem literarischen Text eine Scheineindeutigkeit zuzuschreiben, die eine tieferliegende Bedeutung verschleiern soll: hier die dichterische Aufarbeitung einer tiefen persönlichen Krise. Das offensichtliche und unproblematische Biographische soll also das problematische, auch disparate verdecken.

Die *Harzreise* gehört ganz zu Recht zu den schwierigsten Gedichten Goethes: Anders als etwa die Frankfurter Hymnen greift sie nicht auf einen kohärenten und zugänglichen Bereich von Bildern und Metaphern zurück, vielmehr erscheint er assoziativer, unkonzentrierter – ein Eindruck, den erst die genaue Analyse korrigieren kann (vgl. Klaus Weimars (1984) intensive Lektüre und Interpretation, die neben einem genauen Durchgang durch den Text eine präzise Deutung der verwendeten poetischen Bilder und Sprachebenen bietet; ebenso aufschlußreich und analytisch genau, allerdings aus diskursanalytischem Blickwinkel, vgl. Wellbery 1984; interpretativ weitaus schwächer ist der Textdurchgang bei Henel 1980).

Das Subjekt des gesamten Gedichtes ist das Lied: Es schwebt »dem Geyer gleich«, hält Ausschau nach Beute und findet sie – den Dichter. Diese in die dichten Bilder einer Harzreise gefaßte Autoreferenzialität des Textes deutet über den »Dichter« im Gedicht hinaus: Es darf mit der Hypothese gearbeitet werden, daß Goethe in diesem Text »Lied« und »Dichter« als Stellvertreter seiner selbst in eine Beziehung zueinander setzt, daß die Bilder, die der Text wählt, auch über Goethes Identität(skrise) als Dichter, seine dichterische Selbstbestimmung am Weimarer Hof sprechen, über eine bestimmte Konzeption von Dichtung überhaupt und darüber hinaus über sehr konkrete biographische Daten und Konstellationen.

Die *Harzreise im Winter* hat einen biographischen Kern: Am 29. November 1777 verläßt Goethe Weimar, um in Richtung Harz zu reisen. Ein Teil der Reise ist durch dienstliche Besuche der Harzbergwerke ausgefüllt, ein anderer gilt dem Besuch des jungen und verstörten Friedrich Victor Lebrecht Plessing. Die Reise führt Goethe zudem auf den verschneiten Brocken – eine Bergbesteigung, die im 18. Jahrhundert zumindest im Winter für unmöglich gehalten wurde.

Die Reise selbst und viele beobachtete oder erlebte Details liefern gewiß das Material für die Bilder, derer sich der Text bedient. Die Harzreise ist aber nicht in dem Sinne Hintergrund des Gedichts, als hier eine neuartige Naturerfahrung Goethes poetisch umgesetzt wird – eine immer noch eng biographisch ausgerichtete Hypothese (vgl. Engelhardt 1987, 194 u.ö.). Die sprachlichen Bilder sollen nicht bloß biographische Daten poetisch verrätseln. Goethe verhandelt in der *Harzreise* auf poetische Weise eine biographische Konfliktsituation – der »Dichter« des Textes meint auch ihn selbst. Es geht hier allerdings nicht um die Selbstbestätigung eines »exzeptionellen Ichs« gegenüber einer »mediokren« gesellschaftlichen Umwelt im beglückend empfundenen Erlebnis der einsamen und großen Natur, die den einzigen angemessenen Kommunikationsraum für ein solches Subjekt darstellt (vgl. Leistner 1982, 106f.). Vielmehr genau um das Gegenteil: um die Suche der krisenhaft gewordenen Identität nach einer transzendentalen Bestätigung – hier bewegt sich die Interpretation natürlich immer noch auf der Ebene der biographischen Referenzen – allerdings auf einer sehr viel höheren Ebene.

Die *Harzreise* bietet Hinweise auf antike Traditionen der Götterbefragung und Schicksalsvoraussage. In der *Deutschen*

Encyclopädie von 1787 wird gerade der »Geyer« als antiker Auguralvogel angeführt, dessen Flug mit großer Aufmerksamkeit beobachtet und interpretiert wird zur Erkundung des Götterwillens (vgl. Schöne 1982, 28f.). Das Lied zitiert im »Geyer« die Auguralpraxis der Alten und soll selber Ausschau halten nach einem »befestigungs Zeichen« (an Charlotte von Stein, 10.12.1777). Das Ziel der heimlichen Harzreise war der Versuch, den ›Götterwillen‹ auszuforschen – unmythologischer ausgedrückt: die Brockenbesteigung zu versuchen, was Goethe als zukunftsweisend in einer Situation krisenhafter Orientierungslosigkeit erschien.

Die Metaphern der Lebensbahnen und -fäden im Text korrelieren mit dem Augural-Bild, sie stammen aus der gleichen Mythologie. Der Text spielt auf die Zukunfts- und Schicksalsdeutung der Eingeweideschau an: »Du stehst unerforscht die Geweide« – der ganze Text ist gerahmt von Auguralmetaphern. Es geht ihm um die poetische Aufarbeitung eines »befestigungs Zeichens« für die von Goethe gerade eingeschlagene Laufbahn des Staatsbeamten am Weimarer Hof, »deren Verknüpfung mit seiner poetischen Existenz Goethes Erkundung des Götterwillens ›*Auf dem Harz im Dezember 1777*‹ galt« (Schöne 1982, 34).

Auch hier geht es immer noch um Goethe als historisch-biographische Person. In noch abstrakterem Sinne biographisch wird die Deutung, nimmt man den Gegenstand ernst, den das »Lied« schwebend sucht und findet. Der »Geyer« des ersten Verses ist auch eingedeutschter Bruder des Adlers, der dem antiken griechischen Dichter Pindar zur Selbstdarstellung diente (vgl. Schmidt 1983, 616ff.). Ein Lieblingsgedicht des jungen Goethe war Pindars dritte *Nemeische Ode*, in der der Dichter wie ein Adler nach Beute schauend, diese ergreift. Der die *Harzreise* einleitende metaphorische Gestus ist also fast wörtliches Pindar-Zitat. Der Vogel als Bild des Dichters deutet schon den Zielpunkt und Hauptgegenstand der Hymne an: die dichterische Identität.

»Das programmatische Schauen des Liedes erscheint daher als ein *Sich-Vergewissern*. Es geht in ihm um die Erkenntnis der richtigen, der Prädestination durch die eigene Wesensart entsprechenden Lebensform unter einer Anzahl alternativer Lebensformen. Dichterisch vergewissert sich das Lied der dichterischen Berufung selbst. Diese ist das vorgezeichnete ›Glück‹«. (Schmidt 1983, 618)

Die *Harzreise* ist Reflexion über den Dichter am Hof. Der Landschafts- und Gesellschaftsraum, den der Text entwirft, ist aus der ›Vogelperspektive‹ gesehen, von oben, vom Berge herab. Dieser Gestus der Abtrennung vom Gesellschaftlichen kehrt sowohl in Goethes Biographie als auch in einem Teil der lyrischen Texte des ersten Weimarer Jahrzehnts öfter wieder. Eines der berühmtesten Dokumente einer solchen Abtrennung ist *Wanderers Nachtlied – Ein Gleiches*. Goethe stellte das Gedicht für die Ausgabe seiner Werke im Jahr 1815 mit dem noch älteren *Wanderers Nachtlied* zusammen.

Dieses hatte er am 12. Februar 1776, kaum drei Monate erst in Weimar, in einem Brief an Frau von Stein vom Ettersberg bei Weimar geschickt. Die dortige fast barock-religiöse Weltverzweiflung und -übersättigung hat für die Interpretationsgeschichte des zweiten *Nachtliedes* schwerwiegende Konsequenzen gehabt. Goethe schrieb *Ein Gleiches* auch auf einsamer Wanderung, ebenfalls auf einem Berge in der Nähe Weimars, dem Kickelhahn bei Ilmenau. Dort ritzte er es in der Nacht vom 6. auf den 7. September 1780 in eine Wand der dortigen Jagdhütte (siehe auch Kap. VI.3)

Der Brief, den Goethe am gleichen Abend an Charlotte von Stein sendet, umschreibt die einsame Situation, die Einbettung in den Naturzusammenhang und die dem ersten *Nachtlied* vergleichbare Abtrennung von der geschäftigen Welt – so daß hier, im biographischen Material, eine Intentionsschicht des Textes deutlich werden kann:

»Auf dem Gickelhahn dem höchsten Berg des Reviers [...] habe ich mich gebettet, um dem Wuste des Städgens, dem Klagen, den Verlangen, der Unverbesserlichen Verworrenheit der Menschen auszuweichen. [...] Es ist ein ganz reiner Himmel und ich gehe des Sonnen Untergangs mich zu freuen. Die Aussicht ist gros aber einfach. Die Sonne ist unter. Es ist eben die Gegend von der ich Ihnen die aufsteigenden Nebels zeichnete, iezt ist sie so rein und ruhig, und so uninteressant als eine große schöne Seele wenn sie sich am wohlsten befindet.« (WA IV.4, 281f.)

Der Brieftext betont deutlich die Überdrüssigkeit Goethes gegenüber den überbordenden Weimarer Pflichten. Die gleichzeitige Abfassung des zweiten *Nachtliedes* läßt Schlüsse vom Brief auf den Gedichttext zu: Der Blickpunkt des Betrachters, die Ruhe der Welt sind vergleichbar. Allerdings fehlt im Gedicht ganz, wovon es sich dann abheben wollte: die Unruhe der Welt, die noch im ersten *Nachtlied* enthalten ist: »Ach, ich bin des *Treibens* müde«.

Das Gedicht vollzieht eine Blick- oder Gedankenbewegung: »Von den Höhen des Himmels, die über den Gipfeln der Berge sind, kommt der Friede herab; wird spürbar als Windstille in den Wipfeln der Bäume; näher noch: als Schweigen der kleinen Vögel, die in den Zweigen der Bäume schlafen; und endlich, zumindest in Antizipation, im Herzen des Wanderers selbst« (Heller 1976, 78; s.a. Kraft 1986, 257f.; Schober 1987, 265f.). Gleichzeitig wird mit diesem Blick Natur ganz umfaßt: Von der anorganischen Welt, die die Gipfel und was über ihnen liegt, bezeichnen, geht die Perspektivbewegung über die Pflanzen und Tiere bis hin zum Menschen; vom Fremdesten, Fernsten, vom Umfassendsten, dem Himmel über den Bergen, bis hin zum Innersten, Intimsten, dem Herzen des einzelnen Menschen. Das sprechende menschliche Subjekt aber steht nicht mehr, wie in den *Sesenheimer Liedern*, in einer Einheit mit dieser Natur: »Man's disunity with the natural order is expressed via the wanderer of the title [...]. His restless mind and spirit drive *him* on beyond nightfall. Soon he will have rest, but the rest and the harmony with nature which it means will not be permanent« (Johnson 1982/83, 47).

Die poetische Qualität des zweiten *Nachtliedes,* seine sprachliche Geschlossenheit ist gewiß einer der bedeutenderen Gründe für seine Berühmtheit. Die dichterische Sprache des Textes bildete einen Hauptansatzpunkt der Analysen (s. etwa Neumann 1949; Kraft 1986, 256f., 265ff.; Schober 1987, 267ff.). Gleichzeitig verführte sie, vor allem im Kontext einer textimmanenten Literaturinterpretation, zur einfühlenden Hingabe ans quasi-dichterische Nacherleben: »Die Bewegung, in den drei Trochäen der ersten Zeilen *zage spielend wie leiser Wind*, verebbt im Abgesang der zweiten, fast spondäischen [...]. Solches Heben und Senken bildet sich zugleich im Reim als Hell und Dunkel ab, in dem Wechsel von I, dem *höchsten, zärtlichsten* Vokal, und U, dem *tiefsten und wesenlosen*« (Storz 1962, 125; kursive Hervorhebungen von mir, BJ).

Die Parallelität der Naturdarstellung im *Nachtlied* und im zeitgleich entstandenen Brief erlaubt, das Gedicht *auch* auf die biographischen Umstände seiner Abfassung zurückzuführen: als Wunsch nach zeitweisem Abstand von der geschäftigen Berufswirklichkeit des Politikers. Keinesfalls ist der Text zu verstehen als Wunsch nach Abtrennung von einer privaten Affaire: der mit der Marchese Branconi (vgl. Heller 1976, 84ff.)

oder als Selbstversprechen des baldigen ›Siegs‹ bei Charlotte von Stein (vgl. Lehmann o.J., 190; Bleisch 1910, 283f.).

Der Gehalt des Textes geht über dies biographisch Alltägliche hinaus. Adorno ([1957] 1981) hält das zweite Nachtlied gerade deswegen für paradigmatisch für Struktur und ›Funktion‹ von Lyrik, daß es »keine krude Stofflichkeit« mehr aufweise. Seine »Größe rührt daher, da es nicht vom Entfremdeten, Störenden redet, daß in ihm selber nicht die Unruhe des Objekts dem Subjekt entgegensteht: vielmehr zittert dessen eigene Unruhe nach« (53f.). Hier behaupte Lyrik in ihren subjektivsten Erscheinungsformen, in ihrer radikalisierten Abtrennung von der Welt gerade die Utopie, es gebe noch die Möglichkeit dieser autonomen Eigenheit. Genau dieses Utopische aber kann man auch negativ perspektivieren. Das Gedicht wird zum Paradigma des *Klassischen*, indem es »ein klassisch ästhetisches Ideal von völlig beruhigter Harmonie in und mit der Natur« gestaltet (Heller 1976, 109) – und als solches benutzt im Rahmen bildungsbürgerlicher Klassikerverwertung, wie Brecht es in seiner großartigen Parodie karikiert: Auf die individuellen und sozialen Katastrophen, die die bürgerlich-industrielle Gesellschaft hervorbringt, »schweigen die Vöglein im Walde« (*Liturgie vom Hauch*; Brecht GW 8, 181-186; zur Wirkungsgeschichte des Gedichtes insgesamt s. Segebrecht 1978).

Ilmenau am 3. September 1783

In der geringeren literarischen Produktion des ersten Weimarer Jahrzehnts gibt es wenige ganz große Gedichte, die unmittelbar für einen höfischen Anlaß geschrieben sind und trotzdem weit über diesen hinausgehen. Zu diesen Texten gehört *Ilmenau am 3. September 1783*, welches Goethe auf den 27. Geburtstag von Herzog Carl August von Weimar schrieb. Wie die *Harzreise* ist auch dieses Gedicht rätselhaft-verschlüsselt, die Selbstreflexion des Dichters am Hofe nimmt einen breiten Raum ein und bedingt hier einen ganz besonderen dichterischen Kunstgriff.

Daß Goethe den Namen eines kleinen, zu Weimar gehörigen Amtes als Titel über das Gedicht setzt, hat mehrere Gründe. Erstens war er zur Zeit der Abfassung in Ilmenau, zweitens aber war Ilmenau für Goethe und Carl August in der Zeit direkt nach Goethes Ankunft in Weimar Ort jugendlich-übermütiger Streiche. Drittens ist das Amt Ilmenau geprägt von längst aufgelassenen Silberbergwerken, die der Gegend einmal zu einigem Wohlstand verhalfen; eines der vordringlichen und mit großem Engagement vorangetriebenen Projekte Goethes in seinem ersten Weimarer Jahrzehnt war es, diese Bergwerke wieder in Arbeit zu bringen – und damit einen großen Teil der Bevölkerung in Lohn und Brot. Allein von diesen biographischen Verbindungen her hat das Gedicht doppelt autoreflexiven Charakter: Reflexion der Freundes- und Erzieherrolle gegenüber dem Herzog und Reflexion der Ministertätigkeit im Bergwerkswesen.

Viel wesentlicher als das Fürstenlob, das dieses Gedicht auf Carl Augusts Geburtstag gewiß auch bedeutete, ist das Selbstgespräch des Dichters mit seinem jüngeren Ich in der mittleren Traumvision des Textes. Goethe ist in drei zeitlichen Stufen präsent: Als der Dichter des *Prometheus*, des *Götz* und des *Werther*, dessen literarische Intentionen und Konzeptionen nicht aufgehen, der zwar literarischen Erfolg hat, dem der gesellschaftliche aber versagt bleibt; zweitens als gerade nach Weimar gekommener junger Mann, dem zwar Aufgaben übertragen sind gegenüber dem Herzog, denen er aber eher mit Schrecken entgegensieht; drittens als der ältere junge Mann im Jahre 1783, der auf seine dichterischen Erfolge wie auch auf die Jugendzeit des Herzogs und seine eigene zurückblicken kann. *Ilmenau* reflektiert einerseits die Marginalität literarischer Wirkung und dichterischer Tätigkeit, reflektiert also Goethes Ersetzung des Projektes »bürgerliche Kulturrevolution« im Sturm und Drang durch das Projekt »Gesellschaftsreform von oben durch Fürstenerziehung«. Andererseits aber gerät diese Reflexion wieder zur Dichtung, die eben durch die Reflexion weit über ihren Status als Gelegenheitsgedicht, als höfische Auftragsdichtung zu festlichem Anlaß, hinausgeht.

Die schmale Forschungsliteratur zu *Ilmenau* spricht gleichermaßen für die Sprödigkeit des Textes wie für die Mißachtung solcher als traditionelle Casualgedichte mißverstandener Texte Goethes für den Weimarer Hof. Suphan (1893), Düntzer (1894) und Immig (1955) interpretieren den Text als Erlebnisgedicht, um »zur Kenntnis des Lebens unserer bedeutendsten Dichter« zu gelangen (Immig 1955, 609f.), also als bloß poetisiertes Protokoll eines biographischen Ereignisses; Gundolf ([13]1930, 258) realisiert, im Kontext biographischer Werkdeutung, die Bedeutung der dichterischen Selbstreflexion: *Ilmenau* ist das »sinnfälligste Literaturdenkmal für die Momente der Sammlung und Selbstbesinnung« des frühen Weimarer Goethe; J. Müller (1969) beschränkt sich auf bloßen Kommentar und Paraphrase, weist aber ausführlich auf den selbstreflexiven Gestus des Mittelteils hin. Für Mayer (1973) ist *Ilmenau* »verzagte Selbstprüfung« des »desillusionierten, schaffensunfrohen, fast erfolglosen, im Amt wie in der Kreation gescheiterten Goethe von 1783« (22). Tümmler (1970; 1978) liefert die historischen und ökonomischen Details um das Amt Ilmenau; erst Lauffs (1982) versucht, die biographischen, sozialgeschichtlichen und literatursoziologischen Bezüge des Textes differenzierter herauszuarbeiten.

3. Die Zeit des Klassizismus

Im Jahre 1786 reiste Goethe heimlich und ohne eine Nachricht an die Weimarer Freunde oder auch seinen dortigen Brotherrn aus Karlsbad über den Brenner nach Italien. Die Gründe für diese Flucht sind, wie bekannt, in der tiefen Krise des gescheiterten Fürstenerziehers, Wirtschafts- und Gesellschaftsreformers und des Dichters Goethe zu sehen. Italien bot nun in jeder Hinsicht Kompensation der ›Weimarer Leiden‹. Erstens war es weit genug entfernt vom Hof; zweitens war die italienische Kunst der Antike, also vor allem griechische Klassik, schon als vorbildliche Kunst geläufig – derjenige, der nach ästhetischen Vorbildern suchte, war also hier am rechten Ort.

Die Auswirkungen, die die »Italienische Reise« auf die klassizistische Ästhetik Goethes im nächsten Jahrzehnt hatte, können nicht überschätzt werden. Wie Italien ästhetisch interpretiert wurde, läßt sich an einer Fülle literarischer Dokumente ablesen – eindrucksvoll und scheinbar unmittelbar aber an den Italien direkt betreffenden lyrischen Texten. Als herausragendes Beispiel dafür gelten hier die *Römischen Elegien*, die zunächst *Erotica Romana* heißen sollten.

Römische Elegien

Die *Römischen Elegien* entstanden in der Zeit vom Herbst 1788 bis zum Frühling 1790. Goethe kehrte im Juni 1788 nach Weimar zurück, im Juli schon lernte er Christiane Vulpius kennen, die Manufakturarbeiterin aus niederstem Stande –

eine zunächst erotisch dominierte Beziehung, die für die Abfassung der *Römischen Elegien* von großer Bedeutung wurde (vgl. Riedl 1992, 46).

Die *Elegien* stellen einen in sich geschlossenen Gedichtzyklus dar, der wohl als erstes größeres lyrisches Werk Goethes formal vollendete Klassizität aufweist, dessen Funktion die Reflexion und Selbstvergewisserung über den biographischen Stellenwert der Italienreise in Hinsicht auf die eigene Künstleridentität ist – wie sich auch an verschiedenen Bearbeitungsstufen einzelner Partien aus dem Zyklus zeigt. Hauptthemen sind Rom, antike Mythologie, Kunst und Liebe. Nicht ein zusammenhängender Handlungsverlauf kennzeichnet den Elegienzyklus, sondern sein beständiges Umspielen eben dieser zentralen Themen.

Gleichzeitig stellen die *Römischen Elegien* einen der dichterischen Versuche dar, mit denen Goethe das neu Gesehene, das Klassische ausprobierte und zu einer Kunstform machte. Die Elegie ist ein antiker Gedichttypus, der weitgehend formal definiert war: Das traditionell die Elegie bildende Verspaar aus Hexameter und Pentameter, das elegische Distichon, machte die Form aus. Inhaltliche Kriterien sind eher zufällig, in der griechischen Antike hatte die Elegie oft noch moralisierende oder auch heiter-unterhaltende Implikationen, in der römischen Tradition setzte sich das inhaltliche Muster der Klage über Tod, Verlust und Trennung durch. Goethe redefiniert mit den *Römischen Elegien* die Form wieder als klassische Kunstform, der Inhalt ist nicht mehr klagend oder einfach unterhaltend – er ist gleichgültig für diese Texte als Elegien.

Das erste Gedicht des Elegien-Zyklus artikuliert sowohl konventionelle als auch individuelle Erwartungen an den Rom-Aufenthalt des lyrischen Sprechers. Bildungsbürgerlich-touristische Erfahrungen mögen bald schon überlagert sein von erotischen Erlebnissen. Die zweite Elegie löst diese individuelle Erwartung ein. Allerdings erst nach einem Zwischenschritt: Die Motivation der Flucht nach Italien wird vorausgeschickt – die Konventionalität geselliger Gesprächs-, Beziehungs-, Verwandtschafts- und politischer Diskussionszirkel als zwecklose Ersatzbeschäftigungen, die das Ich »oft nah der Verzweiflung gebracht«. In der ersten unveröffentlichten Fassung der zweiten Elegie sind die Gründe für die Flucht nach Italien noch andere: Nicht die Konventionalität der adligen und gutbürgerlichen Gesellschaft ist es, der der Sprechende sich entzieht, sondern genauer Biographisches. Da flieht ein Goethe-

Ich vor dem allgemeinen Miß-Verständnis seines *Werther*, das entweder ihn selbst mit dem Romanhelden gleichsetzt oder ihn für einen von dessen engsten Bekannten hält, das die Fiktionalität des romanhaft Erzählten nicht erkennt. Hier flieht ein Goethe vor dem literarischen Nachruhm seines Erstlingsromans, der so überwältigende Wirkung erzielte.

Für die Veröffentlichung der *Römischen Elegien* (1795) wird das unmittelbar Biographische, die Eindeutigkeit, mit der hier der Autor des *Werther* über sich selber spricht, getilgt. Anstatt dem penetranten Umgang des Publikums mit dem *Werther* entflieht das Ich einer Gesellschaft, wie sie auch in Weimar existierte, wie sie gerade in Weimar zur Verhinderung literarischer Produktion und künstlerischer Identitätsbildung wurde – und damit auch zum Grund für die überstürzte Flucht nach Italien. Die Bearbeitung nimmt allerdings dem Text die biographische Eindeutigkeit. Beide Fassungen spiegeln in einem doppelten Sinne Goethes Aufarbeitung der Italienreise wider: Sowohl der mittlerweile ›historisch‹ gewordene *Werther*-Ruhm, der Goethe mehr belastete und an in Weimar nicht einlösbare künstlerische Identität erinnerte, als auch die gesellschaftlich, politisch und erotisch beengten Weimarer Verhältnisse werden als Grund für die Flucht nach Italien literarisch reflektiert. Der Schutzraum, in den der Sprecher flieht, ist der Tempel Amors, ist die nach außen abgeschlossene Liebesbeziehung.

Erst die fünfte Elegie, nachdem die dritte und vierte die Liebesbeziehung detaillierter ausgestalten, zielt auf einen neuen, dritten Schwerpunkt des gesamten Zyklus: auf die Neudefinition künstlerischer Identität. Erstmalig realisieren die *Elegien* hier den ästhetisch produktiven Kontakt mit antiker Kunst. Nun beginnt der »Genius« des Ortes zu sprechen. Der »klassische Boden begeistert«, inspiriert also, Historisches und Gegenwärtiges beginnen einen Dialog mit dem Sprecher der Elegie. Dies aber nur, weil dieser sich, durchaus konform mit den Ratschlägen für Bildungsreisende, mit den Werken antiker Kunst und Kunstanschauung beschäftigt. Das Studium klassischer Kunst ist affektiv hoch besetzt: »froh«, »täglich mit neuem Genuß«. Daneben aber ist es gerade die Liebe, die diese ästhetische Erfahrung intensiviert: Der Körper der Geliebten wird – neben seiner sinnlichen Attraktion – zum ästhetischen Muster. Erotisches Erlebnis und Sinnlichkeit schlagen daraufhin in Kunstproduktion um: Der Liebende dichtet Hexameter, das Versmaß von (Liebes-)Lyrik in antiken Formen. Damit reflektiert die fünfte Elegie die Tradition, in die das mittlerweile dichtende Subjekt sich stellt. Amor, der »königlich schützende Fürst«, entfache im Ich weiter die Liebesglut »und denket der Zeiten, / Da er den nämlichen Dienst seinen Triumvirn getan«, d.h. Catull, Tibull und Properz (zum Verhältnis der *Elegien* zur antiken Gattungstradition vgl. etwa Heller 1863, Bronner 1893; v.a. aber den sehr guten Kommentar in Jost 1974, 46ff., der einen Überblick über die ältere Forschungsliteratur gibt, und Riedl 1992).

Unbestreitbar boten Italien und Rom dem reisenden, persönlich und künstlerisch enttäuschten Goethe eine Fülle neuer ästhetischer Erfahrungen, die in hohem Maße eingingen in die Ästhetik des Goetheschen Klassizismus und dessen Umsetzung in literarische Produktion. Gleichzeitig aber dienen die *Elegien* der Stilisierung ihres Erlebnishintergrundes als einer ästhetischen Neuorientierung, in der ästhetische Erfahrung, historische Bildung und erotisches Erlebnis verschmelzen. Die *Elegien* sind kein poetisches Protokoll einer Kunstreise, sondern stilisieren die Genese einer ästhetischen Konzeption (zur Klassizität der *Elegien* s. etwa Segebrecht 1982, 145f.; zur Geschlossenheit des Zyklus vgl. Kaiser 1977, 148ff.; Hahn 1988, 168; Riedl 1992, 45f.).

Goethe mischte dem italienischen Erlebnishintergrund aber noch zusätzlich die neuen Weimarer erotischen Erlebnisse mit Christiane Vulpius unter, so daß die *Elegien*, in Weimar in privatem Kreise verbreitet und später veröffentlicht, ein aktuelles Ärgernis wurden. Goethe hatte für die Veröffentlichung der Gedichte in Schillers »Horen« zwanzig der ursprünglich vierundzwanzig ausgewählt: Vier der gewagtesten Texte blieben lange ungedruckt und unbekannt (»Dafür soll dir denn auch halbfuslang die prächtige Ruthe / Strozzen vom Mittel herauf, wenn es die Liebste gebeut«, WA I. 53, 7). Der Skandal, den die Veröffentlichung der Texte bedeutete, vermischte sich mit dem, den Goethes nicht-eheliche Lebensgemeinschaft mit der kleinbürgerlichen Christiane darstellte und verdichtete sich zur vorläufigen Ablehnung der *Elegien*: Die Weimarer Bekannten Goethes waren entrüstet – »Ich habe für diese Art Gedichte keinen Sinn« (Charlotte von Stein an Charlotte Schiller am 27.7.1795) –, und Schillers Zeitschrift wurde für die Veröffentlichung angegriffen: »Die Horen müßten jetzt mit u gedruckt werden« (HA 1, 581).

Die Metamorphose der Pflanzen

Die Form der Elegie wählt Goethe nicht nur für die Aufarbeitung der italienischen Reise, sondern auch für viele Weltanschauungs- und Lehrgedichte der nachfolgenden anderthalb Jahrzehnte. Neben der Idylle *Alexis und Dora* gehört hierzu auch die berühmte Elegie mit dem sehr naturwissenschaftlich scheinenden Titel *Die Metamorphose der Pflanzen* (1798; vgl. HA 1, 199f.).

Wie öfter im Zyklus der *Römischen Elegien* fingiert auch dieser Text die Gesprächssituation mit der Geliebten, hier ein Bildungsgespräch, in dem die Frau eingeführt wird in die innersten Gesetze der schöpferischen Natur – oder das innerste Gesetz des Goetheschen Klassizismus. Ausgehend von der verwirrenden Vielfalt der Natur, der »tausendfältigen Mischung« (V. 1), deutet der belehrende Sprecher »auf ein geheimes Gesetz, / Auf ein heiliges Rätsel« (V. 6f.), das allem Pflanzlichen innewohne. In sehr genauem Nachvollzug des Bildungsprozesses der Natur wird der Geliebten nun der Weg vom Samen bis zur reifenden Frucht referiert. Das »beginnende Vorbild« (V. 15), das im Samen schläft, entwickelt sich zur ersten »höchst bestimmten Vollendung« (V. 29) des Blattes, um dann, von der Natur »in das Vollkommenere« gelenkt (V. 34), in der Blüte zu enden: »Also prangt die Natur in hoher, voller Erscheinung« (V. 45). Mit den schließlich reifenden Keimen, »hold in den Mutterschoß schwellender Früchte gehüllt« (V. 58), »schließt die Natur den Ring der ewigen Kräfte« (V. 59).

Der Gestaltwandel der Pflanze vom Samen bis zur Frucht wird als Metapher genommen für jeden natürlichen Bildungsprozeß: Das aus dem Einen heraustretende Unterschiedene, das in der höchsten Vollendung wieder zum Einen zurückkehrt, indem es ganz ist, als was es angelegt war, gilt als ›ew'ges Gesetz‹ (V. 65), von dem jedes Naturding als ein Buch spreche – »Jede Pflanze winket dir nun die ew'gen Gesetze / Jede Blume sie spricht lauter und lauter mit dir« –, Gesetz, das sowohl für Pflanzen, für Tiere (vgl. V. 69) und die Bildung des Menschen gilt. Die *Metamorphose der Pflanzen* wird poetisch zur universellen Metapher für das Bildungsprinzip der Natur schlechthin. Diese Natur umschließt pflanzliche und tierische Entwicklung ebenso wie menschliche Bildung und die Ausprägung sozialer und persönlicher Verhältnisse. Damit umreißt die Elegie programmatisch die zentrale Annahme des Goetheschen Klassizismus und gleichzeitig dasjenige, was der Künstler nachzuahmen habe: die Natur als schöpferische – eine Idee, die sich sowohl in der Bildungskonzeption der *Lehrjahre* als auch etwa im ersten *Faust*-Paralipomenon wiederfindet (zur Begriffsgeschichte von ›Metamorphose‹ s. die grundsätzliche Untersuchung von Heselhaus 1953).

Die Interpretationsgeschichte der *Metamorphose der Pflanzen* war lange Zeit bestimmt durch die Übermacht des naturwissenschaftlichen Prosawerks gleichen Titels, die Elegie war bloßes, vom Gehalt her identisches Anhängsel zur weitgehend erfolglosen botanischen Hauptschrift. Ganz im Gefolge dieser naturwissenschaftlich dominierten Deutungsgeschichte stehen sowohl Trunz' Kommentare in der Hamburger Ausgabe (HA 1, 614ff.) als auch die große »morphologische Interpretation« Günther Müllers (1943). Müller stiftet einen scheinbar unmittelbaren Entsprechungszusammenhang zwischen einzelnen Versgruppen der Elegie und wichtigen Kapiteln der *Metamorphose der Pflanzen* (Müller 1943, 90f.). Das belehrend-pädagogische Moment der Elegie arbeitet dagegen Prange (1975) heraus; erst Oettinger (1986) versucht, das Gedicht stärker von dem botanischen Prosawerk abzugrenzen – was ihm nur mäßig gelingt: Er interpretiert es als Werbetext für die bei Naturwissenschaftlern durchgefallene *Metamorphose der Pflanzen* an die Adresse interessierter botanischer Dilettanten,

»indem ihre [der Botanik] menschliche Botschaft zum Vorschein gebracht wurde. Mit der Darstellung auf dem Wege botanischer Kontemplation vollkommen erreichten Liebesglücks in der Elegie mochte Goethe die Hoffnung verbinden, daß die Neugierde des Publikums auf diese Prosaschrift von 1790 zurückgelenkt würde, die inzwischen zu Makulatur geworden war.« (Oettinger 1986, 78)

Venetianische Epigramme

Wie schon in den *Römischen Elegien* greift Goethe auch nach seiner zweiten italienischen Reise auf eine antike Tradition lyrischer Rede zurück: das Epigramm. Diese lyrische Kurzform war in der Antike zunächst eine in Distichen verfaßte Inschrift auf Grabmälern und Weihegeschenken, in der römischen Tradition vor allem Catulls und Martials wurde sie jedoch satirisch-kritische Kurzform mit einiger auch tagespolitisch-aktueller Bissigkeit. Die Gattung des Epigramms wird grundsätzlich »mit der Antike assoziiert. Wer Epigramme dichtet probiert ein früheres, ›antikes‹ Leben« (Gfrereis 1993, 228).

Goethes zweite italienische Reise war anders als die erste eine Pflichtreise im Auftrag des Weimarer Herzogs. Er wurde am 13. März 1790 von Jena aus nach Venedig geschickt, um die Herzogin Anna Amalia von dort abzuholen. Diese Verpflichtung kam Goethe schlecht zupaß: Die naturwissenschaftlichen und literarischen Arbeiten, die gerade seine ganze Aufmerksamkeit fesselten, mußten einige Monate ruhen, darüber hinaus ließ er in Weimar seine Geliebte zurück, zusammen mit dem gerade geborenen Sohn August. Erst Ende Juni kam Goethe mit der Herzogin wieder in Weimar an.

Schon in Venedig schrieb Goethe die *Venetianischen Epigramme*, arbeitete sie unmittelbar nach seiner Rückkunft in Weimar noch einmal durch, sandte sie aber erst im Spätherbst 1794 an Schiller zur Veröffentlichung in dessen »Musenalmanach«, wo sie erst 1796 erschienen. Die *Epigramme* sind 103 kurze und kürzeste Gedichte (2-18 Zeilen), die sich sehr bewußt in die Tradition Martials stellen – in einer Ausgabe für den französischen Leser überschreibt Goethe sie am 21. August 1823 mit: »Epigrammes Venetiens, d'après le sens de Martial« (WA I. 53, 209). Die Gedichte sind, anders als die reflektierenden Elegien, teilweise geprägt von Unmut, auch zuweilen von der Schärfe, die ihre antiken Vorbilder kennzeichnet. Inhaltlich bilden sie eine disparate Textfolge, die sich in drei große Bereiche einteilen läßt: Die erste Gruppe kann als ›Erotica‹ bezeichnet werden, sie enthält Gedichte über die sinnliche Liebe im allgemeinen und solche, die sich unmittelbar mit Christiane beschäftigen; eine zweite Gruppe ließe sich mit ›politisch-weltanschauliche Gedichte‹ überschreiben; die dritte Gruppe umfaßt jene Texte, in denen Gedanken an bestimmte dritte Personen und Aussagen über Dichtung und Dichter den Inhalt bilden.

Die schmale Forschungsliteratur zu den *Epigrammen* ist einerseits orientiert an der Vorstellung, bei dem disparaten Corpus handele es sich um ein geschlossenes Kunstwerk, das auf seine Ganzheit hin interpretiert werden müsse (vgl. Jarislowski 1927); andererseits werden die Texte streng auf dem Hintergrund der dominierenden Erlebnisästhetik interpretiert (Nußberger 1930). Neuere Untersuchungen reflektieren die komplexeren Produktions- und Publikationsbedingungen stärker (vgl. etwa Dietze 1981; v.a. aber die sehr gute Darstellung in Gfrereis 1993, die sowohl in die Gattungstradition des Epigramms einführt als auch die komplexe Bedeutung der Goetheschen *Epigramme* differenziert herausarbeitet). Einige Publikationen greifen lediglich ein einzelnes der *Epigramme* heraus (vgl. etwa Groos 1988). Eins der berühmtesten der *Venetianischen Epigramme* ist das Epigramm 34b, das gleichermaßen Fürstenlob und dichterische Selbstverortung ist: Goethes Fürst wird dort in die Herrschertradition des Augustus und damit in die des Ur-Mäzens der Literaturgeschichte gestellt – der Dichter selbst aber stellt sich in die Tradition der klassischen römischen Literatur (zur Beziehung Goethes zu Carl August vgl. die grundlegende Untersuchung von Sengle 1993, zum Epigramm 34b insbes. ebd. 91f.).

Balladen

Goethes Balladen gehören nicht nur zum Klassizismus, doch auch nicht mehr (nur) zum Sturm und Drang. Sie liegen parallel zu diesen literarisch-ästhetischen Konzepten, obwohl sie zum Früheren einen sozusagen ›natürlichen‹ Bezug, zum Späteren aber konzeptuelle Nähe aufweisen. Die Ballade als lyrische Gattung gehört zunächst in den Kontext der literarischen Konzeption des Sturm und Drang. Sie ist in der Volkskultur des Italienischen und Provençalischen so viel wie ein Tanzlied mit stark epischem Gestus: Die Volksballade erzählt in knapper Gedichtform einen Vorgang – der zumeist dem regionalen Aberglauben oder dem jeweiligen Mythos entstammt. Goethes und Herders Beschäftigung mit Volksliedern, die Sammlung und spätere Edition dieser ›naturnahen‹ Dichtungsart in den frühen siebziger Jahren brachten beiden Volksballaden zur Kenntnis – und ließ sie, ebenfalls für beide, zu einem literarischen Muster werden. Goethes *Heidenröslein* schon hat Balladenhaftes: den erzählenden, schlichten Ton, den knapp berichteten Vorgang und – das ›tragische‹ Ende. Ebenfalls gehören Goethes *Der untreue Knabe* und auch *Es war ein König in Thule* (*Faust I*) in die Reihe der frühen, ganz stark an der Volksballade orientierten Kunstballade. Den eigentlichen Beginn der Kunstballade in Deutschland aber markiert erst Gottfried August Bürgers *Leonore* (1773), ein leidenschaftliches Gedicht, das mit der unmittelbaren lyrischen Rede des Sturm und Drang den dramatischen Vorgang aus einer episch entrückten Vergangenheit unmittelbar in die Gegenwart des Lesers setzt (zur Begründung der Balladentradition im Sturm und Drang vgl. Beyer 1905; Kayser 1936, der die Ballade als ›Volksdichtung‹ bezeichnet; Hinck 1968, 19-47; Falk 1970; Laufhütte

1979, 53-113; Elschenbroich 1982 und Laufhütte 1986, der differenzierter in den Zusammenhang von Volkslied und Kunstballade einführt).

Bürger hatte mit großem Selbstbewußtsein die eigene ›Erfindung‹ der Kunstballade eingeschätzt: »Denn alle, die nach mir Balladen machen, werden meine ungezweifelten Vasallen sein und ihren Ton von mir zu Lehen tragen« (Bürger am 12.8.1773). Mit Bürgers *Leonore* ist die Entwicklung der Kunstballade in Deutschland allerdings längst nicht abgeschlossen. Vor allem in der Zeit des sogenannten Klassizismus verfertigen Schiller und Goethe eine Anzahl Balladen, die die Bürgersche weit übertreffen, von der sie vor allem intentional weit unterschieden sind: Schillers und Goethes Balladen von 1797 »entwerfen Gegenmodelle gegen eine uneins gewordene Welt [nach der französischen Revolution und ihren Folgen, BJ], gegen gesellschaftliche Fehlentwicklungen, gegen Entfremdungen jeder Art, gegen dissoziierte Verhältnisse und wollen sie populär, d.h. verlockend für jedermann machen« (Segebrecht 1983, 203). Mit dem pädagogischen Impetus, überindividuellen und allgemeingültigen Werten als Substrat der Balladenhandlung poetisch Geltung zu verschaffen, gehören diese Balladen genau ins Konzept der Klassik (zur Zugehörigkeit der 1797er Balladen zur Klassik vgl. insgesamt den sehr schönen Aufsatz von Segebrecht 1983).

Für die Deutungsgeschichte der Balladen mag der *Erlkönig* beispielhaft stehen, den Goethe als Einleitungslied für ein höfisches Unterhaltungsspiel (*Die Fischerin*) 1782 dichtete. Was das Gedicht vorführt, ist auf dem Hintergrund der Erlebnisprojektion der werkimmanenten Goethe-Auslegung die poetische Gestaltung der Beziehung Goethes »zu den magischen Elementen der beseelten Natur«, »das Leben und Weben der Natur im Zauber der Nacht« (Hirschenauer 1963, 159; vgl. Staiger 1952, I, 343ff.; Kommerell [4]1985, 310ff.), der das kühl Rationale, Aufgeklärte im Vater gegenübersteht (Trunz HA 1, 481). Diese antirationalistische Deutungstradition blieb bis weit in die siebziger und achtziger Jahre erhalten: Müller-Waldeck (1983) arbeitet auf der Basis materialistischer Literaturtheorie Goethes hier dichterisch umgesetzte Aversion gegen eine kalte Naturwissenschaft und seine Sympathie für den Gedanken einer Existenz übersinnlicher Kräfte heraus, das Versagen der Schutzfunktion des Vaters zeige das Ungenügende des Ratio-Prinzips an (32). Bauer (1984) pointiert die Interpretationsperspektive noch schärfer: Der *Erlkönig* sei poetischer Protest gegen aufklärerische und industriell-technische Naturwissenschaft und Naturbeherrschung (146 u.ö.). Auch für Ueding (1988) liegt hier der zentrale Gehalt des Textes: Die Ballade stelle zwei unterschiedliche Naturerfahrungsweisen einander gegenüber: die väterlich aufgeklärte, die kindliche, die in den Dingen der nächtlichen Natur magische Wesenheiten sieht. Der Vater, der rationalistisch auf die durchaus authentische kindliche Naturerfahrung reagiert, stehe den magischen Mächten hilflos gegenüber. Sein Naturbegriff erweise sich als zu eng, als daß er die Ängste des Kindes tatsächlich verstehen und nicht als Ausgeburten der Einbildungskraft abtun würde (Ueding 1988, 102). Aufklärung unterliege letztendlich: Die »qualitative, subjekthafte, sich in anschaulichen Gestalten herausbildende Natur« (ebd.), die das Kind sinnlich erfährt, gewinnt physische, tatsächliche Macht über es – das Kind stirbt. Der Tod ist der Nachweis der Realität dessen, was das Kind erfuhr, der vernünftige Vater aber abstritt.

Losgelöst von dieser Deutungstradition unterlegt Fritsch (1976) eine quasi-biographische Bedeutung. Sie gestalte den Weimarer Kompromiß Goethes, die Absage an unbedingte Leidenschaftlichkeit, die im Kind sich darstelle, und das Arrangement mit dem väterlichen Realitätsprinzip (des Landesvaters) (vgl. 62). Im Kind sieht wiederum Freund (1978) die eigene künstlerisch-programmatische Vergangenheit Goethes figürlich dargestellt, der hier im Vater seine »Parteinahme für die Vernunft und das Realitätsprinzip« positiv gegenübergestellt werde (174).

Die Figurenkonstellation des *Erlkönigs*, Vater und Sohn, legt auch im weiteren Sinne psychoanalytische Textdeutung nahe. Bertelsmann (1985) legt in seiner ausführlichen wie fragwürdigen Studie eine platte Applikation der Freudianischen Psychomechanik auf den literarischen Text vor: »Das Gedicht stellt [...] eine fehlerhafte Ich-Organisation dar, in der die Unterordnung der kindlichen Partialtriebe unter den Fortpflanzungstrieb noch nicht gelungen ist. [...] In der Vermittlung zwischen dem Es und dem Über-Ich [...] ist es dem Es [sic!] immer noch nicht gelungen, die Zügel in die Hand zu nehmen: Subjekt des Reitens ist noch immer der Vater« (82f.). Anregender ist da gewiß schon die Vermutung, daß im Verhalten des Vaters sich die durch Männlichkeit oktroyierte Verdrängung auch eigener kindlicher Ängste (und Wünsche) darstelle (vgl. Merkelbach 1985, 321). Auf dem Hintergrund einer neostrukturalistisch bereicherten Psychoanalyse interpretiert hingegen Zons (1980) in anspruchsvoller, aber schwer verständlicher Diktion die Handlung des *Erlkönigs* als Drama der bürgerlichen Familie, den Tod des symbolischen Kindes als Markierung der Differenz am Vater: Gesetz und Begehren.

4. Späte Lyrik

Der literarische Reflex der Italienreise war Goethes Hinwendung zu den ästhetischen Traditionen der Antike. Konkret aber wurde dies in dem ersten Gedichtzyklus, den *Römischen Elegien*, in denen die Erfahrung antiker Kunst und Architektur und erotische Erfahrung als formale und inhaltliche Motivationen einer neuartigen künstlerischen Produktivität stilisiert wurden. Wie die *Elegien* steht nun ein zweiter großer Gedichtzyklus am Übergang zu Goethes ›Alterswerk‹: die *Sonette*. Auch diese siebzehn Gedichte sind explizit Ausdruck dichterischer Selbstreflexion, ganz bestimmter künstlerischer Selbstbestimmung.

Sonette

Gundolf ([13]1930, 576ff.), Staiger (1956, 444ff.) und Korff (1930, 92) bewerten die Gedichte des Zyklus als Übungsstükke, als »Kunst zweiten Grades«, die bloß einem »dekorativen Willen« folge (Gundolf [13]1930, 577); noch Schlütter nennt sie in seiner Sonett-Monographie »ein opusculum auf dem Wege von Goethes klassischer zur Altersdichtung« (Schlütter 1969, 122). Die Zuneigung Goethes zu Minna Herzlieb, die angebliches ›Erlebnis‹ hinter dem Sonettenkranz gewesen sei, läßt einen Gutteil der Forschungsliteratur (auch) zu einer Suche nach dem Biographischen im poetischen Text werden (vgl. etwa Ermatinger [2]1925, 109; Korff 1930, 92); Wolff (1952) behauptet ein Liebeserlebnis mit Silvie von Ziegesar als ›Erlebnishintergrund‹; Hankamer (1943) interpretiert streng biographistisch, wertet die Sonette jedoch auf; die Aufarbeitung der frustrierenden Liebeserlebnisse mit Minna Herzlieb und Silvie von Ziegesar unterstellt J. Müller (1966, 15): die Sonette seien »lyrisch gefaßte Liebesgeschichte« (21). Grundsätzlich losgelöst von der Erlebnisästhetik ist erst G. Kaisers brillanter Beitrag (1982), der ganz auf die Selbstreflexion des ästhetischen Gebildes abhebt.

Wie die *Römischen Elegien* stehen die *Sonette* ebenfalls kurz nach einem entscheidenden biographischen Einschnitt: dort die italienische Reise, hier der Tod Schillers – die Ereignisse markieren lediglich auf unterschiedliche Weise die jeweilige Krise, in die die Selbstdefinition der politischen beziehungsweise künstlerischen Identität geraten war. Die *Sonette* entstanden in den Jahren 1807 und 1808, am 22. Juni 1808 sandte Goethe die Sonette I–VI an den Freund Zelter, las dann immer mal wieder aus ihnen vor; erst in der Werkausgabe 1815 wurden die Sonette I–XV veröffentlicht, die beiden letzten behielt er sich aus Diskretionsgründen bis ins Jahr 1827 vor: Sie schienen allzu große biographische Eindeutigkeit und Nähe zu haben.

Wie die *Elegien* sich auf die Tradition der antiken Liebesdichter beziehen, rekurriert auch der Sonettenzyklus explizit auf eine dichterische Tradition: auf Petrarca. Der italienische Renaissancedichter war einerseits erster Meister des Sonetts, andererseits ist sein *Canzoniere* ein groß angelegter Zyklus von Sonetten, die das genretypische Thema gestalten: Sonette sind dort ausschließlich Liebesgedichte. Das auslösende Moment des *Canzoniere*, ein Liebeserlebnis, ahmt Goethe im Sonett XVI unter eindeutiger Anspielung nach: Wie der Karfreitag, an dem Petrarca seine Laura erstmalig sah, die Liebe und die Sonette begründete, ist für das Dichter-Ich der *Sonette* der »A d v e n t von Achtzehnhundertsieben« (XVI, 4) das Initiationserlebnis.

Die komplexe Ordnung der *Sonette*, die als Verweisungszusammenhang Bedeutungen konstituiert, wurde von Reithmeyer (1935) unbefriedigend erarbeitet: Der zentralen Dreiergruppe ordnen sich auf- und absteigend die übrigen Sonette zu, Goethes strengem Formtrieb gehorchend (vgl. 91) – eine Formung, der aber einige Sonette sich entzogen. J. Müller (1966) behauptet zwar das Zyklische der Anordnung (21), will aber nur die poetische Kontinuität der Erlebnis-Aufarbeitung nachvollziehen. Für Schlütter (1969) unterliegt der Ordnung der *Sonette* kein Prinzip, sie seien lediglich »nach inhaltlicher Zusammengehörigkeit gruppiert« (129). Wiederum erst dem Beitrag von G. Kaiser (1982) gelang der differenzierte Nachweis einer komplex zyklischen Anordnung der Gedichte. Der Zyklus der *Sonette* hat eine strenge Aufteilung: Gedicht I und XVII bilden einen Rahmen aus allegorischem Prolog und rätselspielerischem Epilog; die Sonette II bis XVI sind in fünf Dreiergruppen gegliedert, die je einen engen Zusammenhalt besitzen.

Das formale und inhaltliche Zentrum des Zyklus sind die drei Brief-Sonette des Mädchens, die versuchen, Unmittelbarkeit umzusetzen in Sprache – und immer beim Erinnerungsbild stehenbleiben oder sprach- und mitteilungslos werden. Die Forderung nach liebender Unmittelbarkeit gerät dem Mädchen aber, genau wie ihre Polemik gegen das Sonett als *der* Form der Liebeslyrik, zum Sonett. »Hier wird die Geliebte zur Sprache gebracht, indem sie um die Sprache gebracht wird – um ihre Sprache der Unmittelbarkeit, die das Gegenteil von Sonett sein möchte und doch Sonett sein muß« (Kaiser 1982, 76). Das Verhältnis zwischen der Inhaltsebene ›Figurenintention‹ und der lyrischen Form des Sprechens wird also eindeutig von der letzteren dominiert – die ja Instrument ist in der Hand des Dichters, der Unmittelbarkeit in sprachliche Form umsetzt.

Die *Sonette* problematisieren, wie die Seele, die Innerlichkeit zum Sprechen gebracht werden kann. »Der Sonettenzyklus spricht über die Nichtsprache der Seele in der kunstvollsten Form der Lyrik, ja, er läßt die sprachlose Unmittelbarkeit des liebenden Mädchens selbst zum Sonett werden. Statt einfach Unmittelbarkeit in sich hervorzurufen und zur Gestalt zu verfestigen, *vollzieht* er damit die Dialektik von Seele und Form« (Kaiser 1982, 69). In Gestalt der poetischen Fiktion der ›Fernliebe‹ zwischen alterndem Dichter und Mädchen reflektiert der Zyklus also das Verhältnis der ›unmittelbarsten‹ literarischen Gattung, der Lyrik, zum Leben, zum Herz. Konnte noch in der jugendlichen Emphase des Sturm und Drang Lyrik als ›Schrift des Herzens‹, als unmittelbarster Ausdruck der »Fülle des Herzens« programmatisch gedacht werden, wird hier die Vergeblichkeit des Versuchs, Unmittelbarkeit direkt umzusetzen, reflektiert – die Sprachlosigkeit des Unmittelbarsten steht der Sprache entgegen. Die Bemühung aber, die Fülle des Herzens überhaupt in angemessene Rede zu übersetzen, wird aufgehoben in der strengsten literarischen Tradition, der des Sonetts, das Metrik, Reimschema, Stropheneinteilung und antithetische gedankliche Konzeption immer vorgibt. Nur in der poetischen Fiktion ist die Emphase des Sturm und Drang noch denkbar, der Beginn der Goetheschen ›Alterslyrik‹ konstatiert die Vergeblichkeit der literarischen Bemühungen um Unmittelbarkeit und hebt diese Reflexion in einer anderen Form lyrischen Sprechens auf, indem es sich der strengen Tradition des Petrarcischen Sonetts zuwendet.

In unterschiedlicher Form hatten beide bisher erläuterten Ge-
dichtzyklen Goethes, die *Römischen Elegien* und die *Sonette*,
eine Flucht zum Ausgangspunkt. Die *Elegien* greifen auf ein
vergleichbares biographisches Ereignis zurück, dem dichterische Gestaltung und Überformung widerfährt. In den *Sonetten*
dagegen wird diese Distanzierung Fiktion. Der Rückzug von
der fiktiven Geliebten wird zum Motor dichterischer Produktivität, die notwendige Mittelbarkeit der poetischen und poeti-
sierten Liebe Zentralpunkt der dichterischen Reflexion.
Gleichzeitig wird aber hier schon eine formale, poetische Spie-
lerei initiiert, die das Nur-Ernste der Reflexion aufhebt – das
kokette Rätselspiel des XVII. Sonetts zeigt das deutlich.

Dieselben Motive bilden in Goethes letztem, umfangreich-
stem und für die konzeptionelle Position der späten Lyrik wohl
bedeutendstem Zyklus wiederum Zentralpunkte der literarischen (Selbst-)Reflexion: im *West-östlichen Divan*. Der *Divan*
entstand in den Jahren 1814-1819, nach Beendigung der na-
poleonischen Besetzung Europas, nach Beendigung der Befreiungskriege, nach der Arbeit des Wiener Kongresses und mit
der Hoffnung auf eine friedvollere, wenn auch restaurative Gestaltung Europas.

Goethe hat gleich mehrere Motivationen für die Abfassung
des *Divan*. Anders als bei den *Elegien* und den *Sonetten* stellt
Goethe sich hier in eine fremdere kulturelle und literarische
Tradition. 1812/13 waren die Gedichte des persischen Dichters Hafis aus dem 14. Jahrhundert erstmalig in deutscher
Sprache erschienen. Sie bildeten für Goethe die Anregung, sich
in den bisher nur wenig bekannten Kulturkreis des Orients
einzuarbeiten – die orientalistischen Studien der folgenden
Jahre zielten darauf ab, die Welt des Hafis besser kennenzuler-
nen und sie für die eigene literarische Produktion nutzbar zu
machen. Goethe nennt, in Anlehnung an Hafis' Gedicht-
sammlung, seinen Zyklus ›Divan‹, was aus dem Persischen
übersetzt ›Liedersammlung‹ heißt (zur persischen Tradition im
Divan s. Braginski 1968 und v.a. Wertheim 1983).

Die zyklische Organisation des *Divan* wird überzeugend erläutert in Trunz' Kommentar zur Hamburger Ausgabe (HA 2,
558f.), im einzelnen vertieft etwa durch Becker (1952), Hass
(1956) – »der zyklische Faden spann sich auch vom Einzelnen
ins Einzelne« (311) – und Atkins (1965), dessen Beitrag nebenbei als eine gute Einführung in die gesamte Liedersamm-

lung gelten darf. Hass (1959) und Hillmann (1965) stellen ausführliche Untersuchungen zu Geschlossenheit und Einheitlichkeit des *Divan* dar, inhaltlich knapper dagegen Krolop (1982) und K. Mommsen (1991).

Über die Begegnung mit Hafis hinaus liegen dem Zyklus gewiß auch biographische Begebnisse zugrunde, die zumindest die Stimmung produzieren, die den ganzen *Divan* bestimmt. Im Sommer 1814, als der Friede dies wieder erlaubt, fährt Goethe an den Rhein – in die Landschaft seiner Kindheit und Jugend, die er seit siebzehn Jahren nicht gesehen hatte. Die Reise in die freundlichere Gegend, das sommerliche Wetter, die Fülle der alten und neuen Bekanntschaften, einige Kunstsammlungen auf dem Wege und dazu dann als Reiselektüre die Gedichte des Hafis, all dies scheint günstige Bedingung gewesen zu sein für eine reichhaltige dichterische Produktion schon während der Reise. Goethe verfaßt fast täglich einige Gedichte, die, mit Ort und Datum signiert, ein strenges und getreues Protokoll der Reise abgeben, die ihn von Weimar an den Rhein, von Ost nach West führt, in seiner Imagination aber vom Orient zum Okzident. – Übers Jahr reist Goethe wiederum an den Rhein, die Reise wird wieder in Gedichte umgesetzt. Hier dient die Reise vornehmlich dem Besuch des Ehepaares Willemer, das er im Oktober zuvor in Frankfurt kennengelernt hatte. Zu der 35 Jahre jüngeren Marianne von Willemer entwickelt sich von Anfang an eine intensive Beziehung, die weniger auf erotischer Anziehung als vielmehr auf der gleichen Begeisterung für Hafis' Gedichte und der beiderseits kongenialen Umsetzung der orientalischen Welt in eigene Gedichte beruht. Marianne also dichtet – und ihre Gedichte gehen zum Teil unverändert in das »Buch Suleika« des *Divans* ein –, und Goethe antwortet in Gedichten.

Die scheinbar engste Bindung der Liedersammlung an ihren biographischen Hintergrund hat zu dessen exakter Erforschung geführt: Pyritz (1941) und Kahn-Wallerstein (1961) sind Biographien Marianne von Willemers oder biographische Berichte über Goethes Besuche am Rhein. Die biographistische, oder genauer: im Prinzip an der Erlebnisästhetik ausgerichtete Deutungsperspektive auf den *Divan* wirkt bis in viele Einzelinterpretationen hinein (vgl. etwa Schrader 1952, Stöcklein 1956, Debon 1980, Fritz 1980, Debon 1984 u.v.a.m.).

Anders als bei den *Elegien* ist hier also nicht eine Flucht der Erlebnishintergrund, die Reise ist tatsächlich nichts als bloße Erholung. Dennoch wird das Fluchtmotiv dichterisch wiederaufgegriffen – und somit erinnert der *Divan* an den Anlaß zur italienischen Reise. Das erste Gedicht des ersten Buches, »Moganni Nameh – Buch des Sängers« ist mit »Hegire« überschrieben. Dies aber ist die französisierte Fassung des arabischen ›Hedschra‹, eigentlich ›Auswanderung, Flucht‹, womit die Auswanderung Mohammeds von Mekka nach Medina bezeichnet wird, die den Beginn der mohammedanischen Zeitrechnung markierte. Der Gedichtzyklus beginnt also mit der Anspielung auf die Heilige Flucht (vgl. Wertheim 1983, 373, Anm. 15), die jene Welt maßgeblich konstituierte, in die das dichterische Ich sich einarbeitet, in die es fliehen will.

Mit dem Strukturmotiv der Flucht spricht der Zyklus beginnend von seinem wichtigsten Thema: dem Dichter, den es als heilig apostrophiert und als Ziel der Wallfahrt des dichtenden West-Ichs stilisiert (zu Dichter und Dichtung als zentrale Reflexionsgegenstände des *Divan* vgl. Hillmann 1965, Bahr 1969, Krolow 1982, Heine 1984, Neumann 1984 und Schlaffer 1984). Das zweite Hauptthema spricht der Text erst implizit an: die Liebe und das Dichten aus Liebe, oder: Liebe als Dichten (vgl. Fritz 1980). Das Fluchtmotiv des *Divan*-Beginns stilisiert die Begegnung mit dem Orient in Hafis' Gedichten als neuen Anfang, als Bewegung von abgelegter poetischer Tradition hin zu einer neuartigen Poesie, zu neuen Konzepten künstlerischer Identität.

Damit gehört der Divan in eine Reihe mit den *Römischen Elegien* und den *Sonetten*: Auch hier waren die Neu- oder Umdefinition dichterischen Selbstverständnisses sowie die Dichtung aus Liebe zentrale Themen. Die Schwerpunkte allerdings verschieben sich auf beiden Ebenen. Die *Elegien* sprechen noch davon, wie der Flüchtling vor sich selbst – im literarischen Nachruhm – im synästhetischen Erleben von erotischer Liebe und klassischer Ästhetik gerade lernt, sich in diese Tradition zu stellen. In den *Sonetten* wird die dichterische Form, die Petrarcische Tradition sich selbst problematisch, behält aber die Oberhand; anders als in den *Elegien* kommt aber im späteren Zyklus die Geliebte zu Wort – allerdings zu dem des Dichters.

Dies wird weitergetrieben im *Divan*. Die Geliebte spricht auch hier, doch ganz in ihrer eigenen Weise. Allerdings zunächst im Gewand der Fiktion, die dem Divan zugrundeliegt: als Suleika. Das »Buch Suleika« ist ein poetisches Liebesgespräch zwischen Hatem und Suleika. Die Sprache der Unmittelbarkeit ist aber nicht mehr gebunden durch die Strenge einer Tradition, wie sie etwa das Petrarcische Sonett darstellte.

Goethe übernimmt fast niemals die dichterischen Strukturen der persischen Gedichte, die ihm in Hafis' *Divan* vorlagen, selten nur lehnt er sich an orientalische Traditionen an (etwa das Ghasel: Der Titel von »Selige Sehnsucht« hieß zunächst »Buch Sad, Gasele I«); die Strophenformen, Reim- und metrischen Strukturen sind teils Überarbeitungen, teils Anlehnungen an Nachdichtungsversuche, weitgehend aber Versuche, strukturell die heitere, gelöste Stimmung wiederzugeben, die das Ganze durchfliegt (zu Vers- und Reimkunst des *Divans* vgl. W. Kayser 1954 und Solms 1982).

Im Gewand des Orients verhandelt der *West-östliche Divan* insgesamt verschiedene Konzepte von Dichtung und Dichter, in den Masken,

> »hinter denen sich *einer* verbirgt: der Autor, nicht mehr als der Einzelne oder gar als der Vereinzelte, sondern als der Liebhaber wie als Täter, der im vielfältig geschaffenen westöstlichen Gelände, als einem Welt-Gelände, als Welt-Bühne, in der Nationalliteratur nicht gleich Platz findet. Dafür nimmt anderes Platz, unter verschiedenen Namen: Phänomene, Kräfte, ein ganzes Kräftefeld wird so auf die anmutigste, überlegenste [...] Art und Weise angeboten: Hafis, Timur, der Schenke oder Suleika, der Euphrat am Rhein und Main, der Tigris in eben jener Gegend.« (Krolow 1982, 69)

Der *Divan* ist voll von abstrakt bestimmten Konzeptionen von Dichter und Dichtung. Diese allerdings sind nicht mehr als Konzept zu vereinheitlichen. Man kann sie sammeln, ihren Stellenwert und ihre Struktur beschreiben – und damit die Komplexität des Zyklus umreißen.

Die Heiligung des Dichters in der »Hegire« wird durch die Sakralisierung des dichterischen Wortes im Gedicht »Segenspfänder« noch übersteigert. Im Bilde betexteter sakraler Gegenstände spricht der Text mittelbar über sich selbst; die verschiedenen Klein- und Kleinstformen, die der *Divan* versammelt, können unter dem Bilde dieser religiösen Schriftträger interpretiert werden. Im Lob des Hafis, vor allem im »Buch des Sängers«, wird eine historische Bestimmung der dichterischen Identität ausgestellt: Hafis als Sänger in einem noch epischen Zeitalter, das Lieder aus den »Elementen« ›Liebe‹, ›Waffengang‹ und ›Gläserklang‹ und ›Schönem‹ erheischt.

Hafis darf als Initiativ- und Identifikationsfigur im *Divan* angesehen werden, an der Goethe das Spiel mit dem Orient, mit neuen und offenen dichterischen Formen, mit einer neuen und bisher ungekannten Metaphernvielfalt festmacht. Hatem dagegen ist der Figurenanlage nach dem älteren Goethe am ähnlichsten, jedoch nicht mit ihm identisch zu setzen. In der Rolle des schon ergrauten Dichters läßt Goethe in Hatem »noch einmal das Unstete, Wilde seiner Jugend zu Worte kommen« (Krolop 1982, 112) – dies aber distanziert in der Rollenfigur.

Vor allem der alte Goethe verfügte über die Fähigkeit, in der Distanz der fiktiven Rolle über historisch gewordene Stufen des eigenen Ich zu sprechen. Nirgends aber so souverän wie im *Divan*. Hier grenzt sich, im ›Übermacht- und Kaisermotiv‹, einer ab von den Ansprüchen von Potentaten und Propheten, behauptet hier wie in der Liebe (»Buch Suleika«) die jugendliche Kraft des Alternden, die sich am souveränsten zeigt in der dichterischen Vielfalt des Ganzen. Der gesamte Zyklus ist Spiel mit den dichterischen Möglichkeiten, die zwar die orientalische Dichtung Goethe nicht anbot, zu denen sie ihn aber anregte. Der *Divan* ist Spiel mit Themen, Motiven, Bildern, deren wichtigsten die Liebe und die Dichtung sind – in ähnlichem Sinne verschränkt wie in den *Sonetten* – ohne daß die dichterische Sprache sich hier problematisch wird: Die strukturell ungebundenere lyrische Rede des »Buches Suleika« steht dem erstrebten Ausdruckswunsch der Unmittelbarkeit nicht entgegen. So am ausdrucksvollsten in den Strophen von »Wiederfinden« (HA 2, 83f.), in denen die Wiederbegegnung der Liebenden als Aufschrei in der ersten Strophe durch die poetische Nacherzählung des Weltschöpfungsmythos abgelöst wird. Die schöpferische Kraft der Liebe wird nun gegen die wieder drohende Trennung gesetzt: Die Liebesdichtung schafft der Liebe Dauer, indem sie bleibt, sie ersetzt göttliche Schöpfungsmacht: »Allah braucht nicht mehr zu schaffen, / Wir erschaffen seine Welt« – im Text. Hier behauptet dichterische Sprache ihre Souveränität über die Dinge der Welt, ihre virtuelle Ablösung – mit einem ästhetisch-theoretischen Begriff, ihre *Autonomie*. Und das unbändige dichterische Spiel, das der *Divan* darstellt, in dem Ernst und Heiterkeit nicht für sich selbst stehen, sondern je aufgehoben werden in dem übergreifenden Verweisen aller Motive auf alles, dem zyklischen Kreisen der Bedeutungen, setzt diese Autonomie um.

Neben der dichterischen Selbstreflexion in den großen Ge-
dichtzyklen der späten Lyrik spielt auch eine eher existentielle
Selbstverständigung eine wichtige Rolle – in Fortsetzung auch
der poetisch ausgearbeiteten universellen Bildungs-Gesetzmä-
ßigkeit der *Metamorphose der Pflanzen.* Am 7. Oktober 1817
heißt es in Goethes Tagebuch: »Orphische Begriffe« (zum Entstehungszusammenhang der *Urworte* vgl. Hübscher 1976,
Dietze 1977), am 8. dann: »Fünf Stanzen ins Reine geschrieben«.

Nach der altägyptischen Mythologie standen bei der Ge-
burt eines Menschen vier Gestalten Pate: Δαιμων, Τυχη,
Ερος und Αναγκη. In der Überlieferung dieses Mythos wird
Ελπις, die Hoffnung, schon oft miterwähnt. Der orphische
Mythos, auf den Goethe hier zurückgreift, kennt Ähnliches:
Orpheus war für die Griechen ein mythischer Sänger (zur or-
phischen Tradition s. Kraft 1986, 194; Dietze 1977 widerlegt
das Orphische für das Gedicht, allein die Titelbegriffe stamm-
ten dorther). In der orphischen Tradition fallen Religion und
Dichtung zusammen, Mythos ist also identisch mit Poesie: der
Dichter spricht heilige Worte – Goethe benennt sie um zu
»Urworten«.

Die *Urworte. Orphisch* zitieren eine traditionelle Strophen-
form, die Stanze. Das italienische »stanza« bedeutet im literarischen Sinn soviel wie *Reimgebäude.* Dieses ist eine achtzeilige
Strophe aus jambischen Elfsilbern. Die ersten sechs Verse sind
alternierend auf nur zwei Endsilben gereimt, die letzten beiden
bilden ein abgegrenztes Verspaar. Der starke Einschnitt nach
den ersten sechs Zeilen macht das abschließende Verspaar be-
sonders geeignet für einen zusammenfassenden Abschluß, die
Zusammenfassung der Gedanken zur Sentenz. Die Stanze ist
nicht antike Form, sondern erlebte ihre Ausprägung und Blü-
tezeit in der italienischen Renaissance, bei Tasso. Gleichwohl
ist sie seit der Italienreise Bestandteil des klassizistischen Form-
kanons, dessen Goethe sich bediente (zur Stanzenform der *Urworte* vgl. v.a. Dietze 1977, 18ff.).

Die *Urworte* sind ein lange wenig beachtetes Gedicht. Piper
(1934) und Flitner (1939) interpretieren es unter stark morali-
sierend bzw. mystizistisch-religiösem Blickwinkel. Hübscher
(1976) leitet aus dem Entstehungszusammenhang mit Scho-
penhauers *Die Welt als Wille und Vorstellung* die fragwürdige
These ab, die fünfte Stanze gehöre nicht zu den anderen, da

dort die Hoffnung nicht auftauche. Kraft (1986) liefert nur das paraphrasierende Einverständnis mit Goethes eigenem Kommentar (HA 1, 403-407). Lediglich Dietze (1977) liefert eine gründliche Deutung, die nebenbei einen guten Überblick über die ältere Forschung gibt.

Um Mitternacht

Nur vier Monate nach den *Urworten. Orphisch*, am 13.2.1818, entstand das Gedicht *Um Mitternacht*, welches sich, wie jene, reflexiv auf menschliches Leben bezieht. Streng im Kontext der erlebnisorientierten Deutungstradition war für Korff (1927) und Viëtor (1932) die dritte Strophe »der Erlebnis- und Sinnkern, von dem aus die Gestalt des Gedichts sich entfaltet hat« (Viëtor [1932] 1965, 66), »Vertrauen in die Zukunft, Hoffnung, Glauben erfüllen die Seele« (67). Radikal biographisch interpretiert Hof (1950/51), der hier eine späte poetische Erinnerung an Charlotte von Stein unterlegt, ohne daß das Gedicht dazu Anlaß böte.

Kommerells knappe, aber sehr genaue Analyse (^{4}1985, 132f.) kommt angesichts des Gedichtes zu dem Resultat, hier handele es sich um perspektivische Grammatik, d.h., die konditional-temporale Wenn-Reihung der zweiten Strophe, die sich gleichsam durch das »dann ferner« auch rückwirkend auf die erste Strophe überträgt, bekomme nur einen Sinn, wenn die dritte Strophe den Sehe-Punkt, die Perspektive, die zeitliche Blickrichtung des Textes bestimme: Vom Greisenalter aus wird auf ein Leben zurückgeblickt. Dem imaginären und anekdotisch-eigentlichen Zeitpunkt der Mitternacht ist jeweils eine Helligkeitsstufe beigegeben, die sich zum dritten hin steigert: zur gedanklichen Klarheit, der der Rückblick frei ist. Gerade aber die Wiederholung des »um Mitternacht« im Titel und als Kehrreim ist der spannungsvollste Teil des Textes. »Das Gedicht zeigt ein Gleiches am Verschiedenen. Das Gleiche ist die im Kehrreim gleich bezeichnete Mitternacht, die verschieden aufgefaßt wird in den verschiedenen Phasen des Wachstums« und »den verschiedenen Erscheinungen des nächtigen Leuchtens« (ebd. 133; vgl. auch Krolop 1980, 55).

Nachträglich eingebunden in einen sehr genau berichteten biographischen Kontext, der aber nicht als angebliche Interpretation auf den Text appliziert wird, wird *Um Mitternacht* von Lange (1976), der neben einer sehr genauen Textbeschrei-

bung und Deutung der literarischen Bilder gewissermaßen
eine Fortführung der Kommerellschen Deutung bietet. Die
Kernproblematik ist demnach »die Konstituierung des Bewußtseins in der Zeit« (ebd. 129), die Konstitution des lyrischen Subjektes als historischem und biographischem, die
»Grunderfahrung der Geschichtlichkeit des Bewußtseins«
(ebd. 139).

Trilogie der Leidenschaft

In unmittelbarer zeitlicher Nähe zu einem Kuraufenthalt in
Marienbad im Herbst 1823 verfaßt Goethe drei Gedichte, die
nicht zu Unrecht als die spektakulärsten seines Alterswerkes
angesehen werden dürfen. Goethe faßt sie zusammen unter
dem Titel *Trilogie der Leidenschaft: An Werther – Elegie – Aus-
söhnung*. Biographischer Hintergrund ist die stark affektive Beziehung Goethes zu einem jugendlichen weiblichen Kurgast in
Marienbad, Ulrike von Levetzow, der gegenüber der 74-jährige
eine starke Zuneigung entwickelt (zum Hintergrund vgl. die
»genetische Interpretation« J. Müllers (1978), die nicht eigentlich eine Textdeutung, sondern eine ausführliche Nacherzählung der Entstehungszusammenhänge und Bearbeitungsstufen
der *Trilogie* liefert; im Gegensatz dazu steht Hellers Studie
(1970), die gerade die Differenz zwischen empirischer und
Textwirklichkeit betont; zur Gesamtinterpretation der *Trilogie*
s. Wilkinson 1957 und Nollendorf 1973). Einerseits stellen
diese drei Gedichte die Aufarbeitung einer solchen vergebli-
chen Liebe dar, wenngleich die biographischen Ereignisse gar
nicht oder nicht unverstellt im Text auftauchen. Die »Aussöh-
nung«, die zuerst entstand, feiert noch den Gleichklang zwischen Gedicht und Empfindung: »Da fühlte sich – o daß es
ewig bliebe! / Das Doppelglück der Töne wie der Liebe« (V.
17 f.), bekommt aber mit der Schlußstellung eine andere Bedeutung. Andererseits aber ist die *Trilogie* auf interessante Weise Reflexion über Leben und Dichtung, rückblickende Reflexion auch des Goetheschen Gesamtwerks und gleichermaßen
der Identität des Dichters.
  Der mittlere und längste der drei Texte ist namentlich als
Marienbader Elegie prominent geworden, eine Wertschätzung,
die der Text schon von seinem Autor erfuhr. Die Leiderfah-
rung der unerfüllbaren Liebe, die gewiß auch biographischer
Hintergrund der *Trilogie der Leidenschaft* ist, wird verallgemei-

nernd zu einem resignativen und gleichermaßen modernen Dichterbegriff umformuliert: Dichtung wird zum Aussagemodus des leidenden Subjekts. Oder, mit den Worten der, jenseits aller positivistischen Biographik, grundlegenden Untersuchung von M. Mayer (1986): Das Leiden, hier an der Trennung von der Geliebten, wird zur »Grundvoraussetzung des Dichtens« (239), das Dichten gewährt dann aber, indem es »dichterische Selbstbesinnung und erneute Selbstfindung« reflektiert, Heilung von dem Schmerz (256).

Auch das erste Gedicht der *Trilogie der Leidenschaft* ist Selbstreflexion des (Goetheschen) Dichterischen, indem es, wie die *Elegie*, direkt anspielt auf eine der großen Figuren des Goetheschen Werkes: »An Werthern«. Der Held des frühen Romans wird angesprochen: »Noch einmal wagst du, vielbeweinter Schatten, / Hervor dich an das Tageslicht« (V. 1f.), sein »gräßlich Scheiden« (V. 40) wird jedoch resignierend dem Leben seines Urhebers gegenübergesetzt: »Zum Bleiben ich, zum Scheiden du erkoren, / Gingst du voran – und hast nicht viel verloren« (V. 9f.). Nach einem reflexiven Durchgang durch die Entstehungsgeschichte des Wertherschen Leidens (II-V) bildet sowohl die kathartische oder therapeutische Funktion literarischer Tätigkeit als auch die Einsicht in die Leidensverhaftetheit des dichterischen Subjekts den Abschluß:

> Wie klingt es rührend, wenn der Dichter singt,
> Den Tod zu meiden, den das Scheiden bringt!
> Verstrickt in solche Qualen, halbverschuldet,
> Geb' ihm ein Gott zu sagen, was er duldet.

Mit dem resignativen Zitat der Dichtungsprogrammatik am Ende des *Tasso* reflektieren diese späten Goethegedichte die Krise, in die die Literatur der Goethezeit – und das heißt hier: die Literatur Goethes, die in *Werther, Prometheus, Tasso* und der From der Elegie zitiert wird – geraten war, und zeigen als Bestandteil noch dieser Literatur auf, »warum diese Literatur nicht mehr möglich ist« (Wünsch 1991, 189).

II. Drama

In Goethes Dramen, vom *Götz* bis zum *Faust*, werden, neben, mit oder über den inhaltlichen Konflikten, die die Handlung bestimmen, immer auch den individuellen Figurenmotivationen übergeordnete Konflikte dargestellt: Etwa konfligierende Konzepte des Geschichtsbildes, der Gesellschaftsauffassung, der Selbstdefinition der handelnden Individuen usf. Darüber hinaus, auf der abstraktesten Ebene der Konflikthandlung, stehen auch immer die dichterischen Konzepte zur Verhandlung, aus denen heraus die Dramen sich entwickelt haben, denen sie fast programmatisch zuzuordnen sind. Das geht so weit, daß etwa der Handlungskonflikt zwischen Iphigenie und den Taurern so weit in den Hintergrund gedrängt wird, daß das Drama praktisch handlungsleer wird, zugunsten der literarischen Auseinandersetzung mit der Dialektik der Durchsetzung von Humanität und zugunsten des Konfliktes klassizistischer Formgebung mit einem sich dieser entziehenden Gegenstand.

Goethes Dramen gehören insgesamt in den Kontext der Entwicklung des Schauspiels in Deutschland im 18. Jahrhundert, indem sie vor allem die Tradition des von Lessing geprägten ›bürgerlichen Trauerspiels‹ aufgreifen, fortsetzen und an entscheidender Stelle Umbewertungen vornehmen, als auf deutschen Bühnen fast ausschließlich französisch-klassizistische Stücke oder deren französisierende Adaptationen gespielt wurden (zu Drama und Dramentheorie vor Goethe vgl. v.a. Kaiser 1977, 115-190; Schulte-Sasse 1980, 423ff.; Fischer-Lichte 1990).

1. Sturm und Drang

An die Tradition der bürgerlichen Aufklärung in der dramatischen Literatur schließt Goethes Dramatik fast unmittelbar an. Zeitgleich zur Fertigstellung der großen bürgerlichen Trauerspiele Lessings, *Miß Sara Sampson* und *Emilia Galotti*, aber entstehen zunächst, als eine ästhetische Aneignung der gerade gängigen Unterhaltungsdramatik des Rokoko, die beiden dra-

matischen Frühwerke Goethes. *Die Laune des Verliebten* steht
ganz ungebrochen in der Tradition des deutschen Schäferspiels, einer Spielart der deutschen Idylle, die das antike Grie-
chenland als Kulisse für eine ganz und gar unproblematische
Liebesgeschichte stilisiert – Problem ist allenfalls, das einmal
ein Schäfchen verlorengeht oder aus irgendeinem Grund die
Liebenden nicht sofort zueinander können. Das Schäferspiel
des Achtzehnjährigen wird, bei aller generellen Kritik am Gen-
re, als ein Musterexemplar des deutschen Schäferspiels bewertet (Kayser HA 4, 470), wobei die traditionelle Goetheforschung schon Ansätze zu späterer Meisterschaft sehen will,
etwa in Hinsicht auf Figurengestaltung, Dialogführung usf. Inhaltlich geht es in dem Stück um Liebe und Eifersucht, genauer gesagt, um den Ausgleich zwischen den Ansprüchen der Liebenden auf Zärtlichkeit und Erotik und dem Interesse »einer
Gesellschaft, die die Freiheit zu spielerischer Erotik gewahrt
wissen will« (Conrady 1982, 76).

Auch in dieser Tradition des unterhaltenden Theaters steht
die kleine Farce, die Goethe 1768 in zwei Fassungen schrieb:
Die Mitschuldigen. Hier werden auf der Bühne in geschickter
Verdichtung alle Beteiligten an einem bisher enttäuschend ver-
laufenden Liebesdrama zusammengeführt – immer muß der
eine sich beim Auftritt des nächsten verstecken. In der zweiten
Hälfte des Stücks muß ein jeder Erklärung abgeben, warum er
hier sei – es stellt sich die prinzipielle Mitschuld eines jeden an
der enttäuschenden Liebesgeschichte heraus, das Ende bleibt
offen. Die Figuren, die Goethe hier vorführt, sind in ihrer Anlage angelehnt an die Typik des französischen Klassizismus:
verschmähter Liebhaber und Liebhaberin, der Alte. Auch die
Sprache, der strenge Alexandriner, entstammt der klassizistischen Adaption, die Einaktigkeit der ersten, die Zweiaktig-
keit der zweiten Fassung allerdings entsprechen keiner bestimmten Tradition.

Auf den Ebenen der handlungsleitenden individuellen Konflikte, der Figurengestaltung und der sprachlichen und dramatischen Form stellen die frühesten Dramen Goethes gewiß keine literaturgeschichtliche Besonderheit dar. Gleichwohl sollen
sie hier nicht übergangen werden, da unterhalb der unmittelbar sichtbaren Oberfläche der Handlung schon Strukturen
sichtbar sind, die das eigentliche dramatische Erstlingswerk
Goethes, die *Geschichte Gottfriedens von Berlichingen mit der eisernen Hand, dramatisirt*, schon vorausahnen lassen. In der
Laune des Verliebten und den *Mitschuldigen* »schält sich schon

deutlich das Problem des besonderen Individuums heraus, das mit seiner Eigenart in Konflikt mit den gesellschaftlichen Normen gerät« (Zimmermann 1979, 41). Im ersten Stück soll dem Helden die konfliktträchtige Eigenart ausgetrieben werden, das zweite verzichtet auf eine Lösung, die individuelle Handlung wird hier auf dem Hintergrund der Fehlerhaftigkeit des Handelns aller konturiert oder eingefordert. *Die Mitschuldigen* führen schon »eine degenerierte Gesellschaft« vor, »die den Eigenwillen des Individuums zu legitimieren hat« (Zimmermann 1979, 42). Oder, um es mit dem alten Goethe selbst zu sagen: »Ich hatte zeitig in die seltsamen Irrgänge geblickt, mit welchen die bürgerliche Sozietät unterminiert ist. Religion, Sitte, Gesetz, Stand, Verhältnisse, Gewohnheit, alles beherrscht nur die Oberfläche des städtischen Daseins« (*Dichtung und Wahrheit*, 7. Buch; HA 9, 285) (zu beiden Schauspielen s. Preisendanz 1980).

Götz von Berlichingen

Die Drucklegung des *Götz von Berlichingen*, dem ersten großen literarischen Erfolg des jungen Frankfurter Autors, im Jahre 1773 wurde von der literarischen Öffentlichkeit begeistert aufgenommen. Viel stärker als bei Lessings zeitgleich erscheinenden Trauerspielen ist die Wirkung ins Publikum hinein, viel stärker auch auf die Entwicklung des deutschsprachigen Dramas in den siebziger und achtziger Jahren. Diese immense Wirkung hat einerseits mit dem Stoff zu tun, den Goethe hier einer dramatischen Bearbeitung unterzieht, andererseits mit der Art der Behandlung, die dieser Stoff erfährt (zur frühen Rezeption des *Götz* s.u. Kap. VI.1).

Schon im Herbst 1771, nach seiner Rückkehr aus Straßburg nach Frankfurt, beschäftigte sich Goethe intensiv mit der Dramatisierung der *Lebensbeschreibung des Herrn Götz von Berlichingen*, der Autobiographie eines deutschen Rittersmannes aus dem 16. Jahrhundert (1480-1562), die 1731 in Leipzig erschienen war. Die Niederschrift der ersten Fassung des Dramas dauerte nur sechs Wochen, der Text mit dem Titel *Geschichte Gottfriedens von Berlichingen mit der eisernen Hand, dramatisirt* blieb allerdings unveröffentlicht und wurde erst in der ›Ausgabe letzter Hand‹ 1833 veröffentlicht. Auf Anraten vor allem Herders arbeitete Goethe die *Geschichte Gottfriedens* im März 1773 um zu *Götz von Berlichingen mit der eisernen Hand. Ein*

Schauspiel. Die Unterschiede zwischen den beiden Fassungen sind gravierend und nicht bloß marginale Umarbeitungen (vgl. etwa Kayser HA 4, 513), vielmehr ist der *Götz* tatsächlich ein ganz neues Stück (vgl. Graham 1965; Zimmermann 1979, 71-76; Buck 1982, 36f.).

Der historische Hintergrund des Schauspiels ist das Deutschland des 16. Jahrhunderts. Die Ausbildung fürstlich-absolutistischer Territorialstaaten beschränkte die Macht des deutschen Kaisers zunehmend. Der im hohen Mittelalter die feudale und militärische Macht des Herrschers garantierende Stand der reichsunmittelbaren Ritter mußte schon lange den Söldnerheeren weichen, die zudem mit neuester Waffentechnik ausgestattet waren (Feuerwaffen). Die agrarisch orientierte Dreifelderwirtschaft der alten feudalen Rittergüter führte auch zum ökonomischen Niedergang des Ritterstandes, die Patrizierhäuser der städtischen Handelsherren und die mit ihnen verquickten Stadthöfe bildeten wirtschaftliche Machtzentren in den Städten. Die allmähliche Einführung des römischen Rechtes und die Verdrängung des germanischen Gewohnheitsrechtes machte die Ausbildung einer komplexen staatlichen Verwaltung notwendig, die den einzelnen Feudalherren auch das Recht auf eigene Gerichtsbarkeit nahm. Ein größerer Teil des alten Ritterstandes sank zum Raubrittertum in marodierenden Horden herab, wenige versuchten, politisch am alten Wertesystem festzuhalten, unterlagen aber zu Beginn des 16. Jahrhunderts in blutigen Kriegen. Die Bauernaufstände von 1524/25, vergebliche Versuche der Bauern, aus ihrer rechtlosen Abhängigkeit von den Fürsten zu entkommen, vermengt der *Götz von Berlichingen* im fünften Akt mit dem Niedergang des reichsunmittelbaren Rittertums.

Götz von Berlichingen stellt sich in Goethes Drama als eine Figur dar, die »inmitten der Natur, aber in voller Rüstung, d.h. frei von allen gesellschaftlichen Bedingungen [dasteht], aber eben deshalb verstrickt in den Kampf mit ihrem mächtigen Vertreter, dem Bischof von Bamberg« (Schröder 1978, 202). Der Held trägt die Züge naturhafter Menschlichkeit, wird als gerechter Helfer und Fürsprecher der Unterdrückten charakterisiert. Gleichzeitig zeichnet ihn seine tätige Frontstellung gegen höfischen Müßiggang aus – ein Leitmotiv der Kulturkritik des *Götz*, zu der auch die Karikatur adliger und bürgerlicher Gelehrsamkeit in I,3 gehört. Dem Müßiggang werden in scharfer Pointierung Tätigkeit und Wirksamkeit gegenübergestellt. Deshalb wird der Titelheld zu Beginn in achtsamer Aktion dargestellt. »Es geht ihm um männliches Handeln. Die ihm eigene Tätigkeit ist eins mit dem Ausleben seiner Natur, nicht weniger. Die Tätigkeit ist sein Lebenselement« (Zimmermann 1979, 47). Götz als Stellvertreter der aussterbenden reichsunmittelbaren Ritter wird stilisiert als jemand, der sich allein durch die zielgerichtete Tat definiert, gerichtet einerseits auf die Erhaltung seines Standes, andererseits auf dessen Verpflichtung: Götz ist der redliche Ritter, der seine Kraft und seine Macht für die Schwachen und Bedrängten einsetzt. Wirksamkeit ist sein Programm.

Tätigkeit ist im *Götz* grundsätzlich mit dem Begriff der Natur verbunden. Götz selbst ist Natur, ist das gesellschaftlich ungebundene, keinem Gelübde verpflichtete, reichsunmittelbare Individuum. Das Naturhafte der Individualität Götzens war Interpretationsziel der älteren Interpretationen: G. Müller (1947), Staiger (1952, 85) und von Wiese ([1948] [8]1973) etwa deuten, ganz auf den Helden orientiert, das Drama als Exemplifikation des frühen Goetheschen Naturbegriffs, Götz als »kraftvoll jugendalterliche deutsche Natur« (G. Müller 1947, 56f.; vgl. auch Kayser HA 4, 484f.; Gundolf [13]1930, 123ff.). Aus dem Zentrum der Deutungsintention gelöst und soziologisch bzw. bewußtseinsgeschichtlich problematisiert wird der Naturbegriff etwa bei Zimmermann (1979), Nägele (1980, 65f.) und Bürger (1985). Darüber hinaus ist die Figur des Titelhelden und seine dominierende Ausprägung lange Zeit der Grund dafür gewesen, den *Götz* als Charakterdrama zu interpretieren: Bis hin zu seinem Untergang erfolge die dramatische Handlung aus der Struktur des Helden (vgl. Korff 1923, 229f.; Meyer-Benfey 1929, 75; Viëtor 1949, 26f.; Staiger 1952, 85ff.; Kayser HA 4, 489; Appelbaum-Graham 1963, 225; Graham 1965, 250 u.ö.; gegen diese Deutung v.a. Martini 1979).

Der zentrale Programmbegriff des gesamten Dramas ist der der Freiheit – mit ihm tritt Götz auf die Bühne, mit ihm auf den Lippen stirbt er. Freiheit ist für Götz nicht so sehr ein politischer Begriff, vielmehr bezeichnet er die von außen uneingeschränkten Möglichkeiten ritterlicher, männlicher, kämpferischer Tätigkeit. Freiheit heißt für Götz die Freiheit von Abhängigkeitsbeziehungen feudal-politischer, machtpolitischer oder ökonomischer Art, wie jede höfische Struktur sie mit sich bringt, zweitens auch Freiheit von intriganten Beziehungsstrukturen etwa des Hofes, von moralischen Korsetts höfischer oder städtisch-bürgerlicher Etikette; nicht zuletzt auch Freiheit von der Verwaltungsbürokratie, die dem römischen Recht auf dem Fuße folgt und dem reichsunmittelbaren Gerichtshalter einen Wust von Bestimmungen, Regelungen, Gesetzen usf. auferlegte. »Ohne Raum persönlicher Freiheit gibt es für die persönliche Stärke keine Tätigkeit –: beides zusammen, Freiheit und Tätigkeit, erscheint in diesem Drama mithin als die Existenzbedingung eines jeden starken, auf Selbstmanifestation angelegten Lebens. Hören Freiheit und Tätigkeit auf, so hört auch das lebenswerte Leben, hört jedenfalls die ritterliche Welt auf« (Zimmermann 1979, 51; zum Konzept der Freiheit im *Götz* insgesamt s.v.a. Martini 1979, 112ff.; Bürger 1985; van Ingen 1986).

Das utopische Ideal der Treue erscheint im Drama unmittelbar gebunden an die Freiheit. Sie ist für die Feudalherren gegenüber ihren Untertanen genauso verpflichtend wie umgekehrt. »Wir sehen im Geist unsere Enkel glücklich und die Kaiser unserer Enkel glücklich. Wenn die Diener der Fürsten so edel und frei dienen wie ihr mir, wenn die Fürsten dem Kaiser dienen, wie ich ihm dienen möchte« (HA 4, 141f.) – Götz artikuliert hier die unrealistische Utopie ›symmetrischer Herrschaftsbeziehungen im patriarchalen gesellschaftlichen Raum‹ als eine Zukunft, die sogleich mit eigenen Erfahrungen aus der Vergangenheit untermauert wird, programmatischer noch: »Hab ich nicht unter den Fürsten treffliche Menschen gekannt […]? Gute Menschen, die in sich und ihren Untertanen glücklich waren; die einen edeln freien Nachbar neben sich leiden konnten, und ihn weder fürchteten noch beneideten« (HA 4, 142). Goethe hatte in der ersten Fassung diese Stelle noch dadurch hervorgehoben, daß er ihren Mittelpunkt durch Großschreibung markierte: »in Ihren Untertanen Glücklich zu sein« (MA 1.1, 462). Legitime Herrschaft leitet sich ab aus dem »sozialen Glück der Untertanen« (Zimmermann 1979, 59), aus der Verpflichtung der Herrschenden zu Schutz, Sorge und Treue gegenüber ihren Untertanen. Götz lebt das hier, indem er die letzte Flasche Weines mit Burschen, Knappen und Frauen teilt, eine politische Utopie: »Das wäre ein Leben! […] wenn man seine Haut für die allgemeine Glückseligkeit dransetzte« (HA 4, 143).

Die Zentralmetapher der Dramenkonzeption ist die im Zusatz des Titel genannte ›eiserne Hand‹, die Verstümmelung des Körpers – die gewissermaßen auf allen Ebenen der konfligierenden Konzepte eine bedeutende Rolle spielt. Die eiserne Hand galt einerseits Goethe und seinen Zeitgenossen gewiß als

Sinnbild »kraftstrotzender Vitalität« (Graham 1963 u. 1965, 248), sie zeigt andererseits aber schon von Anfang an die bereits begonnene Demontage des großen, freien und naturgewachsenen Individuums: Götz ist keine ganze Individualität mehr. Die fehlende Hand, die rechte Hand aber ist im Text noch viel mehr als bloße Kennzeichnung des Titelhelden. Sie wird gewissermaßen »zum gleitenden Signifikanten« (Nägele 1980, 67), also zu einem Bedeutungsträger, der verschiedene Dinge, hier Personen, markieren kann. Weislingen wird bereits in der ersten Szene des ersten Aktes als »des Bischofs rechte Hand« bezeichnet (HA 4, 74), nach Weislingens Verlobung mit Maria berichtet Götz von einem Traum, in dem Weislingen versucht habe, ihm die eiserne Hand abzureißen, und wie er vor Schreck darüber aufgewacht sei. »Ich hätte nur fortträumen sollen, da würd ich gesehen haben, wie du mir eine neue lebendige Hand ansetztest« (HA 4, 100). Weislingen verändert sich also, von einem Körperglied des Bischofs in eins Götzens, beiderseits Anzeichen einer Schwächung von deren Identität, die ohne ihn verstümmelt wären – allerdings auch Anzeichen seines dezentrierten Selbsts: Er kann nur außer sich, am andern, sein. Götz muß die ›Hand‹ Weislingen bald an den Bischof zurückgeben, sie wird also zum Zeichen für dessen Untreue. Die existentielle – da metaphorisch körperliche! – Bindung Weislingens an Götz zeigt sich zum Ende, als Weislingen Götz den Fürsten ganz ausgeliefert hat: »Indem er das Identitätszentrum außer sich zerstört, gewinnt er nicht die Freiheit, wie er glaubt [...], sondern die eigene Vernichtung« (Nägele 1980, 68). Die Verstümmelung des eigenen Körpers wird für Götz jedoch zum überindividuellen Phänomen. Götz erfährt seine Unterlegenheit gegenüber dem Gang der Geschichte, gegenüber dem verstümmelten Staat als sukzessive Verstümmelung – »Sie haben mich nach und nach verstümmelt, meine Hand, meine Freiheit, Güter und guten Namen« (HA 4, 173), zuletzt wird ihm, wiederum in einer Organismus-Metapher, die Lebensgrundlage abgetrennt: »Lebt wohl, meine Lieben; meine Wurzeln sind abgehauen« (HA 4, 174).

Die Perspektive, mit der das Drama endet, ist eine zutiefst pessimistische. In ihren Schlußworten wirft die fiktive Figur des 16. Jahrhunderts, auf dem Hintergrund des eigenen Scheiterns und der historischen und politischen Einsicht in dessen Gründe, einen pessimistischen Blick in die Zukunft: »Es kommen die Zeiten des Betrugs, es ist ihm Freiheit gegeben. Die Nichtswürdigen werden regieren mit List, und der Edle wird in ihre Hände fallen« (HA 4, 175). Das Element, in dem einst Götz und seine Standesgenossen sich bewegten, hat gewissermaßen den Besitzer gewechselt: die Freiheit. In seiner Prognose faßt Götz sein eigenes Schicksal nochmals zusammen. Er stirbt mit dem Worte ›Freiheit‹ auf den Lippen – und seine Frau, ebenso negativ, erwidert: »Nur droben, droben bei dir. Die Welt ist ein Gefängnis«, womit sie Götzens im Stück immer immer dichter werdende Erfahrung der nachmittelalterlichen Welt auf den Punkt bringt.

Die historische Perspektive, die das Drama damit, gegenüber der einseitigen Orientierung auf seinen Zentralhelden, eröffnet, macht es über ein Charakter- oder Figurendrama hinaus zum Geschichtsdrama. Sengle (1952) setzte der Götz-zentrierten Lesart erstmalig die These entgegen, es gehe hier um die Reflexion eines historischen und gesellschaftlichen »Gesamtzustandes«. Dieser Lesartenkonflikt, der gleichzeitig auch gattungstheoretische Reflexion ist, wird ausführlich behandelt bei Martini (1979). Zur Behandlung von Geschichte und Sozialem – und zwar im doppelten Sinne: Geschichte des ausgehenden Mittelalters und Gesellschaft und Geschichte der frühen Goethezeit – s. auch Nägele (1980), Buck (1982), Bürger (1985), P. Müller (1987) und Schanze (1989).

Das Zentralmotiv von Freiheit und Gefängnis spielt auch bei der äußeren Form des *Götz von Berlichingen*, die für die Dramatik des Sturm und Drang von programmatischer Bedeutung war, eine gravierende Rolle. Der schlichteste Blick auf die Form offenbart eine Fülle von Auftritten, 59 in der ersten, 56 in der zweiten Fassung. Die Handlung am Bischofshof, die Weislingen-Adelheid-Handlung, die Intrigen am kaiserlichen Hof und beide Lager der kriegerischen Auseinandersetzungen verlangen die zeitweise Abkehr vom Schauplatz um die Zentralfigur. Von Auftritt zu Auftritt wechselt der Ort, Szenen sind manchmal radikalste Kurzszenen von nur ein oder zwei Wortwechseln. Die Handlungszeit umfaßt ungefähr anderthalb Jahrzehnte. Es ist klar, daß Goethe hiermit der aristotelischen Dramenpoetik mit ihren Einheiten von Ort, Zeit und Handlung eine Absage erteilt – mit den Worten der *Rede zum Shakespeares-Tag*: »Ich zweifelte keinen Augenblick, dem regelmäßigen Theater zu entsagen. Es schien mir die Einheit des Orts so kerkermäßig ängstlich, die Einheiten der Handlung und der Zeit lästige Fesseln unserer Einbildungskraft. Ich sprang in die freie Luft und fühlte erst, daß ich Hände und Füße hatte« (HA 12, 225). Die ästhetische Erfahrung der Dramen Shakespeares wird hier zur Programmatik der eigenen. Für die ästhetische Form des neuen Dramas wird das Leitmotiv des *Götz von Berlichingen* zur Metapher: Die Ästhetik der althergebrachten, klassizistischen und aufklärerischen Dramatik ist das Gefängnis, aus dem der Sturm und Drang befreit. »Und jetzo, da ich sahe, wie viel Unrecht mir die Herrn der Regeln in ihrem Loch angetan haben, wie viel freie Seelen noch drinne sich krümmen, so wäre mir mein Herz geborsten, wenn ich ihnen nicht Fehde angekündigt hätte und nicht täglich suchte, ihre Türne zusammenzuschlagen« (HA 12, 225). Die ästhetische Auseinandersetzung wird hier unter der Metapher des ritterlichen Kampfes, einer Fehde, eines Feldzuges gegen »Türne« begriffen (zur formalen Neuerung, die der *Götz* darstellt, siehe v.a. Martini 1979, 105; zur Rolle der Freiheit als ästhetischem Prinzip Zimmermann in der Diskussion von van Ingen 1986, 25).

Die Sprache des *Götz* ist Prosa, ja sie stellt sogar den Versuch dar, Volkssprache, in der ersten Fassung bis zum Dialekt hin, abzubilden mit allen ihren syntaktischen Besonderheiten und Auslassungen. An verschiedenen Orten des Dramas, die verschiedene soziale Orte sind, wird die Sprache unterschiedlich eingefärbt. Die Sprache des Dramas kehrt sich also radikal ab von der überkommenen Metrik des Klassizismus, mehr noch als bei Lessing wird die alltägliche Rede, die Prosa zur Bühnensprache.

Goethes Rede *Zum Shakespeares-Tag* gibt auch einen Hinweis darauf – dies wiederum eng an die zentrale Thematik des Stückes angelehnt –, wie die neue Dramatik des *Götz von Berlichingen* es versteht, trotz der völlig aufgelösten Einheiten von Ort, Zeit und Handlung eine ästhetische Einheit vorzustellen, die solch künstliche Regeln dazu nicht benötigt. Über Shakespeares Dramen sagt die Rede – durchaus in dem berechtigten Bewußtsein, daß der *Götz* die Auflösung der drei Einheiten viel weiter getrieben habe als je ein Drama des Engländers: »Seine Plane sind, nach dem gemeinen Stil zu reden, keine Plane, aber seine Stücke drehen sich alle um den geheimen Punkt (den noch kein Philosoph gesehen und bestimmt hat), in dem das Eigentümliche unsres Ichs, die prätendierte Freiheit unsres Wollens, mit dem notwendigen Gang des Ganzen zusammenstößt« (HA 12, 226). In diesem programmatischen Satz findet sich zunächst der formal vermittelnde Zentralpunkt der dramatischen Anlage des *Götz*. Alle Szenen, alle Handlung dreht sich um einen *inhaltlichen* Punkt: Freiheit, die als das Eigentümliche des menschlichen Ichs zur moralischen Norm erhoben, ja eingefordert wird, gerät in Konflikt mit der historischunabänderlichen (d.i. Goethes »notwendig«) Dynamik von Geschichte und Gesellschaft – und unterliegt ihr zuletzt im *Götz* (zu Form und Sprache des Dramas als Paradigma einer neuartigen dramatischen Rede s.v.a. Graham 1965).

Natürlich aber war es nicht zuerst die dramatische Form des Dramas, die für die begeisterte Aufnahme beim Publikum sorgte – allenfalls die Freizügigkeit der Sprache, die sich selbst manche Zotigkeit nicht versagte. Es waren vielmehr der Gegenstand des Stückes und seine inhaltliche Behandlung, die in den bürgerlichen Schichten der siebziger Jahre im Mittelpunkt des Interesses standen. Zunächst hatte dies einen ganz einfachen Grund: Gegen die importierten Stoffe aus der griechischrömischen Antike in Tragödien und Schäferspielen und gegen die ebenso importierte französische Ästhetik des dramatischen Klassizismus setzte der *Götz von Berlichingen* einen Stoff von ›nationalem‹ Gehalt. Dem politisch in unzählige Kleinstaaten zersplitterten Deutschland wurde aus der eigenen Vergangenheit ein Stoff gegeben, in dem einer sich als Held bewies, indem er kämpfte für den Vertreter der Alten Ordnung, des einheitlichen Reiches, den Kaiser – Goethe siedelt seinen Stoff nicht ohne Grund am historischen Ausgangspunkt der Territorialisierung des deutschen Reiches im 16. Jahrhundert an, unter dem das Handelsbürgertum des 18. Jahrhunderts ökonomisch am schärfsten zu leiden hatte. Allein das Deutsche seines Stoffs jedoch war schon Impetus gegen den deutschen Adel, der sich mit Vorliebe an den französischen Höfen und ihrer Etikette orientierte (die harsche Kritik Friedrichs II. von Preußen an *Götz von Berlichingen* spricht dafür: vgl. HA 4, 492f.).

Der pessimistische Schluß des Dramas, wo Götz, seine Frau, seine Schwester und Freund Lerse eine katastrophale Gegenwartserfahrung und negativste Zukunftserwartung artikulieren, schlägt die Brücke zwischen dem 16. Jahrhundert des dramatischen Gegenstandes und dem 18. seiner dramatischen Bearbeitung und seiner Rezeption: Die pessimistisch prognostizierte Zukunft Götzens ist die Gegenwart des Publikums des Dramas. Die Bürgerlichen erkennen diese ihre Gegenwart, erkennen die künstliche Etikette adliger Höfe, die hinterlistigen und menschenverachtenden Intrigen, erkennen auch die abstrakteren Strukturen ihrer Welt, wie das Stück sie vorführt: die Instrumentalisierung zwischenmenschlicher Beziehungen zum Zweck ökonomischer oder machtpolitischer Bereicherung

(Weislingen-Adelheid) (vgl. Bürger 1985, 208), die wortklauberisch-spiegelfechterische Trägheit staatlicher Verwaltungen, Egoismus, Untreue und Opportunismus, Betrug und Verrat und Mord als die Strukturen politischer Macht (vgl. Buck 1982, 40). Der bürgerliche Zuschauer oder Leser des späten 18. Jahrhunderts aber erkennt auch sich selbst in der Titelfigur, die gegen all das Negative kämpft – mit dem moralischen Anspruch auf seine individuelle (»prätendierte«) Freiheit, dem progressivsten Ideal des deutschen Bürgertums im 18. Jahrhundert. Götz ist die literarische Identifikationsfigur, in der das deutsche Bürgertum die eigenen politischen Wünsche und auch Handlungsimpulse sehen kann, Götz kämpft mit dem ganzen Anspruch auf sich selbst als Individuum, ›nur sich selbst, Gott und Kaiser untertan‹, genau gegen die Hemmnisse individueller, politischer und ökonomischer Liberalität am Ende des 18. Jahrhunderts. In der Figur, die ein Altes gegen ein Neues verteidigen will, repräsentiert sich das bürgerliche Ideal des Individuums gegen die Verkrustung der feudalabsolutistischen Verfassungen; auf diese Figur sind die individuellen und politischen Wünsche des Bürgertums der siebziger Jahre projizierbar.

Goethes *Götz* ist also alles andere als das Drama einer individuellen Tragödie, ein ›Charakterdrama‹ im schlechtesten Sinne, ist auch kein Geschichtsdrama als Historienspiel. Vielmehr ist es natürlich ein historisches Drama: Einmal, weil sein Stoff ein geschichtlicher ist, der sogar sehr genau und kenntnisreich behandelt wird, andererseits aber auch, weil es gewissermaßen die Schreiber- und Lesergegenwart historisiert, sie in generativen und kritisch-produktiven Zusammenhang mit der dargestellten Historie setzt, im historischen Gewande aggressivste Gesellschaftskritik betreibt und ermöglicht. Kritik, die allerdings auf den Bereich der literarischen Öffentlichkeit beschränkt bleibt – die ja für das Bürgertum noch lange Ersatzöffentlichkeit für jene nicht gewährte, nicht erkämpfte öffentliche Teilhabe am Politischen war. – So endet denn Goethes Stück auch nicht nur auf der Ebene der reinen Handlung pessimistisch. Das Freiheitsideal Götzens – und historisch übertragen das des Bürgertums des 18. und 19. Jahrhunderts – wird immer mehr verinnerlicht; der Schluß des Dramas erhebt die Freiheit von einer diesseitig-irdischen Kategorie zu einer jenseitig himmlischen. Schon innerhalb ihrer programmatischsten literarischen Vertreter sublimiert die bürgerliche, kulturell-politische Revolutionsbewegung des Sturm und Drang die eigenen Ziele zu innerlichen bzw. zu rein literarischen. Zur Kritik des Schlusses vor allem der zweiten Fassung siehe Schröder (1978, 208), Martini (1979, 44) und Glaser (1980, 307), die gerade in der scheinbaren Aufhebung der auch historisch-gesellschaftlichen Widersprüche in der Sterbeszene eine ideologische Problematik unterstellen. Dagegen behauptet Zimmermann (1979, 70) ein durchaus Utopisches, auf das der *Götz* hier blicke, sowohl Neuhaus (1981) als auch van Ingen (1986, 21) betonen darüber hinaus den optimistisch politischen Anspruch, der auch aus dieser Schlußszene noch spreche:

»Im *Götz* […] eröffnet sich dem Zeitgenossen Goethes die Möglichkeit, ein verschüttetes Gefühl für Freiheit neu aus den Keimen zu entwickeln, nicht als Repristination einer abgestorbenen Vergangenheit, die es in der Geschichte nicht gibt, sondern als Ausweg aus einer bedrückenden Gegenwart in eine neue Zukunft.« (Neuhaus 1981, 97f.)

2. Die Zeit des Klassizismus

Der *Götz von Berlichingen* blieb natürlich nicht das einzige Drama des jungen Goethe, jedoch das einzige, das ausdrücklich der literaturpolitischen ›Jugendbewegung‹ des Sturm und Drang (Bürger 1985) zuzuordnen ist, auch dasjenige, das die größte Aufmerksamkeit des Publikums und der Kritik errang und gleichzeitig maßgebend die Ausbildung einer neuen dramatischen Tradition in Deutschland in Gang setzte, die über Lenz bis zu Büchner und sogar Brecht reicht. Goethe schrieb noch in der Vorweimarer Zeit kleine ›regelmäßige‹ Schauspiele, ein Trauerspiel, den *Clavigo*, ein »Schauspiel für Liebende«, die *Stella*, das wichtige, allerdings Fragment gebliebene *Prometheus*-Drama, dessen dritten Aufzug die große *Prometheus*-Hymne einleiten sollte.

Die ersten Weimarer Jahre Goethes bis zur Reise nach Italien gehörten einerseits den politischen, administrativen Aufgaben als Minister und Mitglied des Geheimen Conseils am Weimarer Hof. Andererseits gelangten in diesem ersten Jahrzehnt lediglich lyrische Texte zur Vollendung, die Dramen und Romane blieben alle Fragment, von *Egmont* über *Faust* bis zum *Wilhelm Meister*. Drei der zunächst Fragment gebliebenen Dramen aber wurden während der italienischen Reise, unter dem stärksten Eindruck der regelmäßig-strengen antiken Ästhetik, vollendet. Hier sollen *Egmont, Iphigenie auf Tauris* und *Torqua-*

to Tasso als für die Zeit des Goetheschen Klassizismus paradigmatische Texte interpretiert werden. Der *Egmont* zunächst als jenes Drama, das formal und inhaltlich noch nahe beim *Götz* liegt – das also möglicherweise die ›ästhetische Grenze‹ zwischen beiden Goetheschen Epochen ausmachen läßt. *Iphigenie auf Tauris* soll, als das klassischste deutschsprachige Drama, interpretiert werden als die totale Umsetzung klassizistischer Ästhetik, gleichsam ihr programmatisches Stück, das aber insgeheim schon die Grenzen der klassizistischen Kunstform reflektiert und sie selbst ästhetisch markiert. Am *Tasso* wird nachvollzogen werden, inwieweit sich innerhalb der klassischen Kunstform bereits andere, jüngere, modernere Kunstformen ankündigen – die dann die gleichzeitige klassische Kunstform als überholt reflektieren.

Egmont

Ein Jahr, bevor er nach Weimar ging, entdeckte Goethe schon den Stoff des *Egmont* für eine mögliche dramatische Bearbeitung. Aus der vorweimarischen Frankfurter Zeit zieht sich die Beschäftigung mit dem Stoff bis hin zur italienischen Reise – ein Stück also, das womöglich noch nahe am eigentlichen Sturm und Drang liegt, was man dem Stoff auch anmerken kann (zur Epochenzugehörigkeit des Dramas vgl. Korff 1923, Gundolf 1916, Staiger 1952 und Pascal 1963, die es dem Sturm und Drang zuordnen wollen, Kaiser [2]1976 und Hinck 1978 verzichten darauf; Burger 1972 und Borchmeyer 1980 ordnen es eher der Klassik zu; Viëtor 1949, Kayser HA 4, 585ff. und Reinhardt 1980, 127ff. erläutern den Zusammenhang der Vollendung des Dramas mit der ital. Reise).

Bis zur Vollendung ist die Arbeit an dem Drama immer wieder von Frustrationen und Rückschritten begleitet: »Mein ›Egmont‹ rückt doch, ob ich gleich den 1. Juni nicht fertig werde« (26.5.1779; HA 4, 584); »Gestern abend hab' ich noch eine Szene in ›Egmont‹ geschrieben, die ich kaum wieder dechiffrieren kann« (24.6.1779; HA 4, 584). Im Dezember 1781 heißt es: »Mein ›Egmont‹ ist bald fertig, und wenn der fatale vierte Akt nicht wäre, den ich hasse und notwendig umschreiben muß« (12.12.1781; HA 4, 584). Und am 20. März 1782: »Zum ›Egmont‹ habe ich Hoffnung, [...], ich will nur das Allzuaufgeknöpfte, Studentenhafte der Manier zu tilgen suchen, das der Würde des Gegenstandes widerspricht« (HA 4, 585).

Nicht dem Gegenstand gelten die Zweifel, sondern der sprachlichen Ausführung. Was getilgt werden soll, ist der stilistische Anteil am Sturm und Drang. Erst in Italien jedoch darf Goethe ernsthaft auf eine Endigung des *Egmont* hoffen: »Ich bin fleißig, mein ›Egmont‹ rückt sehr vor« (*Italienische Reise* 9.7. 1787; HA 11, 367). Goethe verzichtet darauf, den Prosa-*Egmont* der ersten Fassung in einen Vers-*Egmont* umzuarbeiten. Am 5. September 1787 heißt es endlich: »Ich muß an einem Morgen schreiben, der ein festlicher Morgen für mich wird. Denn heute ist ›Egmont‹ eigentlich recht völlig fertig geworden« (*Italienische Reise* 5.9.1787; HA 11, 394) (zur Entstehungsgeschichte des *Egmont* vgl. den Kommentar von W. Kayser, HA 4, 585ff.; Henel 1963; Braunbehrens 1982; Schwan 1986, 74ff.).

Goethe greift im *Egmont* wieder einen historischen Stoff auf. Schauplatz ist die Stadt Brüssel zur Zeit der spanischen Besetzung der Niederlande, zur Zeit der reformierten Bilderstürme in den Niederlanden – den Durchsetzungskämpfen der Reformation und der schärfsten Gegenreformation, die gleichermaßen von Spanien, der katholischen Kirche und den Jesuiten, von der härtesten Inquisition getragen wurde. Der Titelheld ist Graf Egmont von Gaure (1522-1568), der sich mit Wilhelm von Oranien – ebenfalls eine Hauptfigur in Goethes Drama – und dem Grafen Hoorn an die Spitze der adligen Opposition gegen die spanische Besatzung und die Durchsetzung katholischer Verwaltung und Verfassung setzt. Die großen Bilderstürme in den katholischen Kirchen der Niederlanden fanden im Jahr 1566 statt, die Zeit wohl, in der der erste Teil des *Egmont* spielt. Graf Egmont wird – zusammen mit Hoorn, vom spanischen Statthalter Herzog Alba am 9. September 1567 gefangengesetzt und, in Anmaßung königlicher Rechte, von diesem enthauptet. Der historische Stoff – ein Widerständler gegen weltanschaulich rückständige Tyrannei, der hinterrücks einem politischen Komplott zum Opfer fällt – eignet sich durchaus zur dramatischen Gestaltung im Sinne des Sturm und Drang – und auch durchaus, vom Ende her, zur Tragödie.

Die »meisterhafte Exposition« des Stückes (Conrady 1982, 474), die »dreifache expositionelle Spiegelung [...] vor dem ersten Auftreten des Helden« (Dahnke 1970, 74) führt den Protagonisten aus verschiedenen Perspektiven und in verschiedenen ›Identitäten‹ vor: Einerseits aus der Sicht des Stadtbürgertums als Volksheld, der gewissermaßen die Bewahrung einer (klein-)bürgerlichen Utopie garantiert; aus dem Blickwinkel der spanischen Statthalterin als politischen und konfessionellen Feind, den es auszuschalten gälte; drittens aus der Perspektive der liebenden Klare als Mensch und Geliebten in seiner Privatheit. Sowohl auf der staats- und konfessionspolitischen als auch auf der privaten Seite sind also mit diesen drei Auftritten jene Konflikte angerissen, in die Egmont unmittelbar eingebunden ist: Die Figur wird exponiert, ohne selber anwesend zu sein, gleichwohl kreist alles nur um Egmont – gerade weil er (noch) fehlt.

Die bürgerlichen Forderungen am Ende des ersten Auftritts gingen, so Brüggemann (1925, 154), weit über die der französischen Revolution hinaus. Die materialistische Interpretation vor allem in der Germanistik der DDR sieht hier den bürgerlichen Aufbruch gegen den ›Feudalabsolutismus‹ am Werk (vgl. Braemer 1960 und H. Hartmann 1967). Erst Michelsen (1971, 276f.) relativiert die Gleichsetzung dieser Volksrufe mit einer angeblichen politischen Einstellung Goethes. Die Darstellung des Volkes im *Egmont* stellt gewiß einen originären Sturm und Drang-Anteil des Dramas dar – das Volk tritt hier, zunächst, ganz in dem Sinne auf, wie es vor allem durch Herder und Hamann im Laufe des 18. Jahrhunderts neu gefaßt worden war (vgl. Ziegler 1968, 283ff. und Jeßing 1995). Die Anteilnahme Egmonts an seinem Volk sehen Michelsen (1971, 280f.) und Schröder (1981, 107) vor allem in seiner Liebe zu Klärchen dargestellt – eine These, der Schwan (1986, 85f.) widerspricht. – Zur Figur des Machiavell im zweiten Auftritt s. v.a. Clairmont (1983), der entgegen der älteren Forschungsliteratur einige Positionen der Dramenfigur mit solchen seines staatsphilosophischen Namensgebers identifiziert und damit in der Figur eine Egmont spiegelnde und so verdeutlichende Figuration des politischen Gehalts des Dramas herausarbeitet.

Egmont tritt erst zu Beginn des zweiten Aufzuges auf, Szene ist wieder der öffentliche Platz in Brüssel, wieder streiten Stadtbürger miteinander – diesmal allerdings schärfer. Egmont kommt in die Lage, *handelnd* zu erweisen, was zuvor bereits über ihn *gesagt* wurde. Erst der zweite Auftritt allerdings gibt Egmont Gelegenheit, selbst ganz so aufzutreten, wie Goethe ihn dargestellt wissen wollte. Vertrauend auf sein Schicksal will er sich nicht von der Sorge leiten lassen – wie ein alter Freund brieflich rät. In einem metaphernreichen Satz läßt Goethe Egmont seine Welthaltung aussprechen:

»Wie von unsichtbaren Geistern gepeitscht, gehen die Sonnenpferde der Zeit mit unsers Schicksals leichtem Wagen durch; und uns bleibt nichts, als mutig gefaßt die Zügel festzuhalten, und bald rechts, bald links, vom Steine hier, vom Sturze da, die Räder wegzulenken. Wohin es geht, wer weiß es? Erinnert er sich doch kaum, woher er kam.« (HA 4, 400f.)

Zwei Welthaltungen werden hier miteinander vermischt: Der Wagenlenker ist dynamisches Bild einer durchaus selbstsicheren und den eigenen Weg kennenden Individualität; andererseits aber steht hinter der Bewegung des Wagens eine höhere Macht, deren Ursprung und Ziel der Einzelne nicht kennt.

Genau an dieser Stelle setzen auch die unterschiedlichen Deutungen der Figur des Helden sowie der politischen Implikationen des Dramas an. Braemer (1960, 1022) interpretiert das überindividuelle ›Dämonische‹, das Egmont hier in den »unsichtbaren Geistern« apostrophiert, als einen vormarxistischen Geschichtsbegriff, als »etwas Gesellschaftlich-Geschichtliches«, also das sozial und historisch Determinierende, das mit der Selbstbestimmung des Einzelnen kollidiere. Ähnlich und aus der gleichen Perspektive historisch-materialistischer Literaturwissenschaft sieht Dahnke (1970, 100 u.ö.) hier den »objektiv[en] und gesetzmäßig[en]« geschichtlichen Prozeß mit dem »Subjektiv-Moralischen« verschränkt. Im Gegensatz dazu leitet etwa Michelsen (1971, 194ff.) gerade aus der Anerkenntnis der ›dämonischen Bestimmtheit‹ durch Egmont, seine vertrauende Hingabe gerade an den Gang des Schicksals bzw. der Geschichte, Egmonts Freiheit ab. »Egmont akzeptiert das Lebendige in der Natur *und* der Geschichte, ohne es durch den Reflex des Berechnens beherrschen, ohne es zum Schicksal im Sinne einer zweiten Natur (wie Alba) machen zu wollen« (Fehr 1988, 248; vgl. auch Wilkinson 1972, 382; Conrady 1982, 477). »So ist Goethes Egmont das große Gegenbild zu Prometheus: der Mensch entschlägt sich des Hochmuts, alleiniger Macher seiner Geschichte zu sein« (Michelsen 1971, 297).

In die Krise kommt die Auffassung Egmonts erstmalig noch im selben Auftritt. Im Gespräch mit Oranien über die drohende Machtübernahme Albas wird der Zwang zu einer politisch-planerischen und strategischen Entscheidung deutlich sichtbar – im Endeffekt entscheiden Oranien und Egmont sich je anders: Oranien bringt sich in Sicherheit, Egmont läßt sich auf das ›Gesprächsangebot‹ Albas ein, darauf vertrauend, daß ihm nichts zugefügt werden könnte – und tappt in die tödliche Falle. In diesem Gespräch setzt Alba auf »unerbittliche Durchsetzung einer menschenverachtenden Staatsraison« und »kalku-

lierte Grausamkeit« (Conrady 1982, 475), während Egmont
solch offenen Despotismus mit polemischer Schärfe vor allem
gegen die spanische Krone erwidert: »Wie selten kommt ein
König zu Verstand« (HA 4, 430). Auf diesen politischen Af-
front gegen den König läßt Alba Egmont gefangensetzen –
nach genau kalkuliertem und vorab berechnetem Plan, in welchem Albas Sohn Ferdinand eine unglückliche Rolle spielt.

Die politischen Implikationen des *Egmont* wurden vor allem von der älteren Goethe-Forschung weitgehend abgelehnt:
Korff (1923, 218) hält *Egmont* schlichtweg für ein unpoliti-
sches Drama, Böckmann (1966) schließt sich dieser Einschätzung ganz an, ebenso wie Keller (1980) – die Interpretation
beschränkt sich dann einzig auf die von Schiller vorgegebene
Deutung als Charakterdrama. Daneben stehen Forschungsbei-
träge, die das Politische im Handeln Egmonts negieren: Brüggemann (1925) hält Egmont für die dramatische Exemplifika-
tionsfigur »des versagenden Bürgertums«; Keferstein (1937)
nennt seine Abhandlung »Die Tragödie des Unpolitischen«,
Mommsen (1948, 46) hebt seine »Schwäche als Politiker« hervor, Staiger (1952, 292) disqualifiziert ihn als »kenntnislose[n],
gutgläubige[n] Dilettant[en]«. Im Gegensatz dazu stehen Deutungen, die entweder aus historisch-materialistischer (etwa
Braemer 1960; Dahnke 1970) oder politik- und philosophie-
geschichtlicher Perspektive Reflexe des politischen Diskurses
des 18. Jahrhunderts oder aber der politischen Geschichte im
Drama aufzufinden suchen – und es damit als Geschichtsdrama interpretieren (Ziegler 1968; Sengle [1952] ²1969; Dahnke
1970; Michelsen 1971; Schröder 1981; Fehr 1988). Die
Handlungsweise Egmonts als *politische* hat einerseits Wilkinson (1972, 381ff.; s.a. Schwan 1986) als spezifische Art seiner
Sicht auf die Dinge herausgearbeitet, Michelsen (1971) spricht
ihm politische Kompetenz zu, schließlich interpretiert Clairmont (1983) die Dramenfigur des Machiavell als Spiegelfigur
des Helden, womit die politische Kompetenz der Zentralfigur
nochmals betont wird.

Gleichzeitig gibt es eine Reihe von Textdeutungen, die den
Egmont, gewissermaßen aus angelehnt erlebnisästhetischer Perspektive, als Reflex der politischen Tätigkeit seines Autors lesen. Staiger (1952, 298) sieht »politische Ratlosigkeit« Goethes
am Werke, Haile (1967) zieht Goethes politische Ansichten
der siebziger und achtziger Jahre zu einer inhaltlichen Deutung
des Aktaufbaus heran, Borchmeyer (1980, 116) sieht in der
Machtpolitik Spaniens im Drama auch die Weimar bedrohen-

de Habsburgische Expansivität gespiegelt, zuletzt stellt Braunbehrens (1982, 86) die These auf, Goethes Beschäftigung mit
dem Drama werde jeweils durch »Konflikte aus seiner amtli-
chen Tätigkeit« ausgelöst. Gewaltsam erlebnisästhetisch wird
bei Gundolf ([13]1930, 196) das ›Urbild‹ Klärchens in Goethes
Leben gesucht, Egmonts Hilfsbereitschaft mit Goethes »Lebensgefühl« gleichgesetzt (Fuchs 1968, 20f.) – Deutungen, die
allerdings grundsätzlich aller Ernsthaftigkeit entbehren.

Die Liebesbeziehung zwischen Klärchen und Egmont stellt
den zweiten zentralen dramatischen Konflikt des *Egmont* dar.
Sie erweist sich im Verlaufe des Stückes ganz genau *nicht* als
das Gegenstück der öffentlichen Konflikte des Protagonisten,
diese sind vielmehr ins Private hineinverwickelt. Auch das Liebesgespräch ist vom Politischen überformt: Egmont vergleicht
die Liebesbegegnung im allgemeinen mit dem Hinterhalt eines
Soldaten – ein militärischer Vergleich. In der mittleren Szene
des Stücks betont Egmont zwar die gänzliche Andersartigkeit
seiner privaten Identität, das Subjektive, das vom Öffentlich-
Verstellten Getrennte – die Wahrhaftigkeit des Subjekts in der
affektiven Beziehung gegenüber seiner Partikularisation in der
frühbürgerlichen bzw. politischen Welt. Gesprochen wird dies
Wort jedoch in einer vom Politischen ganz überformten Privatheit: Egmont trägt die spanische Uniform (zu dieser Szene
vgl. etwa Saviane 1987, 57ff.). Diese Verschränkung von Politik und Liebe wird in Hinblick auf beide Figuren handlungs-
tragend. Nach Egmonts unmittelbar folgender Gefangenset-
zung versucht Klärchen vergebens, die Bürger der Stadt zu be-
wegen, mit ihr die Befreiung des Volkshelden und ihres Geliebten Egmont in die Tat zu setzen. Die Vergeblichkeit dieser
politischen Bemühung mündet in den Tod: Im Beisein ihres
Jugendfreundes Brackenburg – dem sie sozusagen ihr politisches Mandat übergibt – wählt Klare den Freitod.

Egmonts subjektives Fortspinnen dieser Vermischung aus
Liebe und Politik trägt andere Züge – in der Nacht vor seiner
absehbaren Hinrichtung sieht Egmont einschlafend – »Süßer
Schlaf! Du kommst wie ein reines Glück ungebeten, unerfleht
am willigsten. Du lösest die Knoten der strengen Gedanken« –
Klärchen als Allegorie der »Freiheit in himmlischem Gewande,
von einer Klarheit umflossen, [...] auf einer Wolke«, die ihm
den Lorbeerkranz überreicht, da »sein Tod den Provinzen die
Freiheit verschaffen werde« (zur Freiheitsallegorie s. Staiger
1952, 291, der Goethes Lösung des dramatischen Konflikts als
»Kulissenzauber« abqualifiziert; dem entgegen und mit Erläu-

terungen zur Musik v.a. am Schluß des Dramas vgl. Reinhardt 1980, 126ff.). Daß die Allegorie der Freiheit in den Zügen Klares auftritt, ist unmittelbare Konsequenz einerseits der prinzipiellen Vermischung von Liebe und Politik in der zweiten Szene des dritten Aufzuges – läßt aber auch die private Integrationsfigur des Helden Egmont zur beispielhaften Rolle aufsteigen: Die Geliebte, die den Schutzraum des Privaten und Subjektiven und damit die personale Identität sichert, ist Allegorie der Freiheit. In der Rede der allegorischen Figur wird Egmonts Hinrichtung als Opfertod für die Freiheit apostrophiert, um »dem sinnlosen Tod [...] im Zeichen des Opfers *und* des stellvertretenden Leidens Sinn zu verleihen« (Fehr 1988, 241; vgl. Schaum 1960, 152ff, Ziegler 1968, 272; Reinhardt 1980, 124 und Schröder 1981, 113 sprechen sehr prononciert vom Opfertod Egmonts auch und gerade in der Christus-Nachfolge, eine Deutung, der Fehr widerspricht, indem er den Tod aus der Gattungslogik des Trauerspiels ableitet).

Die allegorische Auflösung des tragischen Schlusses, der Tod des Protagonisten, in den Sieg der Freiheit wurde von Zeitgenossen als ›Abgleiten des Dramas ins Opernhafte‹ (Schiller) disqualifiziert. Gerade dieser Schluß aber demonstriert sehr genau die Art und Weise, in der der (nach-)italienische Goethe mit einem Stoff des Sturm und Drang umging: Nicht mehr wird, wie im *Götz*, das individuelle und politische Schicksal des Einzelnen zur Illustration des allgemeinen Niedergangs benutzt – wo derselbe Programmbegriff, die ›Freiheit‹, als nicht mehr gewährleistet erscheint außer im Jenseits. Hier im *Egmont* hebt der übergeordnetere, abstraktere ›Wert‹, der Sieg der »Freiheit«, im Traume sich ankündigend, den tragischen Schluß auf – wie in der *Iphigenie* wird der dramatische Konflikt nicht in der Katastrophe, sondern in einer Auflösung aufgehoben (zur Klassizität des Schlusses s.v.a. Wilkinson 1972, 389f.).

Iphigenie auf Tauris

Goethes *Iphigenie auf Tauris* kann als das wohl ›klassischste‹ seiner Dramen geradezu paradigmatisch dazu dienen, Goethes Umsetzung nachitalienischer, klassizistischer Ästhetik nachzuvollziehen. Die *Iphigenie* ist daneben wohl dasjenige seiner dramatischen Werke, das von Seiten des gebildeten Bürgertums in

Deutschland die mit Abstand breiteste, allerdings wohl nicht tiefste Aufnahme gefunden hat. Das Stück gab im nachhinein dem bürgerlichen Publikum die Möglichkeit, die klassizistisch geglättete Humanität der Hauptfigur als Schleier von Schönheit über der verderbten Welt zu rezipieren (zur Spezifik der *Iphigenie*-Rezeption als Auratisierung von Kunstwerk und Künstler s.u. Kap. VI.2).

Der unmittelbare Entstehungszusammenhang (vgl. dazu den Kommentar von Kunz in der Hamburger Ausgabe, daneben auch Henkel 1965, 2ff.; Dencker 1967; J. Müller 1969, 8ff.; Chr. Bürger 1977; 177ff.; Hackert 1980, 146ff.; Woesler 1981) des Stückes hat mit dieser Rezeption direkt zu tun. Die Entstehung der *Iphigenie* darf durchaus als Resultat einer von Goethe bewußt gelebten Trennung von Literatur und Lebenspraxis interpretiert werden. Aus Brief- und Tagebuchpassagen läßt sich rekonstruieren, daß Goethe die Abendstunden während einer Reise zu Rekrutenaushebungen und Richtersprüchen nutzte, *Iphigenie* zu verfassen. Ins Tagebuch vom 14. Februar 1779 schreibt er: »Früh Iphigenia anfangen diktieren« (HA 5, 403), in einem Brief an Charlotte von Stein vom selben Datum heißt es:

»Den ganzen Tag brüt' ich über ›Iphigenien‹, daß mir der Kopf ganz wüst ist, ob ich gleich zur schönen Vorbereitung letzte Nacht 10 Stunden geschlafen habe. So ganz ohne Sammlung, nur den einen Fuß im Steigriemen des Dichter-Hippogryphs, will's sehr schwer sein, etwas zu bringen, das nicht ganz mit Ganzleinwand-Lumpen gekleidet sei. Gute Nacht, Liebste. Musik hab' ich mir kommen lassen, die Seele zu lindern und die Geister zu entbinden.« (HAB 1, 262)

In einem Brief an Frau von Stein vom 22. Februar 1779 wird die Notwendigkeit für Goethe, sein literarisches Schaffen nur aus dem Abstand von seiner aktuellen und beruflichen Lebenspraxis ausüben zu können, und die Strategie, diesen Abstand zu gewinnen, nochmals offensichtlich: »Meine Seele löst sich nach und nach durch die lieblichen Töne aus den Banden der Protokolle und Akten. Ein Quattro neben in der grünen Stube, sitz' ich und rufe die fernen Gestalten leise herüber. Eine Szene soll sich heute absondern, denk' ich.« (HAB 1, 262). Die Musik eines eigens bestellten Streichquartettes bewirkt beim Dichtenden erst die völlige Lösung vom Treiben des Alltags, vom profanen Geschäft des Weltlichen. Erst derart präpariert, ist Goethe in die Lage versetzt, in dichterischen Kontakt zu den fiktiven Charakteren seines Stückes zu treten und

Dichtung zu schreiben. Am 2. März 1779 heißt es dann in einem Brief an seine Freundin Charlotte von Stein:

»Knebeln können Sie sagen, daß das Stück sich formt und Glieder kriegt. Morgen hab ich die [Rekruten-] Auslesung, dann will ich mich in das neue Schloß sperren und einige Tage an meinen Figuren posseln. […] Jetzt leb' ich mit den Menschen dieser Welt, und esse und trinke, spasse auch wohl mit ihnen, spüre sie aber kaum, denn mein inneres Leben geht unverrücklich seinen Gang.« (HAB 1, 263)

Die Trennung von Literatur und Lebenspraxis, und sei es die harte Tätigkeit des Rekrutenaushebens, die Spaltung von Innerlichkeit und äußerem, gesellschaftlichem Leben und Handeln, die Abtrennung der Kunst von der Realität wird hier gleichsam institutionalisiert. Ebenso deutlich sagt dies nochmal ein Brief an dieselbe Adressatin (vom 6. März 1779): »Hier will das Drama gar nicht fort, es ist verflucht, der König von Tauris soll reden, als wenn kein Strumpfwürker von Apolde hungerte« (HAB 1, 264); ebenso wie ein Schreiben an den Herzog über die Rekrutenaushebung (vom 8. März 1779): »Übrigens lass' ich mir von allerlei erzählen, und alsdenn steig' ich in meine alte Burg der Poesie und koche an meinem Töchterchen« (HAB 1, 265). Kunstproduktion hebt sich also ab von gesellschaftlichen Widersprüchen. – Am 19. März wird das fertiggestellte Schauspiel in Weimar vorgetragen, am 6. April im Weimarer Liebhabertheater aufgeführt – mit Goethe selbst in der Rolle des Orest.

Die Abgehobenheit des dramatischen Sujets und seiner stilistischen Bearbeitung ruft schnell vehemente Kritik auf den Plan. Zur dramatischen und sprachlichen Form der *Iphigenie* äußerten viele Zeitgenossen stärkste Vorbehalte, sie verurteilten das Drama als einen Rückschritt hinter den *Götz* des Sturm und Drang. Friedrich Heinrich Jacobi etwa schreibt am 20. Oktober 1780 an Wilhelm Heinse über einen Besuch Karl Ludwig Knebels: »Er hat uns Goethes letztes Werk, die Iphigenia in Tauris, vorgelesen, ein regelmäßiges Trauerspiel […]. Nach unserm einhelligen Urteil ist das Ganze ziemlich weit unter Goethes früheren Arbeiten« (HA 5, 410). Ähnlich urteilen der Schweizer Aufklärer Johann Jakob Bodmer (vgl. HA 5, 411) und der renommierte Schriftsteller Iffland (vgl. HA 5, 412). Man wirft Goethes neuem Drama fehlende Natürlichkeit der Sprache und mangelnde Bühnenwirksamkeit vor. *Iphigenie auf Tauris* ist nach dem fünfaktigen Schema des Dramas der Antike und des französischen Klassizismus gebaut, eine

Form, der die ›Stürmer und Dränger‹ und mit ihnen ihre publizistischen und literarischen Nachfolger künstliche Gemachtheit vorwarfen.

Auf seiner italienischen Reise arbeitet Goethe unterstützt von Karl Philipp Moritz die Prosafassung der *Iphigenie* in eine Versfassung um. Zwischen der Urfassung von 1779 und der Endfassung aus Italien 1786 liegen vier verschiedene Bearbeitungsstufen in Versen. Wieland schon wollte nach erster Bekanntschaft mit dem Stück »die schlotternde Prosa in Verse setzen«, Herder äußerte schnell gleiche Wünsche. Zunächst hatte Goethe an einen sechshebigen Jambus, einen klassischen Trimeter, gedacht, dessen sperrige, zugleich antithetische Struktur sich aber sprachlich nicht als schmiegsam genug erwies. So entschied er sich später für den Blankvers, einen fünfhebigen reimlosen Jambus, der nach der *Iphigenie* der Vers des deutschen Dramas schlechthin wurde.

Goethe schreibt an Lavater schon am 13. Oktober 1780: »Meine Iphigenie mag ich nicht gern, wie sie jetzo ist, mehrmals abschreiben lassen und unter die Leute geben, weil ich beschäftigt bin, ihr noch mehr Harmonie im Stil zu verschaffen, und also hier und da dran ändere« (HAB 1, 331). Herzog Carl August bekommt dann aus Verona einen Brief vom 18. September 1786: »Ich bin fleißig und arbeite die Iphigenie durch, sie quillt auf, das stockende Silbenmaß wird in fortgehende Harmonie verwandelt« (HAB 2, 12f.). Und aus Venedig schreibt Goethe am 14. Oktober 1786 an Herder: »An der Iphigenie hab' ich noch zu tun. Sie neigt sich auch zur völligen Kristallisation« (HAB 2, 14). Endlich heißt es am 13. Januar 1787 an Herder: »Hier, lieber Bruder, die Iphigenia. […] Möge es [das Stück] Dir nun harmonischer entgegenkommen« (HAB 2, 41f.). Schlüsselbegriff für die Überarbeitung ist die ›Harmonie‹, Begriff für bewußte starke ästhetische Stilisierung, auch für bewußtes Entrücken aus der Realität.

»Wenn Goethe als Kriterium für die Umarbeitung sich auf den Begriff des ›Harmonischen‹ beruft, so ist damit gemeint, daß die Versform dem Stück jene Fremdheit verleiht, die der auf der Ebene des Gehalts eingehaltenen Distanz zur Realität entspricht. Der Vers erscheint als diejenige ästhetische Bearbeitungsform, die den Stoff der Wirklichkeit entrückt. Mehr als alle anderen künstlerischen Mittel vermag er zu stiften, was Walter Benjamin *Aura* genannt hat.« (Chr. Bürger 1977, 183)

Schon die Frühfassung der *Iphigenie* wies einen feierlichen Sprachstil auf, der sich durch Lyrismen, Bilder und Archaismen, durch Inversionen, also Verdrehungen der Wortstellung auszeichnete (zu Spezifik und Funktion v.a. der klassischen Sprache der *Iphigenie* s.v.a. Neubauer 1986). Die Abgehobenheit der sprachlichen Form wird in der Endfassung radikalisiert: »Heraus in eure Schatten, rege Wipfel / Des alten, heilgen, dichtbelaubten Haines,/ Wie in der Göttin stilles Heiligtum,/ Tret' ich noch jetzt mit schauderndem Gefühl« (V.1ff.). Ein weiteres konstitutives Stilmittel der letzten Bearbeitung ist die Sentenz, ein allgemeingefaßter Satz, der entweder monologisch ausgeführt oder in einen Dialog gesetzt wird, die sogenannte Stichomythie.

Die Personenkonstellation des Dramas ist symmetrisch angelegt. Um die Zentralfigur, Iphigenie, sind auf der einen Seite die beiden ›Barbaren‹ Thoas und Arkas, auf der anderen Seite die beiden Griechen Orest und Pylades angeordnet. Ebenso symmetrisch gestaltet sich die Szenenfolge in den einzelnen Akten. Sie ist streng an die klassische griechische Tragödie angelehnt. Der erste Akt liefert die Exposition, der zweite das ›erregende Moment‹, die Ankunft von Orest und Pylades, der dritte Akt bringt die ›Anagnoresis‹, das Wiedererkennen von Orest und Iphigenie als Geschwister, der vierte Aufzug die Intrige, die Pylades, der Stratege, zu spinnen weiß. Im fünften Aufzug müßte die ›Katastrophe‹ folgen. Goethe allerdings löst den Konflikt auf – ein Grund, warum er das Stück nicht ›Tragödie‹, sondern schlicht ›Schauspiel‹ nennt (zu Aufbau und Inhalt vgl. v.a. Werner 1968, 362ff. und J. Müller 1969, 11ff.).

In der Orest-Handlung stellt das Drama die geistes- und menschheitsgeschichtlichen Typen des Mythisch-Verfangenen und des Aufgeklärt-Bürgerlichen einander gegenüber: Orest sehnt passiv den Tod herbei, Pylades sucht planend und kalkulierend stets die Rettung, ist bürgerliches Subjekt. Der vom mythischen Wahn befangene Orest wird am Ende des dritten Aufzugs geheilt – das Befreiungserlebnis wird allerdings psychologisierend als ›therapeutischer Prozeß‹ dargestellt, d.h., der Mythos wird auf diese Weise humanisiert. Die Orest-Handlung, oder genauer, die Heilung Orests vom kranken Schicksalswahn, wird in der Forschungsliteratur denkbar kontrovers diskutiert. Die heilwirkende Kraft wird einerseits einer irgendwo hinter der Szene agierenden göttlichen Instanz zugeschrieben, d.h., die entsprechenden Interpreten deuten die dramatische Handlung religiös oder metaphysisch. Storz (1953) führt die Heilung auf Iphigenies Gebet »zu den Göttern« »und seine sofortige Erhörung« (9) zurück, bei Lindenau wird sie als pietistisches Erweckungserlebnis interpretiert (1956, 138ff.), Hodler sagt schlicht: »Die Götter haben ihn geheilt« (1960, 159); Pfaff (1978, 29) konstatiert: »Ontologisch gedeutet stattet der Gott den Orest mit einer neuen unbelasteten Vergangenheit aus«. In krassem Gegensatz dazu steht die Auffassung, die die Heilwirkung der ›reinen Menschlichkeit‹ Iphigenies zuschlagen will. Korff sieht in Iphigenies Vernunft das Vorbild für Orest: »Das Ewig-Weibliche zieht auch Orest hinan« (1930, 162), J. Müller sagt in ähnlich einfühlender Diktion: »Orests Erlösung nämlich bewirkt Iphigenie durch die Magie ihrer Reinheit, durch die Unbedingtheit ihres Glaubens und ihrer Liebe. [...] Das, was sich hier ereignet, ist nicht als Bewußtseinsvorgang zu erfassen, sondern einzig als Wirkung seelischer Mächte« (1969, 18). Quasi-psychologisch ist auch die Argumentation von Günther (1977, 706) und Rasch (1979, 124f.), die dem durch die Gegenwart der Schwester gesteigerten Leiden Orests die kathartische Wirkung zuschreiben.

Ideologiekritisch argumentiert hingegen Werner (1968), für den der unterstellte Götterfluch schlicht ein Verblendungszusammenhang ist: Nach seiner Heilung »kommt Orest zum Bewußtsein der Humanität, indem er die Untaten seiner Familie als Ergebnis einer Verblendung erkennt, die aus der Sicht einer anderen Welt verzeihlich erscheint« (372). Als Erledigung des Mythischen und damit als die Heraufkunft einer neuen, aufgeklärten Bewußtseinsepoche interpretieren Henkel (1965) und H. Mayer (1986) die Heilung Orests: »Hier wird der Mythos erledigt, seine Weltdeutung wird entmächtigt« (Henkel 1965, 12; vgl. auch die grundlegende Untersuchung Adornos [1967] 1981). Gegen eine solche Abqualifizierung des Mythos gegenüber der Aufklärung sprechen sich Brown/Stephens (1986, 96) aus, die der mythischen Schicht selber und nicht wie anderswo der Aufklärung die Möglichkeiten der Selbstkontrolle zuschreiben.

Kommunikations- oder sprechakttheoretisch betrachtet, geht Orests Heilung ein Prozeß des Ansprechens und (Wieder-) Erkennens voraus, dessen Teilhaber befreit sind von den verzerrten, gewalttätigen Interaktionsformen, die die Mitglieder von Tantals Geschlecht seit sechs Generationen beherrschten (Fischer-Lichte 1975, 6ff.). An die Stelle der »verruchten Taten« treten vertrauliche Gespräche oder tröstliche Worte der Schwester, die Sprache wird hier zum emanzipatorischen Modus der Befreiung aus dem alten Schuldzusammenhang und der hergebrachten Kommunikationsunfähigkeit der Familie.

Die Iphigenienhandlung enthält die bestimmenden konstitutiven Konstellationen der Oresthandlung in vergrößerter Form.
Die Griechen, Iphigenie, Orest und Pylades, stehen für eine
vergleichsweise moderne geistesgeschichtliche Position, die
Skythen für die Barbaren. Die Werbung des Thoas um Iphigenie bedeutet zugleich Anerkennung ihrer humanisierenden
Wirkung – Iphigenie hatte die Menschenopfer auf Tauris abge-
schafft. Auf ihre Abweisung hin setzt Thoas den barbarischen
Brauch wieder in sein mythisches Recht – er beruft sich auf
den Götterwillen im Sinne des Mythos. Aus der Sicht des
Skythen erweist sich die Dispensierung des Mythos als zeitwei-
lig, die mythische Praxis ist weiterhin disponibel für die ›Bewältigung der Welt‹. Iphigenie dagegen erklärt diesen Brauch
zum Projektionsvehikel menschlicher Aggressionen: »Der miß-
versteht die Himmlischen, der sie / Blutgierig wähnt, er dichtet ihnen nur / Die eignen grausamen Begierden an« (V.
523ff.).

Die Triebfeder für Iphigenies Absage ist die Hoffnung auf
Rückkehr in ihre Heimat, ihre Wahrhaftigkeit – sie gesteht
ihm ihre familiäre Vorgeschichte – beantwortet er mit dem
Versprechen: » Wenn du nach Hause Rückkehr hoffen kannst,/
So sprech ich dich von aller Fordrung los« (V. 293f.). Im nachhinein kommt Iphigenies Wahrhaftigkeitsversprechen in Konflikt mit dem Wunsch, den König zu täuschen und sich und
den Ihren so die Flucht zu ermöglichen. Die Umsetzung des
Betrugs in die Tat scheitert, sie deckt die Identität von Bruder
und Freund auf, auch den Plan zum Raub des Dianenbildes
und den zur Flucht. Iphigenie verläßt sich damit auf die Humanität von Thoas, auf sein Versprechen, sie, Orest und Pylades, die sie stillschweigend sich hinzurechnet, in die Heimat zu
entlassen. Im sechsten Auftritt des letzten Aufzuges werden alle
prinzipiellen Lösungsmöglichkeiten des vorliegenden Konfliktes durchgespielt: Sie geben ein Spektrum der drei unterschiedlichen geistesgeschichtlichen Positionen, die die drei Protagonisten repräsentieren. Thoas möchte das alte Gesetz des Men-
schenopfers der auf der Insel Gestrandeten wieder in Kraft gesetzt wissen: das *archaisch-mythologische* Modell. Orest dagegen
möchte die ›neue Sitte‹ eingeführt wissen, den Zweikampf
Mann gegen Mann, bei dem der Sieg über den Gegner ent-
scheidet: eindeutig *feudal-heroisches* Modell. Iphigenie dagegen
richtet einen Appell an Thoas' gegebenes Wort, an Großmut,
Vertragstreue und Humanität des skythischen Königs, sie
spricht *bürgerlich-aufgeklärt*. Thoas reagiert humanisiert, geht

also auf Iphigenies Vorschlag ein. Dramaturgisch wird so die Tragödie vermieden – noch existieren aber unaufgelöste Handlungsstränge: Der Orakelspruch des Apoll muß aufgelöst werden: er wird humanisiert, auf Iphigenie bezogen: »Das fast tödliche Spiel mit dem Schwesternamen löst sich in die verstandene Doppelsinnigkeit eines göttlichen Wortspiels auf. Nun erst ist es möglich, den Götterwillen richtig auszulegen« (Henkel 1965, 16; zur Umdeutung des Orakels bei Goethe s. auch Werner 1968, 379; J. Müller 1969, 23; Pfaff 1978, 38; Wittkowski 1982, 120).

Thoas spricht daraufhin die Freilassung aus: »So geht!« – Iphigenie beschwört die Freundschaft zwischen Individuen und Völkern, dann kommt Thoas' berühmtes »Lebt wohl«. Es zeigt endgültig die friedliche Lösung des Konfliktes an, zugleich aber auch, daß diese nur erreichbar war durch den völligen Verzicht des Königs in privater und politischer Hinsicht: Die Erfüllung mythischer bzw. heroisch-feudaler Muster wird abgelöst durch die kommunikative oder diskursive Konfliktregelung, durch mündliche Übereinkunft und Vertrag – bürgerliche Aufklärung ersetzt den Mythos.

Auch die Iphigenienhandlung wurde oft religionsgeschichtlich oder metaphysisch interpretiert: Sie vertraue Thoas, heißt es, im Vertrauen auf »die Götter, denen die letzte Entscheidung vertrauensvoll übergeben wird« (von Wiese [8]1973, 37; vgl. daneben Kunz, HA 5, 412; Storz 1953, 14; R. Eppelsheimer 1958, 48 und Günther 1978, 708). Hodler gar hält die »*Iphigenie* [...] [für] ein christliches Drama [...]. Es ist eine christliche Gesinnung von überkirchlicher Gestalt« (1960, 161). Ganz im Gegensatz dazu stehen etwa Werner (1968, 378), Rasch (1979, 164) und vor allem Henkel: »Iphigenie entmythologisiert die Basis ihres Glaubens. Wenn man den dramatischen Fortgang des fünften Aufzuges genau verfolgt, so zeigt sich, daß Iphigenie aus diesem Zweifel den Schluß der notvollen Selbstbehauptung zieht« (1965, 15). Das Götterbild Iphigenies, das die religiösen Deutungen in Zweifel ziehen läßt, untersuchen vor allem Borchmeyer (1980, 109) und Wittkowski (1982; 1984), der sehr deutlich ihre Opposition gegen die Götter apostrophiert: »Wenn Iphigenie sich entschließt, Thoas gegenüber gut, vertrauensvoll zu handeln, dann tut sie das nicht im metaphysischen Vertrauen, daß Welt und Götter gut sind [...], sondern umgekehrt auf die Gefahr hin, daß die Götter ungerecht, grausam, böse sind« (1982, 124). U. Segebrecht arbeitet an Orest wie an Iphigenie ihr jeweiliges Verhältnis zur Geschichte heraus – und sieht den emanzipatorischen Akt darin, daß Iphigenie lernt, sich ihrer eigenen Geschichte handelnd mächtig zu erweisen (1983, 181ff.).

Damit ist auch der zentrale Interpretationsmodus fast aller ernstzunehmenden neueren Deutungen angesprochen: *Iphigenie* als »Drama der Autonomie« (so etwa Rasch 1979), Autonomie des Menschen vom Mythos (Henkel 1965, Adorno 1981), Autonomie von den Göttern: »Wo immer [...] Humanität mißlingt und Untugenden Platz macht, geschieht es unter Berufung auf die Autorität der Götter. Wer die Autonomie des Menschlichen preisgibt, der verfehlt, verliert solange auch seine Autonomie als Mensch« (Wittkowski 1984, 253). *Iphigenie* wird damit zum Drama der Herausbildung einer autonomen Sittlichkeit (vgl. etwa Hartmann 1966, 601; Werner 1968, 379; Günther 1977, 706; Wittkowski 1982, 124), Dahnke sieht menschliche Emanzipation und Humanitätsgewinn gestaltet (1983, 31), Emrich eine ›befreite Menschheit‹ heraufdämmern (1982, 151), und U. Segebrecht faßt zusammen: »Durch *Anschauung* der im Schicksalsglauben befangenen griechischen Welt [...] gelangt es zum *Bekenntnis* der Möglichkeiten eines neuen (bürgerlichen) Menschseins, das Freiheit und Mitmenschlichkeit behauptet« (1983, 190).

Das zentrale Thema der *Iphigenie* ist die Durchsetzung aufgeklärter Humanität gegen archaisch-mythische Befangenheit. Dieses Thema wird auf den Ebenen der Oresthandlung, des Orakelspruches und der Iphigenienhandlung, dem »Zusammenprall zweier Völker aus zwei Weltaltern« (Adorno [1967] 1981, 500) durchgeführt. Vor allem auf der letzten Ebene wird die Doppelbödigkeit aufklärerischer Bemühung, ihre *Dialektik*, deutlich. Aufklärung, indem sie, wie Iphigenie es gegenüber Thoas vorführt, mit Mitteln der Sprache und der Vernunft, mit argumentativer Logik, dem Barbaren Humanität abdingt, erringt damit einen zweifelhaften Sieg über den Mythos. Die Gewalt der rationalen Logik, die ihr zum Sieg verhilft, läßt Aufklärung zurückfallen in ein mythisches Muster: das des gewaltsamen Sieges. Das Schauspiel illustriert das in dem Verzicht Thoas' auf private wie politische Interessen, der ihm als Humanität abgezwungen wird – mit Adornos Worten: »Das Unrecht widerfährt in der Iphigenie jenen, die dem griechischen Gebrauch wörtlich die Barbaren heißen« (Adorno [1967] 1981, 507).

Die Gewalt, die darin liegt, daß Aufklärung dem Mythischen die Humanität, den Verzicht auf eigene Interessen, abzwingt, kommt in Goethes *Iphigenie* auf einer noch ganz anderen Ebene zum Tragen – und das hat zentral mit dem Begriff des Klassischen beziehungsweise der Klassizität gerade dieses Stückes zu tun. Das Medium, mit dessen Hilfe aufgeklärte Rationalität sich in der *Iphigenie* durchsetzt, ist die Sprache. Die semantische Doppeldeutigkeit des Orakels erst macht seine humanisierte Auslegung möglich, die Durchsetzung des Humanen, die Auflösung, die schließlich erreicht wird, findet einzig im Medium der Sprache statt: Man kann *Iphigenie* durchaus als ein Schauspiel verstehen, das die Sprache und ihre humanisierende Wirkung zum Thema macht.

Sprache aber ist nicht nur Gegenstand des Schauspiels, sondern auch sein Darstellungsmittel. Und der künstlerische Prozeß, in welchem diese Sprache erzeugt wurde, wiederholt in gewissem Sinne, was inhaltlich dargestellt wird: Die gewaltsame Abringung des Humanen vom Ungeordneten, Mythischen. Die Metaphern und Begriffe, in denen Goethe von der Umarbeitung der *Iphigenie* zur letzten Versfassung spricht, machen den Zusammenhang mit dem oben dargelegten Prozeß der *Aufklärung* sichtbar. Ziel der Umarbeitung ist die vollständige Harmonisierung der Sprache, ihre Glättung und Reinigung. Das poetische Mittel dieser Harmonisierung ist die *Versifikation* – ein Prozeß, den Goethe eigentümlich und hellsichtig mit einer Gewaltmetapher belegt: »Ich möchte ihr zartes Haupt unter das Joch des Verses beugen« (HA 5, 406). Die gleichsam noch ungebändigtere, prosaische Rede soll umgearbeitet werden in eine strenge, gebundene Form: Die Harmonisierung der Sprache kostet den Preis der Gewalt, die man der Sprache antun muß.

Auf der Ebene der sprachlichen Form jedoch zeigt die *Iphigenie* gleichzeitig die Grenzen der Harmonisierung auf, dort nämlich, wo etwas sich als nicht mehr oder noch nicht unterwerfbar erweist unter die Regeln der Form, unters ›Joch des Verses‹, dort, wo die ästhetische Gestalt des Schauspieles einen Bruch aufweist. Genau im Zentrum der »Iphigenie«, im Dialog Orests mit der noch unerkannten Schwester im dritten Aufzug, sagt Orest:

> Ein lügenhaft Gewebe knüpf ein Fremder
> Dem Fremden sinnreich und der List gewohnt
> Zur Falle vor die Füße, zwischen uns
> Sei Wahrheit!

Ich bin Orest! Und dieses schuldge Haupt
senkt nach der Grube sich und sucht den Tod.
(V. 1078 ff., HA 5, 36)

Hier ist das Zentrum der Orest-Handlung, das Zentrum des gesamten Schauspiels und das Zentrum der übergreifenden Konzeption – und zugleich die Grenze dieser Konzeption deutlich markiert. *Wahrheit* ist gleichermaßen Voraussetzung für Orests Heilung, die Offenbarung der eigenen Identität, Voraussetzung für die Versöhnung des Schlusses, als Iphigenie nämlich Thoas die Täuschungsabsicht offenbart und somit ihn zum Einhalten des Vertrages zwingt – damit ist Wahrheit das subtile Programm der Aufklärung, die die *Iphigenie* zum Gegenstand hat: Die Transformation mythischer Dumpfheit in die helle Logik vernünftiger Rede, die so in die Lage kommt, den Sieg über den Mythos davonzutragen. Kenntlich gemacht und herausgehoben wird diese Zentralstelle dadurch, daß hier der fünfhebige Jambus nicht gefüllt wird: Die Pause nach dem Wort »Wahrheit« hebt den inhaltlichen und konzeptionellen Zentral- und Wendepunkt deutlich hervor.

Genau an dieser Stelle versagt sich das, was ausgesagt werden soll, der ›Beugung unters Joch des Verses‹. Genau der Zentralbegriff des Dramas entzieht sich der ästhetischen Harmonisierung – der formale Bruch zeigt damit sowohl die Grenzen künstlerischer Stilisierung von Sprache als auch die Grenzen der Aufklärung an. Die sprachliche Harmonisierung, die eine Anstrengung darstellt zur ästhetischen Versöhnung der Widersprüche, versagt vor der Wahrheit – und mit dem Bruch in der ästhetischen Versöhnung bleibt auch die dargestellte Versöhnung zwischen Griechen und Skythen bruchstückhaft, da ihr die Gewalt, mit der den Skythen Humanität abgerungen wird, immer anhaftet. Daß die schlußendliche Versöhnung mit Thoas nur ›erschlichen‹ ist (vgl. Adorno [1967] 1981, 509), dieser also bloß passiv-reaktiver Teil eines Humanisierungs- und Aufklärungsaktes bleibt, bekommt seine ästhetische Gestalt in jenem formalen Bruch, der die klassizistisch harmonisierte Form und Sprache als bloßen ästhetischen Schein von Versöhnung entlarvt.

Torquato Tasso

Viel stärker als *Egmont*, der ja formal und inhaltlich noch stark rückgebunden war an die Dramatik des Sturm und Drang, stärker auch als *Iphigenie auf Tauris*, die mit einigem Recht als das programmatische Stück der sogenannten Weimarer Klassik gelten darf, ist das letzte der drei ›italienischen‹ Dramen, *Torquato Tasso*, an Goethes eigene Person, an die Aufarbeitung eigener Krisen und Identitätsbildung gebunden. Zumindest dann, wenn man Goethes Selbstaussagen folgt, vor allem denen, die er ein halbes Jahrhundert später Eckermann gegenüber machte. Goethe behauptet dort,

»daß ich in den ersten zehn Jahren meines Weimarer Dienst- und Hoflebens so gut wie gar nichts gemacht, daß die Verzweiflung mich nach Italien getrieben, und daß ich dort, mit neuer Lust zum Schaffen, die Geschichte des Tasso ergriffen, um mich in Behandlung dieses angemessenen Stoffes von demjenigen freizumachen, was mir noch aus meinen weimarischen Eindrücken und Erinnerungen Schmerzliches und Lästiges anklebte«. (HA 5, 504)

Wenngleich man Goethes autobiographischen und halbbiographischen Texten auch ein gehöriges Maß an Selbststilisierung oder durch den Zeitenabstand erzeugter Verfälschung unterstellen muß, entspricht Goethes Charakterisierung des Dramas und die Darstellung seiner Motive bei der Abfassung des *Tasso* doch sehr genau dem, was Gegenstand des Stückes war. Er charakterisiert das Drama als »angemessen« – d.h., der Stoff um den italienischen Renaissance-Dichter Torquato Tasso bot sich in einer *Werther*-ähnlichen Weise zur therapeutischen Aufarbeitung der eigenen biographischen und künstlerischen Krise an.

Torquato Tasso ist 1790 erstmalig im Druck erschienen und wurde 1800 uraufgeführt. Auch hier lag eine Prosafassung vor, 1780 in Weimar verfaßt – die allerdings nicht erhalten geblieben ist, allerdings für den VI. Band von Goethes ›Schriften‹ im Jahre 1786 als »Tasso, zwei Acte« angekündigt wurde. Die Überarbeitung des Prosafragments in Italien erwies sich als schwieriger und langwieriger als etwa bei der *Iphigenie* – ein Grund dafür, daß der *Tasso* erst mehr als ein Jahr nach Goethes Rückkunft in Weimar fertig wurde. Die Schwierigkeiten, die sich Goethe mit dem Stoff boten, sind möglicherweise ein Indiz dafür, wie nah dieser der eigenen Krise war. Die Aufarbeitung des fragmentarisch gebliebenen Textes aus dem ersten Weimarer Jahrzehnt fällt hier mit der Aufarbeitung der künstlerischen Identitätskrise zusammen.

Die Prosa des Fragments wurde in Italien durch den Blankvers ersetzt, der Überarbeitung ist eine 1785 in Italien erschienene Tasso-Biographie zugrundegelegt (Abbate Serassi: *La vita di Torquato Tasso*). Aus dem Drama um eine im Zentrum stehende Liebesproblematik – Bürgerlicher (Dichter) liebt Adlige (Prinzessin) – wird in der Blankversfassung von 1789 ein Drama um das Verhältnis von Einzelnem und Gesellschaft, genauer: von ›bürgerlichem‹ Dichter und adliger Gesellschaft, die die Bedingung für seine literarische Produktion ist.

Der Schauplatz des Dramas ist wieder, wie in der *Iphigenie*, abgeschlossen gegen die Öffentlichkeit, die Ständeklausel wird eingehalten, die Personnage ist exklusiv. Das Schauspiel ist relativ arm an äußerem Geschehen – es wird, wiederum wie in der *Iphigenie*, das dramatische Handeln tendenziell zum Sprachhandeln. Die Exposition des Dramas führt das große Thema des Stückes vor: den ›dramatischen‹ Konflikt gegensätzlicher und kulturgeschichtlich unterschiedlicher Konzeptionen der Vermittlung von Dichter und Gesellschaft.

Drei Konzeptionen der Vermittlung des Dichters mit der Gesellschaft werden einander gegenübergestellt: erstens seine auratische Abtrennung von allem materiehaft Schweren als idyllische Fiktion einer arkadischen Dichteridentität durch Leonore Sanvitale (zur Bedeutung der Dichterbüsten als Vertreter unterschiedlicher ästhetischer Traditionen, in die Tasso gestellt wird, siehe Hinderer 1980, 173; Girschner 1984, 174; Schulz 1986, 165; zum idyllischen Arrangement und seiner literarischen Implikation siehe Ryan 1965, 300); zweitens die Einbindung des Dichters ins Mäzenat, das ihn nur seinem Herrn verpflichtet, der für ihn Gesellschaft und Welt darstellt, als die ebenfalls rückgewandte, schon bürgerlich zur Freundschaft oder affektiven Beziehung individualisierte Selbstbestimmung in der höfischen repräsentativen Öffentlichkeit (Tasso); drittens aber die vom Herzog eingeforderte Identität des Dichters in der bürgerlichen Gesellschaft – institutionell allerdings immer noch auch an den Hof, ans Mäzenat gebunden –, die Notwendigkeit, sich mit dem literarischen Markt zu vermitteln, sich auszubilden an den Erfahrungen der Welt als ein Individuum (zu den im *Tasso* verhandelten Konzepten von Dichtkunst siehe Ryan 1965, v.a. 289ff.; Kaiser 1977, 186 u.ö.; Vaget 1980; Hinderer 1980, 187).

Die Darstellung literarischen Mäzenatentums im *Tasso* ist in der Forschungsliteratur durchaus umstritten. Kraft (1987, 88) sieht die Autonomie der Kunst durch das Mäzenat untergraben, Vaget (1980, 256) interpretiert es negativ, da im Drama offensichtlich die notwendige Interessenkoinzidenz zwischen höfischer Welt (Alfons) und ›bürgerlichem Literaturbegriff‹ (Tasso) den Dichter – und damit auch das Mäzenat – zum Scheitern führe (vgl. auch Girschner 1984, 178ff.). Für Borchmeyer (1985, 73) ermöglicht gerade das Mäzenat Tasso eine geradezu ideale »Autonomie, wie sie weder in feudaler noch in bürgerlicher Zeit dem Künstler beschieden war« (vgl. auch Grimm 1977; Borchmeyer 1977). Auch Conrady sieht die Funktion des Mäzenats eher positiv, da es die Bedingung für die Vollendung des künstlerischen Werkes bereitstelle (1982, 512). Chr. Bürger sieht den zentralen dramatischen Konflikt in der »Selbstwertkrise des bürgerlichen Schriftstellers in der Situation des höfischen Mäzenats« (1977, 148), dessen Bedarf an Herrschaftslegitimation dem Selbstverständnis des bürgerlichen Schriftstellers widerspreche. Die interpretatorische Konsequenz, aus der angeblichen Zentralstellung des Mäzenats im Drama eine poetische Forderung Goethes an Carl August nach einer »Umwandlung des Amts in ein Mäzenat« abzuleiten, ist allerdings fragwürdig (vgl. Schulz 1986, 118f.).

Die drei Konzeptionen geraten in Konflikt – nicht so sehr miteinander, sondern mit einem Vierten, das sie allesamt als anachronistisch oder dysfunktional erscheinen läßt: die Entwicklung bürgerlicher Gesellschaft, die die Konzepte mittlerweile überholt hat. Das Modell Arkadien degradiert Kunst zum Ausstattungsgegenstand der höfischen Welt, zum Spiel mit dem Schein des angeblich Vergangenen, mißachtet die Individualität des Dichters, indem sie ihn auratisiert. Das Konzept des Herzogs scheitert ebenfalls. Der Einbindung des adligen Mäzenats in den bürgerlichen Markt liegt immer noch die bedingungslose Instrumentalisierbarkeit des Dichters zugrunde, der sich Tassos Anspruch auf eigene Individualität widersetzt. Tassos Vorstellung von sich selbst als Dichter innerhalb der höfischen repräsentativen Öffentlichkeit scheitert, weil er sich in seiner Einordnung in eine vorgebliche repräsentative Öffentlichkeit, seiner Einbindung ins Mäzenat des Herzogs, über sich selbst täuscht. Er begreift seine höfische Existenz nicht als das, was sie ist, als Funktion gesellschaftlicher Hierarchie, sozialer Distinktion und adliger Selbstdarstellung von Herrschaft, sondern will sie persönlich, individuell ableiten. Er interpretiert die gesellschaftliche Rolle des Mäzens eher als die eines väterlichen Freundes.

Ebenso mißinterpretiert Tasso seine Beziehung zur Prinzessin. Die Zuneigung der Prinzessin, eher bestimmt durch mäzenatisch-fördernde Distanz, kann er, individualistisch auslegend, nur begreifen als Ermunterung zur eigenen Erklärung. Die Regeln der höfischen Etikette jedoch lassen für das bürgerliche Subjekt keinen Raum, Leidenschaften, seelische Regungen, kurz: Subjektivität auszuleben. Insofern ist Tasso tatsächlich ein ›gesteigerter Werther‹, wie die frühe Kritik, mit Goethes Einverständnis, schon herausfand (vgl. HA 5, 502; vgl. zur Tasso-Figur etwa Borchmeyer 1977, 106ff.; Hinderer 1980, 181ff.).

Das Scheitern von Tassos Vorstellung von sich als Dichter am Hof des Herzogs mündet in Herrscherschelte, das Mäzenat wird als Sklaverei, der Musenhof als Galeere apostrophiert (vgl. V. 3304ff.). Im Gespräch mit dem therapeutisch agierenden Höfling Antonio artikuliert Tasso die Erfahrung des vollständigen Identitäts- und Selbstverlustes (zum Verhältnis Tassos zu Antonio vgl. etwa Rasch 1954, 155ff.; Neumann 1965, 154; Hinderer 1980, 188ff.).

Das Versagen aller drei Konzepte von Dichter und Gesellschaft hat gravierende Konsequenzen: Der Dichter ist am Hof nicht länger tragbar. Die sich abzeichnende Katastrophe ist die Entfernung des bürgerlichen Dichters vom Hof. Tasso jedoch kommt dieser Katastrophe zuvor. Er wird zwar letztendlich nicht seine Entfernung vom Hof verhindern; ganz in der Linie der dramatischen Anlage des Schauspiels aber artikuliert er eine Alternative – ein weiteres, ein viertes Konzept dichterischer Identität: Aus seinem Schmerz schließt er: »Und wenn der Mensch in seiner Qual verstummt,/ Gab mir ein Gott zu sagen, wie ich leide« (V. 3432f.). Der Verlust des Bewußtseins vom eigenen Selbst (»Ich bin mir selbst entwandt«) wird letztendlich produktiv gewendet ins Bekenntnis, in die sprachliche und dichterische Umsetzung des als katastrophal empfundenen Erlebnisses. Der Verlust der epischen Weltordnung und selbst die unsicher gewordene eigene Individualität schlägt um in künstlerische Rede, episches Sprechen wird ersetzt durch die ästhetische Aufarbeitung und Sublimation subjektiver Katastrophenerfahrung (zur ästhetischen Alternative am Schluß des *Tasso*, die Dichtung rückbindet ans subjektive Leidenserlebnis, vgl. etwa von Wiese [8]1973, 100; Staiger 1952, 423f.; Wilkinson 1958, 208; Ryan 1965, 312ff.; Vaget 1980, 257f.; Hinderer 1980, 192; Girschner 1984, 177).

Die Entfernung Tassos vom Hof wird in der Forschung vielfach als Katastrophe interpretiert, die den *Tasso* dann eine Tragödie sein läßt. Gundolf (1916, 323), Korff (1930, 170ff.), Staiger (1952, 424) und etwa Muschg (1958) werten die Katastrophe als Versagen »des an seiner Dämonie zerbrechenden Dichters« (330). Auch Kraft (1987, 84) bezeichnet *Tasso* als »Tragödie: vom Scheitern des Künstlers und der Kunst«, Kunz in seinem Kommentar zur Hamburger Ausgabe sieht dagegen eher die Defizite auf seiten der höfischen Gesellschaft. Rasch (1954) sieht die Gründe für die »Tragödie des Dichters« darin, daß »die Einheit der Welt [...] bedroht [ist], ihre Widersinnigkeit tritt hervor, wo Held und Dichter, Tat und Wort einander entfremdet sind und feindlich auseinandertreten« (118). Diese Entfremdung ist bei Rasch aber kein historisches Indiz, sie wird überhistorisch verstanden, ebenso wie der Hof: er stehe »ganz wesentlich für ›Gesellschaft‹ überhaupt in ihrem Verhältnis zum Dichter« (34). Dementgegen wird gerade die historische Signifikanz der ästhetischen Positionen des Dramas oft hervorgehoben: *Tasso* als Tragödie des *modernen* Dichters: »Tasso steht für den modernen Künstler überhaupt: Der Künstler beginnt, die Gesellschaft, und die Gesellschaft, den Künstler zu verlieren« (Sengle 1972, 261; vgl. etwa auch Kaiser 1977, 205; Hinderer 1980, 171). Die Auseinandersetzung mit ganz bestimmten ästhetischen Konzepten steht für wenige Interpreten im Vordergrund: Ryan (1965) sieht im »tragischen Untergang des epischen, Welt gestaltenden Dichters« (ebd. 312), also im Verlust der Möglichkeit, künstlerisch Totalität abzubilden, den zentralen Ausgangskonflikt, Vaget (1980) reflektiert das Versagen des ›Musenhofs‹ von Ferrara auf dem Hintergrund von Goethes Dilettantismuskonzept.

Über die inhaltlich verhandelten hinaus vertritt der *Tasso* noch ein fünftes ästhetisches Konzept. Er ist ganz konsequent als klassizistisches Drama aufgebaut, die drei Einheiten, Ständeklausel und Bienséance sind eingehalten, die Sprache ist, wie in der *Iphigenie*, in den strengen Blankvers, den Vers der deutschen Klassik, gesetzt. Die Klassik, oder genauer: klassizistische Kunst läßt sich nicht mit einem der im *Tasso* verhandelten Konzepte identifizieren, sie steht gewissermaßen neben den drei zunächst vertretenen Positionen – historisch gesehen aber *vor* der letzten, subjektiven Selbstbestimmung Tassos. Im klassizistischen Schauspiel wird über dichterische Identität, über das Verhältnis von Dichter und Gesellschaft im späten Feudalismus und bürgerlicher Gesellschaft gehandelt, indem die Klassik als Form dem Ganzen angehört, tritt sie zu den Verhandelten hinzu. Tassos Programm einer radikal subjektiven Kunst, deren Referenz einzig das Individuum und sein Leiden sei, ist, wie gegenüber den drei zu Beginn dargestellten Konzeptionen dichterischer Identität, auch ein Programm gegen die klassizistische Kunst. Das letzte der italienischen Dramen Goethes artikuliert also, ohne formal die Grenzen des Klassischen zu sprengen, ein ganz unklassizistisches Kunstkonzept; es reflektiert damit, in der Übertragung der Weimarer Verhältnisse auf den Renaissance-Hof, die Bedingungen und Möglichkeiten von Literatur, bildet also poetisch gewissermaßen »Goethes kritische Einschätzung der Effizienz der ›Weimarer Klassik‹« nach (Girschner 1984, 186) – oder, schärfer pointiert, kann »als Ausdruck seiner [Goethes] tiefen Irritation gedeutet werden angesichts der Aussichtslosigkeit auf gesellschaftliche Wirkungsmöglichkeiten der Literatur« (Vaget 1980, 258).

Egmont, *Iphigenie* und *Tasso* stellen gewissermaßen *die* paradigmatischen Texte dessen dar, was man als Goetheschen Klassizismus verstehen darf. *Egmont* changiert formal zwischen bürgerlichem Trauerspiel in der Tradition Lessings und Sturm-und-Drang-Drama der Shakespeare-Nachfolge, auch durch das Sujet gehört es dorthin. Die dramatische Pointe aber, die Aufhebung der Katastrophe im allegorischen Schluß markiert klassizistische Programmatik: Die Hypostasierung überindividueller Werte zuungunsten individueller Schicksale – dramentheoretisch die allegorische Verklärung beispielhaften Schicksals zuungunsten der tatsächlichen, gehandelten Katastrophe des Heldenlebens.

Iphigenie ist der ideale ›klassizistische‹ Text – der sich selbst und sein Programm jedoch reflektiert und seine Brüche – oder: seine ›Unwahrheit‹ – anzeigt: Klassizismus versagt vor seinem ureigensten Anliegen, dem ästhetischen Aussagen der Wahrheit im Dienste aufgeklärter Humanität. *Tasso* hingegen bricht die klassizistische Konzeption auf: Schlußendlich erweist sich die radikal subjektive Kunst als einziger Ausweg, die Bindung höfischer und bürgerlicher Institutionalisierung von Kunst zu hintergehen.

Die drei Schauspiele thematisieren also, jenseits alles vordergründig Inhaltlichen, genau die Grenzen dessen, für das sie immer als ideales Paradigma herhalten mußten: die Grenzen des klassischen Dramas. Sie dokumentieren – und sind in diesem Sinne tatsächlich paradigmatisch – das Scheitern der Konzeption der Klassik schon in ihrem Beginn, indem sie deren Unmöglichkeit reflektieren – und daraus ihren ästhetischen und literaturgeschichtlichen Reiz ziehen.

3. Spätwerk

Der Faust-Komplex, die große Tragödie in zwei Teilen, bildet Goethes dramatisches Spätwerk – obwohl die Bearbeitung des Stoffes tatsächlich die gesamte Dauer seiner schriftstellerischen Tätigkeit begleitet hat, ein Werk also, das gewissermaßen gleichzeitig Frühwerk, im sogenannten *Urfaust*, fast noch klassizistisches Drama in der Fassung des *Faust I* von 1808 und, im *Faust II* von 1831, spätestes und auch ästhetisch radikalstes literarisches Werk ist. Damit aber ist der *Faust* möglicherweise das Drama Goethes, das in intensivster Weise die ästhetischen, anthropologischen und weltanschaulichen Konzepte sowohl der Frühzeit als auch des Klassizismus einer Reflexion unterzieht, diese literarisch aufarbeitet und wiederum zu einem künstlerischen Großwerk transformiert.

Zwischen die Fertigstellung der paradigmatischen Dramen des Goetheschen Klassizismus und die intensive Weiterarbeit am *Faust* fällt die historisch einschneidende Zäsur der französischen Revolution. Die Auseinandersetzung mit der Revolution stellt darüber hinaus den Gegenstand dramatischer Verarbeitungsversuche dar – die allerdings als ästhetisch und wirkungsgeschichtlich gescheitert angesehen werden dürfen. Die Bearbeitung einer französischen Komödie, *Der Bürgergeneral* (1793), führt einen bürgerlichen Revoluzzer als lächerliche Figur vor, dem positiv ein besonnener Adliger gegenübergestellt wird. *Die Aufgeregten* (1793) thematisieren einen versuchten Volksaufstand, wegen einer langwährenden Rechtsstreitigkeit von einem ebenfalls karikaturhaft dargestellten Aufwiegler angestachelt; die Aufregung wird jedoch von der liberalen Herrschaft aufgefangen, man einigt sich gütlich. Das Stück bleibt Fragment – Goethes erste Versuche, die französische Revolution literarisch aufzuarbeiten, scheitern an der Eindimensionalität ihrer Kritik und der Alternative, die sie der Revolution gegenüberstellen, scheitern daran, daß Goethe »nicht die Vielschichtigkeit der geschichtlichen Vorgänge erfaßt« hatte (Conrady 1985, 32). Die Beschäftigung mit der Revolution – als einem geschichtlichen Vorgang, dem Goethe prinzipiell ablehnend gegenüberstand – endet aber nicht mit den gescheiterten Dramen der neunziger Jahre. Vielmehr wird sie einerseits konzeptionell eingebaut etwa in die Metamorphosen-Lehre in den Naturwissenschaftlichen Schriften (s. Kap. IV), wird autobiographisch aufgearbeitet (*Campagne in Frankreich, Belagerung von Mainz*, vgl. Kap. V), der literarisch gestiftete Ständekompromiß am Schluß der *Lehrjahre* reagiert ebenso auf die Umwälzung wie verschiedene Passagen beider *Faust*-Teile, etwa der »Walpurgisnachtstraum« im ersten *Faust* und das Seismos-Bild der »Klassischen Walpurgisnacht«.

Faust I

Der Stoff, den Goethe im *Faust* aufgreift, geht auf eine vorliterarische Geschichte zurück, auf den mündlich und fragmentarisch-schriftlich kolportierten Mythos um eine angeblich historische Figur. Der »historische« Faust, angeblich um 1480 in Knittlingen geboren, wurde schnell berühmt und berüchtigt als Arzt, Quacksalber, Zauberer, Schwarzkünstler und Teufelsbündler. Den schon in seiner Zeitgenossenschaft grassierenden Gerüchten zufolge sei Faust eines schrecklichen Todes gestorben, dessen Begleitumstände eher auf ein mißglücktes chemisches Experiment hindeuten, den aber der Volksmund auf den Teufelsbund hin auslegte (zum ›historischen‹ Faust vgl. etwa Baron 1982; Hucke 1992, 7ff.).

Die schnelle Mythenbildung um die Figur mündete schon 1587 in die anonym erschienene *Historia von D. Johann Fausten, dem weitbeschreyten Zauberer vnnd Schwartzkünstler,* eine reformatorische Kampfschrift gegen Teufelsbündlerei, Aberglaube, schwarze Magie und den Abfall von Gott. Der schon problematische Held des Volksbuches ist der zur scheinbaren Autonomie gekommene Mensch der Renaissance *und* der von Luther als gottunmittelbar gedachte und aus der institutionell-schützenden Obhut der hierarchischen Kirche entlassene Einzelne. Faustus ist die Kontrafaktur zur nachreformatorischen »Massenmoral« (Hucke 1992, 56). Gegen das neue, auch calvinistische Arbeitsethos erstrebt Faustus Autonomie und Wohlleben *ohne* Arbeit, der Teufelspakt lotet die Folgen einer – gescheiterten – Grenzüberschreitung literarisch aus. Gegen alle explizite reformatorisch-moralische Warn-Intention des Volksbuches artikuliert sich hier jedoch auch ein bürgerlicher Anspruch auf Handlungs- und Weltdeutungsautonomie, der politisch wie weltanschaulich den Beginn der Neuzeit markierte.

Die *Historia von D. Johann Fausten* wurde schnell einer der ersten Bestseller in der Ära des gedruckten Buches. Christopher Marlowes dramatische Bearbeitung – *The Tragicall History of D. Faustus* (1593) – gestaltete die Hauptpunkte der Fabel, die bis zu Goethe bestimmend blieben: die Krise des Universitäts-Wissenschaftlers im Eingangsmonolog, Beschwörung und Teufelspakt, Fausts teuflisch begünstigtes Engagement auch in der hohen Politik, die Beschwörung der Helena, späte Reue und Tod und Verdammnis. Marlowe konzentrierte die dramatische Handlung auf Faust als Titanenfigur, auf seinen Wunsch nach Gottgleichheit.

Neben der literarisch-produktiven Rezeption wie bei Marlowe wurde der Faust-Stoff schnell popularisiert: Nicht mehr das ursprüngliche Volksbuch, sondern erweiternde Volksbuch-Adaptionen fanden reißenden Absatz, schon im 17. Jahrhundert wurde der Stoff zum Puppenspiel umgearbeitet, die Marionettenbühnen boten vor allem für Geister- und Beschwörungsszenen die leichter handhabbare und flexiblere Maschinerie, die Behandlung des Stoffes hob ganz aufs Spektakuläre, aufs Gruselige ab. In dieser Form ist der Stoff Goethe in seiner Frankfurter Kindheit zunächst begegnet: »Die bedeutende Puppenspielfabel [...] klang und summte gar vieltönig in mir wider« (HA 9, 413).

Der Titanismus, der, zumindest implizit, hinter dem Gottgleichheitsanspruch des Volksbuches und explizit bei Marlowe die Faust-Konzeption in großen Teilen ausmachte, bestimmt, wenn auch in eingeschränktem Sinne, die Sturm-und-Drang-Konzeption von Goethes *Faust* – diese entspräche damit etwa Goethes Rezeption des Prometheus-Mythos in Hymne und Dramenfragment. Die Fragmente des *Faust*-Stückes, die Goethe bis etwa zu seiner Abreise nach Weimar fertigstellte, sind im Autograph nicht erhalten. Im Nachlaß der Luise von Göchhausen, einem Weimarer Hoffräulein, wurde allerdings 1887 eine Abschrift jener Goetheschen Szenen entdeckt, die seitdem als *Urfaust* bezeichnet werden (zu Überlieferung und Textgestalt des *Urfaust* s.v.a. Scheibe 1970, vgl. auch W. Binder 1974, 109ff., Wertheim 1978 und Keller 1980, 245ff.).

Dieser Text zerfällt in drei disparate Teile, die wiederum unterschiedliche Geschlossenheit aufweisen: die Gelehrtentragödie und die Universitätssatire des *Urfaust* bilden den bloßen Ausgangspunkt für die spätere Behandlung dieser Handlungsstränge, daneben aber bildet die Gretchentragödie gleichsam schon ein abgeschlossenes Drama im *Urfaust*.

Die Gelehrten-Tragödie artikuliert – wie schon *Götz* und *Prometheus* – aufs neue den stürmerisch-drängerischen Anspruch auf titanische ›Selbstheit‹: Faust ist »die exponierte Individualität, die die Horizonte des Menschseins erweitern will, der Grenzgänger, der von den Lebensrändern her auskundschaften möchte, wer der Mensch ist und was er vermag« (Keller 1980, 248). Radikaler als etwa Werther, ganz aktiv und mit quasiwissenschaftlichem Instrumentarium versucht Faust, mit Hilfe der Magie einzuwerden mit der Natur. Allein Fausts emphatischer werdende Versuche, die Grenzen des selbstverordneten Studierzimmer-Kerkers und damit die der traditionellen Wissenschaften zu sprengen, scheitern: Die schöne Anschaulichkeit des Makroskosmos-Zeichens entlarvt sich als bloßes Schauspiel, die Realität des Erdgeistes entzieht sich der Greifbarkeit durch den Menschen, ist ihm gänzlich inkommensurabel – und läßt Faust frustriert stehen: »Ich, Ebenbild der Gottheit, / Und [gleiche] nicht einmal dir?« (*Urfaust* V. 163; HA 3, 371).

Der Auftritt seines Famulus Wagner dient im *Urfaust* zur Illustration der frustrierenden Realität des Lehrbetriebs, die Faust im Anfangsmonolog beklagte, und als Gegenbild Fausts und damit zur schärferen Konturierung von dessen Wissenschaftsverständnis. Erfahrung, Wissen und dessen Vermittlung sind für Faust eine Sache des Herzens, Programm ist emphatische Unmittelbarkeit: »Wenn Ihrs nicht fühlt, Ihr werdets nicht erjagen, / Wenns Euch nicht aus der Seele dringt« (*Urfaust* V. 182f.; HA 3, 372). Wie Prometheus kräftigt sich der von Faust entworfene Wissenschaftler Selbsthelfer nicht aus Autoritäten-Texten: »Erquickung hast du nicht gewonnen, / Wenn sie dir nicht aus eigner Seele quillt« (*Urfaust* V. 215f.; HA 3, 373).

Der dritte Handlungsstrang, die Gretchen-Tragödie, stammt nicht aus der Tradition der Stoffüberlieferung, wird auch im *Urfaust* nur lose mit der Gelehrtentragödie verbunden. Als junger Rechtsreferendar hatte Goethe die Prozeßakten der Susanna Margaretha Brandt kennengelernt, die am 14. Januar 1772 als Kindsmörderin hingerichtet wurde. Diese Frau bildete die historische Vorlage für die Gretchen-Figur: Grete, die ein aus der Liebesbeziehung zu Faust resultierendes Kind gebiert, tötet dieses nach der Geburt, wird gefaßt, stirbt, hier im Drama, im Gefängnis – und kommt damit ihrem Henker zuvor. Die Gretchentragödie gehört unmittelbar in die Sturm-und-Drang-Konzeption der frühen *Faust*-Fassung: Neben dem wissenschaftlich motivierten Titanismus-Bestreben Fausts artikuliert die frühe Fassung des Stückes eine Neu- und Umbewertung literarisch dargestellter sinnlicher Liebe. Die Liebe Gretchens zu Faust hat sich der einengenden Normativität und bürgerlich-verordneten Askese entkleidet, Leidenschaftlichkeit wird im Drama dargestellt – und an seinem Ende, durch Gretchens Rettung aus dem »Off« sanktioniert (vgl. Keller 1980, 248f; D. Schiller 1980, 47ff.).

Den Hintergrund der Affaire bildet eine böse Absprache zwischen Mephisto und Faust, wobei dieser verlangt, jener müsse ihm »die Dirne schaffen« (*Urfaust* V. 471; HA 3, 386), mit chauvinistischem Ungestüm drängt Faust zur unmittelbaren Erfüllung seiner sexuellen Begierde. Mephisto jedoch setzt statt auf Gewalt auf höfisch-galantes Taktieren; die affekthafte Galanterie des Rokoko wird zur Sache des Teufels – und damit implizit desavouiert. »Die Freud ist lange nicht so groß, / Als wenn Ihr erst herauf, herum / Durch allerlei Brimborium / Das Püppchen geknet't und zugericht't, / Wie's lehret manche welsch Geschicht« (*Urfaust* V. 500ff.; HA 3, 387). Die ›Männer‹ Faust und Mephisto verabreden eine listige Strategie, die den Backfisch Grete dem Faust zur Befriedigung seiner Lust zuspielen soll, vollziehen also das höfisch-affekthafte Ritual der sexuellen Beziehung des höhergestellten Mannes zur niedrigergestellten Frau.

Auf dem Hintergrund dieser menschenverachtenden Handlungsabsicht – mit der der Text natürlich die adlig-dekadente Galanterie angreift – entwickelt sich die Beziehung zwischen Faust und Gretchen völlig entgegengesetzt. Schon der erste Schritt ins Zimmer des Mädchens setzt bei Faust eine emotionale Emphase frei, die alle Zeichen der Empfindsamkeit, einer gefühlsmäßig ›ächten‹, auf Unmittelbarkeit hin angelegten Sprache hat. Sprachlich schöpft der Dramentext hier aus der von Klopstock und Goethe verwendeten Sprache der Empfindsamkeit; Faust entwickelt gegen die Typik des galanten Geschlechterrollenverständnisses die idyllische Utopie eines patriarchalischen Familienzustandes, innerhalb dessen die Angebetete als »Götterbild« sich »entwürkte« (*Urfaust* V. 568; HA 3, 389).

Ähnlich bei Grete. Unmittelbar tritt in ihrem ersten monologischen Auftritt eine neue gefühlsmäßige Situation in ihr Leben, ihr Gefühl ist ganz echt: »Mir läuft ein Schauer am ganzen Leib, / Bin doch ein törig furchtsam Weib« (*Urfaust* V. 609f.; HA 3, 390). Die Authentizität ihres Gefühls wird in den weiteren Begegnungen mit Faust mit seinem emphatischen Gefühl, das wesentlich Selbstgefühl ist, konfrontiert – die Kommunikation der ›Liebenden‹ verläuft so ungleich, daß sie scheitern muß: »Faust: [...] Daß Demut, Niedrigkeit, die höchsten Gaben / Der liebausteilenden Natur – Margarete:

Denkt Ihr an mich ein Augenblickchen nur,/ Ich werde Zeit genug an Euch zu denken haben« (*Urfaust* V. 956ff.; HA 3, 400). In Wirklichkeit reden beide aneinander vorbei: Die Vorstellungen von Liebe und Treue auf seiten des Mädchens, die zugleich noch kindlich-unbefangen und kleinbürgerlich-beschränkt sind, werden durch den emotionalen Höhenflug des Sturm-und-Drang-Gefühls kontrastiert, dem sie nicht vermittelbar sind – und umgekehrt.

Gretchen ist mithin nicht »die menschliche Figur der absoluten Liebe«, die im »Lebenkreis des Menschen« scheitern muß (Kaiser 1984, 403), in der Liebesgeschichte »feiert« Goethe gerade nicht »die Gefühlssubjektivität«, die etwa in den sogenannten *Sesenheimer Liedern* konstituiert wurde (Keller 1980, 248). Vielmehr ist in der Gretchentragödie die wachsende innere Differenzierung des Bürgertums Gegenstand der dramatischen Behandlung, die tragische Liebesgeschichte im *Urfaust* ist die Tragödie einer gesellschaftlich ›ungleichen‹ Liebe: Sie konturiert die gesellschaftliche Zugehörigkeit Fausts zum gehobenen, Gretes zum Kleinbürgertum. Das Scheitern der Liebe ist nicht die literarische Umsetzung der allgemeinen Erfahrung, »daß Liebe in Leid umschlägt« (Keller 1980, 271), sondern ist pointierte Kritik am Lebensgefühl des Sturm und Drang, dessen bloß scheinbare Authentizität hier der ›echteren‹ Gefühlshaftigkeit der Volkssprache gegenübergestellt wird. Damit wird Gretchens Einsamkeit, Verzweiflung und Tod zum historischen Symptom der inneren sozialen und ideologischen Differenzierung des Bürgertums, innerhalb dessen die unmöglich gewordene Kommunizierbarkeit des Gefühls Liebe zur Tragödie werden läßt. Der *Urfaust* ist die Tragödie des Intellektuellen, der die Sprache des Volkes nicht mehr spricht – mithin die Tragödie des *Sturm und Drang*, der das Volkshafte zwar auf seine Fahnen schreibt, aber seinen Abstand zum Volk nicht bemerkt, ein Abstand, der hier tödlich endet. Gleichzeitig artikuliert die Gretchenhandlung die Umsetzung eines neuen Subjektkonzeptes, eines neuen Bewußtseins vom scheinbar autonomen bürgerlichen Individuum und dessen Ambivalenz: die Kosten der Emanzipation des Einzelnen, die die sozial, intellektuell und psychisch Schwächeren zahlen.

Die Gretchen-Tragödie, die praktisch unverändert in die endgültige Fassung des *Faust I* von 1808 einging, hat in der Forschungsliteratur denkbar unterschiedliche Bewertungen erfahren. Während Haffner (1880, 55) und Kern (1885, 50) aus katholischer Perspektive Fausts Schuld kritisch betonen und

Burdach (1923, 27) die Tragödie des Mädchens aus der ›tiefen menschlichen Verwirrung‹ Fausts ableitet, vor dessen Titanismusstreben gewarnt werden solle, setzt Gundolf ([13]1930, 141ff.) Faust und Goethe in eins und faßt die Gretchentragödie als poetische Beichte des jungen Goethe auf. Fausts Schuld wird durch die Unschuld Gretchens kontrastiert, die diese zur religiösen Figur werden läßt: Sie wird zur Heiligen und Erlöserin stilisiert (vgl. Browning 1953, 492) oder als Postfiguration der Braut des Hohen Liedes in den »Rang einer exemplarisch Liebenden« erhoben (Requadt 1972, 242; vgl. Kaiser 1984, 407).

Die eher westlich-bürgerliche Interpretationstradition der Gretchen-Tragödie ordnet diese in unterschiedlicher Abstufung immer der Fausthandlung unter. Für Atkins ([1953] 1974) ist sie lediglich eine »symbolische Episode in der Entwicklung der dramatischen Figur des Faust, der repräsentativen Gestalt« (496); ähnlich zynisch bezeichnet Keller (1980, 270) die Gretchen-Tragödie als »kleine Weltfahrt« Fausts. Politzer gesteht zwar: »Der ›Urfaust‹ ist die Tragödie der Frau und nicht die des Mannes« (1968, 312f.), letzterem sei jedoch das bessere Ende – und damit das Hauptaugenmerk von Dichter und Leser – beschieden: »Im Zusammenhang des Gesamtwerkes wird Gretchen dann verlieren, was Faust in ihm gewinnen soll: das Eigenrecht der Person« (ebd.). Enthistorisierend werden Liebe und Tod Gretchens als Exemplifikationen überindividueller oder transhistorischer Ideen gedeutet, als »Schicksal und großes Lebensgesetz in ihrer Tragik« (Fuchs 1972, 44), als die ›Unvereinbarkeit zweier Daseinsentwürfe‹ (Pilz 1982, 55), als die Schuldhaftigkeit »solcher absoluter Liebe« »im Lebenkreis des Menschen«, wobei Gretchen »der weiblichen Offenbarung des Göttlichen zugeordnet« sei (Kaiser 1984, 403, vgl. Schöne 1982, 117ff., der die Schuldhaftigkeit von Gretchens Liebe in ihrer symbolischen Verstrickung in den Hexensabbat indiziert sieht). Goethe feiere hier »Gefühlssubjektivität« und gestalte deren Gefährdung – die Tragödie rühre aus der »tragischen Antinomie zwischen der individuellen Leidenschaft und der gesellschaftlichen Ordnung des Ganzen« (Keller 1980, 249). Kaiser (1977, 79) liest die Gretchenhandlung als eine der Idyllen, in die Faust im Verlaufe des Dramas einzudringen versucht – ordnet sie damit gewissermaßen einem ästhetischen Gestaltungsprinzip unter. Der Komplex der Kindsmordtragödien als historische Symptomatik und die Zugehörigkeit Gretchens zum Kleinbürgertum wird bei Pilz (1982, 55) und Kaiser (1984, 403) angeführt, deren historisch relevante Relation auf das Scheitern der Liebe zu Faust aber nur bei Keller (1980) andeutungsweise reflektiert – als Differenz zwischen kleinbürgerlicher und intellektuell-emphatischer Liebesvorstellung: »Faust liebt die junge Frau, doch noch mehr liebt er sein Liebesgefühl. Seine mangelnde Vorsorge für Gretchen offenbart seine Liebesegozentrik, den Selbstgenuß der hochgetriebenen Emotion« (273). Dieser Ansatz historischer Reflexion wird aber sofort im Keim erstickt: »Daß Liebe in Leid umschlägt, ist eine so allgemeine wie traurige Erfahrung; daß sich Liebe, obwohl sie nichts« als sich selbst will, unversehens in ungeheuerliche Schuld verstrickt, ist die bitterste Form des Tragischen für den Gefühlsenthusiamus der Generation um 1770« (Keller 1980, 271).

Die materialistische Deutungstradition der Gretchentragödie hat gerade den gesellschaftlich-historischen Anteil des Stoffes betont. Lukács hat in seinen Untersuchungen zum *Faust* die Gretchentragödie als individuelles Schicksal, das aber Symptom gesellschaftlicher Widersprüche sei, betont (vgl. 1947, 180), sie sei »Kritik der Liebesbeziehung in der bürgerlichen Gesellschaft« (1947, 178). Dem liegt aber keine soziologische Analyse des Textes zugrunde, sondern die ablehnende Haltung gegenüber einer Klassengesellschaft überhaupt: Das ›Ineinander von Wahrheit und Betrug, Treue und Untreue‹ charakterisiere die Liebe in dieser Gesellschaft (vgl. 1947, 180ff.). Die sozialistisch vermeintlich überlegene Kritik der bürgerlichen Gesellschaft ist für die materialistische Deutung bestimmend: »Die Hingabe aus freier Liebesentscheidung ist eine der ›heroischen Illusionen‹ des Bürgertums, der unter bürgerlichen Verhältnissen keine Verbindlichkeit zukommen kann«, da sie die ›feudalabsolutistisch-kirchliche Norm der Bindung der Sexualität an die Ehe‹ ignoriert (Hamm ⁵1988, 46f.). Unter dieser Voraussetzung wird Gretchen heroisiert: Die »Entfaltung Gretchens zur großen Liebenden« ist die »poetische Gestalt« von Goethes »Vorstellungen von Freiheit und Selbstverwirklichung des Individuums« (Brandt 1981, 140f.). Ihre »spontane Sinnlichkeit« sei literarisch umgesetztes Aufbegehren »gegen eine tief verinnerlichte asketische Unterdrückungsideologie« (D. Schiller 1980, 48), ihre Rettung am Ende des Dramas markiere den Zeitpunkt, »wo die Leidenden und Unterdrückten ihr Bedürfnis nach unverkürzter Entfaltung ihrer Kräfte und Möglichkeiten anmelden«, werde zum ›nicht-metaphysischen Vorschein auf das Ende der Unterdrückung durch die Klassengesellschaft (48f.). Die historische Notwendigkeit, mit der die Liebe in der Klassengesellschaft scheitern muß, hebt das Schuldhafte an der Tragödie auf: Sie wird zur Geschichte der »sozialen Vereinigung von Oben und Unten« innerhalb des sich ausdifferenzierenden Bürgertums, in dem die »Liebe der beiden [...] [als] Zeitraum wirklicher Erfüllung [...] über die Tragödie hinausweist« (Brandt 1981, 144f.). Auch Fausts Schuld wird somit absolviert, ja, mit gleichem Zynismus wie zuweilen in der bürgerlichen Textdeutung wird das ›Opfer Gretchens‹ legitimiert: »Daß jede fortschrittliche Entwicklung zahllose Einzeltragödien unabwendbar macht, ist Goethes unsentimentale Welterkenntnis« (E. Fischer 1949, 71; vgl. Brandt 1981, 144).

Die Bruchstücke des sogenannten *Urfaust*, Gelehrtentragödie, Universitätssatire und Gretchenhandlung, stehen in dieser frühen Fassung fast unverbunden nebeneinander – allein die Figur Fausts garantiert einen lockeren Zusammenhalt. Die Entwicklung einer durchgängigen Konzeption für die Behandlung des gesamten Stoffes ist zeitgleich mit der Entstehungsgeschichte zumindest des ersten Teils der Tragödie – und gleichzeitig ist diese Konzeption nur ein Schritt auf dem Weg zum ersten *Faust* – die endgültige Fassung des *Faust I* überholt auch diese Konzeption schon wieder.

Nachdem er im ersten Weimarer Jahrzehnt liegen geblieben war, sollte der *Faust* in Italien fertiggestellt werden. Allerdings erweist er sich hier als sperrig, zu abgelegen von der neuen, italienisch-südlichen Stimmung, von der neu erarbeiteten, klassizistischen Ästhetik. Es entstehen ein nicht erhaltenes Konzept zum *Faust* und drei neue Szenen oder Szenenteile. Erstens sind dies etwa einhundert Verse aus der ersten Studierzimmerszene, das Ende des Gesprächs zwischen Faust und Mephistopheles, bevor der Schüler eintritt. Faust artikuliert hier erstmalig einen Anspruch, der über den Erkenntnisanspruch der ursprünglichen Gelehrtentragödie weit hinausreicht: »Mein Busen, der vom Wissensdrang geheilt ist,/ Soll keinen Schmerzen künftig sich verschließen,/Und was der ganzen Menschheit zugeteilt ist,/ Will ich in meinem innern Selbst genießen« (V. 1768ff.). Faust versteht sich als menschliches »Individuum, das Lebenstotalität beansprucht und, repräsentativ für die Gattung, sich Welt einverwandeln [...] will« (Keller 1980, 249; vgl. hierzu auch J. Müller 1974, 227; Wertheim 1978, 135; D. Schiller 1980, 53). Diese Wendung Fausts ist Effekt der italienisch-klassizistischen Neuorientierung Goethes: Das titanische Indi-

viduum des *Urfaust* wird uminterpretiert zum Gattungspara-
digma, der Einzelne ist repräsentativ für seine Gattung.

In der »Hexenküche«, der zweiten italienischen Szene, führt
Mephisto Faust in sein ureigenstes Hoheitsgebiet, eine von
sprechenden und zaubernden Tieren bevölkerte Unwirklich-
keit. Durch Mephistos Macht wird Faust in einen jugendlichen Liebhaber verwandelt, als der er in Beziehung zu Gretchen treten kann. Der Zaubertrank weckt, indem er Faust in
einem Spiegel das Bild der antiken Schönheit Helena vorgau-
kelt, seine Begierde nach dem, was Margarete dann für ihn erfüllt. Mephisto spricht diese Intention eindeutig aus: »Du
siehst, mit diesem Trank im Leibe, / Bald Helenen in jedem
Weibe« (V. 2603f.). – Die Notwendigkeit einer Verjüngung
Fausts ist in der Forschung umstritten: Düntzer (1889, 289)
hält den Trank ausschließlich für ein sexuelles Stimulans, ihm
folgen darin etwa Trendelenburg (1922), Buchwald (1942)
und Bruns (1954). Requadt (1972, 214) und Hamm (^{5}1988,
71) halten allerdings die physische Verjüngung Fausts für dra-
matisch notwendig. Für Metscher (1976, 109) fungiert sie
»dramaturgisch als motivischer Ausgangspunkt der Gretchen-
Tragödie« und exponiert die »Motivik von Eros und Ästhetik
im gesamten Faust-Drama«. Das Hexeneinmaleins, das den
Zauber einleitet, wird einerseits von Streller (1957, 1049) und
Friedrich/Scheithauer (1959, 204f.) als lösbare Rechenaufgabe
mit einem magischen Quadrat erläutert, Resenhöfft (1972, 62)
sieht hinter den Zahlen sexuelle Symbolik, Requadt (1972,
210) und Hamm (^{5}1988, 70) bezeichnen es schlicht als Un-
sinn. Demgegenüber deutet A. Binder (1980, 196) es auf dem
Hintergrund einer intensiven Texterarbeitung als Paradigma eines neuen Poesiebegriffs, »der die Trennung von Wissenschaft
und Kunst, von Natur und *Theilnehmung und Mitgefühl* aufhebt«.

Die dritte in Italien entstandene Szene – »Wald und Höhle«
– liegt als nachdenklicher Ruhepunkt zentral in der Beziehung
Fausts zu Margarete; zwischen dem emphatischen Liebesbe-
kenntnis und Gretchens ahnungsvollem »Meine Ruh' ist hin«
(V. 3374). Faust reflektiert sowohl seine Liebe als auch die Gaben des Erdgeistes, als dessen Abgesandten er Mephisto identi-
fizert. Die Reflexion Fausts wird in der Forschung unterschiedlich bewertet: Beutler (1940, 550) sieht ihn als Liebenden »in
seinen metaphysischen Bindungen«, seine Reflexion, zu einem
Teil die Liebe zu Gretchen betreffend, sei Dank an den Erdgeist für »neue Einsichten in die schreckliche Macht der Lei-

denschaft wie in die harmonische Seite der Natur« (Atkins [1953] 1974, 505), Keller (1980, 250) sieht ihn im »Taumel zwischen den Extremen des ›Sinnlichen‹ und des ›Übersinnlichen‹«. Peinlich sind die biographistischen Versuche, die Goethes Liebesauffassung und -erfahrung mit der Fausts identifizieren (vgl. Lorentz 1940 V, 289; Jaeger [1949] 1974, 437 u.ö.) oder gar den Erdgeist als Postfiguration Charlotte von Steins auffassen (Fairley 1947, 184). Die Reflexion Faust zielt aber, wie A. Binder (1989) überzeugend darlegen kann, viel analytischer auf die Beziehung Fausts zu Gretchen. Fausts reflektiere sich als Rhetor, seine ›Liebe‹ als Verführung durch Sprache zum Unglück (212), womit die historisch-soziale Symptomatik der Kritik am Sturm-und-Drang-Diskurs thematisiert ist: »Am perversesten realisiert sich Sprache als Gewalt dort, wo es durch Beredsamkeit gelingt, daß der durch Sprache Unterdrückte den Sprechenden zu lieben glaubt« (224).

Goethe faßte *Faust* lange als unklassischen Stoff auf, der auch stofflich über die begrenzteren Sujets etwa der *Iphignie* oder des *Tasso* weit hinausging und sich somit der völligen klassizistischen Überformung lange zu widersetzen schien. Erst 1797, auf drängende Anregung Schillers hin, beschäftigt sich Goethe wieder mit *Faust*. Jetzt sollte endlich das geschaffen werden, was dem Bisherigen noch fehlte: Einerseits eine durchgehende, auch den zweiten Teil der Tragödie umfassende Konzeption, andererseits die Klärung des Verhältnisses zwischen Faust und Mephisto. Goethes Arbeit am *Faust* bediente sich unterschiedlicher Vehikel, die der poetischen Bewältigung dieser Annäherung gelten und der Einfügung des *Faust*-Stoffes in klassizistisches Denken dienen.

In Goethes Tagebuch vom 24. Juni 1797 heißt es dann auch folgegerecht: »Zueignung an ›Faust‹« – der erste der späteren ›Prologe‹ der Tragödie ist verfaßt. Es ist dies eine poetische Umsetzung gerade der Wiederannäherung an den alten Stoff, der Gegenstand eigener noch jugendlicher Dichtung war: »Ihr naht euch wieder, schwankende Gestalten, / Die früh sich einst dem trüben Blick gezeigt« (V. 1-2; HA 3, 9). Die Figuren des *Faust*-Fragments werden direkt angesprochen, ihre nördliche, auch unangenehme und augenblicklich so abliegende Herkunft thematisiert: »Wie ihr aus Dunst und Nebel um mich steigt« (V. 6), »Zauberhauch, der euren Zug umwittert« (V. 8) – »Dunst und Nebel« aber sind bei Goethe auch oft Metaphern für das Un- und Halbbewußte (vgl. Keller 1974, 156f.).

Die »Zueignung« beschreibt eine imaginäre Bewegung um den Gegenstand des *Faust*-Stoffes herum: Die Eckstrophen handeln vom Stoff bzw. vom gedichteten Text, dem »Lied«, die Mittelstrophen von den Menschen, mit denen der Dichter umgeht. Die Dichtung spricht hier über den imaginativen Prozeß, der eigentlich jede Form der Dichtung ausmacht, in diesem speziellen Fall jedoch auch die Arbeit meint, den Jugendstoff *Faust* wieder zu bearbeiten, fortzusetzen, zu vollenden. Die dichterische Gefühlsbewegung in der »Zueignung« ist gut erläutert in dem soliden, aber werkimmanent argumentierenden Kommentar von Keller (1974, 151ff.; vgl. Keller 1980, 251), Wertheim (1978, 126f.) faßt die Erinnerung an den Sturm und Drang in der zweiten Stanze als Einsicht auf, diese kulturpolitische Revolution werde als noch nicht gelöste Aufgabe reflektiert.

Neben der »Zueignung« sind am 22. Juni, am 1. und 5. Juli 1797 und im Mai des nächsten Jahres Schemata, Übersichten und sogar numerierte Pläne zum *Faust*-Stück entstanden – nichts davon ist erhalten, in den Briefen an Schiller wird ihre Existenz angedeutet, einige Szenen in Paralipomena weisen Nummern auf, die auf einen numerierten *Faust*-Plan hindeuten (vgl. Grumach 1951; Binder 1968, 111ff. und vor allem die philologisch exakte Rekonstruktion des Schemas bei Schulze 1970).

Das zweite ›Präludium‹, das »Vorspiel auf dem Theater«, entstand in der zweiten Hälfte 1798 (vgl. M. Mommsen 1953, 295ff.; Schillemeit 1986, 157). Seine originäre Zugehörigkeit zum *Faust* wird in der Forschung bezweifelt: Seidlin (1952, 60) hält es ursprünglich für ein Vorspiel zu Goethes geplanter Fortsetzung der *Zauberflöte*, Schillemeit (1986, 157) für ein Spiel zur Neueröffnung des Weimarer Hoftheaters 1798. Gegen die Meditation des einsamen und melancholischen Dichters in der »Zueignung« wird hier im »Vorspiel« der Disput gesetzt: Theaterdirektor, Dichter und sogenannte ›Lustige Person‹, die den Schauspielerstand vertritt, stellen ihre jeweilige Einschätzung und spezifische Funktionszuschreibung des Theaters einander gegenüber. Das »Vorspiel« ist also Theater über Theater auf dem Theater, es markiert das Folgende, die Tragödie vom Faust selbst, als auf der Bühne erzeugte Illusion, will gerade die Fiktionalität des Bühnenraumes im Bewußtsein des Zuschauers festhalten (vgl. Keller 1980, 253).

Die Ästhetik, die aus dem »Vorspiel« spricht, erschließt sich nur aus den sich relativierenden drei Positionen (vgl. dazu

Wertheim 1978, 127ff.). Der Direktor sieht Theater in erster Linie unter ökonomisch-organisatorischem Aspekt, Publikum ist für ihn die Menge zahlender Zuschauer. Die ›Lustige Person‹ vermittelt zwischen der krude-weltmännisch vorgestellten Mentalität des Direktors und dem ›Seelchen‹ des Dichters: Der Menge als Publikum soll's gefallen, die poetischen Stimmungen und Bilder des Dichters sollen sich mit dieser vermitteln. Die Haltung des Dichters dagegen ist die selbstgewählte Einsamkeit, die die Voraussetzung seiner dichterischen Produktivität ist. Dafür gelänge allein dem Dichter, die Elemente zu bändigen, Einklang zu schaffen zwischen Innen und Außen, Mensch und Natur. »Wer sichert den Olymp? vereinet Götter?/ Des Menschen Kraft, im Dichter offenbart« (V. 156f.). Damit entspricht das Selbstbild des Dichters dem Anspruch Fausts, der sich als paradigmatisches Individuum begreift (zum Dichter im »Vorspiel« vgl. v.a. Keller 1974).

Ungefähr ein halbes Jahr früher als das »Vorspiel« entstand das dritte ›Präludium‹: der »Prolog im Himmel« (zur Datierung s. M. Mommsen 1953, 311ff.; J. Müller 1974, 227). Erstmals geht es hier tatsächlich um die Titelfigur der Tragödie, wenn auch aus einer eigentümlichen Außenperspektive. Nach hymnischem Lob der Schöpfung durch drei Erzengel will Gott gegen Mephistos misanthropische Weltsicht nun ein positives Beispiel setzen – und führt damit die Hauptfigur der Tragödie ein: »Kennst du den Faust?« (V. 299). Der Wunsch Fausts, menschliche Grenzen zu transzendieren, wird hier, im Gegensatz zum Faust des Volksbuches, von Gott sanktioniert: Nicht das Irren, nicht Zweifel oder Überschreitung einer von Gott dem Menschen gesetzten Grenze sind hier Sünde, sondern Erschlaffung, Muße, »unbedingte Ruh« (V. 341). Der Irrtum, selbst der teuflisch beeinflußte Irrweg, sind innerhalb dieser ›Theologie‹ Funktionen menschlichen Strebens (vgl. V. 317), der Teufel bekommt eine gewollte, positiv besetzte Position in Gottes Heilsplan.

Die Wette, die Mephisto dem Herrn anbietet – »Was wettet Ihr? den sollt Ihr noch verlieren,/ Wenn ihr mir die Erlaubnis gebt,/ Ihn meine Straße sacht zu führen!« (V. 312ff.) –, hat er schon verloren: Fausts mögliche Verführung durch den Teufel wird positiv umgedeutet zu einer Funktion seines lebenslangen Bemühens um Erkenntnis, Wahrheit, Fortschritt, Mephistos Macht ist einzig auf das Diesseits beschränkt (vgl. Hohlfeld [1920/21] 1974, 386f.). Die Erwählung Fausts als Beispielexemplar der Gattung Mensch – »Es irrt der Mensch, solang' er strebt« (V. 317) – macht ihn aus einem Individuum zum paradigmatischen Gattungswesen, wie es sowohl der Dichter des »Vorspiels« als auch die hundert italienischen Verse zur Studierzimmerszene vorführen (vgl. Rickert [1925] 1974, 252ff.; Müller 1974, 277; Keller 1980, 255; Henkel 1982, 165). – Gleichzeitig präfiguriert die hier angebotene Wette Goethes spätere Uminterpretation des Teufelspakts zur Wette (vgl. Wertheim 1978, 129f.).

»Zueignung«, »Vorspiel auf dem Theater« und »Prolog im Himmel« sind also Vehikel und Dokumente der Wiederannäherung Goethes an den *Faust*. Noch aber bleibt ein zentrales Desiderat, ein Konzept, das Gretchen-Handlung wie Wissenschaftler-Tragödie und gleichermaßen die Handlung des zweiten Teils abstrakt umschlösse. Zwischen den drei Vorspielen 1797 und der weitgehenden Fertigstellung der Arbeiten am ersten Teil der Tragödie im Jahre 1801 muß also ein Ereignis, ein Schritt liegen, der diese Lücke schließt. Dieser Schritt wird dokumentiert durch das sogenannte »erste Paralipomenon«, entweder 1799 oder 1800 abgefaßt (vgl. Binder 1968, 120). Es ist ein inhomogenes Schema zum gesamten *Faust*stoff, das aber dennoch die klassizistische Version dieses Stoffes enthält. Die verbindliche Fassung des Schemas findet sich allein bei Binder (1968, 177f.; vgl. vs. J. Müller 1974).

Der erste Teil der Tragödie wird einerseits mit Hinweisen auf Figuren gegliedert und durch Arbeitsanweisungen an den Autor selbst ergänzt. Die Gretchen-Handlung wird in die Formel »Lebens Genuß der Person 1 Theil in der Dumpfheit / Leidensch-« gefaßt. Hier beginnt das Paralipomenon mit der abstrakten Planung beider Teile der Tragödie. Dem ›Lebens-Genuß der Person‹ setzt das Schema sofort eine Bestimmung des zweiten Teil hinzu: »Thaten Genuß zweyter [Teil]«, die aber sogleich noch übertroffen wird: »Schöpfungs Genuß« (Gretchenhandlung, Kaiserhof, Helenaepisode und Landgewinnung). In die Gliederung dieser drei ›Genuß-Stufen‹ hinein trägt Goethe, im Autograph deutlich sichtbar (vgl. Binder 1968, 119), nähere Bestimmungen dieser Stufen nach – die gewissermaßen auch die Art dramatischer Bearbeitung betreffen: »von aussen«, »nach aussen und Genuß mit Bewußtsey. Schönheit.« und »Schöpfungs Genuß« »von innen«. Genuß ist bei Goethe schon seit der Sturm-und-Drang-Zeit eine fundamentale, positiv besetzte Kategorie der Weltbeziehung des Subjekts: ›genießen‹ meint ›sich ganz aneignen‹, ›innerlich sich einfühlen und erfühlen‹, ›etwas in seiner ganzen Wirklichkeit erfassen‹. In dieser positiven Bedeutung benutzt Faust, um das Ziel seines Strebens zu spezifizieren, sowohl kurz vor der Wettszene (V. 1771) als auch kurz vor seinem Tod den Begriff (V. 11586; vgl. hierzu Binder 1968, 131; Weigand 1974, 417f.).

Das Schema von 1800 ist stärkster und auch in den Text hinein weitestwirkender Beleg einer klassizistischen Umdeutung und Bearbeitung des *Faust*-Stoffes und gleichzeitig wieder nur Durchgangsstation; die radikale klassizistische Umdeutung ist auch ein Vehikel der Wiederaneignung des Stoffes. Der Stoff aber, vor allem die Gretchentragödie, unterläuft die klassizistische Konzeptionierung, transzendiert die intentionale Enge des klassizistischen Schemas: Der klassische Goethe schreibt einen – auch – unklassischen *Faust* (zu Klassik und Klassischem in *Faust I* s.v.a. Keller 1978; Wertheim 1978).

Der Anteil der Gelehrten-Handlung am ersten *Faust*, der andere Teil neben der Gretchentragödie, der als wesentliche Konstituente auch Fausts Verhältnis zu Mephisto beinhaltet, wurde bis zur Fertigstellung 1806 (Druck 1808) vervollständigt. Der Beginn der Tragödie zeigt Faust als einen Wissenschaftler, der einerseits die Grenzen des menschenmöglich lernbaren Wissens ausgeschritten zu haben vermeint, andererseits aber mit dem so zu Wissenden nicht zufrieden ist. Er beklagt sich über die Marginalität menschlichen Wissens, die Stumpfheit des Lehrer- und Forscheralltags und flieht in scheiternde Versuche der Entgrenzung: die magische Illusion des Makrokosmoszeichens, die Beschwörung des Erdgeistes und der durch die Osterglocken verhinderte Selbstmordversuch. Diese Selbstentgrenzungsversuche sind nicht bloßer Wunsch nach ungebändigter individueller Autonomie, sondern, in ihrem Scheitern, die Negativfolie, auf deren Hintergrund Goethe seinen Faust in der Wettszene gegenüber Mephisto den Anspruch des Gattungsparadigmatischen seiner Existenz im Diesseits artikuliert (zur alchimistischen Tradition im *Faust* s.v.a. Bartscherer 1911; Wachsmuth 1957; Grumach 1952/53 erläutert den mystischen Hintergrund der Erdgeistszene, Steffensen 1969 Makrokosmoszeichen und Erdgeistmotiv auf dem Hintergrund von Pansophie, Pietismus und Mystik, Zimmermann 1979, 262 leitet den Erdgeist aus dem Weltbild des jungen Goethe ab und sieht darüber hinaus Mephisto als Abgesandten des Erdgeistes, und Möbus 1989, 351ff. sieht enge Entsprechungen zwischen *Faust* und der ›occulta philosophia‹ Agrippas).

Der »Osterspaziergang« stellt der Enge des Studierzimmers Fausts Öffnung für die Welt in der Enge der stadtbürgerlichen

Perspektive gegenüber (vgl. Trunz HA 3, 508; Atkins 1958, 33ff.). Die Szene dient zur Vorbereitung der Begegnung mit Mephisto: Insgeheim findet sie schon statt: Am Abend werden Faust und Wagner des Pudels gewahr, der sich im folgenden als die Verkleidung des Teufels herausstellen wird (zum Zusammenhang des Osterspaziergangs mit der Erscheinung Mephistos vgl. v.a. Michelsen 1978, 60ff.).

Fausts Selbstentgrenzungsversuche als bloß rhetorisch-verbale Substitutionen einer Tat werden nach dem »Osterspaziergang« mit seinem Übersetzungsversuch des Beginns des Johannes-Evangeliums kontrastiert: »Im Anfang war die Tat!« (V. 1237). Die Übersetzung des griechischen logos mag einerseits die Entsprechung zum Streben aus dem »Prolog im Himmel« sein (Rickert [1925] 1974, 302), die bloße Projektion eines Wunsches auf den biblischen Text (vgl. Trunz HA 3, 509) oder die »äußere Gestalt« des »inneren Begehrens« (Görner 1989, 121), andererseits verdichten sich in Fausts tentativer Improvisation auch verschiedene historische Übersetzungsstufen im poetischen Bild (vgl. Wilkinson 1971 und 1974, 571).

Auf Fausts Bibelübersetzung hin tritt sein künftiger, tatkräftiger Helfer auf den Plan: Mephisto. Der Pudel vollzieht unter lautem Geheul seine Gestaltverwandlung (zum Pudelmotiv vgl. Michelsen 1978, 62 und Woods 1958, die den volksmythologischen Hintergrund des Motivs aufdeckt): Er tritt schließlich als »ein fahrender Scholastikus, hinter dem Ofen hervor«. Mit einem Rätselwort charakterisiert er sich: Er sei »ein Teil von jener Kraft,/ Die stets das Böse will und stets das Gute schafft« (V. 1335f.). Die Bedeutung dieser Selbstdefinition – und damit die gesamte Figur Mephistos – ist in der Forschung durchaus umstritten: Während K. Fischer (1901 III, 348), Traumann (1913 I, 276), Rickert (1932, 169) und Witkowski (1906, II, 214) in der Selbstdefinition nur Rätselhaftes sehen – im vermeintlichen Einverständnis mit Goethes Bemerkung, daß sein Menschheitsgedicht manches dem menschlichen Verstande Inkommensurables biete –, bestimmt Morris (1901, 189) sie als eine »sorgsam eingefügte Definition des Chaos«, und Seidlin ([1944] 1974, 367) erläutert sie auf dem Hintergrund der Konstellation aus dem »Prolog im Himmel« als Beschreibung von Mephistos »eigener Funktion innerhalb des Kosmos«. Stärker in Hinsicht auf seine dramatische Funktion wird Mephisto beschrieben bei Fuchs (1974, 348), der ihm die »scharf- und tiefblickende Intelligenz eines Virtuosen der Täuschung, aber auch eines Welt- und Menschenkenners« attestiert, und Keller (1980, 268) sieht ihn als »persongewordene reine Intelligenz«. Für Forster (1971, 318) ist Mephisto durch die teuflische Sünde der *superbia* über die Verführbarkeit Fausts verblendet. Gerade im Rückblick auf Fausts vergebliche eigenständige Versuche einer ›Tat‹ aber definiert G. Kaiser (1984, 401) ihn als »Geist der Praxis, der Realisierung; er ist, genauer gesagt, der Geist der Widersprüche, des Chaotischen, des Bösen, die aller Praxis und aller Realität als Momente innewohnen« (401), eine Zuordnung zu Faust, die nach Emrich (1979, 73) die teuflisch erworbene Autonomie des Subjekts Faust als Schein markiert. Schließlich identifiziert Marotzki (1987) die Anlage des *Faust* mit der des Hegelschen Idealismus, wobei Mephisto als Repräsentationsfigur der Negation und Faust als deren Gegenstück zusammen das Subjekt der deutschen Klassik und des deutschen Idealismus darstellen (vgl. 151).

Bevor das Verhältnis Fausts zu Mephisto, bis nach 1800 noch eine Lücke in Goethes Konzeption, geklärt wird, wird mit der eingeschobenen Schülerszene die Motivik des Gelehrtenalltags nochmals satirisch aufgegriffen (vgl. dazu D. Schiller 1980, 43: »Die Universitätssatire der Schülerszene zeigt die gängigen Bedingungen von Fausts Wirken, den Rahmen, den er sprengen will und muß«). Die zweite Szene im Studierzimmer thematisiert nun endlich die Beziehung Fausts zu Mephisto, die, in einer Umbewertung der gesamten Stofftradition und in Anlehnung an das »Vorspiel im Himmel«, nicht mehr auf einem Pakt, sondern auf einer Wette beruht. Nachdem in Vers 1680ff. die Möglichkeiten der Hölle verhöhnt (vgl. Hohlfeld [1920/21] 1974, 397; Atkins 1958, 45; Weigand 1961, 326 und Seidlin 1976, 276) oder für nichtig erklärt werden (von Molnár 1979, 275ff.), fühlt sich Faust stark genug zur Wette mit dem Teufel. Goethes Umdeutung der Paktszene hat früh plattesten Positivismus auf den Plan gerufen: Landsberg/Kohler (1903) meinen, die juristische Korrektheit der Wettvereinbarung prüfen zu müssen, selbst für D. Schiller (1980, 54) ist sie ein Vertrag auf Gegenseitigkeit, während Weigand (1974, 414) eindeutig die Ausschließlichkeit der Wette nachweist. Hohlfeld ([1920/21] 1974) klärt die Entstehungsbedingungen der Wettszene (383ff.) und setzt sie in Relation zur Wette im »Prolog« (386ff.; vgl. Wertheim 1978, 129f.). Die Wette tritt nicht nur an Stelle des Paktes: Die Zusage Fausts, Mephisto könne seiner nicht im Augenblick des Todes, sondern in dem des Genusses, also im Diesseits habhaft werden, verschärft nach G. Kaiser den Pakt (vgl. 1984, 397), problematisiert gleichzeitig »die Zeitlichkeit im *Faust*-Drama [...] und [statuiert] die Unstillbarkeit des ›Strebens‹ und ›Genießens‹« (Keller 1980, 266). Damit aber wird die Wette zum Scheinpakt für Mephisto, da sie ihm alle Möglichkeiten im Jenseits abschneidet (vgl. Kaufmann 1991). In der Wendung vom mythischen Pakt zur modern spielerischen Wette sieht M.J. Fischer (1982, 177) Faust »aus der Unmündigkeit, in der er Mephisto gnadenlos ausgeliefert wäre [gerissen]. Faust vertritt in der Wette den Standpunkt der Aufklärung, die vom Mythos weiß, ihn in der Erkenntnis verabschiedet und um diesen Preis der Technik habhaft wird«.

Mephisto, seinen Teil des Wettversprechens einlösend, »versucht [...] Faust mit dessen eigenen Versuchungen, aber er stößt ihn dabei vorwärts – in die Realitäten« (Kaiser 1984, 401), d.h. in die Affaire mit Gretchen. Durch Mephistos Initiation wird die Gretchenhandlung des *Urfausts* neu bewertet: Sie ist nicht mehr nur die Exemplifikation des zur Sinnlichkeit und Leidenschaftlichkeit gekommenen bürgerlichen Subjektes gegen die philiströse Enge der Klassenexistenz; sie ist vielmehr auch »Lebens Genuß der Person«, wie das 1. Paralipomenon sagte – Genuß mit allen seinen sozialen und psychischen ›Kosten‹, Genuß zum Preis des Unglücks und Tod der Anderen, in diesem Fall der gesamten Familie Margaretes.

Einen Einhalt in der Gretchentragödie, schon sehr zum Schluß hin, bilden »Walpurgisnacht« und »Walpurgisnachtstraum«, wie die »Hexenküche« Ausflüge Fausts in Mephistos eigentlichen Machtbereich, in den Faust hier zunächst ganz hinabtaucht. Schon Valentin (1894, 103ff.) und Baumgart (1893, 359ff.) sowie Jantz (1952, 397ff.) wiesen die originäre Zugehörigkeit der Szenen zum *Faust*-Konzept nach. Für Atkins ([1953] 1974, 510) ist die Walpurgisnachtsszene »eine symbolische Darstellung des Augenblicks [...], wo Faust im Begriff steht, gleich einem Tier die Sexualität zu einem Endzweck zu machen« (510), wo er dem Bösen »für kurze Zeit in extremer Weise« verfällt (Hamm ⁵1988, 108), wo das Böse »aus dem Urgrund der Natur hervor[geht]« (so Emrich 1979, 86 ahnungsvoll) und woraus ihn die fragmentarische Erinnerung an das schon ins Unglück gestoßene Gretchen errettet. Nach der »raschen Turbulenz und schrillen Disharmonie« der Walpurgisnacht (Dietze 1969, 477) folgt im »Walpurgisnachtstraum« Fausts in strengster formaler Organisation die Karikatur zeitgenössischer Schriftsteller und idealistischer Philosophen (vgl. ebd. 480ff.), sodann ein »Ausschnitt aus dem sozialen und politischen Umwälzungsprozeß« der frz. Revolution« (484; vgl. Hamm ⁵1988, 119; Hamm 1990, 173ff.; zur allegorischen Bildlichkeit des Traums s. Streicher 1966, 36ff.; Schlaffer 1992, 56). Die dramatische Funktion des Traums bestimmt Dietze (1969, 485) treffend als den Punkt, »der die bisherige, relativ starre Konfrontierung von ›großer‹ und ›kleiner‹ Welt auflöst und umbildet zum lebendigen Verhältnis fluktuierender *Wechsel*beziehungen zwischen diesen beiden Welten«.

Die Faust-Mephisto-Handlung, die einerseits die Fortsetzung der Wissenschaftler-Thematik zu Beginn des *Faust I* ist, andererseits aber die unbedingte Voraussetzung der Gretchentragödie, von der sie dann dominiert wird, zielt innerhalb des ersten Teils der Tragödie nicht auf die Erfüllung der ›wissenschaftlichen‹ oder eine ›Tat‹ betreffenden Wünsche Fausts ab. Die Forschungsliteratur zur Gelehrtenhandlung liest deshalb sinnvollerweise beide Teile des *Faust* zusammen. Die Gretchentragödie aber, die sich nur bedingt unter das Genuß-Schema des ersten Paralipomenons unterordnen läßt, behauptet in der Eindrücklichkeit ihrer Darstellung ihr dramatisches Gewicht – und unterläuft mit ihrer kritischen Implikation die klassizistische Konzeptionierung des *Faust*.

Faust II

Daß Goethe erst nach der Veröffentlichung der Tragödie ersten Teils sich Gedanken gemacht hätte über den zweiten, wäre ein Fehlschluß. Von Anfang an bot der Mythos vom Dr. Faustus, wie er Goethe sowohl aus dem Volksbuch von 1587, dem Puppenspiel, der englischen Marlowe-Version und anderen Quellen geläufig war, viel mehr Stoff, als in *Faust I* realisiert ist. Schon im September 1800 entsteht ein *Helena*-Fragment, das einen Ausgangspunkt der Helena-Konzeption der späteren Ausführung bildete. Eine ausführliche Skizze des zweiten Teils der Tragödie diktierte er allerdings erst zwischen dem 16. und 20. Dezember 1816 – eine Skizze, seitenlange Inhaltsangabe, die zwar noch einige Modifikationen erfuhr, öfter noch durch weitere Konzepte verändert wurde, in groben Zügen aber schon den Inhalt des zweiten Teils vorwegnimmt (vgl. HA 3, 440ff.). 1826 entschloß Goethe sich, den Helena-Teil des zweiten *Faust*, der den dritten Akt des Textes bildet, als eigenständiges Fragment zu veröffentlichen. Erst im Januar 1827 jedoch, nach nochmaliger intensiver Arbeit, wird dieser Teil zum Druck gesendet. Im Mai desselben Jahres geht die Arbeit am »Hauptgeschäft«, wie Goethe jetzt den *Faust II* nennt, weiter – wiederum auch an der Helena-Episode. Bis in den späten Winter 1831, unterbrochen durch die Arbeit an den *Wanderjahren*, geht die intensivste Arbeit am »Faust« weiter:

> »*Faust* [...] läßt mich nun nicht wieder los, ich denke und arbeite täglich daran fort. Ich habe nun auch das ganze Manuskript des zweiten Teils heute heften lassen, damit es mir als eine sinnliche Masse vor Augen sei. Die Stelle des fehlenden vierten Aktes habe ich mit weißem Papier gefüllt, und es ist keine Frage, daß das Fertige anlockt und reizt, um das zu vollenden, was noch zu tun ist.« (Eckermann 17.2.1831; HA 3, 457)

Den noch fehlenden vierten Akt schrieb Goethe im August 1831:

> »Und es war in der zweiten Hälfte des Augusts, daß ich nichts mehr daran zu tun wußte, das Manuskript einsiegelte, damit es mir aus den Augen und aus allem Anteil sich entfernte [...]. Mein Wunsch ist, daß es Ihnen zu guter Stunde in die Hand kommen möge. Aufschluß erwarten sie nicht; der Welt- und Menschheitsgeschichte gleich enthüllt das zuletzt aufgelöste Problem immer wieder ein neues, aufzulösendes...«. (an Graf Reinhard am 7. September 1831; HA 3, 459)

Im Tagebuch vom 24. Januar 1832 aber schreibt der 82-Jährige, aufgewühlt durch die Lektüre im zweiten *Faust*: »Neue Aufregung zu ›Faust‹ in Rücksicht größerer Ausführung der Hauptmotive, die ich, um fertig zu werden, allzu lakonisch behandelt hatte« (HA 3, 462). Im März 1832 wird die Arbeit an dem Text endgültig abgeschlossen, der *Faust* eingesiegelt mit dem Hinweis, ihn erst nach dem Tode des Autors zu publizieren.

Zur Entstehung des *Faust II* vermerkt Emrich (1943), daß er erstens keine pure Fortsetzung des ersten Teils sei, sondern vielmehr ein eigenständiges Werk (vgl. 12ff.), da vor allem, wie Emrich später [1960] (1992) ausführt, »das Individuum Faust versinkt, und an seiner Stelle erhebt sich ein überindividueller, zeitloser, weltüberlegener, objektiver Typus Mensch« (33), hier gehe es vielmehr »um die reine, ansichtslose Entfaltung der Urphänomene von Schönheit, Kunst, Natur, Geschichte, Dasein selbst« (38; vgl. auch Hamm 1970; Lange 1980, 283ff.). Lange (1980) verweist in gleicher Tendenz darauf, daß es im *Faust II* um »die mit dichterischen Mitteln durchgeführte Analyse und Demonstration objektiver Denk- und Verhaltensweisen in ihrer Folgerichtigkeit« gehe (286) und setzt sich damit von der Bildungsthese von Linden (1932) und Martinson (1988) ab, die das Individuum Faust in einem kontinuierlichen Bildungsprozeß vom ersten zum zweiten Teil des Textes sieht, und ebenfalls von Kalmbach (1974), die Fausts ›Werden‹ als morphologischen Entwicklungsprozeß begreift (zu Faust als exemplarischen Subjekt v.a. im *Faust II* vgl. etwa auch Henkel 1982, 165 und Hölscher-Lohmeyer 1987, 87; zur Entstehung allgemein Trunz HA 3, 469ff.; Schöne 1994, 386ff.).

Der erste Akt des *Faust II* zeigt zunächst die aus langem Schlaf erwachende Titelfigur, die noch das Grauen der Kerkerszene am Schluß des ersten Teils abwerfen muß – angesichts der frühlingshaften Natur mit neuer Orientierung hinsichtlich seines Erkenntnisstrebens; Fausts Schlaf und Wiedererwachen in der »Frühlingsnatur [ist die] szenische Raffung einer langen Zeitspanne« nach dem Ende des *Faust I* (J. Müller 1969, 191). Die Haupthandlung des Aktes aber spielt am »Hof des Kaisers. Dieser begegnet in verschiedenen Situationen: in der Anarchie der Geldnot, in der Maskerade der Mummenschanz, im Reichtum des neuen Geldes und bei einer theatralischen Veranstaltung« (Lohmeyer 1975, 69).

Gerade in der Darstellung des Kaiserhofes – Faust wird also in eine mittelalterliche höfische Welt versetzt – sah schon Emrich (1943, 137ff.) Goethes Feudalkritik ansetzen, aus historisch-materialistischer Perspektive deutlicher profiliert als »gesellschaftskritische Elemente« (Höhle/Hamm 1974, 52): »Es gibt keine Möglichkeiten zur Lösung der Schwierigkeiten innerhalb des feudalen Regimes. Im Reich herrscht eine schwere Systemkrise, die in erster Linie wirtschaftliche Ursachen hat, aber bereits auf das staatlich-politische Gebiet übergegriffen hat« (ebd.). Die Krisenhaftigkeit feudaler staatlicher Autorität wird überdeutlich skizziert (vgl. Lange 1980, 295), das in Auflösung begriffene Feudalwesen zeigt die Spuren des Übergangs »in ein bürgerliches Zeitalter« (Schöne 1994, 414).

Die sich anschließende Mummenschanz, eine ›Revue‹ (Emrich 1943, 133) unterschiedlichster zum Teil maskierter Gestalten, hat einerseits unmittelbar mit der korrumpierten Feudalwelt zu tun: Während Höhle/Hamm (1974, 53) hierin die »parasitäre Abhängigkeit der herrschenden Klasse [...] von der Arbeitskraft des einfachen Volkes« repräsentiert sehen, ist sie für Schöne (1994) »Goethes ›ethisch-ästhetische Formel‹ vom Tanz einer glanzvoll sich repräsentierenden herrschenden Schicht auf dem Vulkan eines wirtschaftlich zerrütteten, moralisch korrumpierten, vom Aufruhr bedrohten Staatswesens« (432). Gleichzeitig aber gestaltet sie mehr: Die auftretenden Gärtner(innen) und Handwerker führen künstlerische Tätigkeit auf einer ersten Entwicklungsstufe vor (vgl. Höhle/Hamm 1974, 61 ff.). Sie sind Allegorien ›produktiver und merkantiler Fähigkeiten‹, darüber hinaus sammelt die ebenfalls auftretende »Allegorie der Poesie die ästhetischen Phänomene: die Spielregeln des Karnevals, die verschiedenen Gesänge, die Auftritte der konkurrierenden Poeten« (Schlaffer 1992, 69). Schlaffer sieht in der Mummenschanz die poetologische Zentralstelle des gesamten *Faust II*, in dem »Faust nicht mehr als identische Person, sondern nur noch in Rollen, in Masken« erscheint (58). Gerade die Mummenschanz eröffne und exponiere den ›Tanz der Funktionen‹ (vgl. 61): »die Figuren dienen der Illustration von Abstrakta und geraten dadurch in die Position bloßer Attribute. Sie sinken zu Anhängseln von Sachen herab und überlassen es den dinglichen Attributen, Bedeutungen darzustellen« (63).

Dieser komplex-ausführlichen allegorischen Revue folgt Mephistos Erfindung des Papiergeldes: Mit scheinbarer Deckung durch die ungehobenen Bodenschätze des Kaiserreiches wird Papiergeld ausgegeben, das Fortleben der parasitär-scheinhaften Existenz der feudalen Gesellschaft wird zumindest vorübergehend gesichert. Während Trunz (HA 3, 548) und Staiger (1959, vgl. 282) die Passage nicht als Aufarbeitung wirtschafts- und sozialgeschichtlicher Sachverhalte ansehen, deuten Höhle/Hamm (1974, vgl. 53f.) die scheinbare Wertschöpfung als ironische Karikatur auf kapitalistische Versuche des 18. Jahrhunderts, feudale Systeme zu retten. Lohmeyer (1975, 70 ff., 108 ff.) interpretiert die Erfindung Mephistos als Analyse der bürgerlichen Geldwirtschaft; für Binswanger (1985; 1987) gehört sie noch tiefer zu Faust als Magier: Das Geld werde hier zur ›quinta essentia‹, zum Geheimmittel der Magie; da ihm die Kraft innewohne, alles in Geldwert zu verwandeln, realisiere hier die ökonomische Entwicklung die ursprünglichen Ziele der golderzeugenden Alchemie (vgl. Binswanger 1987, 29 f.). Lange (1980, vgl. 295 f.) und Schöne (1994) sehen in der Papiergeldschöpfung die Fortsetzung des scheinhaften Treibens der Mummenschanz, eine weitere Erscheinungsform der »unwandelbaren Leere dieser [feudalen] Lebensform« (Lange 1980, 296), eine Ausgestaltung des »Motivs des Künstlichen, Maskierten, Scheinhaften, augenverblendend Trügerischen« (Schöne 1994, 457).

Mit der vom Hof verlangten Beschwörung der antiken Schönheit Helena greift Goethe auf ein Motiv des Faust-Volksbuchs von 1587 zurück, gleichzeitig eröffnet hier der erste Akt das Helena-Motiv für die beiden folgenden Akte. Der Beschwörung der Helena vor den Augen des Kaisers muß allerdings Fausts Abstieg zu den ›Müttern‹ vorausgehen. Die Herkunft des Mythos, auf den Goethe hier zurückgreift, war lange strittig, Jantz (1969) informiert schließlich in aller Breite über Herkunft und Verbreitung des Mythos. Büchner (1908, 63) deutet Fausts Abstieg als durch die Mütter vermittelte Erkenntnis, »daß die Gestaltung der Individuen an ein bestimmtes Bildungsprinzip« als »geistiges Prinzip« der Welt gebunden sei. Während Spengler ([1923] 1972, vgl. 341) und Beutler (1936/40, vgl. 636) auf das Mythisch-Schicksalhafte des ›Ewig-Weiblichen‹ bei Goethe verallgemeinernd abheben, schließt Busch ([1949] 1992, 75) wieder an Büchner an, indem er in den Müttern »die gebärende Urkraft der Gottheit« sieht, das Gesetz des Werdens, von »Urbildern der gesamten *Kreatur*« umschwebt (zu den Bildern vgl. auch Arens 1989, 243ff.). Der Weg Fausts durch den Kaiserhof, die Handlung des 1. Aktes also, ist der »Weg, der von außen her zu Helena führt«, er gestaltet die Überlegung, »auf welchen Bedingungen und Urphänomenen [...] überhaupt die menschliche Gesellschaft [beruhe], und wie [...] in ihr schöpferische Tätigkeit, Schönheit und Kunst möglich« sei (Emrich [1960] 1992, 39). Nach der Beschwörung Helenas macht zunächst materielle Gier ihren ästhetischen Besitz unmöglich (vgl. ebd. 45), Schönheit im Kontext dieses Hofes erweist sich als scheinhaft (vgl. Lange 1980, 296).

Der zweite Akt, der zunächst Faust in der Einsamkeit eines engen, gotischen Zimmers, die gegen die laute Fülle der Kaiserpfalz gesetzt ist, schlafend zeigt, hat zwei Hauptbestandteile: die Erschaffung des Homunculus durch Fausts Famulus Wagner und die Klassische Walpurgisnacht.

Die Figur des Homunculus hat in der Forschung unterschiedliche Deutungen erfahren. Während Valentin (1895, 127ff.) die Figur zunächst in bezug auf das Erscheinen der Helena interpretiert und Jakoby (1911) sie als Schlegel-Parodie begreift (vgl. auch Höfler 1972; vs. siehe Emrich 1943 und Lohmeyer 1977), faßt Gundolf (1916, 769f.) sie als absolutes Denken, Herrmann (1916/17, 316ff.) als Wesen freier Intelligenz und geistreicher Ironie. Für Korff (1953, 679) ist Homunculus »der personifizierte reine Geist [...], die Gescheitheit in Reinkultur«, Emrich (1943) führt aus: »Daimon, Genius, Entelechie, stilles Reifen und Wachsen und Sternstunde, sämtlich Möglichkeiten, die zur lebendigen Kunst und zu Helena führen, sind prägnant in dieser Homunculus-Gestalt vereint« (257). »Er ist der reine Geist, in dessen ungehemmter Strebsamkeit [...] ohne Aroma und Geschmack. Ein sehnsuchtsvoller Hungerleider in völliger Bewußtheit« (Kerényi [1941] 1992, 185). Emrich ([1960] 1992) liest Homunculus als »reinen Verstand ohne Verbindung mit dem Leben; [...] gelehrten Vielwisser, als ein historisches Weltkalendermännchen, das die gesamte Weltgeschichte von Adams Zeiten bis zur Gegenwart überschaut« (46). Als »reine Entelechie im präexistentiellen Zustand« (Mommsen [1968] 1992, 147; vgl. Lange 1980, 297) beweise er »tiefes Wissen und Schönheitssinn [...] durch seine Liebe zu den Griechen« (vgl. Staiger 1959, 319; Atkins 1958, 151). Die Anschauung kreatürlichen Werdens im Bild der Mütter aus dem ersten Akt werde hier fortgesetzt durch den Anschein, »der Natur das Geheimnis der Zeugung entrissen zu haben« (J. Müller 1969, 195), oder, materialistisch gewendet: »In der neueingeführten, ins Zentrum rückenden Gestalt des Homunculus« werde »der schwierige Lernprozeß, in dem der ›Geist‹ schließlich eine adäquate Lebensweise findet«, gestaltet (Höhle/Hamm 1974, 63f.). Homunculus' Zerschellen am Thron der Galatea stelle die Bereitschaft dieses Geistes dar, »die Mühseligkeiten eines solchen [menschlichen] Entwicklungsprozesses auf sich zu nehmen (Hamm [5]1988, 194), »sein Eingehen in die hier magisch bereinigten Elemente [...] [als] Verwirklichung in der Natur« wird zur »Voraussetzung einer ›Verkörperlichung‹ seiner Möglichkeiten« (Lange 1980, 298). Hölscher-Lohmeyer (1987) faßt zusammen: »In ihm reflektiert die Dichtung darüber, was menschliches individuelles Leben ist, vom Ganzen des Kosmos her gesehen: über die menschlich-animalische Monade, ein Synonym Goethes für die Entelechie. Sie ist hier als energische Einheit aufgefaßt; individuelles Leben als Lebenskraft, das sich durch Tätigkeitsdrang bestimmt« (94). K. Mommsen ([1968] 1992, 155) und J. Müller (1969, 206) sehen die Homunculus-Handlung bis hin zum Ende der Klassischen Walpurgisnacht als eine Vorausinterpretation des Helena-Aktes; wiederum J. Müller (1969, 207 u. 210) sieht in der Gestalt eine Kontrastierung und »gewisse Korrektur Fausts«, Schöne (1994, 529) allerdings eine »Spiegelfigur des Protagonisten«.

Die sich an die Erschaffung des Homunculus anschließende Klassische Walpurgisnacht geht als zweite große allegorische Massenszene des *Faust II* dem Erscheinen Helenas voraus. Kerényi ([1941] 1992) erläutert ausführlich die mythologische Herkunft der Figuren, K. Mommsen (1960) weist eine Anregung Goethes durch orientalische Erzählungen nach, während Gelzer (1992, 133ff.) das Fest der Klassischen Walpurgisnacht als Postfiguration des thessalischen Peloria-Festes identifiziert, das dem Dank an Zeus für die Landerzeugung durch ein Erdbeben galt (vs. Witkowski 1906, 336). Wie die Mütter, wie Homunculus wird auch das Geschehen dieser Szene zunächst vornehmlich als dritte poetische Gestaltung »des Werdens, der Geburt Helena« interpretiert (Emrich [1960] 1992, 45). In »der Sphäre des göttlichen Eros« vollziehe sich »die Geburt der schönen Gestalt« (J. Müller 1969, 200). Nicht Helena geht »aus dem Urgrund der Natur« (Emrich 1979, 86) hervor; vielmehr gestaltet die Szene Fausts »Erfahrungen von Verwirklichung und Verwandlung, von Teilnahme an genetischen und historischen Prozessen«, ist das »unerhörte Schauspiel der Schöpfungsnacht« (Lange 1980, 298). Damit führt die Klassische Walpurgisnacht, in der seismischen Landentstehung wie in der Geburt Helenas, »als eine Art Naturgeschichte die Naturordnung vor [...], an deren Spitze die menschliche Gestalt in ihrer Schönheit erscheint« (Neumann 1992, 229). Auf die Faust-Figur gewendet heißt das: »Das Generalthema der Walpurgisnacht – das ›Entstehen‹ – kommt in seinem [Fausts] Weg als das Schöpferisch-Werden des neuzeitlichen Künstlers zu Worte« (Hölscher-Lohmeyer 1987, 109), Faust stehe im Kontext der Helena-Handlung dann »sinnbildlich für den schöpferischen, kunst- und kulturzeugenden europäischen Geist überhaupt« (112).

Schon Emrich ([1960] 1992) aber hatte das Historisch-Konkretere der Szenerie nicht übersehen: »Das große vulkanische Erdbeben« symbolisiere »alle menschlichen Revolten, Kriege und Parteienkämpfe« (47), »alle geschichtlichen Kämpfe [, die] mehr oder weniger wahnsinnige, auf Fanatismus, Rechthaberei und Barbarei beruhende Störungen der immer gleichen, organisch sich entfaltenden Natur- und Geisteskraft« seien (48f.). Im Kontext seiner allegorischen Deutung des *Faust II* wird die Klassische Walpurgisnacht für Schlaffer (1981) zur Allegorie, zur ästhetischen Mimesis an die »allegorische Wirklichkeit der bürgerlichen Gesellschaft« in ihrer Entfremdung und der Abstraktion der Warenwelt (5).

Der dritte und mittlere Akt des *Faust II* wird von der Helena-Handlung gebildet: Faust und Helena sind versetzt auf eine mittelalterliche Burg, ihr gemeinsamer Sohn Euphorion, »Halbwesen« wie Homunculus (Emrich 1943, 251), möglicherweise eine »Allegorie der Poesie« (Hahn 1970, 131; vs. Döring 1966), stirbt beim Versuch, den Himmel zu erreichen – und mit ihm Helena –: Euphorion wird so gewissermaßen zum »Menetekel für Fausts Rastlosigkeit und Maßlosigkeit« (J. Müller 1969, 210).

In der älteren Forschung ist der Status Helenas umstritten. Gundolf ([13]1930, 773f.), Korff (1930, 375f.), von Wiese ([8]1973, 155ff.), Meissinger (1935, 127f.) und Kommerell ([1940] 1991, 64) halten Helena für eine Traumfigur, den ganzen Akt für unwirkliche Illusion, auch K. Mommsen ([1968] 1992, vgl. 157) spricht der Figur Leben ab, für J. Müller (1982/83/84, 223) ist die Handlung »phantasmagorisches Traumspiel«. Dagegen behaupten schon Hertz (1913, 131ff.) und May (1936, 137) die volle Wirklichkeit der Figur, für Seidlin ([1963] 1992, 197) vollzieht sich in Fausts Gegenwart Helenas »anthropologischer Wandel vom Mythos zur Person« (vgl. ähnlich Neumann 1992, 242).

Als bestimmende Thematik des Aktes aber wird seit Kommerell (1940) die Kunst- und Künstlerproblematik angenommen (vgl. [1940] 1991, 59). In diesem Akt gehe es, so Emrich ([1960] 1992, 37), »darum, die neuzeitliche christliche Kunst mit der antiken durch die Begegnung Fausts mit Helena zu versöhnen«. Die Transponierung der antiken Gestalt in die ihr fremde Zeit des christlichen Mittelalters leiste die Nachzeichnung von »3000 Jahren europäischer Entwicklung in blitzartig-symbolischer Abfolge« (50). Für Höhle/Hamm (1974) geht es damit um ein »komplexes Thema: die Rolle der Kunst bei der Errichtung einer ›tätigen‹ Gesellschaft«. Der Akt zeige »die Entstehungsgeschichte einer für das moderne bürgerliche Zeitalter produktiven Kunst; [er] zeigt die spezifische Leistung dieser Kunst; und [...] zeigt schießlich die Grenzen dieser Leistung« (68).

Der Thematisierung klassischer Kunst ist die Schönheit Helenas zuzuordnen: Kunst habe die »Aufgabe, höchste Schönheit wiederzubeschwören. [...] Dem Künstler, dem Dichter ist es gegeben, die Antike lebendig zu erhalten in jenem Reiche des Scheins, über das er Herr ist« (K. Mommsen [1968] 1992, 158), damit verbleibt aber die Realisierung des Traums vom schönen Leben ganz im Bereich der Kunst (vgl. Lange 1980,

303). Die Thematisierung von Kunst durch die Helenahandlung aber kann auch als Diskussion problematisch gewordener Kunst-Konzepte angesehen werden: Die Unfähigkeit Helenas und Euphorions, zu überleben, kann verstanden werden als

>eines der prägnantesten Zeugnisse des kritischen Verhaltens Goethes nicht nur gegenüber jeder Form des Klassizismus überhaupt, sondern vor allem gegenüber seinem eigenen Klassizismus [...], einem Klassizismus, dem er zwar wesentliche Impulse zur Herausbildung seines humanistischen Ideals zu verdanken hatte, der aber zugleich die Gefahr der Entfremdung gegenüber den konkreten, sich wandelnden Formen der lebendigen zeitgenössischen Wirklichkeit in sich barg.< (Dshinoria 1970, 113; vgl. dazu auch Döring 1966)

Neben der Selbstkritik der Klassik aber ist vor allem die Goethesche Auseinandersetzung mit der Romantik die Folie für die Deutung der Kunst-Thematik im Helena-Akt. Für Emrich ([1960] 1992) vertrat zunächst Mephisto »die romantische Gefühlswelt und beseelte, moderne Innerlichkeit« (36), Hahn (1970) sieht diese allerdings auch in Euphorion realisiert: die aus der Begegnung von christlichem Mittelalter und antiker Schönheit »neu entstandene moderne Poesie – verbannt in eine Zone innerlicher Abgeschlossenheit bzw. zu utopischem Idealismus verurteilt, ohne echte Möglichkeit, in der Gesellschaft produktiv für den Fortschritt wirken zu können« (137). Mit dieser Entartung der Kunst identifiziere der Akt die Romantik (138; vgl. auch Höhle/Hamm 1974, 74f.; zum Komplex von Klassik und Romantik siehe auch Schöne 1994, 582f.).

Nach dem Verlust Helenas (zur Aurora-Vision im Abschied von Helena vgl. Müller 1982/83/84 und Hölscher-Lohmeyer 1981) wechselt der vierte Akt in den Bereich des ersten zurück: in die Welt des Kaisers. Nach der vorübergehenden und scheinbaren Salvierung der Staatsfinanzen durch Mephistos Papiergeld befindet sich der Kaiser im Streit mit einem Gegenkaiser, dem »›Urphänomen‹ einer gewaltsamen Umstürzung«, mit dem Goethe hier exemplarisch abrechne (Hamm 1992, 270); Mephisto greift in den Streit ein, zum Dank belehnt der Kaiser Faust mit einem Stück Küstenland.

Der vierte Akt, lange Zeit nicht fertiggestellt und 1831 nochmals ganz neu geschrieben, wurde in der Kritik zunächst abgeurteilt. Emrich (1943, 363f.) hält ihn für künstlerisch schwach, »das große Schmerzenskind, an dem fast alle Erklärungen scheiterten«; Staiger (1959, 410) nötigt er nicht zum

Verweilen, »die schwächsten [Szenen] der ganzen Faust-Dichtung«. Trunz (HA 3, 606ff.) kann dem Akt immerhin schon andeutungsweise gesellschaftlichen Gehalt abgewinnen. Requadt (1964) entdeckt die Bedeutsamkeit der Kaiserfigur in diesem Akt, Wittkowski (1969) beschreibt deren Handeln als Kontrast- und Komplementärhandeln zu dem Fausts – so werde der vierte Akt mit dem fünften eng zusammengeschlossen. Grappin (1974) sieht im Kaiser Spuren napoleonischer Züge, stiftet also politikgeschichtliche Bezüge des Aktes. Für Höhle/ Hamm (1974) ist die Sicherung des Reiches durch Mephistos Kriegsgesellen bloße Satire im Alexandriner der klassischen Tragödie (vgl. 58). Lange (1980) sieht den Kaiser »im Selbstbewußtsein herangereift«, der jetzt das Reich als »politische Institution« und als meerumschlungenes Land sichere: »Mit dieser Wendung Fausts [...] zum verantwortlichen gesellschaftlichen Handeln als der Voraussetzung seiner Herrschaft wird eine wichtige Bedeutungssträhne geboten« (304).

Der Akt kann insgesamt als Weiterführung der Gesellschaftskritik des ersten Aufzugs gelesen werden. Menschenopfer, Piraterie und Krieg sind Effekte der kapitalistischen Wirtschaftsweise (vgl. Neuland 1981, 280): »Mit den allegorischen Lumpen Raufebold, Habebald und Haltefest bringt Goethe die feudalen wie die frühkapitalistischen Verhältnisse auf ihre soziale ›Quintessenz‹: Raufen – Rauben – Besitzen« (282f.), die teuflische Magie steht hier »für die neuzeitliche, revolutionäre Kriegstechnik« (Birk 1992, 257). Fausts Parteinahme für den Kaiser liegt nicht in persönlicher Sympathie begründet (vgl. dazu Requadt 1964; Wittkowski 1969), sondern gründet auf materiellem Eigeninteresse an Grundbesitz: Faust will »Tätigkeit, Herrschaft und Grundeigentum«, entscheide sich also, so Vaget (1981, 348), eindeutig für das »Lager der Restauration« des alten Feudalismus – eine Entscheidung, die Metscher (1976, 106) mit dem Mangel an politischen Alternativen im Deutschland des beginnenden 19. Jahrhunderts entschuldigt. Fausts Weg gehe »aufgrund der historischen Gegebenheiten den zweckrationalen Weg über den Feudalismus, um sich für sein Kolonisationsvorhaben Raum zu besorgen« (Birk 1992, 263), nicht aber, um Menschen zu regieren, sondern zur »tätigen Unterwerfung der Elemente« (250; vgl. dazu auch Neuland 1981, 278; Schöne 1994, 651). Mit Fausts Parteinahme für den Feudalismus und durch seinen Kolonisationsweg, der über Leichen gehe, artikuliere der *Faust II* Goethes tiefen Geschichtspessimismus (Birk 1992, 263; vgl. Schlaffer 1981).

Der fünfte Akt des Dramas beinhaltet, nach einem Zeitsprung von ungefähr vierzig Jahren, Fausts Landgewinnungsprojekt, dem zwei Alte, Philemon und Baucis, und ein zufällig daherkommender Wanderer zum Opfer fallen; schließlich Fausts Tod, Grablegung und ›Verklärung‹.

Faust als Tätiger, der mit seiner Eindeichung und Landgewinnung dem Reich des Kaisers einen großen Dienst erweist, wird von Heinrich Düntzer ([1850] 1890, 244) als seriöser Handelsherr dem aufkommenden Erwerbsbürgertum des 19. Jahrhunderts zugerechnet – die Gewalt- und Schuldanteile seines Handelns aber werden Mephisto zugeschoben (vergleichbar argumentiert noch Lange 1980, der Mephistos rücksichtslose Amoralität am Werke sieht). Ähnlich sei, so von den Steinen (1949/50, 246), Faust »von irgendeinem Großunternehmer des 19. Jahrhunderts nicht leicht zu unterscheiden« (vgl. auch Hamm ^{5}1988, 222). Hielt Emrich (1943, 399ff.) Fausts Handeln für schicksalsbestimmt und daher nicht schuldhaft, hypostasiert eine der bürgerlichen Deutungstraditionen dieses zum Heroischen: Metzner (1955) sieht die »wirtschaftlichen Tugenden wie Ordnung, Tüchtigkeit, Streben, Fleiß, Schaffen, Gestalten« verherrlicht (452); für Korff (1953, 689) wird Faust »das ragende Symbol der großen technisch-imperialistisch-schöpferischen Arbeitswelt, zu der sich im Laufe des 19. Jahrhunderts die Welt der weißen Rasse umgestaltet hat«.

Lukács (1947, 163f.) hatte schon auf die moralische Verwerflichkeit der Enteignung von Philemon und Baucis hingewiesen, die jeder Verherrlichung von Fausts Handeln widerspricht. Für H. Mayer (1949, 67ff.) war der fünfte Akt zwar die Darstellung der Überwindung des Feudalismus durch den Kapitalismus, gleichzeitig aber auch harsche Kritik des letzteren. Emrich ([1960] 1992, 52) sieht negativ-pessimistisch »die zerstörerische, menschenmordende Macht der Technik in aller Furchtbarkeit dargestellt«. J. Müller (1969, 184; vgl. J. Müller 1977, 197) verurteilt die Vernichtung der Idylle als »Freveltat«; bei Höhle/Hamm (1974, 77f.) erscheint sie schlicht als »Mord«. Philemon und Baucis erscheinen als »Sinnbild natürlich gewachsener, die Zeiten überdauernder Humanität« (Neuland 1981, 286); die »mythische Idylle« der beiden Alten werde zur christlichen »Hütte des Glaubens« umgeformt (Henkel 1982, 174); in diesem Idyll habe ein naturgegeben sinnhafter Kosmos »sein letztes Residuum« (Schmidt 1992, 413). Durch die willkürliche Zerstörung des Idylls wird aber nicht nur das kolonisatorische Handeln Fausts als schuldhaft markiert, für

Keller (1992, 321) wiederholt sie in Potenz die Schuld der Gretchenhandlung; Neuland (1981, 289) sieht Fausts Wunsch nach »Freiheit im ›Tatengenuß‹« durch »die Destruktion seiner menschlichen Kräfte« bedroht: »Menschliches Handeln, bedingt durch die soziale Gestalt der Gesellschaft, erscheint zugleich als Leiden an ihren Widersprüchen« (289f.). – Solch differenzierte Kritik der angeblichen bürgerlichen Überwindung des Feudalismus war der frühen historisch-materialistischen Forschung fremd: Metscher (1976, 91) bemerkt zwar die »Zerstörung der Idylle des Kleineigentums«, zynisch bemerkt dagegen aber G. Scholz (1967, 168), »bäuerliches Kleineigentum« sei »unter den gegebenen ökonomischen Entwicklungsbedingungen nicht zu konservieren«.

Als die wesentlichste Szene des Schlußaktes wurde immer die von den grabschaufelnden Lemuren unterlegte Schlußvision Fausts angesehen, die vor allem in der historisch-materialistischen Deutungstradition relativ eindeutig interpretiert wurde (»auf freiem Grund mit freiem Volke stehn« V. 11580). Während Burdach (1923, vgl. 60; 1932, vgl. 26) und Beutler (1940, 649) Faust hier als Scheiternden vor dem Scherbenhaufen seines ›egozentrischen, asozialen Titanismus‹ sehen, und W. Mommsen (1948, vgl. 213f.) wie Michelsen (1962) Fausts Schlußvision für völlig unpolitisch erachten, betont der Großteil der Forschung gerade die politischen Implikationen der Vision. G. Scholz (1965, 22) schließt Goethe mit Marx kurz, J. Müller (1969, 186) sieht kein utopisches Idyll beschworen, sondern eine Welt, »in der sich der Gemeinschaftsgeist als Gemeindrang zur Verteidigung des friedlich eroberten Bodens darlegt« (vgl. auch J. Müller 1977, 204f.; vgl. Lange 1980, 306). Für Dietze (1971, 283) öffnet Goethe sein Drama auf »die gesamte menschheitsgeschichtliche Befreiungsbewegung hin«, Höhle/Hamm (1974, 85) sehen in den wenigen konstitutiven Merkmalen der Vision den Sozialismus antizipiert. D. Schiller (1980, vgl. 56 u. 59) sieht einzig die Bestätigung der Menschenmachbarkeit der Geschichte artikuliert; ähnlich argumentiert Henkel (1982, 179), der hier den Menschen als Schöpferischen neben den Schöpfer-Gott gestellt sieht. Dagegen behauptet Metscher (1976, 133), in der Schlußutopie gestalte die »Goethesche Dichtung bürgerliche Ideologie im Prozeß des Übergangs zur sozialistischen«. Für Mieth (1980, 99) transzendiert Fausts Vision »seine geschichtliche Realität [als noch feudal-bourgeoises Klassensubjekt] in Form einer poetischen Antizipation«. Boyle (1983, 43) konstatiert knapp: »Faust's final speech is a prophecy of marxism«.

Der scheinbare Optimismus der Vision wird unterlaufen von den Lemuren, die Fausts Grab schaufeln – und in denen er seine Arbeiter tätig wähnt. Mahl (1978) – dessen Darstellung nebenbei eine sehr gute Zusammenfassung der Forschungsliteratur zu den ökonomischen Motiven im *Faust* II liefert – stellt zwischen den »geflickten Halbnaturen« bei Goethe und den körperlichen und geistigen Verkrüppelungen der Arbeiter innerhalb der kapitalistischen Produktion eine enge Verbindung her (vgl. 1500). Nach Neuland (1981, 296) stellt Goethe in diesen Lemuren die noch nicht befreite Menschheit diesseits von Fausts Vision dar. Ähnlich sieht Hamm (1992, 276) in ihnen, historisch noch konkreter, »Goethes Verhältnis zu den rebellierenden Arbeitern, Gesellen und Tagelöhnern von 1830/31« gespiegelt – der Text reagiere also unmittelbar auf tagespolitische Großereignisse. So kontrastiert ist Fausts Vision »nicht Goethes dunkles Testament für die sozialistischen Erben, sondern [...] hellsichtige Warnung vor den Konsequenzen der kapitalistischen Ökonomie« (Schlaffer 1976, 775). Ähnlich argumentiert Schöne (1994, 709): »Den [...] Fortschrittsoptimismus freilich ziehen die Nacht- und Todesszenen des letzten Akts in eine düstere Fragwürdigkeit«. Oder mit den Worten G. Kaisers (1977, 78): »Der Tod ist die Zeitlosigkeit seines neuen Paradieses. Ein schrecklicher Hohn auf alle Sozialutopien und diktatorischen Systeme, die vermeintlich künftige Freiheit mit wirklich gegenwärtiger Verknechtung erkaufen wollen«.

Die ›Verklärungs‹-Szene »Bergschluchten« hebt Fausts Überreste in einem jenseitigen Raum auf. Nach Schlaffer (1981, 163) fungiert auch diese Szene in der Auseinandersetzung Goethes mit der Romantik, indem diese mit dem Figuren- und Motivrepertoire »der katholischen Gegenreformation« konfrontiert werde. Schmidt (1992) konnte allerdings zeigen, wie genau die jenseitige Hierarchie der »Bergschluchten« dem mystischen Weltbild des Pseudo-Dionysius nachgebildet ist – bis in ihre Funktion und Steigerungsstufen hinein (vgl. 393ff.). Dagegen behauptet Schöne (1994, 788ff.), daß die Erlösung Fausts ebenso wie die bildliche Struktur der Szene in der Eschatologie des Origines präfiguriert sei.

III. Prosa

Dem Roman haftete seit dem Niedergang des höfischen Epos und dessen karikaturhafter Wiedergeburt im chevaleresken Roman des 14. bis 17. Jahrhunderts einerseits und der Umwandlung des »âventiure«- in den Abenteuer-Roman andererseits immer der Ruch des phantastischen, völlig fiktiven, unwahrhaftigen und bloß unterhaltenden Textes an. Roman-Lesen wurde noch in der Aufklärung als verwerflich und moralisch gefährdend angesehen, die höheren Stände, die sich als kulturtragend auffaßten, desavouierten das Lesen von Romanen despektierlich als Freizeitvergnügen der literaten Unterschichten. Erst die Romane des Engländers Samuel Richardson, Rousseaus *Nouvelle Heloïse* und in Deutschland ansatzweise die Romane Sophie von La Roches und Gellerts änderten die Einstellung zur großen Prosa-Gattung – allein der große Durchbruch gelang noch nicht. Erst mit Goethes *Werther* wird der Roman ›literaturfähig‹, und ohne den *Wilhelm Meister* ist zumindest eine oder sogar *die* bestimmende Romantradition des 19. Jahrhunderts nicht denkbar: die des Bildungs- oder Entwicklungsromans.

Goethes Romane gehören zu den ersten deutschsprachigen Romanen, die die konflikthafte Beziehung des Einzelnen zur determinierenden Gesellschaft komplex als Thema gestalten – und den Konflikt auf die eine oder andere Weise ästhetisch zu lösen versuchen. Damit gehören sie, über den literarhistorischen Kontext und ihren innovatorischen Stellenwert hinaus, in die Geschichte der bürgerlichen Gesellschaft – sie sind gewissermaßen auch das innere Protokoll individueller Selbstdefinition in und zu einer radikal sich ändernden Gesellschaft.

1. Sturm und Drang

Die Leiden des jungen Werthers

Goethes erster Roman, *Die Leiden des jungen Werthers*, stellt ein ungewöhnlich komplexes Literatur-, Medien-, Kultur- und

Gesellschaftsereignis dar. Er ist einerseits ein offensichtlich autotherapeutischer Roman: greift teils auf biographisches Material zurück und arbeitet es poetisch auf; er ist Sturm-und-Drang-Literatur: trifft wie kein anderer Roman seiner Zeit Sprache, Stimmungen, Gefühle und Welthaltung der jungen bürgerlichen Generation seiner Zeit; er ist literaturgeschichtliche Revolution: greift eine aus Frankreich und England stammende Romantradition auf, radikalisiert sie und macht sie zu etwas ganz Neuem, wird nebenbei zum ersten weltliterarischen Ereignis der deutschsprachigen Literaturgeschichte; er ist moralische, religiöse und gleichermaßen gesellschaftspolitische Provokation: greift Motive und Themen auf, die zu regionalen Verbotsforderungen gegen den Text führten, ist gleichzeitig Liebesroman, Gesellschaftsroman und Selbstmordgeschichte; schließlich ist er *Welterfolg*: Kein Text des 18. Jahrhunderts hat eine solche wirkungsgeschichtliche Welle und Mode ausgelöst wie der *Werther* (vgl. Kap. VI, 1.).

Die Fabel des *Werther* hat einen biographischen Kern, der zumindest eine auch biographische Auslegungsperspektive durchaus plausibel macht. Im Sommer, genauer von Mai bis September 1772, war Goethe beim Reichskammergericht zu Wetzlar als Praktikant beschäftigt. Hier lernte er am 9. Juni 1772 die bereits mit dem Legationssekretär Kestner verlobte Charlotte Buff kennen. Ohne über ihre Verlobung Bescheid zu wissen, entwickelte er unvermittelt eine starke Zuneigung gegenüber Lotte, die durch das spätere Wissen um ihre Verlobung lediglich gemäßigt werden konnte. Die neunzehnjährige Lotte, älteste Tochter eines verwitweten Amtmannes mit elf weiteren Kindern war durchaus verunsichert durch das so viel enthusiastischere Werben des gegenüber dem besonnenen Kestner acht Jahre jüngeren Goethe. Am 11. September 1772, nur ein Vierteljahr also nach seiner Bekanntschaft mit der Amtmannstochter, als Goethe begann, »einzusehen, daß er zu seiner Ruhe Gewalt gebrauchen mußte« (Kestner, HA 6, 519), schrieb er an Lotte: »Gepackt ists Lotte, und der Tag bricht an, noch eine Viertelstunde so binn ich weg« (11.9.1772; WA IV.2, 22).

Die Erfahrung der leidenschaftlichen und doch nicht zum ›Ziel‹ kommenden Liebe gegenüber Charlotte Buff bildet gewiß einen nicht zu vernachlässigenden Hintergrund für den späteren Romantext. Gleichzeitig bildet die Personenkonstellation des Romans tatsächlich die Verhältnisse in Wetzlar genau nach: der besonnenere Bräutigam, seine Verlobte Lotte, deren

Vater, der Amtmann, mit der halbverwaisten Kinderschar, der Lotte als Mutter zugeordnet ist, und, nicht zuletzt, der hinzukommende leidenschaftlichere Liebhaber. Goethes Situation aber war nicht die seiner Romanfigur: Er war nicht der verzweifelte, gescheiterte Liebhaber; vielmehr war er der schmerzlich Trauernde, lange noch dauerte die »Aufarbeitung« des schmerzvollen Erlebnisses an. Über ein Jahr lang gingen Briefe zwischen Frankfurt und Wetzlar hin und her, die Abfassung des Romans schließlich darf gewiß *auch* als der Gipfelpunkt dieser selbsttherapeutischen Bemühungen interpretiert werden: Im fiktionalisierenden Schreiben wird das zu nah Gegangene in Objektivität verwandelt, um ihm so als einem Distanzierteren gegenüberzustehen. In der späten, auch verklärenden Rückschau von *Dichtung und Wahrheit* beschreibt Goethe dies so:

»Ich hatte mich durch diese Komposition, mehr als durch jede andere, aus einem stürmischen Elemente gerettet, auf dem ich durch eigne und fremde Schuld, durch zufällige und gewählte Lebensweise, durch Vorsatz und Übereilung, durch Hartnäckigkeit und Nachgeben, auf die gewaltsamste Art hin und wieder getrieben. Ich fühlte mich, wie nach einer Generalbeichte, wieder froh und frei, und zu einem neuen Leben berechtigt. Das alte Hausmittel war mir diesmal vortrefflich zustatten gekommen.« (*Dichtung und Wahrheit* 13. Buch; HA 9, 588)

Ein ebenso wichtiger realhistorischer Anlaß des Romans war jedoch der Bericht zufälligerweise wiederum Kestners über die letzten Wochen und Tage des gemeinsamen Bekannten Karl Wilhelm Jerusalem, einem braunschweigischen Legationssekretär, der aus Gründen beruflicher und gesellschaftlicher Enttäuschungen und der unerfüllten Liebe zu einer verheirateten Frau am 30. Oktober 1772 Selbstmord verübt hatte. Kestners Bericht ist ausführlich und genau; er diente Goethe als Vorlage für den letzten Part des *Werther*, neben vielen kleinen aber bedeutenden Details und Handlungszusammenhängen (Jerusalem etwa hatte die Pistolen von Kestner!, er trug die gleichen Kleider wie Werther: blauen Rock und gelbe Weste) zitiert die Schlußpassage des Romans praktisch wörtlich daraus (vgl. HA 6, 124 und 523).

Goethe konnte dann, aus einer Distanz von gut anderthalb Jahren, Jerusalems Geschichte als Endpunkt eines gedachten fiktionalen Erzählverlaufes nutzen und die eigenen schmerzhaften Erfahrungen im Romantext aufarbeiten. Nach eigener Auskunft benötigte Goethe im Frühjahr 1774 nur vier Wochen zur Niederschrift des Romans, »ohne daß ein Schema des

Ganzen, oder die Behandlung eines Teils vorher wäre zu Papier gebracht gewesen« (*Dichtung und Wahrheit* 13. Buch; HA 9, 587). Im Mai wurde das Manuskript zum Verleger geschickt, um noch im Sommer zunächst anonym zu erscheinen. Goethe überarbeitet den Roman 1787 zur 2. Fassung: Die Sprache wird geglättet, ihr emphatischer Gestus gemäßigt, Albert wird sympathischer dargestellt, die Episode mit dem Bauernburschen kommt hinzu, und Werthers Einsicht in die Schuldhaftigkeit seines Begehrens gegenüber Lotte und Albert im zweiten Buch wird schärfer konturiert (zur Entstehung des *Werther* vgl. Kayser 1941; Trunz HA 6, 517-526; Reuter 1972, 86-94; Busch 1982; Conrady 1982, 177-220; Flaschka 1987, 18-56; zu den Unterschieden zwischen 1. und 2. Fassung vgl. Fittbogen 1910; Lauterbach 1910; Welz 1973).

Der *Werther* greift als Briefroman einerseits auf die Entwicklung der empfindsamen Briefkultur im 18. Jahrhundert zurück, andererseits auf die junge Tradition aus der englischen und französischen Literatur. Gerade die Form des Briefwechsels verhalf dem Roman als literarischer Gattung zu neuem Wert: Sie verlieh dem Erzählwerk den Status des Authentischen; der Schein der Authentizität, den der Briefroman erweckte, erlöste die Gattung vom Ruch des Phantastischen, bloß Fiktionalen, und machte den Roman zur höheren Literatur zugehörig. Die Tradition des Briefromans im allgemeinen behandeln ausführlich etwa Mandelkow (1960), Voss (1960), Miller 1968 und Voßkamp 1971, die englische Tradition u.a. Würzbach (1964) und Kreutzer (1988, 222ff.), während Picard (1971) deutlicher das Verhältnis von Fiktionalität und Authentizität im Briefroman reflektiert.

Goethe radikalisiert mit seinen *Die Leiden des jungen Werthers* (1774) diese Romanform. Der *Werther* besteht nicht mehr aus einem Briefwechsel, der fiktive Herausgeber des Textes beschränkt sich auf die Briefe ausschließlich einer Figur: des Titelhelden. Nur der Wirklichkeitsausschnitt einer Figur bestimmt die gesamte erzählte Wirklichkeit; Subjektivität, Innerlichkeit, Emphase, Verzweiflung und schließliches Scheitern sprechen sich unkontrolliert und unmittelbar aus. Schon formal realisiert also der Roman die »Individuation des Gefühls« (Hohendahl 1977, 1), die sein Held programmatisch vertritt. Diese ausschließliche Zentralperspektive verlangt allerdings einen technischen Kunstgriff. Werther, der die ganze Zeit schreibt, verliert zum Ende hin seine Sprachfähigkeit, ja mehr noch, seine gänzliche körperliche Existenz. An die Stelle seiner brieflichen Äußerung tritt nun der Bericht des Herausgebers, der auf Tagebuchnotizen des Helden und eigenen Recherchen des Herausgebers gründet: Der Tod Werthers läßt sich nur von außen beschreiben. – Der Herausgeber wahrt in seinem Schlußbericht die Sachlichkeit und objektive Distanz, zu der ihn die fiktionale Rolle verpflichtet (diese ›Neutralität‹ des Herausgebers als der Erzählfunktion des *Werther* diskutieren Atkins 1948, 571f. und Nolan 1984, 221ff. u.ö.). Schon in seinem Vorbericht tritt er aus seiner scheinbaren Neutralität heraus, indem er dem Leser Liebe, Tränen und Mitleiden gegenüber seinem Helden abfordert.

Der Anschein von Authentizität, die der Briefroman formal erzeugt, wird im *Werther* sprachlich-stilistisch verstärkt. Werthers Sprache ist der Versuch, Unsagbares auszudrücken: Unmittelbarkeit, Empfindung und Emphase, sprachliche Authentizität soll literarisch erzeugt werden. Die Sprache will sich einer natürlichen Sprache annähern: Sie versucht, durch Interpunktion, Wortwahl und exklamatorischen Gestus den Anschein von Natürlichkeit zu erwecken. Die ungeglättete Sprache steigert die inhaltliche Aussagekraft des Textes: »Lakonische Wendungen, Inversionen, Auslassen von Bindewörtern, alleinstehende Nebensätze, Hyperbeln, Aposiopesen, Ellipsen, Gedankenstriche, wenn die Worte fehlen, die nachlässige und regelwidrige Folge der Wörter« (Engel 1986, 58). Damit begründet der *Werther* eine qualitativ neue Ausdruckstradition, setzt den Trend der »zum Ideal erhobenen umgangssprachlichen Wortverkürzungen und Wortverschleifungen mittels Synkope und Apokope« (Flaschka 1987, 141), betreibt also die Ausprägung der »Gruppensprache« des Sturm und Drang (vgl. Lange 1964, 264).

Dem sprachlichen Ideal der Natürlichkeit korrespondiert auf der Ebene der Romanhandlung bzw. der Perspektive seines Helden die Sphäre der Natur, die diesem vor allem zu Beginn des Romans die Erfahrung von Identität oder Ganzheit zu ermöglichen scheint, damit zweitens zur schärferen Konturierung von Entfremdungserfahrungen dient und schließlich in enger Beziehung zu den Komplexen der Kunst, der Literatur und der Liebe steht (zum Hintergrund des Natur- und Landschaftsbegriff im 18. Jahrhunderts s.v.a. Ritter 1974, 141-190). In dem berühmten Brief vom 10. Mai (HA 6, 9) schildert Werther eine Naturszene, die einerseits ganz auf ihn hingeordnet scheint – »das liebe Tal um mich«, »meines Waldes« usw. –, die gleichzeitig durch die Blickrichtung ihre Ordnung von Oben nach Unten erfährt, in der auch das Ich seinen Natur-Platz hat, die andererseits aber zur Selbst-Erfahrung pantheistischer Ganzheitlichkeit hypostasiert wird. Schon Goethes Zeitgenosse und Freund K.Ph. Moritz hat die ästhetische Struktur dieses »poetischen Gemäldes von Goethe« beschrieben (Moritz [1792] 1981, 622ff.).

Die hier gestiftete Identitätserfahrung Werthers mit der als göttlich aufgefaßten Natur deutet zunächst die grundsätzliche Entsprechung der Seelenlage des Helden und seiner Natur-Umgebung an (vgl. Flaschka 1987, 147): Werther parallelisiert Lebensalter und Jahreszeiten, der Zerstörung seines geliebten Tals durch ein Unwetter entspricht seine wachsende Verzweiflung, sein Tod ist auf den Tag der Wintersonnenwende und des Winteranfangs gelegt usw. Im Brief vom 10. Mai wird Werther von einem scheinbar überhöhten Standpunkt ein Blick auf Natur in ihrer ihn einschließenden Ganzheitlichkeit gewährt (vgl. Herrmann 1984, 84 f.). Dies ist aber nur scheinbar Erfahrung von Identität und Ganzheit: »Werther erfährt seine Entfremdung nämlich bereits angesichts unversehrter Natur« (Martin 1982, 726) – mit Werthers Worten: »Aber ich gehe darüber zugrunde« (HA 6, 9). Während Zons (1984, 87) noch annimmt, in der scheinbaren Identitätserfahrung stecke noch die Hoffnung, »daß das Gesetz der Natur und das der menschlichen Gesellschaft einander zumindest nicht widersprechen«, interpretiert Herrmann (1984, 93) die einseitige Ganzheitserfahrung Werthers in der Natur einerseits als den Ausdruck gesellschaftlicher Entfremdung, andererseits liest er, da Werther seine Naturschilderung ja als poetisches Gemälde ausgibt, die Einheitlichkeit des Naturbildes als ästhetisch produziert. Hier sieht Vaget (1985) die Grenze ästhetischer Nachahmung von Natürlichkeit und Unmittelbarkeit: Werther lasse »sich von Homer gleichsam den Stift führen« (56) – erhoffte authentische Wiedergabe wird zum literarischen Zitat. Werther nimmt Natur im Erzählverlauf zwar differenzierter auch als Objekt ästhetischer Gestaltung und handwerklicher Bearbeitung wahr (vgl. dazu insgesamt Grathoff 1985), insgesamt jedoch »erlebt [er] die Natur als *Negation des Nützlichkeitszusammenhangs seiner gesellschaftlichen Gegenwart, als konfliktfreier Bereich des ersehnten authentischen Lebens*« (Hübner 1982, 135) – seine Naturemphase ist also Anschein des Identischen und gleichzeitig Symptom seiner Entfremdung.

Werthers Gesellschafts- und Naturwahrnehmung ist eng gekoppelt an die Rolle der Literatur im Roman – im Brief vom

10. Mai angedeutet, wo das Schreiben einerseits die dilettierende Kunst ersetzt, andererseits die Ganzheitserfahrung erst konstituiert. Werther liest identifikatorisch: Zu Anfang ›seinen Homer‹, durch dessen Brille er am Brunnen patriarchalische Idyllen entdeckt (HA 6, 10), zum Ende hin Ossian, dem er seine Verzweiflung anverwandelt fühlt. In der berühmten Klopstockszene im Brief vom 16. Junius (HA 6, 27) reflektiert der Roman die empfindsame Literaturbegeisterung der Zeit als quasi-religiösen Dichter- und Literaturkult (vgl. dazu die schöne Untersuchung Alewyns 1979). Werthers Lesen sei, so Waniek (1982, 68), bloße Ersatzhandlung, die niemals in eine Tat münde: »Mit seiner Art des Lesens geht Werther der Auseinandersetzung aus dem Weg, läßt den Konflikt weiterbestehen«. Pütz (1983, 65) geht noch weiter: Werthers Empfindungen seien, literarisch präfiguriert, in »artistischer Manier inszeniert und arrangiert«, sein Leben werde damit zum »Kunstprodukt, wird im schlechten Sinne ›künstlich‹«, der Wunsch nach Natürlichkeit münde also exakt in deren Gegenteil.

Werthers Begehren Lotte gegenüber ist über die Klopstockszene an seine Literaturerfahrungen gebunden und darüber, daß Lotte wie die Natur als eine Muttergestalt wahrgenommen wird, an seine Naturwahrnehmung. Auch auf dem Hintergrund des biographischen Kerns bildete die Lotte-Werther Handlung lange Zeit das Zentrum der *Werther*-Interpretation. Trunz (HA 6, 552) sieht Werther scheitern am »Absolut-Setzen seiner Liebe« (vgl. Reiss 1983, 47: »an seiner unglücklichen Liebe«), auch Beutler (1969, vgl. 148) sieht in der ›unbedingten Liebe‹ beider den Zentralpunkt des Romans. Gegen Lottes Stilisierung bezieht am vehementesten Nolan (1984) Stellung, die einerseits die Forschungspositionen gut referiert, andererseits aus der Analyse der erzählerischen Realisation der Hauptfiguren und des Herausgeberverhaltens Schuldanteile zuweisen kann. Die Verabsolutierung der Liebesthematik des *Werther* löste schon Th. Mann ([1941] 1960, 648f.) auf, der die zwar nur ›geistig-seelische revolutionäre‹ Liebesgeschichte als Symptom eines Gesellschaftlichen erwog; Lukács ([1936] 1947, 27) hielt die Liebesproblematik zwar auch für zentral, sah sie aber mit Ständegesellschaft und Spießbürgertum kontrastiert und damit aufgewertet (vgl. hierzu auch Doke 1974, 13).

Spätestens mit der Veröffentlichung von Lukács' *Werther*-Aufsatz in der DDR 1955 begann die sozialgeschichtliche bzw. historisch-materialistische *Werther*-Deutung. Ausgangspunkt im Hinblick auf die Titelfigur war Lukács' These, im Zentrum des Romans stehe »das Problem der freien und allseitigen Entfaltung der menschlichen Persönlichkeit« ([1936] 1947, 21). Werthers Wunsch nach erfahrbarer Ganzheitlichkeit wird in den Bildungswunsch Wilhelm Meisters übersetzt, dem allerdings »die feudale Struktur des gegenwärtigen Gesellschaftslebens« entgegenstehe, ihn unterbinde (P. Müller 1969, 86). Damit wird Werther zum »bürgerlichen Schicksal im absolutistischen Staat« (Hirsch 1958, 229), »sein subjektives Erleben, sein persönliches Ergehen zum typischen Ausdruck und Reflex objektiver Zustände« gesteigert, womit er »zugleich das Individual- und Nationalschicksal« repräsentiere (Reuter 1972, 91). Der *Werther* wird aus dieser Sicht eine »geniale poetische Chiffre eines welthistorischen Umbruchs, des Übergangs von der endzeitlichen Feudalgesellschaft zur neuzeitlichen bürgerlichen Welt« (P. Müller 1969, 8).

Am deutlichsten wird die Gesellschaftserfahrung Werthers in der Gesandtschaftsepisode am Beginn des zweiten Buches – als subjektive Erfahrung gesellschaftlicher Entfremdung. »Für Werther ist die Gesellschaft ein herzloser Mechanismus, der die Menschen zu Egoismus, Konkurrenz und Eigennutz zwingt und sie dadurch um ihre wahrhaft menschlichen Interessen bringt« (Scherpe 1970, 53; vgl. Sauder 1978, 168f.). Die Bestimmung Werthers als bürgerliches Subjekt erarbeitet Hübner (1982) sehr genau: Herkunft, Bildung und Religion kennzeichneten ihn als bürgerlich (87ff.), seine Freiheit von »materieller Not und [vom] Zwang zu mühsamer Existenzsicherung« (94) sogar als Vertreter des gehobenen Bürgertums (zum sozialgeschichtlichen Kontext der Wertherhandlung s.v.a. Flaschka 1987, 57ff.; Mahoney 1988, 1ff.). Die Erfahrung sozialer Entfremdung als »Kalkulation und Konkurrenz in zwischenmenschlicher Kommunikation und sozialem Umgang« (Hübner 1982, 106), die Wahrnehmung von ›kalter Wissenschaftlichkeit‹ als Entfremdung von Natur und ›Fülle des Herzens‹ (vgl. 114) sowie die Disproportion zwischen Werthers Selbstentfaltungswünschen und den partikularen Berufsmöglichkeiten der bürgerlichen Welt (vgl. 101f.) machen sowohl die Gesellschaftserfahrung des Romanhelden als auch die Dimensionen der Gesellschaftskritik des Romans aus. Die allerdings nicht in der verändernden Tat Werthers münden: »Werthers Gegenwartskritik, die in der Utopieperspektive des Werkes das Regelsystem ständischer Sozialordnung und bürgerlicher Lebensweise sprengen müßte, ist in seiner eigenen Praxis – nicht nur wegen der expliziten Bejahung der Ständeordnung – durchsetzt mit affirmativer Zustimmung zum Bestehenden« (ebd. 164). Oder, auf die Ebene der oppositionellen Literatur des Sturm und Drang übertragen: Die Literatur des Sturm und Drang thematisiert gesellschaftliche Opposition gegen das feudale System, ohne daß »die Vorbedingungen für einen Gesellschaftswandel [...] gegeben waren. Das Gesellschaftsproblem wurde in ihrem Denken ein Kulturproblem« (Pascal 1963, 110).

Werthers »Individuation des Gefühls« (Hohendahl 1977, 1), seine Stellung gegen ›kalte Wissenschaft‹ könnten als Aufbegehren des Sturm und Drang gegen die Aufklärung mißverstanden werden. Gewiß übt der *Werther* vehemente Kritik an utilitaristischer, rationalistischer oder profitorientierter Naturbeherrschung, Wissenschaft und Gesellschaftsauffassung, doch schon Lukács stellte die Frage, ob hiermit genau Aufklärung gemeint sei (vgl. [1936] 1947, 19ff.). Nach Siegrist (1978, 1) definierten sich Empfindsamkeit und Sturm und Drang möglicherweise als Loslösung von Aufklärung, bildeten aber tatsächlich Komplemente zu dieser, da, so Flaschka (1987, 106) dem »Bewußtwerden bislang verdrängter Lebensbereiche und im Ausleben von unterdrückten Gefühlen und Empfindungen höchst aufklärerische Momente« innewohnten. Mit Lukács wäre der Roman damit der »revolutionäre Gipfelpunkt der europäischen Aufklärung« ([1936] 1947, 21).

Neben der Deutung als Liebesroman, als Gesellschaftsroman und als Fortsetzung der Aufklärung mit anderen Mitteln wurde der *Werther* aus unterschiedlicher geistesgeschichtlicher Perspektive interpretiert. Werthers Pantheismus, der den Gott als der ganzen Natur innewohnend auch ins eigene Herz versetzt, interpretiert Schöffler ([1938] 1967) als »Zerfall der alten Gottesidee«, die im Verlauf des 18. Jahrhunderts immer deutlicher spürbar »den Menschen allein im Kosmos« zurücklasse. »An den Ort des ehedem absoluten Wertes, der Gottesidee, ist ein anderer, die Geschlechterliebe, getreten. [...] Und kann dieser Wert nicht erlangt werden, so wird das Leben wertlos« (175).

Werther weist Lotte mehrfach diese Rolle zu: Er kniet vor Reliquien ihrer Gegenwart nieder, sie wird ihm zur Heiligen. Werther interpretiert seinen Selbstmord als Opfertod vor allem für Lotte. Die Präfiguration seines Todes durch den religionsstiftenden Opfertod in der Passion Christi legt der Text an mehr als einer Stelle nahe, ›Werthers Leiden‹ sind sehr eng an der Passion nach Johannes entlanggeschrieben: »Ich gehe voran! gehe zu meinem Vater« (HA 6, 117), »Mein Gott! Mein Gott! warum hast du mich verlassen?« (HA 6, 86). Nach seinem letzten Abendmahl (Brot und Wein; vgl. HA 6, 121) wird ihm die Pistole zum kalten schrecklichen Kelch« (HA 6, 123), der ihm allerdings von Lotte, nicht wie in der christlichen Passion vom Vater, gereicht wird. »Das alte Evangelium ist die Urform eines Leidens und Sterbens um jenseitigen Wertes willen, die ›Leiden des jungen Werther‹ sind der Erzfall eines Leidens und Sterbens, in dem jenseitiger Wert diesseitigem gewichen ist« (Schöffler [1938] 1967, 176). Dadurch wird das leidende und scheiternde bürgerliche Subjekt stark aufgewertet: Werther ist in seinem Leiden (auch) an der unerfüllten Liebe gleichsam der Christusnachfolger der bürgerlichen Zeit, das bürgerliche Individuum tritt an die Stelle des mythischen Gottessohns.

Neben der pantheistischen Umwandlung christlicher Religiosität in die religiöse Emphase des autonomen Subjekts und der am biblischen Text ausgerichteten Selbstdeutung des ›Passions‹-Textes läßt sich Goethes *Werther* auch auf einer zweiten mythologischen Deutungsebene lesen. Der Roman weist eine Fülle entgegengesetzter Begriffe und Handlungstypen auf, die in den Kontext eines auf Polarität ausgerichteten Weltbildes gehören (vgl. schon Trunz HA 6, 542f.). Der Luzifermythos und dessen hermetischer Kontext bildete nach Zimmermann eine reale »Alternative zum schalgewordenen Kirchendogma« (Zimmermann 1979, 24) und damit »das Arsenal, aus welchem [...] auch Goethe und die Romantiker [...] ihren ›Zauberstab der Analogie‹ hervorholten« (32). Der Luzifermythos kontrastiert Luzifers Schöpfen-Wollen, sein konzentratives, aktives Moment, mit der göttlichen Verpflichtung, bloß aufzugehen in dieser Schöpfung, dem expansiven Moment (vgl. 176).

Die Expansion ist Werthers Element, sein sehnlichster Wunsch ist, in der geliebten Natur herumzuschweben, sich gar »in der Fülle des Unendlichen zu verlieren« (HA 6, 92). Dem expansiven Drang steht auf der Seite der Konzentration wenig gegenüber: Hier konstatiert der briefschreibende Protagonist nur sein Defizit, seinen Mangel an der Fähigkeit, die eigenen oder kosmischen Kräfte bei sich zusammenzuziehen zur Tat. »Es ist ein Unglück, Wilhelm, meine tätigen Kräfte sind zu einer unruhigen Lässigkeit verstimmt, ich kann nicht müßig sein und kann doch auch nichts tun« (HA 6, 53). Werthers überschwenglichem expansiven Antrieb steht also seine fast vollständige Passivität, seine Unfähigkeit zu aktivem, ›zupak-kendem‹ Handeln gegenüber. Er ist gekennzeichnet durch einen »Mangel an luziferischer Kraft und Richtung der ›Konzentration‹. [...] Er ist ein Geschöpf, das an luziferischer Sünde und prometheischer Tatkraft keinen Teil hat, das nur ein seraphisches, ganymedisches Verlangen nach harmonischer Vereinigung mit dem Ganzen und Göttlichen hat« (Zimmermann 1979, 176). Diesen Mangel kann die Liebe zu Lotte nicht kompensieren, die eine Tat Werthers, der Griff nach Lotte, wird zur Katastrophe, die andere ist die Selbsttötung, konzentrativer Akt, der ins Aufgehen im Unendlichen mündet. »Was an Werthers Art Enthusiasmus und Expansion genannt wurde, ist aber analog auch ein Überwiegen des Pulses der Passivität. An diesem Überwiegen geht er zugrunde« (211).

Goethe selbst hat in den schon zitierten begleitenden Briefen und Notizen und in *Dichtung und Wahrheit* eine weitere Deutungsvariante nahegelegt, die die Personenkonstellation des Textes, in die Werther sich hineindefiniert, zu ihrer Interpretationsgrundlage macht. Wie schon gezeigt, faßte Goethe seinen frühen, innerhalb von vier Wochen niedergeschriebenen Roman dort als autotherapeutischen Text auf (zu dieser autotherapeutischen Funktion der *Werther*-Niederschrift vgl. v.a. Wagenknecht 1977).

Der im weiteren Sinne literaturpsychologische oder psychoanalytische Zugriff auf den Text geht mehrerlei Wege. In einem biographistischen Sinne versteht der amerikanische Psychoanalytiker Kurt Robert Eissler den Roman als den literarischen Versuch Goethes, seine ihn bedrängende Bindung an die einzige Schwester Cornelia aufzuarbeiten. Eissler unterstellt, daß Albert in nicht zu unterschätzendem Maße dem späteren Ehemann Cornelias, Schlosser, nachgebildet sei. Auch sei der Tag, an dem Werther endgültig seine Besinnung verliere, der 7. Dezember, der Geburtstag von Goethes Schwester. Eissler deutet den Roman insgesamt als literarische Aufarbeitung der Rivalitätsbeziehung Goethes zu Cornelia, deren Geburt eine Kränkung des narzißtischen Selbstgefühls bedeutet habe (vgl. Eissler 1983, 143 u.ö.), und als Versuch, sich über den autotherapeutischen Text aus der engen Schwesterbindung zu lösen.

Abseits hiervon geht psychoanalytische Literaturbetrachtung viel stärker auf die inhaltlichen Seiten des Textes ein, oder genauer: auf die sozialen bzw. familialen Strukturen, in die der

Held sich hineindefiniert, die (vermuteten oder nachweisbaren) Traumatisierungen des Protagonisten, die sein Begehren formieren. Nachdem Feise (1926) schon den ›nervösen Charakter‹ Werthers untersuchte und Graber (1958) die Pathologie Werthers auch als Bedürfnis nach einer Mutter-Figur interpretierte, liefern erst die Untersuchungen von Meyer-Kalkus (1977) und Schmiedt (1979) tiefere Einblicke in die Struktur des Textes. Meyer-Kalkus beschreibt Werthers Selbstbespiegelung in der Natur als narzißtische Selbstbespiegelung des ›infans‹ (90ff.), dem die Imaginierung einer ›Mutter Natur‹ im Sinne der Mutter-Kind-Dyade natürlich genau entspreche. Bald aber überträgt Werther diese Imaginierung auf Lotte, sie »verkörpert die Mutter-imago schlechthin« (98). Werther definiert sich imaginativ in Lottes Familie, phantasiert sich stärker noch in die Rolle eines Kinds von Lotte hinein – in Lotte findet Werther »die Frau, die [...] seinem Bedürfnis nach mütterlicher Unterstützung weitgehend entgegenkommt« (Schmiedt 1979, 91).

Die durch Werthers körperlichen Zugriff irreparabel zerstörte narzißtische Selbstbespiegelungsmöglichkeit in der mit Inzest-Verbot besetzten Lotte-Mutter zwingt ihn zum Selbstmord. Der Verlust des Spiegels wird gleichermaßen Ichverlust. Der Selbstmord jedoch restituiert symbolisch die defizitäre Familie Werthers: Werther geht einerseits auf in der ›Mutter-Natur‹, andererseits schreibt er Lotte: »Ich gehe voran! gehe zu meinem Vater, zu deinem Vater [...] Deine Mutter sehen! [...] Deine Mutter, dein Ebenbild.« (HA 6, 117). Werther schießt sich also in die Familie Lottes hinein, damit habe sein Freitod teil »an dem bürgerlich-empfindsamen Ethos der Familie« (Meyer-Kalkus 1977, 132), so skandalös er auch erscheinen möge. Während allerdings Meyer-Kalkus seine Methode als diskursanalytisch bestimmt und der Textanalyse die nachfreudianische Psychoanalyse v.a. Lacans unterlegt, verknüpft Schmiedt die Narzißmusproblematik mit der eher sozialgeschichtlichen Lesart der Heraufkunft des bürgerlichen Individuums: Werther verkörpere »die der bürgerlichen Emanzipationsbewegung immanenten Widersprüche. Er nimmt den Individualismus ernst [...] und demonstriert dabei seine Schwächen« (Schmiedt 1979, 96) – letztendlich im Selbstmord, der äußerste Souveränität und gleichzeitige Selbstaufgabe koppele (100).

2. Die Zeit des Klassizismus

Wilhelm Meister Lehrjahre

Neben den frühen Weimarer Fassungen der *Iphigenie*, des *Tasso* und *Egmont* und vor allem des *Faust* begleitete Goethe auch die fragmentarische Version eines groß geplanten Romans auf die Reise nach Italien: *Wilhelm Meisters theatralische Sendung*, der in vieler Hinsicht noch die emphatischen Züge des Goetheschen Sturm und Drangs trägt. Wie bei den Dramen erhoffte er sich auch hinsichtlich dieses Prosawerks die entscheidenden Antriebe durch die von italienischen Kunst-Erfahrungen erneuerten ästhetischen Konzepte. Wie der *Faust* aber blieb der *Wilhelm Meister* noch unvollendet. Erst 1793 gelingt Goethe die erfolgreiche Wiederaufnahme des Stoffes, und d.h. auch, die Wiederaneignung des sechzehn Jahre alten ›Jugend‹-Stoffes in der Zeit der klassizistischen Ästhetik: Das Schema, das Goethe in sein Notizbuch schreibt, stellt folgerichtig den Versuch dar, den handelnden Personen des *Wilhelm Meister* überindividuelle, ideelle Konzeptionen zuzuordnen, den Stoff vom Individuellen zum Typologischen hin zu überformen: »Wilhelm: ästhetisch-sittlicher Traum – Lothario: heroisch-aktiver Traum – […] Abbé: pädagogisch-praktischer Traum« (HA 7, 616).

Aus dem Roman, in dessen Zentrum der emphatische Held Wilhelm Meister sowohl seine berufliche, d.h. gesellschaftliche Identität als auch das Wunschbild eigener personaler Ganzheit auf dem Theater verwirklichen will und soll, wird spätestens mit diesem Schema auch der Roman der Vermittlung dieses individuellen Anspruchs mit überindividuellen, d.h. auch gesellschaftlichen Wertvorstellungen und Lebenskonzepten. Die letzten Jahre der Fertigstellung von *Wilhelm Meisters Lehrjahre* sind geprägt durch die engste Zusammenarbeit Goethes mit Schiller. Dieser, der Buch für Buch der *Lehrjahre* übersandt bekommt, begleitet die Produktion im kritischsten Sinne, sowohl die Ausprägung bestimmter Charaktere (und der durch sie repräsentierten Ideen) als auch die konsequente Handlungsführung und Figurengestaltung mahnt er in seinen Briefen an Goethe immer wieder an (vgl. HA 7, 620-648). Im Januar 1795 endlich können die ersten beiden Bücher in einem Band erscheinen, im Mai und November folgen die nächsten Lieferungen, erst am 26. Juni 1796 jedoch kann Goethe den Roman endgültig fertigstellen, die letzten beiden Bücher erscheinen im Oktober desselben Jahres (zur Entstehung vgl. HA 7, 613ff. u. 683ff.; zum literaturgeschichtlichen Kontext der *Theatralischen Sendung* und der *Lehrjahre* vgl. v.a. Viëtor 1966, 30f. und Mannack 1977, 211f.).

Der Erzählbeginn, der zunächst in Abwesenheit des Titelhelden drei der zentralen Themen des Romans exponiert, zeigt die kleinbürgerlich-bohèmehafte Umgebung der Schauspielerin Mariane, die einerseits in Wilhelm Meister ihren emphatischen Liebhaber und Geliebten besitzt, dessen Begeisterung für das Theater diese Liebe mit bedingt, die sich aber andererseits in ökonomischer Abhängigkeit eines Gönners befindet, ohne dessen Geld sie nicht leben könnte. Das Theater wird hier als der Zentralgegenstand der ersten fünf Bücher der *Lehrjahre* exponiert – die kleine Komödienbühne einer bürgerlichen Stadt, das Puppenspiel. Zweitens wird der emphatisch liebende, stürmerisch-drängende Held eingeführt, der als »unbefiederter Kaufmannssohn« (HA 7,10) jedoch einerseits in seiner sozialen Herkunft, andererseits in seiner mangelnden ökonomischen Potenz vorgestellt wird. Drittens aber wird die ökonomische Thematik des Romans exponiert: sowohl die innerbürgerliche Differenz zwischen dem Subjektiv-Liebenden und dem Ökonomisch-Potenten als die bürgerliche Tendenz der Verdinglichung der Liebesbeziehungen in der materiellen Abhängigkeit Marianes. Der Romanbeginn in seiner expositorischen Funktion findet sich ausführlich erläutert bei Hass (1963, 141ff.) und Von der Thüsen (1969).

Das Theaterhafte und Theatralische ist derjenige Gegenstand der *Lehrjahre*, der einerseits praktisch unverändert aus der Frühfassung der *Theatralischen Sendung* übernommen wurde, der andererseits größte Aufmerksamkeit in den Deutungen des Romans fand – und überdies sehr eng mit den im Roman diskutierten Bildungs- und Individualitätsvorstellungen, dem sozialhistorischen Gehalt der *Lehrjahre* und sogar mit der Initiation Wilhelms in die Turmgesellschaft verbunden ist.

Von Wilhelms Erzählung über das häusliche Puppentheater und seiner Beziehung zu der Schauspielerin Mariane an reflektiert der Roman Theatergeschichte: »Vom Puppenspiel bis zum Liebhabertheater, von der Wanderbühne bis zum Hoftheater, von der Leseprobe bis zur Regie, von den Seiltänzen bis zum geistlichen Schauspiel ist der Roman vollgepackt mit Theaterthematik und Theatermotivik« (Koopmann 1987, 97; vgl. auch Storz 1953, 82; Mannack 1977, 213; Selbmann 1981;

Greiner 1989, 282ff.). Die unterschiedlichen Theaterformen, die die Titelfigur kennenlernt und an denen sie rezeptiv und meist produktiv teilhat, gipfeln in der Reflexion des realhistorischen Projekts eines Nationaltheaters, einer stehenden bürgerlichen Schaubühne, wie sie auch schon Lessings *Hamburgischer Dramaturgie* vorschwebte. Den Hintergrund dieses »Traums vom Nationaltheater« referiert ausführlich Viëtor (1966, 34), in seiner zentralen Funktion bei der Ausbildung einer bürgerlichen Öffentlichkeit beschreibt Kühl (1982) es als »Kulturinstitution, die, weil sie die produktiven Traditionen aller Stände in sich vereint, die Reformierung feudalständischer Kunstverhältnisse einleitet« (135). Darüber hinaus werde es »zum Medium nationaler Verständigung und erfüllt als solches eine nationstiftende Funktion« (ebd.).

Die Bezüge des Romans auf die zeitgenössische Dramenpoetik, Theaterbegeisterung und Theaterdiskussion sind allerdings noch vielfältiger. Die Episoden der *Lehrjahre* an der stehenden Bühne Serlos vor allem im fünften Buch, d.h. die ausführliche Schilderung der *Hamlet*-Inszenierung – mit Wilhelm in der Titelrolle – greift auf die Shakespearebegeisterung aus Goethes Straßburger Zeit zurück, Shakespeare wurde dort zum Vorbild einer neuen deutschen Dramatik gefeiert. Roberts (1980) deutet die Funktion der *Hamlet*-Interpretation durch Wilhelm für den Gesamtroman, Ermann (1983) referiert Goethes Shakespearebild insgesamt und erläutert ausführlich die Hintergründe der spezifischen *Hamlet*-Deutung im Roman (vgl. 162ff.). Den größeren Kontext der Theaterbegeisterung vor allem der jüngeren Generation in den siebziger und achtziger Jahre des 18. Jahrhunderts referiert Catholy (1962, 62f.); Fink (1972) deutet diesen Theaterenthusiasmus mit Blick auf den Gesamttext der *Lehrjahre*: Die schließliche Abwehr des Theatralischen durch die Turmgesellschaft stelle die Theaterbegeisterung als bloße bürgerliche Jugendleidenschaft bloß (vgl. 7). Für Koopmann (1987) gehört das Dramatische im Roman unmittelbar in den Zusammenhang einer gattungstheoretischen Auseinandersetzung Goethes mit Schiller, »dem an scharfen Grenzziehungen liegt und der das Theatralische scharf vom Roman geschieden wissen möchte« (111). Goethe gehe weit über diese Auseinandersetzung hinaus und öffne den Roman für das dramatische Element, indem er die Gattungen – neben der Dramatik auch die Lyrik – im einzelnen Werk vermische.

Theatralische Elemente finden sich nicht nur auf der inhaltlichen Seite der *Lehrjahre*. Die Verkleidungen – Marianes

im ersten Kapitel, Mignons kurz vor ihrem Tod u.a.m. – die
Scharaden der Wandertheatertruppe, die Verwechslungen bis
hin zum opernhaften Brauttausch der Schlußepisode verleihen
dem Roman vielfach lustspielhafte Züge (vgl. Reiss 1981,
130ff.), die aber nicht nur Stoff und Form des Romans ausmachen, sondern letztendlich auch »eng mit Wilhelms Bildungsgang verknüpft« sind, insofern sie die jeweilige Desillusionie-
rung über lustspielhafte Täuschungen als »Bildungserlebnis«
inszenieren (140ff.). Pütz (1983) sieht sogar die ersten fünf
Bücher der *Lehrjahre* angelehnt an das fünfaktige Schema der
klassischen Dramenform (vgl. 249), eine Deutung allerdings,
der Koopmann vehement widerspricht (1987, 97).

Wilhelms Durchgang durch die verschiedensten Theaterformen und sein ›Bildungsgang‹ sind eng aufeinander bezogen.
Aus psychoanalytischer Perspektive deutet Greiner (1989) das
Marionettentheater zunächst als überdeterminierten Signifikanten: Dadurch, daß es primär mütterlich sanktioniertes Ge-
schenk im Kontext der neu ausgebildeten konjugalen Kleinfamilie sei, werde es zum Symbol des Begehrens (vgl. 289f.); die
ans Theater gekoppelte ödipale Konfliktsituation werde in der
Hamlet-Inszenierung nachgestellt (vgl. 190ff.), deren Aporien
erst »vom männlich bestimmten ›Theater‹ der Initiation in die
Turmgesellschaft« abgelöst werden (294).

Das Dramatische, an exponiertester Stelle im Roman durch
Shakespeares Tragödie repräsentiert, wird im Roman nicht nur
subjektiv-individuell, für Wilhelm überwunden, sondern auch
gattungstheoretisch. Im Gegensatz zur Tragödie, deren sozusagen pessimistischer Schluß im Roman überwunden wird, »enthält der Entwicklungsroman um die Wende vom 18. zum 19.
Jahrhundert eine auf Zeit, Zukunft und Einsicht gerichtete
Möglichkeit, mit den Spaltungen der Zivilisation umzugehen«
(Grimminger 1986, 208; vgl. Voßkamp ²1985, 227ff.).

Unmittelbar an die Sphäre des Theaters angebunden sind in
den *Lehrjahren* vor allem zwei Figuren – die mit Wilhelms Abschied von der Bühnenlaufbahn sterben müssen: Mignon und
der Harfner. Sie gehören in den engeren oder weiteren Umkreis der wandernden Theatergesellschaft Melinas, der Wilhelm sich zunächst anschließt; Mignons nimmt er sich schließlich wie eines eigenen Kindes an. Beiden Figuren sind die Lieder zugeordnet, die neben dem Dramatischen zum epischen
Hauptelement des Romans hinzukommen, auch hier wird die
Gattungsgrenze verwischt (zu den Liedeinlagen im *Wilhelm*

Meister insgesamt s. Storz [1948/49] 1953, 104-125, v.a. aber die umfassende Untersuchung von Kieß 1987; zu Mignons ›Italienlied‹ s. Meyer 1952; Ross 1951/52; Kraft [1959] 1986; zur künstlerischen Rezeption der Figur s.v.a. Tunner 1989 und König 1991).

Mit dem Lyrischen, das neben dem Gestischen und Tänzerischen die einzige kompetent beherrschte Mitteilungsweise Mignons ist, ist auch schon eine zentrale Deutungsperspektive der Forschungsliteratur auf die Figur angegeben. Mignon wird als Symbol oder Allegorie der Poesie verstanden, aus der nachgelieferten Vorgeschichte beider Figuren heraus werden sie als Exemplifikationen des Mythischen, Nicht-Aufgeklärten verstanden.

Für Storz (1953) entspringt der mythisch-schuldgeborenen Andersartigkeit beider Mignons ›dämonische Heiligkeit‹ (vgl. 94f.), Henkel ([1962] 1982, 112) liest in ihr das »Lebensfremde« und ordnet sie voraufgeklärten, nicht-subjektiven Gewalten zu: »Sie ist die Gestalt einer schwärenden Innerlichkeit, eigentlich stumm, eigentlich ohne Ausdruck. In ihren Liedern singt ein Es aus ihr«; ähnlich interpretiert Hass (1963) sie als poetische Gestalt eines überindividuellen Konzepts: »die Möglichkeit auch einer antihuman-unerklärlichen Verfallenheit an das Walten dämonischer Mächte« (135), für Viëtor (1966, 43) »offenbart sich [in ihr] das, was die Gesellschaft ›Schuld‹ nennt, als dunkles Verhängnis« (43).

Auch neuere Interpretationen sehen Mignon als Stellvertreterfigur eines Mythischen – allerdings nicht mehr in den verquasten und vermeintlich Goetheschen Begriffen von Dämonie und Heiligkeit. Für Pfaff (1977, 44) kommen Mignon und der Harfner »aus einer ersten, noch archaischen Kultur in die helle, settecentistische Welt des Romans. Sie exemplifizieren mythisches Denken, sofern sie sich als Opfer eines unvordenklichen Fatums begreifen«. Lienhard (1978) deutet Mignon schlicht als mythologische Figur, während Kittler (1978, 38) sie aufgrund ihrer Familienlosigkeit dem Voraufklärerischen zuordnet: »Das ›Rätsel‹ ist ein Kind der alten Zeit. Keine Kernfamilie hat seine Kindheit archiviert, keine Elternliebe seine Jahre gezählt«.

Neben dieser mythologischen Figurendeutung steht die allegorische: Mignon ist Figuration der Poesie. »Mignon offenbart sich als poetische Gestalt in der schöpferischen Einbildungskraft des jungen Dichters, der sie als prometheisch-pygmalischer Vater aus den Erlebnissen und Bildeindrücken der

Vergangenheit und Gegenwart und aus den Hoffnungen für die Zukunft erzeugt« (Ammerlahn 1972, 16; vgl. Ammerlahn 1968). Hannelore Schlaffer deutet Mignon (und Harfner) als »Repräsentanten einer untergehenden poetischen Welt in einer prosaischen [...]. [Mignon] ist die sinnliche Erscheinung der Poesie, ist selbst ihre Inkarnation« (Schlaffer 1980, 40). Für Kühl (1984) steht sie als »handelnde Figur und allegorische Gestalt« für »das Poetische« (132), »es ist eine Poesie, die die subjektive Befindlichkeit in der Welt mit besonderer Tiefe und Eindringlichkeit zu artikulieren vermag, gerade weil sie bis an naturwüchsige Gewalten heranreicht« (133). Grimminger (1987, 87) liest sie als »eine zusammengesetzte Allegorie mit der Wirkung eines symbolischen Rätsels. Sie war die Einheit von Kunst und Natur, solange sie lebte [...]. Mit Mignon wird sie [diese Einheit] endgültig zu Grabe getragen, bleibt aber dem Schein nach unsterblich«.

Eine weder mythologische noch allegorische Deutung der Figur sieht sie auch als Puppe aus Wilhelms Puppentheater (Ammerlahn 1968, 102), ordnet sie also der affektiv noch kindlich besetzten Vorstellungswelt des Helden zu, andererseits auch als Stellvertreterin Marianes, die bei Bekanntwerden von deren Sterbensgeschichte überflüssig wird (Berger 1977). Während Schottlaender (1979) sie schlichtweg der Reihe der hingebungsvollen Frauengestalten bei Goethe zuordnet, neben Gretchen und Klärchen, stellt Monika Fick sie in ihrer sehr gründlichen Analyse der gesamten Mignon-Handlung Natalie als Gegenfigur gegenüber: »Natalies Gesundheit und Mignons Krankheit; Mignon muß sterben, damit Wilhelm genesen kann« (1982, 46).

Psychoanalytisch gedeutet wird Mignon zur Darstellung des »Unbewußten ihres Meisters, auf der Bühne seiner Phantasie« (Ammerlahn 1972, 17), zur Extrapolation der regressiven Tendenzen Wilhelms (vgl. Øhrgaard 1978). Sie gehört in eine »ganze Figurenreihe«, die »die Gefährdungen Wilhelms auch nach außen« darstellt. »Mignon, der Harfner Augustin, die schöne Gräfin, Aurelie – wie pathologische Abspaltungen begleiten sie die theatralische, die Hamlet-Laufbahn Meisters, geben sie mit ihren tödlichen Verstörungsgeschichten die dunkle Folie ab, vor welcher er zu seinem Glück findet« (Schings 1984, 54).

Aus dem Tod Mignons als der poetischen Gestalt »von Wilhelms bisheriger Existenz«, d.h. als Allegorie der einer innerlichen, emphatischen Poesie, zieht Fick (1982, 49) die Konsequenz: »Die klassische Lebenskunst löst den Gestus des Sturm und Drang ab«, die Handlungsführung des Romans wird also unter Zuhilfenahme der Abfolge Goethescher Kunstkonzeptionen gelesen. Für Schlaffer wie für Saße ist der tödliche Schluß der Mignon-Handlung jedoch der Widerhaken in den *Lehrjahren*, der immanente Widerspruch gegen den Optimismus des an Wilhelm exemplifizierten Bildungsgangs: »Im Tod verweigern sich Mignon und der Harfner der Bildung und Entwicklung zur Ordnung. Wohl ist ihre Krankheit die Versöhnung mit der Form des Romans; sie ist aber zugleich die Differenz zu seinem Inhalt« (Schlaffer 1980, 51). Mignon »fungiert auf prononcierte Weise als Antithese eines organologisch-teleologischen Bildungsdenkens, wie es sich im 18. Jahrhundert entfaltet und dabei die Gewalt, die Sozialisation immer auch ist, verschweigt« (Saße 1991, 106).

Ganz eng an das Dramatische der *Lehrjahre* gekoppelt erscheint zunächst auch das Bildungs- und Entwicklungsverständnis seines Helden; das Theater ist für ihn nicht nur Wunschort enthusiastischer Teilhabe. Das dritte Kapitel des fünften Buches wird zum Großteil von einem Brief Wilhelms an seinen Jugendfreund und idealtypisch gezeichneten profitorientierten Kaufmann Werner bestritten. Hier artikuliert Wilhelm sein elementar an das Theater gebundenes Selbstverständnis: »Mich selbst, ganz wie ich da bin, auszubilden, das war von Jugend auf mein Wunsch und meine Absicht« (HA 7, 290). Diese ganzheitliche Ausbildung seiner Persönlichkeit scheint Wilhelm jedoch für den Bürgerlichen, der sich in der prosaischen Welt der partikularen Interessen auf eine Einseitigkeit einlassen müsse, nicht gegeben. Die Identität von körperlichem, d.h. repräsentativem Schein und gesellschaftlichem Sein bietet nur der für ihn verschlossene Adel. Diese Identität gewähre aber auch das Theater: »Auf den Brettern erscheint der gebildete Mensch so gut persönlich in seinem Glanz als in den obern Klassen; Geist und Körper müssen bei jeder Bemühung gleichen Schritt gehen, und ich werde da so gut sein und scheinen können als irgend anderswo« (HA 7, 292).

Die stellvertretende Funktion des Theaters für die nicht statthafte öffentliche Identität des Bürgers wird bereits von Wittich (1923, 293) und Bruford ([1933] 1980, 231) erstmals treffend beschrieben. Für Habermas (1962) ist sie komplexeres Indiz für den Übergangszustand von feudal-repräsentativer zu bürgerlicher Öffentlichkeit: Die Mittel der ersteren werden zum Ausdruck der Unmöglichkeiten bürgerlicher Selbstentfaltung – und das im Rahmen einer schon bürgerlich konzipierten Kulturinstitution, dem Nationaltheater (vgl. 25-28; vgl. ebenso Janz 1975, 328; Kühl 1982, 135). Grimminger (1986, 220) konstatiert in gleicher Argumentationslinie: »Wilhelms Brief schreibt die schöne Autonomie politischer Tätigkeit dem Adel zu«. Für Lukács ([1936] 1947, 33) ist Wilhems Wunsch nach Ganzheit »eine Kritik an der kapitalistischen Arbeitsteilung« (386), während nach Fink (1972, 19) Wilhelm hier das »neue Bildungsideal der ästhetischen Erscheinung wesentlich als Antithese [...] dem kleinbürgerlichen, hedonistisch-utilitaristischen Kredo des Kaufmanns« entgegensetzt, es werde also nicht der Klassengegensatz zum Adel thematisiert, sondern die zunehmende innere Differenzierung des Bürgertums. Den Übergangscharakter von Wilhelms hier artikulierter Bildungsauffassung, die der Roman insgesamt ja dementiert, betont zunächst Saine (1970), der die hypostasierende Deutung der Stelle als Goethes klassizistisch-humanistisches Bildungsideal widerlegt (vgl. May 1957, 33; Henkel [1962] 1982, 104). Blessin (1975, 197) kritisiert Wilhelms Orientierung als sozialgeschichtlich rückschrittlich, da sie am Adel, nicht an der bürgerlich-kapitalistischen Ökonomie ausgerichtet sei. Hahn (1978, 150) sieht sogar nur einen »töricht-leidenschaftlichen Hymnus auf den Adel«, während Vaget (1979) die Fragwürdigkeit des Konzeptes sowie seiner Voraussetzungen hervorhebt: »Wilhelms Illusionen über den Adel bilden das brüchige Fundament seines pädagogisch rührenden Bildungsprogramms« (144).

Die hier knapp referierte zumeist neuere Forschung zu Wilhelms theatralischem Selbstentwurf problematisiert eine zentrale Tendenz vor allem der älteren Forschung: die unhinterfragte Identifikation ebendieses Bildungsprogramms der ›ganzen Persönlichkeit‹ mit Goethes klassizistischem Bildungsideal, das damit zum Programm der *Lehrjahre* werde. Für Dilthey ([1905] 1991) vollzieht sich im *Wilhelm Meister* das organologische Entwicklungsmodell des Menschen als »Entwickelungsreihe« in »typischen Stufen« (vgl. 214 u.ö.). Gerade der hier behauptete organologische Aspekt, der aus der Rückprojektion der Goetheschen Metamorphose-Vorstellung auf den literarischen Text resultiert, bestimmt eine Deutungsrichtung des Romans. Für G. Müller (1948) sind die *Lehrjahre* »eine Dichtung von der Metamorphose des Menschen« (10), die selbst »Denken und Wollen als fortwährendes Gestalten-Umgestalten zur

Erscheinung« bringen (15). Storz (1953) betont sogar »den organisch-biologischen Aspekt« so stark, daß er ihm zum Gegenargument gegen den psychologisierenden Begriff des ›Bildungs‹-Romans wird (vgl. 99; ebenso Viëtor 1966, 32). Und noch für G. Mayer (1975) ist die »dominierende Thematik dieses Werks der morphologische Versuch einer *Entfaltung des Typus*« (141; vgl. Rasch 1963, 96f.). Gegen die Projektion der Metamorphose-Vorstellung Goethes wendet sich Reiss (1963, vgl. 130).

Ebenfalls ganz abgewendet von der Deutung von Wilhelms Bildung als Realisation eines in ihm angelegten Gesetzes wendet sich die andere Seite der Forschungstradition, die dem Bildungsgang des Titelhelden die notwendige Vermittlung von Innerlichkeit und gesellschaftlichem Außen unterlegt. Schon Wundt (1913) sieht Wilhelms Bildung letztendlich begründet in der »Einsicht in das objektive Wesen der Dinge« (173). Lukács großer vormarxistischer und romantheoretischer Versuch *Theorie des Romans* ([1916] 1963) setzt die unterschiedliche Vermittlung zwischen Helden und Welt als Unterscheidungskriterium dreier Romantypen. Neben den Desillusionsroman und den Roman des abstrakten Idealismus, in denen die Innerlichkeit des Helden bzw. die Gewalt der äußerlichen Welt zu groß sind und zum Scheitern der Vermittlung führen, tritt bei Lukács gerade der *Wilhelm Meister* als Beispiel der gelingenden Vermittlung (135ff.). Auch Gerhard ([1926] 1979) sieht als das zentrale Thema des Romans »die Auseinandersetzung des Einzelnen mit der Welt« (213). Für Lukács ([1936] 1947) ist diese Vermittlung Ausdruck eines neuartigen Glaubens »an die Menschheit, sich aus eigener Kraft zu regenerieren, aus eigener Kraft die Fesseln, die eine jahrtausendelange gesellschaftliche Entwicklung ihr angeschmiedet hat, abzustreifen« (41) – Wilhelm wird also, jetzt marxistisch interpretiert, zum Paradigma des sich emanzipierenden bürgerlichen Individuums (vgl. allerdings aus bürgerlicher Deutungsperspektive Henkel [1962] 1982, 104). Obwohl die bürgerliche Forschung das Außen, dessen Wesen Wilhelm erkenne, zunächst als »Wechselspiel des Lebens« (Kayser 1948, 365) oder als »alles Menschliche, alles Irdische« enthistorisierend und verschleiernd bezeichnet, setzt eine eher sozialhistorische Deutungstradition den von Lukács gewiesenen Weg intensiver fort – dazu aber erst später im Zusammenhang der gesellschaftsgeschichtlichen Interpretationen zum Roman. Mannack (1977, 214) greift noch einmal die von Lukács zugrundegelegte Hegelsche

Konfrontation der ›Poesie des Herzens‹ mit der ›Prosa der Verhältnisse‹ als romantypisch auf, während Schings (1988 MA 5, 642) Lukács zustimmt: »Das Ende des Romans stellt deshalb den Augenblick höchsten Glücks dar« – Die Vermittlung zwischen Ich und Welt gelinge. Von der Thüsen konstatiert schlichtweg: »Das Sichselbstfinden im *Wilhelm Meister* führt durch Expansion und Selbstveräußerung. Die Außenwelt hat das konstitutive Übergewicht« (630); Fink (1972, 3) sieht die Außenwelt als Ziel des dargestellten Bildungsprozesses: Wilhelm wird schließlich als ›Staatsbürger‹ initiiert. Diese weitgehend positive Lesart der Integration des Einzelnen in gesellschaftliche Zusammenhänge wird von Eigler (1986) und Voßkamp (1989) grundsätzlich in Zweifel gezogen, indem sie den angeblichen Bildungsoptimismus der *Lehrjahre* als Projektion seiner Deuter entlarven, für Saße (1991) sind vor allem das Scheitern Mignons und des Harfners immanente Einsprüche des Textes selbst gegen eine allzu harmonistische Interpretation (vgl. 104). Heinz Schlaffer (1978) nennt die *Lehrjahre*, gegen den optimistischen Begriff des Bildungsromans polemisierend, gar »Zerstörungsroman« (vgl. 222).

Der Begriff des Entwicklungsromans, der eher die organologische Auffassung einer Metamorphose zugrundelegt, und der Begriff des Bildungsromans, der eher psychologisch und soziologisch argumentiert, betreffen über die *Lehrjahre* hinaus eine ganze Romantradition, die eben dieser Roman begründete. Gerhard (1926) untersucht verschiedene Romane auf die Zugehörigkeit zu diesem Roman-Typus hin, Martini (1963) referiert grundlegend die Geschichte des Begriffes ›Bildungsroman‹ und seine philosophische Theorie (vgl. auch Grimminger 1986, 203ff.). Die Forschung zum ›Bildungs- und Entwicklungsroman‹ legt ausführlich Köhn (1969) dar, Gille (1979) stellt eingehend die Begriffs-, Forschungs- und Gattungsgeschichte der Romanform sowie die romantische Rezeption der *Lehrjahre* dar (vgl. VII, XIff.). Die Diskussion um Bildungs- bzw. Sozialroman in der deutschen Nachromantik ist Gegenstand der Untersuchung von McInnes (1969); Steinecke (1984) diskutiert ausführlich den Begriff des Bildungsromans, die von *Wilhelm Meister* initiierte literarische Tradition und seine romantische Kritik (95ff.).

Auch anscheinend etwas abseits der Begriffe der Bildung und Entwicklung existiert ein kleiner Bereich von Deutungen der Lehrjahre. Für Pfaff (1977), der zwar den Bildungsgehalt einräumt, können »die Stufen der Bildung Wilhelms mit Epochen der Menschheitsgeschichte und ihrer Kulturgeschichte synchronisiert« werden (44): Mythos, Aufklärung und die »Epoche faktischer Autonomie« (49) ergeben sich aus dieser typologischen Deutung des Romans. Im Zentrum der diskursanalytischen Untersuchung Kittlers (1978) steht die Initiation des modernen Subjekts angesichts der eigenen Biographie. Wilhelms »Lektüre seiner Lehrjahre« (101) erst stiftet seine Subjektwerdung. Die *Lehrjahre* zeigen, »wie Literatur Individuen produziert: Ein individualisierender Text macht seinen Helden und Leser selber zum Autor-Individuum« (107). Schings (1984) liest den Text nicht so sehr als Exemplifikation eines Bildungsprogramms, sondern als Aufarbeitung »einer Krisen- und Krankengeschichte«, »die Entstehungsgeschichte moderner Subjektivität« (43f.), als Therapie-Geschichte werde der Roman »zur heiter kühlen Antwort auf die moralische, literarische, philosophische Hypochondrie, zur *klassischen Replik auf die Melancholie der modernen Subjektivität*« (52).

In den Kontext der Bildungsgeschichte Wilhelms gehören zusätzlich noch die »Bekenntnisse einer schönen Seele« im 6. Buch, die autobiographische Schrift einer pietistischen Frau aus dem Familienzusammenhang der adligen Großfamilie, die die Turmgesellschaft bildete. Schon die zeitgenössischen Leser vermeinten hinter der Romanfigur die Frankfurter Stiftsdame Susanna von Klettenberg zu sehen, zu der Goethe 1769 engen Kontakt pflegte, und verstanden den Romanteil als implementierte Autobiographie der realhistorischen Figur. Gegenstand der »Bekenntnisse« ist die durch enttäuschende Gesellschafts- und Liebeserfahrungen motivierte radikale Zuwendung der Schreiberin zur pietistischen Religion. Einerseits darf die moralische Autonomie, die die Frau damit erreicht, durchaus als Emanzipation verstanden werden: »Sie benutzt aktiv die Religion als therapeutische ›Hilfskonstruktion‹«, um sich »vor der Gesellschaft die notwendige Freiheit [zu] verschaffen [...], ihren Überzeugungen gemäß zu leben. Ihre Religiosität ist daher nicht Symptom ihrer ›Neurose‹, sondern ihre Form der Verarbeitung neurotisierender Erfahrungen, ohne an ihnen zu erkranken« (Zantop 1986, 84). Aus einer anderen Forschungsperspektive stellt die radikale Abkehr vom Gesellschaftlichen ihre »asoziale Egozentrik« dar, eine »Dissozialisierung, wie sie radikaler nicht beschrieben werden kann« (Koopmann 1985, 180f.). Hier setze dann auch die Religionskritik Goethes an: Nicht die verehrte Frau von Klettenberg werde hier zur Romanfigur, sondern deren parodistische Karikatur gehöre in den Zusammenhang von Goethes Abrechnung mit Lavaters frömmelnd-begeisterter Religiosität (vgl. Strack 1986, 55ff.). So werden die »Bekenntnisse einer schönen Seele« zu einem (Selbst-)Bildungsmodell, das ironisch mit der Bildungsgeschichte Wilhelms verschränkt bzw. dieser parodistisch gegenübergestellt wird (vgl. Hass 1963; Pfaff 1977; Koopmann 1985): Der tätigen Integration in die Gesellschaft steht die religiös-melancholisch-hypochondrische Abkehr von ihr gegenüber.

Wilhelms Weg durch die verschiedenen Theaterformen, seine Bildung, ein Teil der Außenwelt, mit dem ihn der Gang der Handlung konfrontiert und in den er hinterher integriert wird, wird durch eine Institution begleitet, überwacht und zum Teil bestimmt: durch die sogenannte ›Turmgesellschaft‹, der Schiller in seinem Brief vom 8.7.1796 an Goethe die Funktion der Götter oder des regierenden Schicksals der antiken Epopöe zuweist (vgl. HA 7, 637f.). Diese Deutung ist von der Forschung teilweise übernommen worden: »Hier ist die Werkstatt verborgener Planung und Lenkung [...], der Ort für die ›Maschinerie‹ des Romans« (Storz 1953, 69). Diese unterschobene quasi-mythische Schicksalsrolle der Turmgesellschaft, die deren Handlungsweise und Ziele verkennt, wird jedoch schnell entlarvt: »Offenbar spielt der Turm Schicksal« (Henkel [1962] 1982, 113), das Mythische wird damit zur Rolle; Haas ([1964] 1975) konzediert dem Turm sogar radikale Zurückhaltung, die jedes Schicksalhafte dementiert: »Wenn die Emissäre dem Zögling in bedeutenden Bildern ›Vorstellungen‹ machen, geraten sie nie in die Gefahr, seiner natürlichen Entwicklung vorzugreifen« (102).

Das Vorbild für die Turmgesellschaft sieht die Forschung in den Geheimgesellschaften des 18. Jahrhunderts – mit einigen guten Gründen: »Nur in solchen Gesellschaften konnten Männer von unterschiedlichem gesellschaftlichen Rang auf gleichem Fuße verkehren« (Bruford [1933] 1980, 228), d.h. die tendenziell egalitäre Gesellschaftsvorstellung des Turms hat hier ihr Vorbild. Henkel ([1962] 1982, 113) sieht »freimaurerische Züge am Tage«, Viëtor (1966, 42) liest die Geheimgesellschaft als ›rationalisiertes Fatum‹, Haas ([1964] 1975) ordnet die *Lehrjahre* in die Reihe der Geheimbundromane des 18. Jahrhunderts ein, noch Reed (1990, 41) spricht schlicht von Freimaurerei, während Pfaff (1977, 41), Kittler (1978, 85ff.),

Kühl (1982, 138) und Grimminger (1986, 222) lediglich die Anlehnung an Freimaurerisches und Geheimbündlerisches als Bestandteil der Selbstinszenierung der Turmgesellschaft begreifen. Storz (1953) dagegen wehrt ganz ab: »noch viel weniger kann die Turmgesellschaft als Illustration für das philanthropische Logenwesen jener Zeit gelten: sie ist nicht Nachbild, sondern Symbol, säkulares, diesseitiges Analogon zur jenseitigen Providentia, humanes Gleichnis für den göttlichen Heilsplan oder, mit den Worten des Dichters, menschliche Gestalt des Weltgeistes« (86; vgl. Hass 1963, 141).

Wichtiger als die Suche nach Goethes Vorbild für den Turm ist in der jüngeren Forschung die Identifikation von aufklärerischem Weltbild und aufgeklärter Welthaltung des Turms. Schon bei Lukács ([1936] 1947) diente der Turm der »Erziehung der Menschen zum praktischen Verständnis der Wirklichkeit« (40) und konnte als »Keimzelle des Kommenden« utopisch verstanden werden (43). Dies greift Mannack (1977) wieder auf: »mit den Postulaten der klaren Erkenntnis und der Nützlichkeit [...] knüpfen die Vertreter der Turmgesellschaft an das Erbe der Aufklärung an« (217), entscheiden gar »in der zeitgenössisch statthabenden Debatte gegen Rousseaus Abstraktionen und Kants ›reine Vernunft‹ und für den Empirismus und Pragmatismus« (Pfaff 1977, 42). Pragmatismus heißt hier auch Sammlung von Wissen, Archivierung (vgl. Pfaff 1977, 42; Kittler 1978, 100), heißt aktive Sozialisation (Kittler 1978, 85), heißt darüber hinaus politisch und ökonomisch eingreifendes Handeln: die ›Abschaffung adliger Steuervorrechte‹ (ebd.), die Umfassung und Regelung aller »wesentlichen individuell-gesellschaftlichen Beziehungen des Menschen« und Gründung »einer weltweiten Sozietät, deren Zweck es ist, Einfluß auf eine Stabilisierung und schrittweise Reformierung der politisch-ökonomischen Verhältnisse zu gewinnen, und die diesem Zweck alles unterordnet« (Kühl 1982, 138; vgl. Grimminger 1986, 224f.). – Kritisch gegen diese positive Deutung der Aufklärungs- und Reforminstitution Turmgesellschaft steht Heinz Schlaffer (1978, 219), für den die Humanität des Turm »über Leichen« gehe, das Opfer Mignons und des Harfners für Wilhelms Initiation erscheint bei Grimminger (1986, 222) als Ausdruck der Unterordnung von Kunst durch den Turm, bei Saße (1991, 104) als grundsätzlicher Einspruch gegen das Bildungsrecht des Turms.

»Die politische Welt erscheint nicht in diesem Musterbild eines kultivierten Daseins« (Viëtor 1966, 45) – trotz dieser apodiktisch-anmaßenden wie falschen Feststellung noch aus den sechziger Jahren existiert eine schon ältere Tradition der sozialgeschichtlichen Auslegung der *Lehrjahre*. Nachdem Wittich (1923) und Gerhard (1926) schon auf Gesellschaftliches am Roman hinwiesen, analysierte zuerst Bruford ([1933] 1980) den Text auf die Darstellung gesellschaftlicher Klassen hin: Landadel, profitorientiertes Handelsbürgertum und bürgerlicher Bohémien (vgl. 212ff.). Keferstein (1933, 9) kennzeichnet zwar noch soziologisch undifferenziert die Wilhelm integrierende Turmgesellschaft als »bürgerliche, lebensrationalisierende, ordnungschaffende Gemeinschaft«; bei Ruprecht (1947, 194) heißt es jedoch: Wilhelm tritt »in den Bund des neuen Adels«. Diese letzte Wendung bleibt immer noch ungenau, erst die differenzierteren Analysen der siebziger und achtziger Jahre führte hier weiter: Janz (1975) trennt scharf zwischen »Bürgertum, Theatermilieu, Rokokoadel und Reformadel« als dargestellte gesellschaftliche Stände, innerhalb derer Wilhelm sich bewegt, wo sein »Bildungsprozess [...] exemplarisch entfaltet werden kann« (321). Die Turmgesellschaft, in die der bürgerliche Held schließlich integriert wird, entspringt wesentlich aus einem ›Reformadel‹, d.h. der Grundbesitz soll kapitalisiert werden, adlige Steuervorrechte sollen abgebaut werden, die Liebesheirat über Standesgrenzen hinweg ersetzt die Standesheirat. Hier konzipiere Goethe grundsätzlich »die Harmonisierung des Klassengegensatzes von Adel und Bürgertum« (338), einen Ständekompromiß (vgl. Segeberg 1977, 246f.; Vaget 1979, 146ff.), der einerseits weit über die zeitgenössische Standesdebatte hinausgehe (vgl. Hahn 1978, 162), andererseits Goethes Gegenvorschlag vor dem Hintergrund der französischen Revolution darstelle, »wie die Mängel des Feudalabsolutismus ohne Revolution behoben werden sollten« (Stadler 1980, 367f.). Dieser Kompromiß stütze sich allerdings, so Reed (1990, 41) „auf Institutionen – Adel und Freimaurerei – [...] denen Goethe sonst entschieden kritisch« gegenüberstehe; gerade die Bindung der gesellschaftlichen Hoffnung an den Adel als Träger der Reformen erweise sich historisch »als gänzlich trügerisch« (Vaget 1979, 152).

Über die sozialgeschichtliche Identifikation der in den *Lehrjahren* auftauchenden Stände, Standeskonflikte, politik- und ökonomiegeschichtlichen Sachverhalte hinaus beschreibt Kittler (1978) die historische Ausbildung der konjugalen

Kleinfamilie im 18. Jahrhundert als wesentlich strukturbildend für viele Personenkonstellationen im Roman. Abgelöst von der inhaltlichen Bestimmung des ›sozialen Gehalts der Lehrjahre‹ (vgl. Janz 1975) sieht Blessin (1975, 193f.; vgl. Blessin 1979, 42ff.) eine Strukturhomologie zwischen der Anarchie des bürgerlichen Marktes und dem auf Zufällen basierenden Erzählprinzip der *Lehrjahre*, die beide, entsprechend der Nationalökonomie Adam Smith', in eine positive, glücksbringende Gesamtentwicklung mündeten. Gesellschaftliches, Ökonomie werde also sichtbar auf der Formebene des Textes.

Hermann und Dorothea

In unmittelbarem Anschluß an die Fertigstellung der *Lehrjahre* (von September 1796 bis Juni 1797) übernahm Goethe eine Anekdote aus der »Vollkommene[n] Emigrationsgeschichte von denen aus dem Erzbistum Salzburg vertriebenen und größtenteils nach Preussen gegangenen Lutheranern« von G.G. Göcking (1732; vgl. HA 2, 753-755) als Sujet für die epische Versidylle *Hermann und Dorothea*. Die populären Idyllen des Schweizers Salomon Geßner waren in der zweiten Hälfte des 18. Jahrhunderts zum »Ausgangspunkt der gesamten deutschen Idyllendichtung« geworden (Schneider 1988, 13). Abgeschlossene ländliche Handlungsräume, ein vorbürgerlich-zyklischer Zeitbegriff, der sich an Tages- und Jahreszeiten orientierte, eingebundene liedhafte Elemente und vor allem die Liebesthematik kennzeichnen die Gattung (vgl. Böschenstein-Schäfer 1967, 8ff.). Die Idyllentradition, im Sturm und Drang ins Realistischere gewendet (etwa Mahler Müller), wurde von Joh. Heinrich Voß im Anschluß an seine Homer-Übersetzung stilistisch antikisiert. Die Gattung erfuhr vor allem durch Schiller eine große Wertschätzung: Ihr Zweck sei, »den Menschen im Stand der Unschuld, d.h. in einem Zustand der Harmonie und des Friedens mit sich selbst und von außen darzustellen« (Schiller [1795/96] 1966 II, 580), ihre ästhetische Funktion ist die »Vorwegnahme eines Zustandes der Vollendung« (Schneider 1988, 59). Schon 1793 hatte Goethe sich der epischen Form angenommen: Die Bearbeitung des niederdeutschen Volksbuchstoffes von *Reinecke Fuchs* wurde zu einer Tierfabel als Gesellschaftssatire, deren Hexameter als die vollendetsten des deutschen Epos gelten (vgl. Trunz HA 2, 612).

Goethe versetzt den Gegenstand der Anekdote, die Flucht vertriebener Lutheraner, in die Zeit der französischen Revolution: Dorothea, Braut eines in Frankreich gestorbenen Revolutionärs, gehört einer Auswanderergruppe an, ihr Weg führt sie am Dorf Hermanns vorbei, der sie zunächst am Brunnen sieht, sie zu begehren beginnt und nach einer naiv eingefädelten Intrige zu seiner Frau machen kann. Diese Fabel wird einerseits ästhetisch antikisiert: Das Versmaß des Hexameters lehnt sich an die Voßsche Homer-Übersetzung an; den neun Gesängen des Epos werden nach dem Vorbild Herodots die Namen der neun Musen beigestellt (vgl. dazu Loohuis 1977, 12). Andererseits aber markiert schon der Titel des Textes eine Doppelstruktur aus Antike und Moderne: »Die im Titel artikulierten Namen [sind] als deutsch-griechische Symbiose auf die dichterische Intention des mit ihnen überschriebenen Werks« zu deuten (Elsaghe 1990, 103).

Auch die Abgeschlossenheit der ländlichen Welt, die seit Geßner als Kennzeichen der Idylle galt, besteht bei Goethe nur vordergründig. Unmittelbarkeit im Bezug zur Natur, die Identität des Menschen mit seiner ländlichen Welt, wird einerseits beschworen: »Da durchschritt sie behende die langen doppelten Höfe,/ Ließ die Ställe zurück und die wohlgezimmerten Scheunen,/ Trat in den Garten, der weit bis an die Mauern des Städtchens / Reichte, schritt ihn hindurch und freute sich jegliches Wachstums,/ [...] Nahm gleich einige Raupen vom kräftig strotzenden Kohl weg: Denn ein geschäftiges Weib tut keine Schritte vergebens« (IV, 8-15). Die ländliche Idylle aber bricht doppelt auf: »Mancher Fabriken befliß man sich da und manches Gewerbes« (I, 58), Manufakturproduktion ereilt auch die ländlichen Gebiete; die Ankunft der Flüchtlinge stellt den Einbruch einer fremden Welt dar, der die Abgeschlossenheit des dörflichen Zustandes endgültig beendet.

Dorotheas leidenschaftlich-pessimistische Erzählung von ihren Erlebnissen gipfelt in einem »metaphorischen Bild der aufgelösten Welt« (Cape 1991, 86) – »Grundgesetze lösen sich der festesten Staaten,/ Und es löst der Besitz sich los vom alten Besitzer,/ Freund sich los von Freund: so löst sich Liebe von Liebe« (IX, 264-266). Damit tritt in die scheinbar heile Welt das Bewußtsein ihrer völligen Zerrüttung. Die schließliche Verbindung zwischen Hermann und Dorothea wird einerseits verstanden als »Synthese von besitzbürgerlich-nationalkonservativer Praxis und weltbürgerlich-revolutionärer Zielsetzung« (Lützeler 1987, 123; vgl. auch Trunz HA 2, 749) – also als

Wiederherstellung einer Einheit auf höherem historischen und reflektorischen Niveau. Andererseits aber erscheint die Heirat als brüchiger Kitt in einer Welt, die endgültig aus den Fugen geraten ist: Die Idylle möchte noch einmal den einheitlichen Zusammenhang stiften, der sowohl die Folgen der französischen Revolution wie die einsetzende bürgerlich-ökonomische Umwälzung umschlösse – das Epos »affirmiert den Glauben an Sicherheit und dementiert doch seine Realisierungsmöglichkeit« (Folkers 1976, 3). Goethes Versuch, nach den *Lehrjahren* durch die formale Orientierung am antiken Epos ästhetisch einen kohärenten Sinnzusammenhang zu stiften, scheitert an der Wirklichkeit, die sich in seinen Text drängt.

3. Das Spätwerk

Die Wahlverwandtschaften

Am 4. September 1809 läßt Goethe im *Morgenblatt für gebildete Stände* eine Selbstanzeige seines nunmehr fertiggestellten dritten großen Romans, *Die Wahlverwandtschaften*, abdrucken. Die Anzeige interpretiert den Titel, der den Begriff der frühen Chemie für die Affinität zwischen Stoffen oder Elementen benutzt, und lenkt damit die Rezeption der Leser auf »die Spuren trüber, leidenschaftlicher Notwendigkeit«, die sich »auch durch das Reich der heitern Vernunftfreiheit« hindurchzögen (HA 6, 639). Goethe kennzeichnet den Begriff der ›Wahlverwandtschaft‹ sehr genau als eine Entlehnung aus dem Bereich des Sprechens über menschliche, über soziale Verhältnisse für die naturwissenschaftliche Rede – gewissermaßen über soziale, personale oder psychische Affinitäten jenseits der familialen Verwandtschaft. Einen metaphorischen Gebrauch also, den er gewissermaßen rückübersetzt in die Sphäre des Sozialen, des Ethischen, aus dem er stammt.

Die *Wahlverwandtschaften* waren ursprünglich als eingelegte Novelle für die Fortsetzung der *Lehrjahre* gedacht gewesen, die Goethe erst 1829 in ihrer endgültigen Gestalt als *Wilhelm Meisters Wanderjahre* veröffentlichen ließ, und in denen dann auch eine größere Anzahl solcher eingelegter Novellen zu finden ist. Bei der Arbeit an den *Wahlverwandtschaften* aber stellte sich schnell heraus, daß der Stoff sich nicht mit der novellistischen

Kürze würde begnügen können: »Die [...] kleinen Erzählungen beschäftigten mich in heitern Stunden, und auch die ›Wahlverwandtschaften‹ sollten in der Art kurz behandelt werden. Allein sie dehnten sich bald aus; der Stoff war allzubedeutend, und zu tief in mir gewurzelt, als daß ich ihn auf eine so leichte Weise hätte beseitigen können« (HA 6, 688). Nach der Arbeit an der Fertigstellung des ersten *Faust* (1806) war der nunmehr zum eigenständigen Roman gewachsene Stoff die Hauptbeschäftigung der Jahre 1808 und 1809. Am 3. Oktober kann Goethe, während schon längst die Drucklegung der ersten Bögen der *Wahlverwandtschaften* angelaufen war, die Fertigstellung des Manuskripts melden: »Der 3. Oktober befreit mich von dem Werke, ohne daß die Empfindung des Inhalts sich ganz hätte verlieren können« (HA 6, 690) (zur Entstehung der *Wahlverwandtschaften* s. Aulhorn 1918; Hankamer 1921; von Wiese HA 6, 688-693; Lange 1969).

Trotz des Hinauswachsens übers Novellistische behält der Roman strukturell jedoch Eigenheiten der Novelle: Ohne zunächst den breiteren Blick etwa auf die Biographie des oder eines Helden zu lenken, gestaltet der Text das etwa anderthalb Jahre während Ereignis, das ins Eheleben der zwei Protagonisten Eduard und Charlotte eintritt und dieses grundlegend verändert – mit für Eduard tödlicher Konsequenz. Die erzählte Zeit beschränkt sich auf dieses singuläre Ereignis, der Romanform entsprechen allerdings durchaus längere Rückblenden in die Vorgeschichte der Ehe, in die Biographie, der Kindheit vor allem Eduards. Diese romanhaft breiteren Rückgriffe allerdings sind eingebaut in die Gespräche und die Erinnerungssequenzen der Figuren – der Roman wahrt also gewissermaßen, bis auf wenige Ausnahmen, die strikte Einheit seiner Handlung und seines Handlungsortes, dem Landsitz Eduards und Charlottens; auch bleibt die Personnage der *Wahlverwandtschaften* auf die vier Zentralfiguren konzentriert. Formal folgt der Roman also gewissermaßen einer ›klassizistischen‹ Formkonzeption, indem er Ort, Zeit und Handlung derart konzentriert.

Die strenge Form des Romans, die, indem sie zwei fast symmetrisch einander entsprechende Teile aufweist und damit mögliche ›Spiegelungen‹ und komplexe Verweisstrukturen stiftet, ist kaum einem Leser entgangen und bestimmt bis in die jüngste Forschungsdiskussion die Grundlage unterschiedlicher Deutungstraditionen. Während Hajek (1959, 40) die streng symmetrische Kompositorik des Textes bloß anmerkt, liefern

Aulhorn (1918), Killy (1963) und Marahrens (1968) ausführliche Analysen, Barnes (1967, 85ff.) erarbeitet die strenge Bauweise aus Raum-, Zeit- und Datenbezügen, was Fink (1971) in ähnlicher Form leistet, Blessin (1974) beschreibt den Zusammenhang von Erzähl- und Symbolstruktur. Pollmann (1969, 63) sieht in dem Roman »eines der wohl schönsten Beispiele für eine arithmetische Romanformel«, Nemec (1973) beschreibt die Formgebung als ›Ökonomie‹ des Erzählens. Blessin (1979, 21) leitet aus der symmetrischen Anlage des Ganzen und der großen Anzahl von Verweisungszusammenhängen ab, Spiegelung und Wiederholung sei die »grundlegende Organisationsform« des Romans, was Guntermann (1992) am Verhältnis der *Wahlverwandtschaften* zur wiederum eingelegten Novelle »Die wunderlichen Nachbarskinder« nachvollzieht.

Ähnlich wie die narrative Kompositorik des Romans ist die Raumgestaltung, die Rolle von Park, Landschaft und Naturgestaltung im ›symbolischen‹ Gefüge der *Wahlverwandtschaften* von tragender Bedeutung. Den Hinweisen aus Benjamins traditionsbildendem »Wahlverwandtschaften-Essay« ([1925] 1980, 133) und von May (1936/40, 150f.) auf die zentrale Bedeutung vor allem einiger Orte der Romanhandlung folgend untersuchen Neumeyer (1947) und Killy (1961, 639f.) die Landschaftssymbolik. Staroste (1961) behandelt ausführlich verschiedene Orte als leitmotivische Strukturen im Roman (Mühle, Teich, Mooshütte, Kapelle usf.). Mannack (1972, 163ff.) und Dickson (1975) erarbeiten die erzählerische Gestaltung und semantische Überdetermination der Handlungsräume des Romangeschehens. Vaget (1980, 150ff.) beschreibt die Erfassung und Umgestaltung von Natur – und die Kapitalisierung des Landbesitzes. Henkel (1985, 5) bezeichnet die Naturdarstellung des Beginns als Symbol des Romangeschehens: Sie bildet »den Raum des fatalen Vollzugs, mit den verschiedenen Stationen dieses Kreuzwegs des geopferten Eros«; dagegen deutet Graham (1982) Eduards gärtnerischen Dilettantismus zu Beginn, die Gartendarstellung und die erzählerische Ausführung der Natur-Umgestaltung insgesamt als Ausweis der »Künstlichkeit der Gesellschaft, die uns in Goethes Roman entgegentritt« (45). Blessin (1979, 60) hatte dagegen am Beispiel von Eduards gärtnerischer Frühlingstätigkeit »den Willen aller Figuren hervorgehoben, im Sinne einer Erneuerung tätig zu werden« (vgl. vs. Dettmering 1974, 35).

Die Gleichnisrede von den ›Wahlverwandtschaften‹ im Bereich der stofflichen Natur, auf die schon Goethes Selbstanzeige des Romans hindeutete und die im Gespräch der Romanfiguren gleichsam spielerisch vom chemischen auf den zwischen-menschlichen Bereich rückübertragen wird, bildet den Aus-gangspunkt für einen großen Teil v.a. der älteren Deutungen: Gesellschaftliches und Menschliches würden der Naturgesetz-lichkeit, wie sie in der Chemie gilt, unterworfen dargestellt. Ausgangspunkt dieser mythischen Deutungsperspektive ist Benjamins großer Essay ([1925] 1980, I.1 123-201), wo »das Mythische [...] der Sachgehalt dieses Buches« genannt wird, »als ein mythisches Schattenspiel in Kostümen des Goethe-schen Zeitalters erscheint sein Inhalt« (140f.) – das Mythische aber wird enthistorisiert zum »Schuldzusammenhang des Le-bendigen« (138). In der Folge dieser Deutungsvorgabe er-scheint bei von Wiese (1958, vgl. 114ff.) der Mensch als Na-turwesen den Gesetzen der stofflichen Welt unterworfen; Killy (1961) sieht »elementare Mächte« am Werk, vor denen es »kein Entweichen« gebe (642), die »dämonische Macht des Zufalls« (645) – die er jedoch als formgebend auslegt: »Der Notwendigkeit des Schicksals entspricht die ästhetische Not-wendigkeit des Romans, dessen Ganzes durch die Wiederkehr und verwandelte Erscheinungsweise der Dinge Gliederung, Proportion, Form erhält« (641). Staroste (1961) unterlegt der Romanhandlung einen »unbarmherzigen Naturfatalismus« (222), Reiss (1963) die Entfaltung eines Überzeitlich-Tragi-schen (vgl. auch Helbig 1972); Hankamer (1966) deutet das tödliche Romangeschehen gar als »das schicksalschaffende Webspiel der Mächte« (50), das mit unabwendbarer Notwen-digkeit treffe (vgl. 60).

Voraussetzung dieser mythischen Deutung ist immer die Auffassung, die chemische Gleichnisrede sei spielerisch-ernste Antizipation des Romangeschehens – welches dann stets im Bezug auf das Gleichnis gedeutet wird. Hochheimer (1953) deutet die Affinität psychoanalytisch als tödlich verdrängte An-ziehung zwischen Eduard und Ottilie; Staiger (1956, 493f.) liest diese als »magische Anziehung«: »Der Teppich des Lebens wird immer noch aus dem Zettel von Drang und Verhängnis und dem Einschlag von Absicht und Wille gewebt« (501). Ha-jek (1959, 41ff.) paraphrasiert den Romanverlauf als Erfüllung der Gleichnisrede, ebenso Loeb (1970) und Millfull (1972) auf dem Hintergrund von Goethes naturwissenschaftlichem Den-ken. Erst Allemann (1973) widerspricht dieser Deutungstradition: Die Applikation der Gleichnisrede auf die zwischenmenschlichen Beziehungen der Romanfiguren verstelle gerade die Antizipation des weiteren Verlaufs (vgl. 202), sie artikuliere lediglich einen »anfänglichen Erwartungshorizont«, der zunehmend durch den »Horizont des tragischen Abschlusses« überlagert werde« (216). Ebenso bestreitet Heinz Schlaffer (1981, vgl. 215ff.) das Antizipatorische der Gleichnisrede: Das Buchstabenspiel der Gleichnisrede wird mit anderen Buchstabenspielen des Romans und dem allen Zentralfiguren eignenden Namen OTTO versetzt – und entspricht ihnen nicht. Dieser These steht allerdings die neuere, nicht mehr ›mythische‹, sondern mythologische Deutungslinie entgegen. Während noch für Henkel (1985) das Romangeschehen einer »psychischen Chemie« folgt (12 u.ö.; vgl. auch von Weizsäcker 1981, 289), legen Wiethölter (1982) und Seibt/Scholz (1985) im Anschluß an Schlaffers Überlegungen (mit z.T. entgegengesetzter Deutung) eine alchemistische Interpretation der Gleichnisrede vor: Die Stoffe des Beispiels und die Figuren des Romans können einander zugeordnet werden über Elemente und Jahreszeiten, die ihnen jeweils entsprechen (Wiethölter 1982, 43ff.; Seibt/Scholz 1985, 613ff.), so daß der Romanverlauf als exakt vorweggenommen erscheint.

Als Trägerin des Mythischen in den *Wahlverwandtschaften* ist unschwer Ottilie auszumachen. Viele vor allem ältere Interpreten versuchten, dem tragischen Fortgang der Romanhandlung über eine Analyse der Charaktere der vier Zentralfiguren näherzukommen. Stöcklein ([1949] 1960, 20ff.), Wolff (1952), Geerdts (1958, 38ff.) und vor allem Barnes (1967, 100-200) wenden gerade für die paraphrasierende Charakteranalyse einen größeren Teil ihrer Untersuchung auf. Auch Reiss (1970, 370ff.) sieht hier noch die größten Forschungsdesiderate: Nicht allerdings der Tragik will er auf die Spur kommen, sondern demonstriert mit breitestem Rückgriff auf die charakterologische Forschung die Widersprüche der Charaktere als Vieldeutigkeit im Sinne einer positiven Qualität des literarischen Symbols. Unter dem Aspekt der »Aufarbeitung der Lebensgeschichten« der Romanfiguren, um das ›Soziale‹ an ihnen als typische psychische und lebenspraktische (De-)Formation deutlich zu machen, wendet sich Blessin (1979, 82ff.) mit klugen Ergebnissen von einfühlender Charakterforschung und mythischer Figuren- und Handlungsdeutung ab.

Ottilie, die mit dem Mythischen aufs engste in Verbindung gebracht wird, ist gewiß zentraler Bezugspunkt der Figurenuntersuchung in der Forschung. Der Text legt diese Einschätzung – wenn auch meist aus der Perspektive anderer Figuren, mehrfach nahe: Sie fällt durch eine demütige Gebärdensprache auf, sie kann sich angesichts der Fresken für die Kapelle als einem Bild des »verschwundenen goldenen Zeitalter[s]« wie »unter ihresgleichen fühlen« (HA 6, 368); sie ist ein »Augentrost«, dem wie einem Stein heilende Wirkung zukomme: »wer sie erblickt, den kann nichts Übles anwehen; er fühlt sich mit sich selbst und mit der Welt in Übereinstimmung« (HA 6, 283), das Unerwartete, Unplanbare, zunächst wunderbar Erscheinende betritt mit ihr die Szene der Handlung, schon vor der legendenhaften Verklärung des Schlusses.

Ehwald (1941, 42) sieht Ottilies Wesen repräsentiert in ihrer Darstellung im Heiligenbild und im Fresko (vgl. Barnes 1956, 46ff.); Staiger (1956, 487ff.) verklärt sie völlig: Sie habe teil am geheimen Sinn des Kosmos, sie sei die in allem herausragende Figur des Romans, die Heldin einer »Heiligenlegende« (507). Staroste (1961, 217ff.) sieht sie in ihrer Ikone in der Kapelle geheiligt, für Hankamer (1966, 72) untersteht ihr Leben »einer dämonischen Macht«, sie entwachse durch ihr Entsagen »dem Menschlichen, so daß sie heilig wird« (77). Die Figurendeutung mit dem Ziel, Ottilie zu Heiligen zu stilisieren, bildet die Hauptlinie nicht nur der älteren Forschung. Bei von Wiese (HA 6, 688 u.ö.) ist sie »Heilige, weil sie die irdische Welt, den Willen zum Leben überwunden hat« (vgl. dazu auch Th. Mann 1925, 400; Stöcklein [1949] 1960, 51; Ammann 1962, 78; Schelling-Schär 1969, Helbig 1972, 45f.; Nemec 1973, 30ff.; Barnes 1975, 317f.). Grothe (1970, 214) relativiert die Selbstbestimmung Ottiliens aus »einer unabwendbaren Götter- und Schicksalsmacht heraus« als subjektiv, Reiss (1970, 382) sieht Ottilie als von anderen Erzählerauslassungen mehrdeutig jenseits des Heiligen dargestellt. Als durch ikonographische Präfiguration absichtsvoll erzeugte Mythisierung Ottilies fassen Seibt/Scholz (1985) die Figurengestaltung auf: »Die *Wahlverwandtschaften* thematisieren also das Thema der Frau durch ihre mythologischen Prototypen (Eva-)Pandora-Maria im Zusammenhang sowohl von Liebe als auch von Tod« (627).

Abseits von dieser Heiligenstilisierung sieht schon von Wiese (HA 6, 686) Ottilies Teilhabe am Mythos auch darin, daß sie »ins Elementare, Pflanzenhafte und Unbewußte« hinabreicht, also zutiefst teilhat an Natur – was natürlich unmittelbar mit der Naturhaftigkeit der Affinitäten zwischen Ottilie

und Eduard auf dem Hintergrund der chemischen Gleichnisrede verkoppelt ist. Dieser Einschätzung der Frauenfigur folgt
Graham (1982), die Ottilie als eine Natur im Sinne der Goetheschen Metamorphosenlehre beschreibt (vgl. 49ff.): »Ottilie
allein bleibt es vorbehalten, diese Natur hinauszuläutern und
emporzusteigern, durch Frömmigkeit und Liebe. Sie ist der
junge Stamm, welchem Eduards Liebe die frisch erhaltenen
Pfropfreiser seiner unverwüstlichen Liebesfähigkeit eingeimpft
hat« (74; vgl. auch Farrelly 1991, 376).

Ottilie als Figur nicht unbedingt und eindeutig aus ihrem
Selbstverständnis und der Verklärungstendenz des Roman-
schlusses heraus zu interpretieren, war zunächst der *Wahlverwandtschaften*-Untersuchung von Geerdts (1958) vorbehalten.
Für ihn sind Verklärung und legendenhafter Schluß zwar
Rückgriff auf den christlichen Mythos, aber Funktion des
gleichsam gesellschaftlich-utopischen Vorgriffs, den Goethe
damit gestalte: »Ottiliens Heiligung ist also nichts anderes als
die Vorwegnahme einer höheren Stufe der gesellschaftlichen
Entwicklung« ([2]1966, 185), darüber hinaus sieht er in Ottilies
angeblichem bürgerlichen Widerstand gegen die Formen adligen Lebens »den Geist und das Wesen des Volkes« verkörpert
(44). Blessin (1979, 85ff.) dagegen legt eine psychoanalytische
Erklärung für Ottilies Verhalten vor, das er, komplementär zur
Psychoanalyse Eduards, als dessen Ergänzung liest. Vaget
(1980, 136ff.) erst liefert die genaue soziologische Charakterisierung Ottilies als Waise aus verarmtem, niederen Adel, die
im Lehrberuf in die bürgerliche Sphäre strebe, was ihr lediglich
durch das »Nicht-Entsagen-Können Eduards«, des reicheren
Landadligen, verstellt werde (vgl. 137).

Die Ausgangskonstellation der Romanhandlung ist einerseits eine Gruppe Adliger von unterschiedlichem Reichtum,
deren ökonomische Zentralgestalt der ›reiche Baron‹, der land-
sässige und mittelbare Adlige Eduard ist. Vor allem sein Stan-
desbewußtsein ist traditionell geprägt, Herrschaftsausübung,
ständische Distinktion, feudale Repräsentation und ästhetischer Dilettantismus charakterisieren ihn. Andererseits sind
auch Eduard, vor allem aber seine Ehefrau und der Hauptmann geprägt von einer moderneren, bürgerlichen Geisteshaltung, die sich als rationaler Zugriff auf Leben und Ehe, auf
Natur und Landschaft, auf Gesellschaft und Kommunikation
und nicht zuletzt auf den Mythos, den Tod erweist. Eine Gesellschaft im kleinen, durch die ökonomische Basis des Grund-
besitzes der Notwendigkeit der produktiven Lebenssicherung

enthoben, die sich die liberalere Geisteshaltung einer ›heitern Vernunftfreiheit‹ (Goethes Selbstanzeige) zu eigen macht – deren Geltungsmacht allerdings schon im ersten Kapitel zumindest relativiert wird: »Das Bewußtsein, mein Liebster, [...] ist keine hinlängliche Waffe, ja manchmal eine gefährliche für den, der sie führt« (HA 6, 248). Der problematische Stand der Romanfiguren und ihr Standes- und Selbstbewußtsein scheinen zumindest, wenn man einer Selbstaussage Goethes Glauben schenken darf, im Zentrum der Darstellungsabsicht des Romans zu stehen, »sociale Verhältnisse und die Conflicte derselben symbolisch gefaßt darzustellen« (aus Riemers Tagebuch; 28.8.1808; HA 6, 638).

Die soziale oder sogar sozialkritische, zeitgenössisch-gesellschaftsbezogene Komponente der *Wahlverwandtschaften* wurde lange Zeit durch die Einseitigkeit der mythischen Auslegungstradition verdeckt. Walzel ([1906] 1922) hatte zwar schon früh auf die gesellschaftskritische Tendenz vor allem der Luciane-Handlung hingewiesen, eine Anregung, die Stöcklein in seinem Kommentar zur Gedenkausgabe (1949, 9, 702) und von Wiese in dem zur Hamburger Ausgabe (vgl. HA 6, 678) aufgreifen, letzterer aber sieht Gesellschaft im Roman lediglich in der Institution der Ehe präsent (vgl. 673). Noch weiter von einem konkret historischen Gehalt des Textes abstrahierend argumentiert May (1936/40, 146), wenn er die legendenhafte Wendung des Schlusses mit dem sozialen Darstellungsanspruch des Romans zusammenliest: »In der Tatsache, daß das Ideal nur im Märchen erfüllt erscheinen kann, liegt eine schwere, soziale, sozialgeschichtliche Kritik an den Lebensverhältnissen der Goethezeit, die der Roman spiegelt«. Staiger (1956) erwähnt wenigstens Charlottes und Eduards Herkunft aus dem Landadel (vgl. 486f.), dessen konstitutives Merkmal die Langeweile sei (vgl. 479). Doch auch hier bleibt die Ehe das problematische Gesellschaftliche (vgl. 482ff.).

Sozialkritik beinhaltet der Roman für die ältere Forschung vornehmlich in der Darstellung der Luciane-Episoden im 2. Buch: Das laute »Affenwesen« adeligen Zeitvertreibs wurde vor allem gegen die ›innere Ruhe und Harmonie‹ Ottilies gesetzt, welche dadurch umso deutlicher hervorträte (vgl. Stöcklein GA 9, 702; Staiger 1956, 505; Hajek 1959, 44ff.; Killy 1961, 646; Hankamer 1966, 66; Graham 1982, 48). Daneben existiert noch eine Reihe von Versuchen, ein soziales Verständnis des Textes in Goethes biographischen Erfahrungen zu begründen (vgl. v.a. Wolff 1952) – Versuche, die u.a. auch in die

Peinlichkeit münden, etwa Bettina Brentano als Vorbild für Ottilie *und* Luciane zu sehen (vgl. etwa Jacobi/Köppen HA 6, 663).

Zunächst war es für die Literaturwissenschaft der frühen DDR Geerdts (1958), der den sozialen Gehalt des Romans darin sah, daß Goethe »die ganze feudalistisch-bürgerliche Zeitgesellschaft« (103) in seinem Roman ästhetisch aufgearbeitet habe, daß also die zentrale Problematik die historische Differenz zwischen Feudalismus und Kapitalismus sei. Kritisch sei die »Gutsbesitzerschicht« in Eduard und Charlotte, sozial-antizipatorisch das progressive Bürgertum in Ottilie dargestellt (ebd.; vgl. für die westliche Germanistik ebenso Jockers 1957). Dagegen steht im Westen etwa die Position von Reiss (1963), der in der angeblichen Abwesenheit jeder ökonomischen Notwendigkeit am Hofe Eduards die mindere Rolle des Gesellschaftlichen zugunsten »allgemein gesellschaftspsychologischer Aspekte« sieht (173). Daß die *Wahlverwandtschaften* nicht die singuläre Tragik eines individuellen Schicksals (etwa Eduards oder Ottilies) darstellen sollten, war vor allem in der unmittelbaren zeitgenössischen Kritik hervorgehoben worden (vgl. etwa Achim von Arnim; HA 6, 660). Diese Interpretation als ›Gesellschaftsroman‹ jedoch wurde in der westlichen Germanistik ernsthaft zunächst von Kolbe (1968) aufgegriffen, der den Roman in den Kontext anderer Gesellschaftsromane des 19. Jahrhunderts stellt, sodann auch von Hettner (1970, 675), der gerade die *Wahlverwandtschaften* als »zielzeigendes Vorbild aller Sozialromane« liest.

Der der historisch-materialistischen Geschichtsmechanik und ihrer Klassentypologie folgenden Deutung der DDR-Germanistik setzen erstmals Blessin (1979) und Vaget (1980) differenzierte sozialpsychologische bzw. sozialgeschichtliche Figuren- und Handlungsanalysen entgegen. Blessin formuliert vor einer eingehenden (Psycho-)Analyse der einzelnen Figuren-Biographien die Frage, um die die Romanhandlung kreise: »Ist denn der Adelsstand wirklich noch in der Lage, seine hergebrachten Lebensformen wieder so an die natürlichen Grundlagen der modernen gesellschaftlichen Entwicklung heranzuführen, daß er sich erneuern und überleben kann« (1979, 67). Blessin sieht den nachrevolutionären Adel auf der Suche nach »Anschluß an die Lebens- und Handlungsweisen einer bürgerlichen Zeit«, eine Suche, die »im Vorstadium bloßer Nachahmung« steckenbleibe: Für den Adel, dem nicht gelinge, »sich wirklich an seiner Basis zu verändern«, ende diese Nachahmung tödlich (100). Ähnlich verortet Vaget (1980) die adligen Hauptfiguren im nachrevolutionären Feudalstand, interpretiert diesen »Adelsroman« (127) aber als resignative Antwort auf das »optimistische, von gegenrevolutionärer Zuversicht beflügelte Geschichtsbild« der *Lehrjahre* (128). Die genaue sozialgeschichtliche Analyse der Figuren wie auch ihrer Handlungen – auf Seiten Eduards als regressiver Versuch der Rückkehr zu älteren adligen Verhaltensweisen – läßt den Roman erscheinen als Goethes endgültiges »Abschiednehmen von der Hoffnung auf die Restauration des Alten im Geiste des Alten, der Hoffnung auf eine Ständegesellschaft, in der der Adel verantwortungsbewußt und tüchtig genug wäre, seine gesamtgesellschaftliche Aufgabe wahrzunehmen« (160; mit ähnlichen Ergebnissen vgl. auch Niedermayer 1988; Seifert 1982, 56).

Während Schwan (1983) die Eheproblematik in ihrer zeitgenössischen Relevanz zum gesellschaftlichen Zentralgegenstand des Romans macht, geht Wellbery (1985) noch andere Wege: Nicht in der Zugehörigkeit zu einem gewissen sozialen Stand sieht er den gesellschaftlichen Gehalt des Romans, sondern in den zeitgenössischen historischen Veränderungen, die als »Desorganisation symbolischer Ordnungen« Eingang in den Roman fänden (291): »Es sind dies die Verflüssigung der Verhältnisse durch den Handel und die Mode, die technische Reproduktion von Bildern, die Ersetzung von natürlichen und symbolischen Bindungen durch den Ausstellungswert, die Reifikation und Sensationalisierung der Natur – auch die des Menschen – durch die Wissenschaften« (312). Was sich tragisch auswirke im Handlungszusammenhang des Romans, sei also nicht Mythisches, sondern die konkret festmachbare »Macht der Geschichte selbst« (ebd.).

Jenseits der sozialgeschichtlichen Deutung der *Wahlverwandtschaften*, die ja immer noch die historische Erfahrung als das Gemeinte und Gesagte des literarischen Textes setzte, versucht ebenfalls seit Beginn der achtziger Jahre die Diskursanalyse, den Roman als »poetisches Geschichtszeichen der neuen Erfahrung« zu lesen, »daß an der Stelle des autonomen Subjekts Gesetze herrschen, die Begehren und Sprechen codieren. Das Ich fällt aus« (Bolz 1981, 16). An die Stelle der Bedeutungserforschung soll die analytische Sezierung der literarischen Rede treten: »Goethes Wahlverwandtschaften markieren den historischen Augenblick, in dem die Konstruktion an die Stelle der Darstellung, der Funktionskreis an die Stelle des stimmigen Sinnzusammenhangs tritt. […] Von nun an sagen

Texte nichts mehr, sondern sie üben ein« (ebd.). Der Sammelband, den Bolz vorlegt, umfaßt u.a. ›Diskursanalysen‹, die etwa um ›Namen und Buchstaben‹ im Roman kreisen (Schlaffer; vgl. auch Zons 1981), um die Nicht-Identität der Romanfiguren als neuzeitliche Subjekte – »Eduard und Charlotte [seien], als sie miteinander schliefen, gar nicht sie selber, sondern der Hauptmann und Ottilie« gewesen (Kittler 1981, 260; vgl. auch Bolz 1981, 65).

Neben diesen Diskursanalysen, die kritisch betrachtet, das Rätselhafte des Romans zum Modell einer historisch neuen literarischen Rede, ihrer Schrift und ihrer Lesbarkeit – als Unverstehbarkeit – extrapolieren, setzen wenigstens drei ausführliche Untersuchungen sowohl der traditionell mythischen als auch der sozialgeschichtlichen Deutung eine genaue mythologische Lesart des Romans entgegen. Wiethölter (1982) liest, durchaus im Kontext postmoderner Intertextualitätstheorie, die *Wahlverwandtschaften* dreifach als ›Text eines Lesers vieler Texte‹ (vgl. 7). Die mythische Erzählung von Narziß und Echo wird der Erzählung von Ottilie und Eduard zugeordnet, der Mythos vom Marienleben der Ottilien-Ikonisierung und das mythische ›Opus alchymicum‹ der chemischen Gleichnisrede als die Romanhandlung tatsächlich exakt antizipierende Strukturformel. Gegen Wiethölters nicht integrierten dreifachen Textsinn setzen Seibt/Scholz (1985) überzeugend den platonischen Liebesmythos als denjenigen Mythen-Prätext, der »für den *ganzen* Roman einen dreifachen Sinn postuliert« (612). Buschendorf (1986) erarbeitet in seiner breit angelegten ikonographischen Untersuchung die motivische und erzählerisch-strukturelle Verarbeitung antiker und nachantiker (mythischer) Texte und Bilder in den *Wahlverwandtschaften*.

Wilhelm Meisters Wanderjahre

Die Fortsetzung der *Lehrjahre*, die ja schon in der Vorläufigkeit des auf den ersten handwerklichen Ausbildungsgang anspielenden Titels deutlich wurde, zog sich über mehr als zwanzig Jahre hin. Nach der Fertigstellung einiger der einzubindenden Binnenerzählungen im Jahre 1807 – von denen sich eine zu den *Wahlverwandtschaften* vergrößerte –, stockte die Arbeit zunächst bis 1820. Innerhalb eines guten Jahres jedoch wurde die erste Fassung der *Wanderjahre* fertiggestellt und konnte in Druck gehen; sie wurde aber ausdrücklich als ›erster Teil‹ der

Wanderjahre gekennzeichnet. Der Fassung fehlte noch die Einteilung in Bücher, entscheidende Teile der Endfassung lagen noch nicht vor (etwa alles, was zu Wilhelms Wundarzt-Ausbildung gehört, »Lenardos Tagebuch«, das Gespräch über Erdentstehung während des Bergfestes oder die genaue Konturierung des Auswanderungs- und Siedlungsplanes und des Planes zur europäischen Binnenkolonisation). Bis 1829 arbeitete Goethe den Roman vollständig um, die Position der Binnenerzählungen wurde oft neu überdacht, die noch fehlenden Teile wurden ergänzt; die Spruchsammlungen »Aus Makariens Archiv« und »Betrachtungen im Sinne der Wanderer« sollten am Ende des ersten bzw. zweiten Buches stehen – was aus drucktechnischen Gründen dann unmöglich wurde: Makariens Archiv rückte an den Schluß (zur Entstehung des Textes vgl. Trunz HA 8, 548-551; Reiss 1965; Lange 1969/70 und, speziell zur Arbeit an der Endfassung, Trunz 1971).

Der Roman erfuhr bei zeitgenössischen Lesern weitgehende Ablehnung, das Sperrige und scheinbar Schrullige widerstrebte dem Publikum des Biedermeier. Ernstgenommen wurde zunächst durchweg das Gesellschaftliche, Sozial-Utopische der *Wanderjahre*, Gregorovius (1849) entwickelte *Wilhelm Meister* »aus seinen socialistischen Elementen«. Mit Wundt (1913) und Gundolf (1916) verschob sich diese Textwahrnehmung zum Ethischen hin, also auf die Deutung der allgemeinmenschlichen, universell-gültigen Lebensmaximen des Romans – selbst Trunz konstatiert in seinem Kommentar zur Hamburger Ausgabe (HA 8): »Die *Wanderjahre* sagen mehr als jene Werke [*Faust II, Divan*], wie man leben soll« (551).

Darüber hinaus wurde dem Text, gerade aufgrund seiner angeblich eher ›offenen‹ Form, sein Status als Kunstwerk lange abgesprochen. In Benjamins Enzyklopädieartikel *Goethe* (1928/29; für eine sowjetische Enzyklopädie) heißt es etwa: »Der Roman, der lange liegenblieb, schließlich überstürzt beendet wurde, reich an Unstimmigkeiten und Widersprüchen ist, wurde zuletzt vom Dichter als Magazin behandelt, in das er den Inhalt seiner Notizhefte durch Eckermann einreihen ließ« ([1928/29] 1980, 733f.). Th. Mann attestiert den *Wanderjahren* »Greisenavantgardismus« (1965, 92) und »Greisengenialität« (1963, 551), das Ganze sei ein »hochmüdes, würdevoll sklerotisches Sammelsurium« (1963, 424). Staiger sieht bei Goethe »Nachlassen dichterischer Schöpferkraft« (1959, 129), für Trunz sind die *Wanderjahre* »gar kein Roman; versucht man sie als Erzählung mit einem Handlungszusammenhang zu lesen, so wird man enttäuscht. Bemüht man sich dagegen, das, was man vorfindet, in seiner Eigenart zu erkennen, so findet man ein Weisheitsbuch, aber nicht das eines Philosophen, sondern das eines Künstlers« (HA 8, 527). Ebenso liest Friedenthal ([1963] [12]1983) den Roman nur als »ein Repositorium für Goethes Altersweisheit, für seine Gedanken über Erziehung, die Welt, die Menschen« (403).

Der Grund für die langanhaltende Ablehnung der *Wanderjahre* als vollwertigem Goetheschen Kunstwerk liegt einerseits tatsächlich in ihrer Form begründet, die allerdings in der neueren Forschung gerade als Ausweis ihrer Modernität und möglicherweise andersartigen Kunsthaftigkeit gilt (s.u.). Andererseits ist die Abkehr vom rein biographischen Erzählen, die Zurückdrängung des Titelhelden im Romanganzen als dichterische Schwäche Goethes unterstellt worden. Dabei spielt Bildung, d.h. konkret: die Ausbildung Wilhelms (und anderer), immer noch eine wenn auch untergeordnete Rolle. Bruford ([1933] 1980) begründet diese Unterordnung in der gewachsenen Komplexität der Gesellschaft in der Perspektive der *Wanderjahre*: »Daher befassen sie sich nicht mehr mit der Bildung eines individuellen Charakters, sondern mit den Umrissen einer neuen Gesellschaft« (231). Für Bahr (1979) wird Wilhelm vom exponierten und exemplarischen Zentralhelden der *Lehrjahre* abgemindert auf »ein durchschnittliches Einzelschicksal, dessen Geschichte erst in dialektischer Verbindung mit der Gesellschaft und den aktuellen Problemen der Zeit bedeutsam wird« (90). Klingenberg (1982) sieht die Abwertung der Heldeninstanz im Textganzen als Effekt der Goetheschen Einsicht in die Wirklichkeit moderner Arbeitsteilung in der heraufkommenden Industriegesellschaft: »Der einseitig Tätige findet Ganzheit im Zusammenklang *seiner* Arbeit mit der aller übrigen Mitglieder der Gesellschaft [...]. Daraus folgt auch, daß die einseitig Tätigen in allem, womit sie sich beschäftigen, die Gesetze des Großen-Ganzen erkennen können« (143). D.h., der endgültige Verzicht auf den Bildungsanspruch der ganzen Person aus ihrer Subjektivität und Innerlichkeit und die Einsicht des Romans, es sei »jetzo die Zeit der Einseitigkeiten« (HA 8, 37), reagieren auf neue gesellschaftliche Ansprüche an den Einzelnen und erfordern, romanformimmanent, den Verzicht auf die zentrale Heldeninstanz.

Bildung betrifft in den *Wanderjahren* nicht mehr nur die Titelfigur, sondern auch Felix, Wilhelms Sohn. Diese Figur dient zunächst, wie schon gegen Schluß der *Lehrjahre*, dazu, die fehlende Bildung seines Vaters herauszustellen. Auf eine Empfehlung aus dem Kreise des Oheims bringt Wilhelm seinen Sohn in der sogenannten »Pädagogischen Provinz« unter, einer »Art von Utopien« (HA 8, 141), wo »weise Männer [...] den Knaben unter der Hand dasjenige finden lassen, was ihm gemäß ist« (HA 8, 148). Goethes Quellen und Anregungen dieser Erziehungsanstalt bei Pestalozzi und dem Schweizer Erzieher Fellenberg sind vieldiskutiert (vgl. etwa Muthesius 1923, Feilchenfeld 1925, Guggisberg 1953). Die »Provinz« ist nach der jeweiligen gemäßen Beschäftigung aufgeteilt in die unterschiedlichsten Bereiche, etwa die der Künstler und Musiker, Vieh- und Pferdehüter usf., ihr Zentrum ist eine Galerie, in der jüdische und christliche Religion in großen Fresken anschaulich gemacht ist (vgl. HA 8, 158ff.), ihr sichtbarstes gestisches Ritual ist die Bezeigung der »vier Ehrfurchten« vor dem, was »über uns«, »unter uns« und ›neben uns‹ ist (HA 8, 155) und »vor sich selbst« (HA 8, 157). Die Herkunft dieser Ehrfurchten führt Beutler (1949, 259ff.) auf Augustinus und Justinian zurück, während Jantz (1954) in Cicero Goethes Quelle sieht. Ohly (1961) zufolge stellen die Ehrfurchten, wiederum der patristischen Theologie folgend, einen Ordo der Nächstenliebe dar, während Wagenknecht (1965) sie am Hauptsymbol der Freimaurerloge orientiert sieht. Beck (1943, 54) und vor allem Zimmermann (1964) sehen die Ehrfurchten im Zusammenhang mit Goethes »Vertrautheit mit den pythagoräischen und pseudopythagoräischen Lehren« (277), insbesondere was die Bedeutung der Vierzahl und die höchste Stellung der Ehrfurcht dort angeht. – Die Ernsthaftigkeit einer Goetheschen Bildungsprogrammatik, die sich in den Kapiteln um die Pädagogische Provinz kundtue, wird allerdings ironisiert durch den Schluß der Romanhandlung: Felix' emotional-emphatische Energien erweisen sich als ungebändigt durch die Erziehungsanstrengungen der ›weisen Männer‹, er reitet sich fast zu Tode.

Zu Beginn der *Wanderjahre* sitzt Wilhelm »an grauser, bedeutender Stelle« im Gebirge, zurück- und vorwärtsschauend auf seinen Weg. Adler (1982) deutet hier Landschaft und Weg metaphorisch als Lebensweg, der allerdings, will man bei dieser Metapher bleiben, schon in der ersten Szene von andern durchkreuzt wird: von der Familie St. Josephs des Zweiten. Erzähltechnisch gewendet, wird die Erzählung von Wilhelms Bildungsgang immer wieder, ihn oft fast verdeckend, von anderen Texten durchkreuzt: Erzählungen, die Wilhelm als Papiere mitgeteilt werden, die im Roman selbst einfach eingestreut sind, Tagebücher, Aphorismensammlungen usf. Ein Teil davon ist als eigenständige Novellen konzipiert, ein anderer wiederum mehr oder weniger eng mit Handlung und Personnage der Wilhelm-Handlung verknüpft. Exemplarisch zu zeigen ist die engste Verwebung einer Novelle mit dem Romanganzen am Beispiel der »Neuen Melusine«. Zentralgegenstand des Märchens ist das magische Kästchen, das Wohnort der Melusine und gleichzeitig Zugang zur märchenhaften Welt des Zwergenreiches ist, den der erzählende Held sich letztendlich verstellt. In unterschiedlichsten Zusammenhängen nun taucht ein solches oder ähnliches Kästchen wieder auf – und verweist, ohne seine Bedeutung freizulegen, auf das Märchen.

In einer Höhle im granitnen Fels findet Felix ein verschlossenes Kästchen, im Raum der Urwelt wie Unterwelt gleichermaßen (vgl. dazu Emrich 1952, 345f.; Ohly 1962; Heinz Schlaffer 1978, 224; Hannelore Schlaffer 1980, 167). Das Kästchen wird, Nachbild der ›cista‹ der eleusinischen Mysterien (Hannelore Schlaffer 1980, 175), für Felix zum erotischen Symbol (vgl. Emrich 1952, 346), da es verknüpft wird mit seiner Liebeshandlung mit Hersilie einerseits, und da andererseits der noch fehlende Schlüssel und das Schloß als erotische Metaphern figurieren. Die Auffindung des Schlüssels wird verknüpft mit der Vervollständigung eines Kruzifixes durch den aufbewahrenden Sammler (vgl. HA 8, 146f.) – sein Verweisungszusammenhang auf christliche Erlösung wird transparent (vgl. Emrich 1952, 348). Das Kästchen mit Steinen, das Wilhelm in der Ruine des Josefsklosters findet, wie auch das ›Kästchen‹, zu dem Goethe in Abwandlung seiner Vorlage zu »Lenardos Tagebuch« eine Schachtel macht (vgl. Jeßing 1991, 47), stellen zwischen diesen Passagen und der über das Kästchen vermittelten Liebesgeschichte, die sich durch den ganzen Roman zieht und in der »Neuen Melusine« ihre quasi-mythologische Präfiguration erfährt (Emrich 1952, 347) einen engen Bezug her: Ohne daß sein Inhalt je preisgegeben würde, fungiert das Kästchen integrierend, verwebt, als Geheimnis, viele Teile des Romans ineinander. Neben der erzähltechnischen Funktion erwächst ihm im Hinblick auf Hersilie und Felix, die dem Rätsel gegenüberstehen, pädagogische Funktion (vgl. Dürr 1982) (den Entstehungszusammenhang der »Neuen Melusine« referiert ausführlich Fink 1959, während Geulen 1985 und Schmitz-Emans 1988 den Märchen- bzw. Mythencharakter des Textes erarbeiten; zu den anderen Novelleneinlagen vgl.

Bastian 1966: »St. Josef«; Oellers 1985: »Die pilgernde Törin«; Von Wiese 1962, Sommerhage 1984, Muschg 1985 und Borchmeyer 1989: »Der Mann von funfzig Jahren«; Müller 1979, Jeßing 1991, 32-96: »Lenardos Tagebuch«).

In einem der eingebundenen Texte, in »Lenardos Tagebuch«, wird eines jener Themen angesprochen, die den sozialgeschichtlichen Gehalt der *Wanderjahre* ausmachen: die beginnende industrielle Revolution in der Textilindustrie. Das »überhandnehmende Maschinenwesen« wird von einer der betroffenen Romanfiguren als Bedrohung wahrgenommen: Es »quält und ängstigt mich, es wälzt sich heran wie ein Gewitter, langsam, langsam; aber es hat seine Richtung genommen, es wird kommen und treffen« (HA 8, 429). Die hier artikulierte subjektive Abwehr der Industrialisierung, die die traditionale Heimarbeit brotlos werden läßt, wurde zunächst mit Goethes Position gleichgesetzt. Für Wundt (1913) wird »das Maschinenwesen wesentlich nur als zerstörendes Element gekennzeichnet« (432); Mommsen (1948) identifiziert Goethe mit den zeitgenössischen Maschinenstürmern, die der Industrialisierung »mit Mitteln begegnen, die der Vergangenheit angehören, [...] in erster Linie durch Erhaltung und Veredelung des Handwerks, das idealisiert, in gewissem Sinne vergeistigt und gerade in der Form der Hausindustrie verherrlicht wird« (277). Die Utopie der *Wanderjahre* sei dementsprechend ein reiner Handwerkerstaat in Amerika (vgl. 275; vgl. Beutler 1941, 406; Henkel 1964, 62ff.). Noch für Bahr (1979) werden in »der Erkenntnis des ›überhandnehmenden Maschinenwesens‹ [...] die Gefahren der Technologie und Industrialisierung bestimmt« (91)

Gegen diese Deutung – und entgegen Gilg (1954), der die Siedlungspläne für vage und schrullig hält (vgl. 162) – steht zunächst Klingenberg (1972): Der Amerika-Plan besage ökonomisch, »daß Industrialisierung durchzusetzen sein müßte ohne alle aus dem Widerspruch von gesellschaftlicher Produktion und privater Aneignung resultierenden inhumanen Folgen« (78). Blessin (1979) räumt zwar ein: »Es ist dies die Stelle im Roman, wo die dem ganzen Werk eingeschriebene Tendenz, dem Handwerk vor der Maschine den Vorzug zu geben, den Höhepunkt erreicht« (171). Doch nicht das Maschinenwesen selbst sei verwerflich, sondern seine Durchsetzung »unter den Bedingungen [seiner] kapitalistischen Verwertung« (180): Blessin analysiert die »Aneignung der industriellen Produktionswerkzeuge« als Koppelung von »technologischem know-how«, »kaufmännischem Können« und einem »investiti-onsfähigen Familienbetrieb« (179) sowie als »mit unmittelbar auf die Person zielenden Besitzansprüchen verschränkt« (183): »Verdinglichung sozialer Verkehrsformen« werde sichtbar als Frühform der Entfremdung (180). Das amerikanische Sied-lungsvorhaben dürfe weniger als Handwerkerstaat als vielmehr als auch industrieller Neuanfang unter Abkopplung von alther-gebrachten Besitzverhältnissen gedeutet werden (183; vgl. auch Jeßing 1991, 98-103).

Bei Klingenberg (1980) wird die amerikanische Utopie zum utopischen Staat: »Hier ist der Mensch der Freund des Men-schen, der Besitzende der Freund des Besitzlosen« (202); für Henkel (1982) entwickelt sie »die ethische Basis der neuen Ge-sellschaft auch breiter und differenzierter als die gesellschaftli-chen Formen der amerikanischen Kolonie [...] unter dem eher konservativen Gesetz der Bewahrung, Pflege, Erneuerung von Bestehendem« (134). Klingenberg (1982) sieht im den Aus-wandererbund konstituierenden Prinzip der Entsagung nicht nur die Möglichkeit für »Erkenntnis, sondern [für] Beherr-schung der Natur, [es] ermöglicht die Verbindung ökonomi-schen Fortschritts mit freier schöner Menschlichkeit« (145).

Der Hauptkritikpunkt vor allem der älteren Deutung der *Wan-derjahre* war die literarische Form des Romans. Erst spät hat die Forschung sich in ernsthafter Auseinandersetzung um den künstlerischen Gehalt dieser Formgebung gekümmert. Zu-nächst wurde das Verhältnis der zurücktretenden Geschichte Wilhelm Meisters zu den vielfältigen Erzähleinlagen, Briefen und Aphorismensammlungen als Rahmenerzählung und No-vellenzyklus erfaßt: Monroy (1943) begreift die Novellen »als Teile eines Zyklus im Rahmen des Gesamtromans« (18). Trunz (HA 8) beschreibt als Formprinzip der *Wanderjahre* die Rah-menerzählung in ihrem Verhältnis zum ›Novellenkranz‹, der das Individuum in seinen gesellschaftlichen bzw. privaten Be-ziehungen zum Gegenstand hat: »Dies ist seine Architektonik im Großen« (527). Emrich (1952) unterlegt der disparat schei-nenden Komposition das strenge Prinzip *eines* Sinnes, der die einzelnen Einlagen des Romans integriert: »die Technik der Einlagen [ist] gerade das Formprinzip, durch das der Roman seine innere Totalität und Einheit« gewinnt (349f.).

Karnick (1968) interpretiert die von der Romanfigur Mon-tan geäußerte Skepsis gegenüber dem gesprochenen Wort als Gestaltungsprinzip der *Wanderjahre* (50). Unterschiedliche

Formen der Mitteilung – die Selbstreflexion des »Zwiespalts zwischen Mitteilungsbedürfnis und Mitteilungshemmung« (158), die symbolische Mitteilung, die biographische Erinnerung und die grundsätzliche Betrachtung, worauf etwa menschliches Leben hinziele (158ff.) – würden »um einen gemeinsamen ›Brennpunkt‹« gruppiert (164) und ineinander gespiegelt. »Spiegelung und Redaktorfiktion erwachsen aus den gleichen Voraussetzungen und haben die gleiche Funktion« (169f.).

Karnicks Bemerkung zur Redaktorfiktion, d.h. zur spezifischen Ausformung der Erzählerposition in den *Wanderjahren* zielt auf den zentralen Gegenstand der Formdiskussion zum Roman. Schon Henkel (1964) bemerkt: »Der Dichter gibt sich eine Rolle, in welcher er gelegentlich die Bühne des Romans betritt, die Rolle des bloßen Redaktors, dem es obliege, ordnend Sinn in vorliegende Papiere zu bringen« (14). Neuhaus (1968) stellt nicht so sehr die Fingierung des Redaktors, sondern die eines Archivs in den Vordergrund seiner Ausführungen – eines Archivs, von dem manche Teile vom Redaktor zur scheinbaren, aber besser lesbaren Erzählung umgeformt würden: »Gemäß dieser Entstehungsfiktion wird nichts mitgeteilt, was Wilhelm nicht erlebt und gewußt hat und in zweiter Bedeutung wiederum nichts, was der Herausgeber nicht aus dem Tagebuch Wilhelms erfahren hat« (19; vgl. auch Fink 1986, 10; vgl. auch Neuhaus 1971, 75ff.).

Bahr (1979) interpretiert die Archiv- und Herausgeberfiktion als das konstituierende Erzählprinzip der *Wanderjahre*, entgegen der scheinbaren Disparatheit, die die einzelnen Versatzstücke des Textes zueinander aufwiesen, als spezifische Gestaltung von Totalität: »Im Hinblick auf die Form bedeutet Totalität, daß Goethe alle nur erdenklichen Formen der literarischen Darstellung verwendet« (90); der Sinn des Romans könne »als totale Erfassung der Welt des 19. Jahrhunderts in ihren Entwicklungstendenzen verstanden werden« (91). Ähnlich argumentiert K.-D. Müller (1979), der am Beispiel des in den Roman integrierten ›Sachtextes‹ »Lenardos Tagebuch« ausführt: »Das Spezifische der Archivfiktion liegt also nicht im Fingieren von Quellen, sondern in der Demonstration einer Vielfalt von Formen der Schriftlichkeit« (284), was den zentralen ›Sinn‹ der *Wanderjahre* ausmache.

Gerade diese zu eindeutige Einordnung von »Lenardos Tagebuch« wird von Jeßing (1991) in Zweifel gezogen: Die Einbindung dieses Sachtextes in den Roman geht mit seiner komplexen Ästhetisierung einher (39ff.), aus welcher der Tagebuchtext als hochdeterminierte Metapher hervorgeht. »Lenardos Tagebuch« wird so zum Tagebuch sozialer und ökonomischer Evolution und gleichzeitig zur metaphorischen Darstellung von Textproduktion: Das im Tagebuch hergestellte Gewebe meint auch das Textgewebe selber. Die Gewebemetapher, die die Industrialisierung des Handwerks einschließt, beschreibt die komplexe Kompositionstechnik des gesamten Romans; Goethes technische Bezeichnung des »Aggregats« für die *Wanderjahre* hat damit Sinn: Dieser moderne Text ist nicht mehr nur Gewebe, sondern gewissermaßen die kompliziertere Koordination unterschiedlicher Gewebe-, d.h. Textproduktionsvorgänge.

Gerade in der Diskussion um die Form der *Wanderjahre* wurde schließlich dem Roman eine ästhetische Qualität zuerkannt, die die am Ideal des geschlossenen, klassischen Kunstwerks orientierte Ablehnung der *Wanderjahre* nicht wahrnehmen konnte. Schon Emrich (1952, 66), Gidion (1969, 138ff.) und Bahr (1972) lesen die *Wanderjahre* als Beginn des modernen Romans. Henkel (1982) wertet gerade seine anhäufende Aggregatstruktur als Ausweis einer neuen Goetheschen Ästhetik des ›offenen Romans‹ (vgl. 125; vgl. Jeßing 1991, 121). Vaget (1983) sieht in den *Wanderjahren* »eine der avanciertesten Kunstleistungen Goethes« (136); Goethes Rede vom »Aggregat« oder »Geschlinge« und die Aufgabe des Helden und jedes anderen Handlungszentrums »unterstreichen seinen zum kollektiven tendierenden und prinzipiell rezeptionsästhetischen Charakter« (143); die *Wanderjahre* seien ein »klüglich kalkuliertes System von Gegen-Bildern und Gegen-Sätzen, die sich ineinander spiegeln, ohne sich je restlos zu erhellen« (143). Gerade die Offenheit dieses Romans, die aus seinem Verzicht sowohl auf die integrierende Heldeninstanz als auch auf die Geschlossenheit der ästhetischen Form resultiert, entspräche einer späten Äußerung Goethes eben zu den *Wanderjahren*: »Eine Arbeit wie diese, die [...] gewissermaßen nur zum Verband der disparatesten Einzelheiten unternommen zu sein scheint, erlaubt, ja fordert mehr als eine andere, dass jeder sich zueigne, was ihm gemäß ist« (an Rochlitz am 23.11.1829; Graef 1901, I.2, 1059) – das Programm des offenen Kunstwerks, das den Leser in ein neues Recht setzt, das offen gehaltene Rezeptionsangebote macht.

IV. Naturwissenschaftliche Schriften

Auch die literarischen Texte des ›Dichters‹ Goethe waren von den frühen 1770er Jahren an von einer spezifischen Naturauffassung, -gestaltung und -metaphorisierung geprägt. Natur erfuhr durch die junge Generation um Goethe eine neuartige Bewertung: Sie wurde herausgelöst aus ihrem Objektstatus in der starren Gegenüberstellung von Objekt und erkennendem Subjekt, die die neuzeitliche Naturwissenschaft und die Aufklärung bestimmte. Stärker als Goethes eigene programmatische Schriften der frühen siebziger Jahre vermag diese Neuerung das sogenannte *Tiefurter Fragment* »*Die Natur*« von Georg Christian Tobler auszudrücken, verfaßt 1781 nach einem Besuch in Weimar und von Goethe anonym veröffentlicht, so daß es einige Zeit für eines seiner Werke galt (und deshalb auch etwa in der Hamburger Ausgabe zu finden ist). Dort heißt es:

»Natur! Wir sind von ihr umgeben und umschlungen – unvermögend aus ihr herauszutreten, und unvermögend tiefer in sie hineinzukommen. Ungebeten und ungewarnt nimmt sie uns in den Kreislauf ihres Tanzes auf und treibt sich mit uns fort, bis wir ermüdet sind und ihrem Arme entfallen.« (HA 13, 45)

Das Fragment schreibt einer allumgebenden Natur die Attribute des christlichen Gottes zu, sie ist, anstelle dieses Gottes, ihre eigene Schöpferin, die unzählige Wesen und Gestalten hervorbringt, durch den Kreislauf des Lebens und Gebärens und Sterbens ebenfalls eine Ewigkeit garantiert, deren »Krone [...] die Liebe« ist (HA 13, 47), die sogar mit den Worten des Psalmisten besungen wird: »Sie hat keine Sprache noch Rede, aber sie schafft Zungen und Herzen, durch die sie fühlt und spricht« (ebd.) – und wird damit an Stelle Gottes gesetzt. Der Mensch wird auf seine Naturstufe zurückgeholt: »Die Menschen sind all in ihr und sie in allen« (HA 13, 46), der Mensch wird hier als Teil dieser als göttlich begriffenen Natur empfunden – und gerade das Naturhafte ist das Göttliche an ihm. Damit wird Natur rousseauistisch auch zum polemischen Gegenbegriff gegen die höfisch degenerierte Rokokokultur.

Natur wird für Goethe zum ästhetischen Vergleichsbild. In dem Aufsatz *Von deutscher Baukunst* (1772) etwa heißt es, angesichts des Straßburger Münsters: »Die großen harmonischen Massen, zu unzählig kleinen Teilen belebt, wie in Werken der ewigen Natur, bis aufs geringste Zäserchen, alles Gestalt und alles zweckend zum Ganzen« (HA 12, 12). Und in der polemischen Erwiderung auf Sulzers *Die schönen Künste* (1772) führt Goethe das Allumfassende seines neuen Naturbegriffs ein – das die für Goethe zentrale Thematik der Polarität in der Einheit der Natur vorwegnimmt –, und greift damit deutlich dem *Tiefurter Fragment* vor:

»Sind die wütenden Stürme, Wasserfluten, Feuerregen, unterirdische Glut, und Tod in allen Elementen nicht ebenso wahre Zeugen ihres ewigen Lebens als die herrlich aufgehende Sonne über volle Weinberge und duftende Orangenhaine? [...] Was wir von Natur sehn, ist Kraft, die Kraft verschlingt; nichts gegenwärtig, alles vorübergehend, tausend Keime zertreten, jeden Augenblick tausend geboren, groß und bedeutend, mannigfaltig ins Unendliche; schön und häßlich, gut und bös, alles mit gleichem Rechte nebeneinander existierend.« (HA 12, 17f.)

Der schöpferische Mensch hat Teil an dieser Natur, sie ist in ihm: »Denn in dem Menschen ist eine bildende Natur, die sich gleich tätig erweist, wann seine Existenz gesichert ist« (HA 12, 13). D.h. also, daß schon im Frühwerk Goethes einerseits der Naturbegriff noch streng an die Vorstellung dichterischer Produktivität gekoppelt war, ihm andererseits aber schon, in seiner Fortsetzung naturphilosophischer Konzepte etwa des spinozistischen Pantheismus (vgl. Bollacher 1969 u.a.), ein von seiner poetologischen Applikation autonomes Konzept zugrundeliegt, das in Goethes späteren naturwissenschaftlichen Schriften eine vielfältige Ausarbeitung (und Modifikation) erfuhr.

Tendenzen zur Naturanschauung und -erforschung waren laut den Darstellungen in der Forschungsliteratur schon in Goethes Kindheit angelegt. Kuhn (1971) sieht, in der autobiographischen Erzählung von *Dichtung und Wahrheit*, Goethes Verhältnis zur Natur als kindliches Staunen von Anfang an (vgl. Kuhn 1971, 161), dem 1769 durch den engen Kontakt zu Susanna Katharina von Klettenberg pietistisches Gedankengut gleichermaßen wie medizinisch-naturwissenschaftliches Wissen hinzugesellt werde (vgl. 162). Die pragmatischen Anforderungen der Tätigkeit am Weimarer Hof seien äußerer Anlaß zu intensivierter Naturerforschung sowohl im geologischen als auch im botanisch-zoologischen Bereich (vgl. Kuhn 1971, 164ff.; Kreutzer 1978, 384). Erst die italienischen Natur- und

Kunsterfahrungen aber bildeten die zentralen Anregungen zu späteren Leitbegriffen der Naturerforschung: ›Typus‹, ›Metamorphose‹, ›Urphänomen‹ (Kuhn 1971, 167; Kreutzer 1978, 384), erst von hier aus werde die Gesetzmäßigkeit der Metamorphose-Vorstellung verständlich, die gegen die Wirrnis-Erfahrung der französischen Revolution gesetzt werde (Gerhard 1969, 204f.). Ähnlich argumentiert auch Müller-Seidel (1973), der ausführlich die Bedeutung der naturwissenschaftlichen Beschäftigung für die Zusammenarbeit mit Schiller herausarbeitet: Naturerforschung werde begriffen als »integraler Bestandteil dessen, was man Klassik nennt« (72), aus dem ›Selbstverständnis der Klassik‹ heraus werde der Revolution eine Evolution entgegengesetzt (vgl. 73; v.a. zum Einfluß Schillers vgl. auch Heller 1970, 7ff., der ansonsten auch die wichtigsten naturwissenschaftlichen Schriften Goethes sowie ihre Entstehungskontexte ausführlich wiedergibt; ebenfalls zum Gesamtkomplex der naturwissenschaftlichen Schriften s. Holtzhauer (1969, 479-522), der viel biographisches, wissenschaftsgeschichtliches und historisch-kontextuelles Material museal aufbereitet).

Die erste bedeutende naturwissenschaftliche Entdeckung meldete Goethe am 27.3.1784 an Herder: »Ich habe gefunden – weder Gold noch Silber, aber was mir eine unsägliche Freude macht – das os intermaxillare am Menschen! Ich verglich [...] Menschen- und Thierschädel, kam auf die Spur und siehe da ist es. [...] Es ist wie der Schlußstein zum Menschen, fehlt nicht, ist auch da!« (WA IV.6, 258; vgl. dazu den Aufsatz »Dem Menschen wie den Tieren ist ein Zwischenknochen der obern Kinnlade zuzuschreiben«, den Goethe 1786 abfaßte; HA 13, 184-196). Der bald nach der Geburt mit dem Oberkiefer verwachsende Knochen galt bis dahin als nicht existent, was stärkstes Argument für die Exzeptionalität des menschlichen Körperbaus (im anthropozentrischen Gefüge der Schöpfung) gewesen war. Mit Goethes Entdeckung war die »vollkommene strukturelle Identität aller Wirbeltiere einschließlich des Menschen erwiesen« (Heller 1970, 22; vgl. Kuhn 1971, 166), die für seine naturwissenschaftliche Forschung grundlegende Auffassung einer ›Kette alles Lebendigen‹ war zumindest im Bereich der Zoologie/Osteologie erwiesen (zur Tradition dieser These bei dem Neuplatonisten Plotin und v.a. bei Leibniz, Herder, Bonnet u.a. siehe Hildebrandt 1949, 39ff.; Kuhn 1971, 163; Nisbeth 1972, 212ff.; Kuhn 1978, 20f.; Kuhn 1985, 36): »Mit seiner Vision des Universums als eines dynamischen, organischen und göttlichen Ganzen, von dem der Mensch ein wesentlicher Teil ist, steht Goethe fest in der neuplatonischen Tradition« (Nisbeth 1972, 213). Bräuning-Oktavio (1956) sieht hier schon die Ableitung eines morphologischen Typus angelegt, was Hamm (1980, 74) allerdings erst in die neunziger Jahre, die Zeit der botanisch-morphologischen Untersuchungen verlegt.

Die ›Kette alles Lebendigen‹ wurde von der älteren Forschung vorrangig dazu genutzt, die Applizierbarkeit der naturwissenschaftlichen Schriften auf Goethes literarisches Werk nachzuweisen: G. Müller ([1951] 1968, 290ff.) leitet die »Überzeugung von der Einheit der Bildungsgesetze in allen Bereichen« ab – der Morphologie des Knochengerüstes etwa entspräche die des Zeitgerüstes der Erzählung. Auch Gerhard (1969, vgl. 211) überträgt die ›Kette‹ schlichtweg auf Kunstwerke. Wichtiger aber als für die Anwendbarkeit auf Goethes literarische Texte in ihrer Folge und ästhetischen Gestalt ist die jetzt naturwissenschaftlich denkbare »Vorstellung einer zeitlichen Folge«: »Die Naturerscheinungen werden zu Gliedern einer Entwicklungsreihe, stufenweisen Verwirklichungen eines gemeinsamen Bauplans« (Förster 1974, 194). Damit scheint der naturwissenschaftlichen Forschung der Weg zur modernen, darwinistischen Evolutionstheorie gebahnt zu sein; gleichwohl unterscheidet sich Goethes Vorstellung von einer Kette als Entwicklungsreihe aus einem gemeinsamen Bauplan in einem ganz zentralen Punkt von der Darwins: Bei Goethe »existiert die Natur [...] in harmonisch gefügter Ordnung, in der die Gegensätze zwischen einzelnen Bestandteilen im ganzen durch übergeordnete Gesetzmäßigkeiten ausgesöhnt und aufgehoben werden« (Markl 1984, 102), Darwins realistisches »Ökonomiemodell« (111) setzt die notwendig zerstörerische Macht der Durchsetzung ›höherer‹ Lebensformen dagegen, mit »recht unharmonischen Konsequenzen« (110; zum Verhältnis Goethe-Darwin s.v.a. Wenzel 1983, der die Tradition der Evolutionstheorie und die unterschiedliche Rezeption der Goetheschen naturwissenschaftlichen Schriften ausführlich referiert).

Im Jahre 1790 veröffentlicht Goethe *Die Metamorphose der Pflanzen*, eine naturwissenschaftliche Schrift, deren Nichtbeachtung auch durch die Beistellung einer gleichnamigen Elegie (1798) nicht kompensiert werden konnte – die aber gleichwohl, neben der späteren *Farbenlehre*, das naturwissenschaftliche Hauptwerk Goethes darstellt (HA 13, 64-101). Die grundlegende Idee ist einfach: Die einzelnen Teile der Pflanze sind Metamorphosen eines ursprünglichen Organs, mit denen der lebendige Organismus der Pflanze sowohl seine ihm innewohnenden Anlagen realisiert als auch auf die äußeren Lebensbedingungen reagiert. Mit Goethes abschließenden Worten: »So wie wir nun die verschiedenscheinenden Organe der sprossenden und blühenden Pflanze alle aus einem einzigen, nämlich dem Blatte [...] zu erklären gesucht haben; so haben wir auch diejenigen Früchte, welche ihre Samen fest in sich zu verschließen pflegen, aus der Blattgestalt herzuleiten gewagt« (HA 13, 100f.). Keim-, Stengel-, Kelch-, Blüten- und Staubblätter werden ebenso untersucht wie Samenformen und Fruchtstände, die Untersuchung mündet in die »Hypothese Alles ist Blat« (WA II.7, 282; zum biographischen Kontext der botanischen Untersuchungen, v.a. dem Eindruck der vielfältig erfahrbaren Pflanzenwelt Italiens und gleichzeitig der Ausprägung klassizistischer Denkmuster s.v.a. Kuhn 1978, 201ff. und Becker MA 3.2, 593ff.; Heller 1970, 16f., Lötschert 1982 und Butterfass 1985 bieten eine z.T. botanisch sich einfühlende Nacherzählung). Ziel der Goetheschen Arbeit aber ist nicht die exakte morphologische Beschreibung eines Ist-Zustandes eines pflanzlichen Organismus, sondern das Prozessuale von dessen ›Bildung‹: »Er wertet den Veränderungsprozeß am Organismus (›Metamorphose‹) in seinem onto- und phylogenetischen Aspekt als eine gerichtete qualitative Veränderung vom Niederen zum Höheren« (Hamm 1980, 77).

Erster wesentlicher Grundbegriff der Goetheschen Morphologie ist der der »Organisation der lebendigen Form« (vgl. Heller 1970, 20f.). Programmatisch wendet sich seine Naturauffassung damit zunächst gegen den Mechanismus etwa Holbachs und La Mettries, die das Naturding als maschinenhaftmechanisches Räderwerk auffaßten (vgl. dazu v.a. Nisbeth 1972, 233f.; Hamm 1980, 66ff.; Kuhn 1985, 32), darüber hinaus wendet Goethe sich damit aber auch gegen den verehrten schwedischen Systematiker Karl Linnaeus (Linné), dessen System ihm »zu stark die oberflächlichen Unterschiede zwischen den Arten und zu wenig ihre zugrundeliegenden Ähnlichkeiten« betonte (Nisbeth 1972, 216; vgl. auch Förster 1974, 171f.), dem aber gleichwohl die Annahme von der ›Kette alles Lebendigen‹ zugrundelag (vgl. Kuhn 1971, 163).

Das Prinzip der Metamorphose der Gestaltformen der Pflanze – und damit praktisch eines jeden Naturdings, ob Pflanze, Tier, oder Farberscheinung – war eine streng polare »Wechselbeziehung von Ausdehnung und Zusammenziehen«, die »eine Steigerung möglich macht« (Göres 1977, 101), d.h. eine polare Grundbeschaffenheit wirkt zusammen zu einer Steigerung. Die produktiv wirkende Zuordnung polarer Begriffe ist für das Weltbild schon des jungen Goethe maßgebend gewesen (vgl. die Ableitung des polaren Weltbildanteils aus der hermetischen Tradition bei Zimmermann 1969, 107ff. u.ö.), in der Naturvorstellung des nachitalienischen Goethe wird Polarität zum zentralen Paradigma seiner Naturanschauung. »Die physikalischen Kräfte der Anziehung und Abstoßung, die man an Elektrizität und Magnetismus exemplifiziert und als Polarität verallgemeinert, werden vom anorganischen in den organischen Bereich übertragen« (Kuhn 1971, 169). Während Binder (1969, 317f.) Polarität bei Goethe weltbildimmanent aus dessen konstitutiven »Vierheiten« ableitet, repräsentiert gerade die Aufhebung des Polaren im Zusammenwirken der Gegensätze für Nisbeth (1972, 228f.) die kosmologische Einheitsidee Goethes. Kuhn (1971, 171) differenziert noch weiter: Die produktive Auffassung der Polaritäten als Bildungsparadigma in der ›Kette alles Lebendigen‹ löse als Weiterentwicklung den »Kosmos der Magia naturalis« ab, dennoch bleibe das lebendige Seiende mikrokosmischer Natur, die Welt erscheine »als Organismus, der Mensch als Kompendium der Welt« (169). Göres (1977) führt die unterschiedlichsten polaren Konstellationen sowohl aus Goethes naturwissenschaftlichen Schriften, seiner Geschichtsphilosophie wie auch seiner klassizistischen Kunsttheorie an – Systole, Diastole (100), Magnetismus (102), Vulkanimus, Neptunismus (103f.), Licht, Schatten usf. –, nicht ohne dieses polare Denken vor allem aus der pietistischen Denkweise etwa des Fräulein von Klettenberg abzuleiten, mit der Goethe 1769 in engem Kontakt stand. Über die kosmologische Deutung des Polaritätskonzeptes hinaus geht Hamm (1980, 78ff.), der in der Zusammenführung der polaren Gegensätze in der Steigerung als Einheit ein Kennzeichen beginnenden dialektischen Denkens sieht.

Schon bei der Entdeckung des Zwischenkieferknochens, pointiert und erkenntnistheoretisch programmatisch aber erstmals in der *Metamorphose der Pflanzen* tritt bei Goethe ein empirisches Wissenschaftsverständnis gegen die seit Newton entwickelte experimentelle Naturwissenschaft. Deutlich wird an Newton exemplifiziert (etwa in der Zwischenrede des »Polemischen Teils« der *Farbenlehre*; vgl. WA II.2, 9ff.), wie der Hauptstrom der neuzeitlichen Naturwissenschaft im Experiment das Naturding von seinem Kontext abisoliert, unter den

Bedingungen des Labors technisch reproduzierbar erscheinen läßt, also mit der methodischen Erzeugung des zu erklärenden Phänomens dieser Erklärung vorgreift. Im Kontext dieser technisch reproduzierten Natur wird ihre Erklärung dann auf eine verdinglichte Formel, auf ein mathematisches Datum reduziert. »Goethe spürt, daß die Naturwissenschaft eigentlich nicht Natur zum Gegenstand hat, nicht jedenfalls im Sinne der aristotelischen *physis* als dem vom Menschen nichtgemachten Bereich« (Böhme 1986, 256; zur Kritik Goethes an der zeitgenössischen nachnewtonschen Naturwissenschaft vgl. auch v.a. Heller 1970, 28ff.; Kuhn 1971, 169f.; Nisbeth 1972, 220ff.; Hamm 1980, 66ff.; Kuhn 1985, 32ff.). Von der technischen Erzeugtheit der experimentellen ›Natur‹ her werden ihm auch ihre Ergebnisse kritisierbar – moderne Mathematik wie die das Naturding zerschneidende Anatomie sind in diese Ablehnung einbezogen: das Newtonsche Experiment als »Denaturierung« und »Dehumanisierung« der Natur wie der Wissenschaft (vgl. Böhler 1984, 333; vgl. auch die utopische Konstruktion des plastischen Anatoms in den *Wanderjahren*, der den zu zerschneidenden Menschenkörper durch die zusammenzusetzende Puppe ersetzen will).

Goethe setzt gegen diese moderne, technisch dominierte Experimentalwissenschaft eine Art »zarte Empirie« (*Wilhelm Meisters Wanderjahre* HA 8, 302; vgl. Böhler 1984, 333), gewissermaßen ein ›Erfahrungswissen‹, das »dem Einklang der menschlichen Gaben der Erkenntnis einverleibt werden kann, sie alle erhöhend und reinigend im gegenseitigen Aufeinanderwirken von ›Sinnlichkeit und Vernunft, Einbildungskraft und Verstand‹« (Heller 1970, 29). Goethe setzt also programmatisch gegen Newtons Experiment eine durchaus nicht unexperimentelle Empirie, die allerdings mit einem Bewußtsein der »Grenzen menschlichen Geistes« ausgestattet ist (Kuhn 1971, 170). In der Tradition seines Experimentbegriffs eher bei F. Bacon stehend (vgl. etwa Nisbeth 1972, 220f.), setzt Goethe ganz auf die menschenmögliche sinnliche Erfahrung des Naturdings in seinem natürlichen Kontext. Er etabliert damit versuchsweise wie vergeblich einen »Wissenschaftstyp, der der Natur gegenüber gewaltfrei, freilich wesentlich auch nur anschauend bleibt. [...] Empfundener Leib und Sinne [...] sind für Goethe Fundament der Forschung« (Böhme 1986, 262). Diese Entgegensetzung wird zunächst vom Stammvater der Anthroposophie Rudolf Steiner zur ideologischen Untermauerung seiner eigenen, gegen die positivistisch-mechanistische Naturwissenschaft des ausgehenden 19. Jahrhunderts gewendeten ganzheitlichen Naturanschauung verwendet (vgl. Steiner 1883-1897, 114-117). Ohne derart positiv Konzipiertes dagegen setzen zu können, sieht Kreutzer (1978, 389f.) gerade in der Gewaltfreiheit von Goethes Zugang zum Naturding den moralischen Anspruch an eine Naturwissenschaft am Ende der Zerstörung der natürlichen Lebensgrundlagen auf der Erde repräsentiert.

Entgegen der mathematisch-formelorientierten Naturwissenschaft Newtons zielte Goethes anschauendes Forschen und Experimentieren auf das sogenannte ›Urphänomen‹. Damit ist aber nicht die Suche etwa nach der ›Urpflanze‹ gemeint, von der noch die Briefe von der Italienreise sprechen. Vielmehr steht das Urphänomen, wie Goethe am 13.2.1829 gegenüber Eckermann äußert, an der Grenze vom Erforschlichen zum Unerforschlichen (vgl. Butterfass 1985, 171), d.h., das Urphänomen wird als ein hinter der sinnlichen Erscheinung Wahrnehmbares angenommen. Heller (1970, 30f.) sieht es unmittelbar mit der Wissenschaftskritik Goethes verknüpft: Das Urphänomen sei »eine Idee, welche die besondere Qualität einer Gruppe von Erscheinungen so entscheidend bestimmt, daß es menschlichem Wissensdrang schlecht bekommt, über sie hinaus zu forschen. [...] Also bezeichnet das Urphänomen für Goethe die Grenzen der Erscheinung, in welchen der Beobachter noch dasjenige beobachtet, was zu erforschen er sich vornahm«. Die Traditionslinien, in denen Goethes Denken vom Urphänomen steht, sind nach Nisbeth (1972, 226f.) miteinander verschmelzender Neuplatonismus und Empirismus: »Da es zugleich eine Idee und eine Erfahrung ist, schärft die Betrachtung des Urphänomens die Sinne und den Intellekt und bringt sie in harmonische Ausgewogenheit« (227; vgl. auch Förster 1974, 198). Auch Böhme (1986, 257) sieht im Urphänomen die Grundbedingung einer »an Erfahrung gebundenen naturphilosophischen Einsicht in die lebendige, ›sprechende‹ Natur«. Nach Hamm (1980) ist das Urphänomen mehr als der morphologische Typus, der die Gemeinsamkeiten der erfahrbaren Gestalt umschlösse, ist vielmehr die phänomenologische Erfahrbarkeit des ›bedingenden Grundes der Mannigfaltigkeit aller Erscheinungen‹ (vgl. 75); bei Goethe werde etwa ab 1804/05 der Begriff »als Bezeichnung einer mit der konkreten Erscheinung nicht identischen Grund (Ur-, Erst-) Bedingung kanonisiert« (76; vgl. Kreutzer 1978, 386f.).

Polarität und Urphänomen sind in Goethes naturwissenschaftlichem Spätwerk, der *Farbenlehre*, aufs engste miteinander verknüpft. Ausgangspunkt ist das Urphänomen der Polarität zwischen Licht und Dunkelheit. An den Grenzen zwischen Licht und Schatten, den Grenzlinien des Trüben, bildete, so Goethe, das Licht Farben aus: Nicht wie bei Newton setzt sich weißes Licht zusammen aus den Spektralfarben, vielmehr erzeugt das lebendige Sonnenlicht des Tags beim Auftreffen auf Grenzlinien die Farben. Grundlage dieser These war u.a. Goethes – aus moderner naturwissenschaftlicher Sicht mißverstandener – Blick durch das Newtonsche Prisma, wobei ihm an einer weißen Wand die Grenzlinien farbig erschienen, also am Übergang zum Schatten die Farben erzeugt wurden. Nebenbei untersuchte Goethe die sogenannten physiologischen ›Nachbilder‹ des menschlichen Auges, die, wie man mittlerweile weiß, auf der komplexen Anordnung der rezeptiven Felder auf der Retina und in der Sehrinde beruhen: Ohne daß seine Erklärung dieser Phänomene noch Geltung hätte, hat er gleichwohl auf der Ebene der modernen Psychophysiologie des Sehens Fortschritte erzielt (vgl. Heller 1970, 32f; Hamm 1980, 83). Goethe gibt der *Farbenlehre* einen historischen Teil bei, in welchem er die Entwicklung der Farberklärung von der Antike bis auf seine Zeitgenossenschaft nachvollzieht – anhand der Biographien der jeweiligen Forscher –, darüber hinaus einen polemischen Teil, in dem sich Goethe in schärfster Weise vor allem mit der Newtonschen Erklärung der Farbentstehung sowie seinem Experimentbegriff auseinandersetzt (zu Gehalt und Entstehung der *Farbenlehre* vgl. v.a. Kuhn 1971, 168f.; Heller 1970, 30ff.; Hamm 1980, 80ff.).

Aus naturwissenschaftlich-physikalischer Sicht kann Goethes Erklärung der Farbentstehung wohl nicht akzeptiert werden – Hamm (1980, 83) bezeichnet sie als »unhaltbare Spekulation« – verfehlt ist aber, Goethe aus einer Perspektive historisch-materialistischer Technik-Fortschritts-Apologie Methoden- und Theoriefeindlichkeit zu attestieren (vgl. etwa Erpenbeck 1988, 224f.), da hier aus der Pose des wissenschaftshistorischen Siegers, der mathematischen Physik, ein »Verlierer« (Kreutzer 1978, 381 u.ö.) abqualifiziert wird, indem ein inkompatibler Maßstab an seine naturwissenschaftlichen Erkenntnisse angelegt wird. Eher schon ist Goethes Irrtum als fruchtbar aufzufassen, »denn er brachte uns eine Erscheinungslehre der Farben« (Matthei 1971, 198).

Eine ganz andere Richtung der Deutung der *Farbenlehre*, die gewissermaßen ganz absehen könnte von der naturwissenschaftlichen Korrektheit von deren Ergebnissen, schlägt erstmals Kuhn (1960) ein, indem sie literaturwissenschaftliche, d.h. stilistische und werkgeschichtliche Kategorien zur Erläuterung des Textes heranzieht. In beeindruckender Weise als gelungen kann der jüngere Versuch von Albrecht Schöne (1987) bezeichnet werden, aufgrund stilanalytischer und formgeschichtlicher Überlegungen zu einer Interpretation von »Goethes Farbentheologie« zu kommen. Ausgangspunkt der Untersuchung ist Goethes Blick durch Newtons Prisma, der als Farbbekehrung und Initiationserlebnis mit religiöser Qualität reflektiert wird, als »Bestätigung eines originalen Wahrheitsgefühls« (21). Der ganze Text der *Farbenlehre* erweist sich als durchsetzt mit religiösen und kirchengeschichtlichen Redeformen, Metaphern, Anspielungen. Die Phänomenologie der subjektiven Lichterfahrung, wie Goethe sie darstellt, wird dann zur Darlegung einer neuen Dogmatik, sowohl der wissenschaftsgeschichtliche Abriß als auch die Polemik gegen Newton zur »Kirchen- und Ketzerhistorie« (45ff.). Goethe trete schließlich, mit deutlichen sprachlichen Anleihen bei Luther (vgl. 79) als Reformator auf, der die reine Lehre gegen den Beschmutzer der Sonne zu verteidigen habe – die neuplatonische Ineinssetzung von Gott und Licht (Plotin, Pseudo-Dionysius Areopagita) und die Setzung von deren völliger Unteilbarkeit bilden das Zentraldogma. Schöne dreht damit Goethes Naturwissenschaftsverständnis um: »Der Farbenlehrer ist keineswegs ein Betrüger gewesen, war auch kein mittelalterlicher Fälscher mehr. Das aber mag dieser Perspektivenwechsel doch verdeutlichen: Seine ›Farbenlehre‹ war der Versuch, eine Heilslehre zur Deckung zu bringen mit der empirischen Wirklichkeit und das vorgewußte Wahre so als Wirkliches auszuweisen« (112).

V. Autobiographische Schriften

Goethes autobiographische Schriften, die insgesamt weit mehr umfassen als das als Selbstlebensbeschreibung geplante *Aus meinem Leben. Dichtung und Wahrheit*, gehören insgesamt zum epischen Spätwerk; sie sind bis auf den vierten Teil der Autobiographie zwischen 1809 und 1823 konzipiert worden, entstanden und erschienen. Der erste Teil von *Dichtung und Wahrheit*, ein erstes Schema ist datiert vom 12. Oktober 1809, erschien im Jahre 1811, der zweite Teil im Jahr darauf, der dritte 1814, der vierte, Fragment gebliebene Teil erschien erst posthum 1833, nach der eingehenden Redaktion verschiedener Nachlaßverwalter. Nach dem Abschluß des dritten Teils hat Goethe die Weiterführung des großen autobiographischen Projekts zunächst hintangestellt. 1817 scheint das Projekt völlig zu stocken. Die sehr viel knapper berichtenden oder protokollierenden *Tag- und Jahreshefte als Ergänzung meiner sonstigen Bekenntnisse*, die sein Leben vom Tag der Geburt bis zum 73. Lebensjahr umfassen, werden als summarische Biographie neben oder gegen *Dichtung und Wahrheit* gesetzt. Teile aus dem geplanten Großprojekt werden als eigenständige autobiographische Texte veröffentlicht: Die *Italiänische Reise* (1813-17) erzählt stilisierend die ästhetische Neugeburt angesichts der italienischen Kunst- und Antike-Erfahrungen nach; in der *Campagne in Frankreich* und der *Belagerung von Mainz* (beide 1822) wird die eigene Zeugenschaft der nachrevolutionären Wirren auf dem gescheiterten Feldzug des monarchischen Europa gegen Frankreich, mit dem Höhepunkt der Kanonade von Valmy (1792), aus der Perspektive der biographisch-historischen Rückschau memoriert (zum Entstehungskontext von *Dichtung und Wahrheit* vgl. Lüders 1977, 401ff.; Conrady 1985, 382-385; und Boyle 1993, 163ff.; im einzelnen referiert Schnur 1990 ausführlich und differenziert die Entstehungsbedingungen und Hintergründe der einzelnen Teile: Teil 1 und 2: 34-45, 58-65; Teil 3 und 4: 72-93; Scheibe 1968 liefert ebenso differenziert wie editionskritisch die Entstehungs- und Drucklegungsgeschichte des 4. Teils).

Goethes Tagebuch- und Briefeschreiben, beides lebenslang praktiziert, gehört zu seinem autobiographischen Schreiben, wenngleich es natürlich nicht einer umfassenden Gesamtdarstellung wie in *Dichtung und Wahrheit* nahekommt. Die 13 Bände Tagebücher und 50 Bände Briefe der Weimarer Ausgabe sprechen deutlich für die Bedeutsamkeit auch dieser Textgattungen. Brief und Tagebuch stehen im Kontext der sich im 18. Jahrhunderts ausbildenden bürgerlichen Öffentlichkeit jenseits der repräsentativen und politischen Öffentlichkeit. Gerade die Briefkultur des 18. Jahrhunderts ist ein »Mittel sozialer Kommunikation der gebildeten bürgerlichen Kreise, und insbesondere der Briefwechsel [...] trug zur Festigung der bürgerlich-intellektuellen Zirkel bei, und man war sich« dessen bewußt« (Wertheim 1968, 97; vgl. auch Becker 1968, 12). Briefe zu schreiben und zu lesen war also das zentrale Medium bürgerlicher Selbstverständigung jenseits der feudal kontrollierten Sphäre der Drucköffentlichkeit; die sich bildende und kommunizierte Emotionalität und Empfindsamkeit geriet zu einem bestimmenden Paradigma der Selbstbestimmung bürgerlicher Identität. Ähnlich sind Tagebücher zu bewerten: Als der »unmittelbare Abdruck des Lebens selbst« werden sie, nochmals überlesen, für Goethe schon früh zum Anlaß für einen »stillen Rückblick aufs Leben« (Tagebuch vom 7.8.1779; WA III.1, 93). Das Tagebuch ist also, analog zu seiner kommunikativen Variante im empfindsamen Briefwechsel, Medium der individuellen Selbstverständigung und Selbstreflexion – Briefe und Tagebücher sind autobiographische Schriften und liefern gleichzeitig das Material für die spätere, konzeptionell strengere Bearbeitung in der expliziten Autobiographie.

Die Autobiographie hatte seit Augustinus den Charakter der Konfessions-, der Bekenntnisschrift, eine Tendenz, die der aufkommende Pietismus des 18. Jahrhunderts noch einmal radikal verschärfen konnte (zur Funktion dieser Bekenntnisschriften im Pietismus vgl. Becker 1968, 15; Goodman 1984, 163). Eine ähnliche Rolle wie die Autobiographien der pietistischen Gemeindeglieder spielten auch Briefe und Tagebücher als Lese- und Erbauungsstoff – diese Bekenntnisliteratur (des zunächst inneren Kreises des Pietismus) spielte eine nicht zu unterschätzende Rolle bei der Ausprägung empfindsam-psychologischer Selbstbeobachtung, die sowohl in ihre literarische Aufarbeitung (etwa im *Werther*) mündete wie in ihre beginnende wissenschaftliche Analyse (psychologische Zeitschriften). Die pietistische Tradition der Selbstbeobachtung und -archivierung in Briefen und Tagebüchern war Goethe spätestens seit dem Kontakt zu Susanne von Klettenberg 1769 geläufig.

Kritik an der vor allem pietistisch gefärbten Autobiographie übt zunächst Herder. »Seine Kritik richtet sich gegen das zweifelhafte Ethos solcher Bekenntnisse« (Becker 1968, 16), gleichzeitig gegen die Ausstellung des Intimen und gegen die moralisch-heilstiftende Funktion der Texte: Er spricht dem Einzelnen die Kompetenz ab, über eigene Handlungen urteilen zu können – allenfalls könne man erzählen (vgl. Becker 1968, 17; Goodman 1984, 264f.). Gleichwohl bestimmt Herder den autobiographischen Text positiv: Nicht allerdings aufs Seelenheil des Einzelnen ziele er ab, sondern auf Geschichte, geschichtliche Erfahrung und Bildung, und damit letztendlich auf gesellschaftliche Veränderung – ethisch in Richtung auf Gerechtigkeit (durch die Kenntnis bedeutender Handlungen) und politisch in Richtung auf nationales Bewußtsein (durch die Kenntnis bedeutender nationaler Personen) (vgl. dazu vor allem Goodman 1984, 265ff.).

Noch vor aller pietistischen Bekenntnis-Tradition, auch noch vor der Herderschen Kritik an deren Konzept liegt Goethes lebenslanges und grundsätzliches Interesse an Biographien und Autobiographien. Von früher Kindheit an liest Goethe (auto-)biographische Texte, viele seiner Werke wären ohne die unmittelbare Benutzung solcher ›Quellen‹ nicht denkbar (etwa *Götz*, *Tasso*; vgl. dazu v.a. Wertheim 1968, 95ff.; Becker 1968, 10f., 13f.). Das Individuelle scheint der Zentralpunkt von Goethes Interesse an biographischen Texten gewesen zu sein, »die Wirkung, das Persönlichkeitsbildende, Vorbildhafte in der Beziehung der Menschen untereinander« (Wertheim 1968, 96f.). Individuelle (Selbst-)Darstellung mündet also in erzieherische Wirkung – Goethes 1795 geäußerte Vorstellung, autobiographische Texte dienten damit dem Verständnis für die eigene auch nationale Geschichte (vgl. Goodman 1984, 267), kommt dem Konzept Herders zunächst sehr nahe (vgl. Schanze 1974, der *Dichtung und Wahrheit* aus diesem Autobiographiekonzept ableitet).

Das Interesse am Individuellen bleibt aber nicht das alleinige Zentrum des Goetheschen Biographiekonzepts. Mit Herders Kritik an der pietistischen Tradition entwickelt auch Goethe ein weit über das Individuelle hinausgehendes Verständnis dieser Textgattung, ja er weist das rein Selbstbezügliche der Bekenntnisliteratur weit von sich: In einem Aphorismus aus »Makariens Archiv« am Schluß der *Wanderjahre* reflektiert der Text jenes »Erkenne dich selbst« polemisch nicht als idiosynkratische Selbstbezüglichkeit, »die Heautognosie unserer modernen Hypochondristen, Humoristen und Heautontimorumenen«, sondern pragmatisch als Wahrnehmung »von dir selbst, damit du gewahr werdest, wie du zu deines Gleichen und der Welt zu stehen kommst« (HA 8, 466; vgl. dazu Becker 1968, 19; Weber 1989, 23). Nicht »psychologische Quälereien« seien nötig, sondern Verortung der eigenen Identität in Geschichte und Gesellschaft. Goethes Autobiographik definiert sich also als unbedingt verwiesen auf Geschichtsschreibung – sogar seine ›Biographik‹ vollzieht den selben Schritt: Der ›historische Teil‹ der *Farbenlehre* etwa basiert weitgehend auf den Biographien einer Fülle von Naturforschern zwischen Antike und seiner Zeit – »vom genetischen Standpunkt her gesehen wurzelt also Goethes Autobiographik in seiner Historiographie, und die Geschichtsauffassung im dritten Teil der *Farbenlehre* ist in die ausdrücklich als autobiographisch bezeichneten Schriften hinübergewandert und dort weiterentwickelt worden« (Boyle 1993, 163). (Auto-)Biographische Darstellung ist unmittelbar auf die historischen und gesellschaftlichen Kontexte verwiesen, »denn dieses scheint die Hauptaufgabe der Biographie zu sein, den Menschen in seinen Zeitverhältnissen darzustellen« (Becker 1968, 19; vgl. Wertheim 1968, 99ff.; Goodman 1984, 268f.). Mit der Historisierung der Biographie ist umgekehrt die Verlebendigung des Historischen verbunden. Zum unterdrückten Vorwort des dritten Teils existiert eine Diktatnotiz von Riemers Hand: »Soll aber und muß Geschichte seyn, so kann der Biograph sich um sie ein großes Verdienst erwerben, daß er ihr das Lebendige, das sich ihren Augen entzieht, aufbewahren und mittheilen mag« (WA I.28, 358; vgl. Becker 1968, 26f.; Wertheim 1968, 110f.).

Während jedoch Herder sein Biographie-Konzept demokratisierte – und damit den Gleichheitsgrundsatz der pietistischen Gemeinden, deren Bekenntnisschrifttum er ablehnte, fortsetzte – und die Biographie eines jeden Bürgers für lehrreich und virtuell nationbildend erklärt (vgl. Goodman 1984, 265), ist Goethes Verständnis eher elitär: (Auto-)Biographien fordert er von Gelehrten, Künstlern, bedeutenden Persönlichkeiten – denen er dann allerdings ähnlich historisch-bildende Verständnisvermittlung zuweist wie Herder. Goethe Abbildungsvorstellung des Allgemeinen im Besonderen läßt dann aus dem dargestellten eigenen oder fremden Leben etwas für die jeweilige historische, politische oder kunstgeschichtliche Epoche Repräsentatives werden: In seiner Autobiographie stilisiert er sich selbst zum Repräsentanten seiner Zeit (vgl. Wertheim 1968, 99ff.; Goodman 1984, 270).

Dichtung und Wahrheit stellt lediglich die Jugendgeschichte Goethes dar: die Erzählung von der eigenen Geburt – der aus Erzählungen Dritter gespeiste Bericht über die Kaiserkrönung Franz I. in Frankfurt 1745 greift ein wenig vor – bis zur ›Flucht‹ Goethes aus Frankfurt nach Weimar. Der Titel der Autobiographie weist deutlich auf deren grundsätzliche dichterische Machart hin: Er problematisiert die Abbildbarkeit lebendiger Geschichte als ›Wahrheit‹ überhaupt – und behauptet forsch die Konstitution der eigenen biographischen Identität als Dichtung. Diese wird somit nicht zum Gegenteil biographischer Wahrheit, sondern zu deren Konstitutionsbedingung: »›Dichtung‹ ist somit keinesfalls ›Erfindung‹; sie ist das Element, das eine eigene Wirklichkeit, nämlich ›höhere Tendenzen‹ und das ›Grundwahre‹, aus den bloßen Fakten entbindet und in der Darstellung anwesend sein läßt« (Lüders 1977, 404; vgl. dazu auch Wertheim 1968, 114f.). Damit hebt Goethe seine Autobiographie einerseits ab von den Fakten anhäufenden Vorläufertexten und etabliert sie gleichzeitig als *literarische* Gattung (vgl. Becker 1968, 26), andererseits realisiert er aber lediglich den grundsätzlichen Status autobiographischen Schreibens: Es stellt nicht eigene Identität gleichsam objektiv dar, sondern ›erschreibt‹ sie als spezifische Identität mit dem Zielpunkt der Schreibgegenwart (vgl. dazu grundsätzlich Pascal 1965, 23f.). Gerade diese literarische Qualität des autobiographischen Schreibens mag es wohl sein, die in *Dichtung und Wahrheit* »jene Souveränität einer ordnenden Deutung der Lebensfakten« hervorbringt, »die hier zum einzigen Male ermöglicht hat, das konkrete Bild der eigenen Geschichte zu einem symbolischen Spiegel des menschlichen Lebens überhaupt zu gestalten« (Niggl 1977, 167). Radikaler noch formuliert Müller (1976, vgl. 285): Erst im biographisch reflektierenden Schreiben konstituiere sich der Sinn eines Lebens, der nicht mehr fraglos gegeben sei. Die Autobiographie als schreibende Konstitution biographischer Identität, als ›Erschreibnis‹, wird also zum Roman.

Schon der Beginn des ersten Buches konstituiert Sinnhaftigkeit und Bedeutsamkeit des jungen Goetheschen Lebens – die ihm hier noch passiv zukommen. Nach dem lakonischen Einleitungssatz – »Am 28. August 1749, mittags mit dem Glockenschlage zwölf, kam ich in Frankfurt am Main auf die Welt« (HA 9, 10) – folgt in breiter Darlegung die astrologische Position des Geburtstermins. Sogleich wird das Ich in eine komplexe Subjekt-Welt-Identität eingesetzt, die die Stelle weit über die bloße Geburt des Helden bedeutsam macht, der Text beginnt mit »einer freundlichen Zustimmung der Natur zu einer Existenz, die diese selbst nicht zu erzwingen vermag« (Blumenberg 1990, 120). Gerade der Widerstand des Mondes nämlich führt zu einer ersten öffentlichen Wirkung des kleinen Goethe: Die Ungeschicklichkeit der Hebamme, die ihn erst »für tot« geboren werden ließ, führte zur intensiveren Geburtshilfeausbildung und Pflege des Gesundheitswesens, was der Großvater und Schultheiß Textor zu veranlassen wußte. »Goethe gewinnt im Augenblick seiner Geburt schon Verbindung zur Welt – zur Stadt Frankfurt –, seine erste ›Wirkung nach außen‹ ist eine humane und über die Gegenwart und seine Lebenssphäre hinausreichende« (Schnur 1990, 38). »Noch ohne eigenes Verdienst, aber doch schon vorausdeutend auf das Gute, das in der Folge von diesem Kinde ausgehen sollte und in dem sich das Glück, das die Sterne versprachen, manifestiert [, werden] gleich am Beginn […] so entscheidende Züge des Selbstporträts, die Verbundenheit mit der Welt und das Wirken auf die Menschen, vorausgebildet« (Lüders 1977, 405; vgl. zum Beginn auch Goodman 1984, 274).

Die Kindheits- und Jugendgeschichte Goethes im 1. und 2. Teil von *Dichtung und Wahrheit* läßt sich insgesamt als eine zur Metamorphose stilisierte Bildungsgeschichte lesen: Dem zentralen Paradigma der klassizistischen Epoche wie auch der naturwissenschaftlichen Schriften folgt hier der biographische Text, oder, mit seinen Worten: das eigene Leben (vgl. Conrady 1985, 384). Das morphologische Prinzip stellt Goethe sogar über das chronologische. »Im Begriff des Wachstums, den Goethe von seiner Metamorphosenlehre her gleichzeitig als Gestaltwandel, das ist hier Persönlichkeitswandel, auffaßt, verschmelzen naturwissenschaftlicher und historischer Aspekt. Der Mensch als natürliches und gesellschaftliches Wesen ist objektiven Bedingungen unterworfen, denen er sich anpaßt, mit denen er sich auseinandersetzt« (Wertheim 1968, 117; vgl. dazu auch Grappin 1980, 103f.). Der Bildungsgang wird als »natürlicher, anstrengungsloser« dargestellt (Schnur 1990, 40). Der naturhaften Entwicklung aus den Anlagen heraus und im ständigen Konnex mit der Welt geselle sich, so Schnur weiter, sein ›präsumptives‹ Selbstbild hinzu, die feste Überzeugung von der eigenen Zukunft wie auch die Gewißheit von der exzeptionellen Richtigkeit der eigenen Natur konstituieren die »Polarität von Ich und Welt« als naturhafte Einheit (Schnur 1990, 43).

Neben der metamorphosehaften Bildungsgeschichte aber ist die Konstitution der dichterischen Identität des erschriebenen Ichs zentral. Von dem »Knabenmärchen« ausgehend – das seine »Sendung als Wiedergewinner des griechischen Geistes [...] unverhüllt und stark« äußere (Schadewaldt 1963, 273) – über die Kunstsammlung des Vaters und die Frankfurter und Leipziger Auseinandersetzungen mit zeitgenössischer französischer und einheimischer Ästhetik, Poetik und Religion laufen »die Linien der autobiographischen Darstellung [...] ausnahmslos auf den Augenblick zu, in dem Goethes selbständige Produktion einsetzt« (Schnur 1990, 55). Die Aporien der zeitgenössischen Kunst und Literatur münden in nur eine mögliche »Antwort – einzig Goethe selbst« (Barner 1989, 291). Der Bildungsgang des Subjekts Goethe ist der des Autors Goethe als Genie – das mythologisch ebenso wie im griechischen Prometheus im neuplatonischen Luzifer repräsentiert werden kann, wie es der kosmologische Mythos am Ende des 8. Buches vorführt (vgl. Hippe 1979, 79f.; zum Prometheus-Mythos vgl. v.a. Blumenberg 1990, 438ff.).

Nicht nur das Subjekt der Autobiographie, das ja Held und Schreiber in einem ist, wird hier als Autor literarisiert, auch die Darstellung der Erlebnisse erweist sich zum Teil bei genauerem Hinsehen als literarisch überformt, als fiktionalisiert. Die Sesenheim-Episode, d.h. also der angebliche Erlebnishintergrund der epochemachenden *Sesenheimer Lieder*, manifestiert sich bei genauer Analyse als Literarisierung und Fiktionalisierung sowohl der eigenen Rolle als auch der erlebten Welt. Die überlieferten Tatsachen über den Pfarrhaushalt in Sesenheim widersprechen in vielen wesentlichen Details der Darstellung in *Dichtung und Wahrheit* (vgl. dazu ausführlich Grappin 1980, 105), sowohl die Anzahl der dortigen Geschwister als auch die Chronologie oder einzelne Situationen werden nicht historisch erinnert, sondern als Postfiguration der idyllischen Darstellung des *Vicar of Wakefield* von Goldsmith (1766), das eigene Erleben wird als literarisches zur Idylle stilisiert. Neben den »Mitteln und Erscheinungsformen der biographischen Stilisierung« bietet die Episode »das Musterbeispiel einer bewußten Bearbeitung des Stofflichen im Sinne einer empfindsamen Romanhandlung und der biographischen Stilisierung nach dem Gesetz der erlebten Zeitdauer, nach dem inneren Entwicklungsgesetz des Lebendigen« (Grappin 1980, 112) – »der Biograph wird zum Romancier der eigenen Lebensgeschichte« (113). Darüber hinaus interpretiert Weber (1989) die Episode als grundsätzliches Anerkenntnis der totalen Fiktionalität der Ich-Identität des autobiographischen Subjektes: Das ländliche Idyll ermöglicht dem jungen Goethe die fiktive Rolle des jungen Liebhabers, bei dessen Übertreten in Richtung Straßburg machen die Schwestern Brion diese Fiktion zunichte und setzen das Idyll gesellschaftlichen Ansprüchen aus, die gewissermaßen seine literarische Autonomie unterlaufen (vgl. Weber 1989, 34ff.). Das muß spätestens zur Trennung von Friederike führen.

Der konzeptionelle Wechsel, der sich bei der Arbeit am 11. Buch vollzieht, hat einerseits unmittelbar mit der Prometheus-Luzifer-Selbstidentifikation des autobiographischen Subjektes zu tun, andererseits aber mit hoher Wahrscheinlichkeit realhistorische Hintergründe. Laut Schnur (1990, 64) gerät Anfang 1813 die metamorphosenhafte Stilisierung der Entwicklung zur Genie-Identität in eine Krise (vgl. zu dieser Krise auch Trunz, HA 9, 610; Sprengel 1985 MA 16, 888, die innerwerkliche Gründe annehmen). Die von Goethe gesetzte Entsprechung seines Genies mit dem Napoleons (Schnur 1990, 61ff.), die gleichzeitig über die Zentralmythen Prometheus/Luzifer vermittelt wird, kann nicht mehr aufrechterhalten werden, nachdem Napoleon vor Moskau gescheitert war (65; vgl. zu dieser These auch Boyle 1993, 171). Die Autobiographie könne nun nicht mehr Leben und Welt als ineinandergreifende, naturhaft und präsumptiv Totalität herstellende Metamorphose erzählen, sie nähere sich vielmehr »ihrem empirischem Substrat, dem gelebten Leben in seiner Faktizität« (Schnur 1990, 69). Der sich steigernd einheitsstiftenden Polarität von Ich und Welt wird das Dämonische hinzugedacht – als Chiffre des Unkontrollierbaren, das anscheinend in die Konstitution des Genies eingegriffen habe (vgl. HA 10, 175, 177 u.ö.; vgl. Niggl 1977, 164). An die Stelle der naturhaften Basis der eigenen Bildungs-Metamorphose ist eine nunmehr superiore Natur als Dämonisches getreten – und nicht ohne Grund schließt der posthum veröffentlichte 4. Teil mit den Worten Egmonts, in denen sein spezifischer Geschichtsfatalismus ausgedrückt ist:

»Wie von unsichtbaren Geistern gepeitscht, gehen die Sonnenpferde der Zeit mit unsers Schicksals leichtem Wagen durch, und uns bleibt nichts, als, mutig gefaßt, die Zügel festzuhalten und bald rechts, bald links, vom Steine hier, vom Sturze da, die Räder abzulenken. Wohin es geht, wer weiß es? Erinnert er sich doch kaum, woher er kam.« (HA 10, 187)

Die Konzeption der über das autobiographische Schreiben versuchten Identitätsstiftung als geniehaftem Dichter versagt also vor dem Hintergrund der historischen Erfahrung der Niederlage Napoleons, dessen Genie dem eigenen gleichgesetzt wird. In viel höherem Maße versagt die autobiographische Stilisierung am radikalen Umbruch der Flucht von Frankfurt nach Weimar – die sowohl ein Verlassen der ›natürlichen Wurzeln‹ der Jugendzeit, ein Verlassen der sozialen Bindungen und der Zugehörigkeit zur bürgerlichen Klasse als auch eine zumindest vorübergehende und möglicherweise scheinbare Aufgabe der dichterischen Identität überhaupt bedeutete. Obgleich Kiesel (1979, 391ff.) die These ausführt, Goethe habe in *Dichtung und Wahrheit* mit »Umsicht und Konsequenz [...] einer ganz entschieden apologetischen Darstellung seiner Weimarer Hofbindung« vorgearbeitet, spricht der Abbruch der Autobiographie mit dem radikalen biographischen Bruch für die Nicht-Integrierbarkeit dessen ins beabsichtigte Identitätskonzept.

VI. Rezeption

Goethes autobiographische Hauptschrift *Dichtung und Wahrheit* sollte, zumindest ihrer ersten Intention gemäß, der poetischen Stilisierung der eigenen Lebensgeschichte als der metamorphosehaften Entwicklung des Dichters Goethe dienen – eine Funktion, die sie jedenfalls in den ersten beiden Teilen erfüllt. Dieses Prinzip der Selbststilisierung, das gewiß auch als Vorbild seiner fast kultischen Verehrung spätestens nach 1871 gelten darf, bestimmte auch die innenarchitektonische Gestaltung des Goetheschen Hauses am Frauenplan in Weimar: Hannelore Schlaffer (1980, 1) beschreibt es als »Arrangement des Dichters [...] voll von mythologischen Anspielungen. Die Stufen und Wendungen der Stiege brachten [den Besucher] ihn nicht nur aus dem banalen Getriebe der Stadt zu einer berühmten Persönlichkeit, ein poetisches Programm leitete den erkennenden Betrachter auch von der Erde in den Olymp«. Die nach dem Vorbild italienischer Renaissancevillen umgestaltete Eingangshalle war geschmückt durch »die Statuen eines Windspiels, eines bocktragenden Satyrn und eines betenden Knaben« (1), die als Tiernatur, Naturdämon und menschlicher Jüngling auszumachen sind. Daraufhin erblickte der Besucher ein Deckengemälde der Göttin Iris, »der Götterbotin, die Freud und Leid vom Himmel zur Erde bringt oder den Erdensohn zu den Göttern geleitet« (1f.). Sodann fällt sein Blick auf Kopfstatuetten »von Ares und Apoll [...], den Göttern des Krieges bzw. der Kunst und Weisheit« (2). Auf einer nächsten Wand befand sich ein Gemälde der Medusa, aus deren Blut das dichterische Flügelroß Pegasus geboren worden war. Ein weiteres Gemälde (Dionysos und Aphrodite im Schoß ihrer Mutter Dione, die aus Erde und Äther geboren worden war) thematisiert erneut die nunmehrige Zwischenstellung des Besuchers zwischen seiner irdischen Herkunft und den himmlischen Regionen, in die er sich gerade begibt. »Endlich der Eingang zur Wohnung erscheint als Pforte zum Olymp [...]. Durch die geöffnete Tür blickt dem Eintretenden aus diesem deutsch-griechischen Himmel das mächtige Haupt des Zeus von Otricoli entgegen, vor dem, ein Pförtner des Olymp, Goethe selbst erscheint« (2).

Das geschickte Arrangement der unterschiedlichen Kunst-
gegenstände auf dem Weg zu Goethes Wohnung stilisiert diese
zum Sitz eines Olympiers, womit ein zentraler Topos der späteren Goethe-Verherrlichung präfiguriert ist: Ein der irdischen
Wirklichkeit entrückter Dichter in einem selbstgeschaffenen
Jenseits. In eine ähnliche Richtung ging schon die Stilisierung
der in Auftrag gegebenen Selbstdarstellung in der Skulptur, die
Goethe 1787 den Bildhauer Alexander Trippel dem Apollo im
Belvedere nachempfinden ließ, und über die Herder angesichts
seiner eigenen Büste lamentiert: »Goethe hat sich als einen
Apollo idealisiren lassen: wie werde ich armer mit meinem
kahlen Kopf dagegen aussehen« (Herder: *Briefe,* 1981 VI, 117).
Der Gott der Kunst und Weißheit – dessen delphischer Tempel mit dem für Goethe so zentralen Auftrag »Erkenne dich
selbst« beschriftet war (vgl. *Dichtung und Wahrheit*) – dient
also schon hier zur Stilisierung der eigenen Existenz. Mandelkow (1980, 201f.) sieht hier den erst sehr viel später virulent
werdenden Olympierkult um Goethe begründet.

Diese Selbstentrückung Goethes, die programmatische
Selbstauratisierung als einen großen Dichter war allerdings
einerseits gewiß das Vorbild für den Olympier-Kult spätestens des deutschen Kaiserreichs nach 1871, andererseits resultierte sie möglicherweise aus der geringeren Beachtung,
die Goethes nachitalienische dichterische Produktion in großen Teilen erfuhr – zumindest wenn man sie mit der fulmi-
nanten Wirkung sowohl des *Götz von Berlichingen* als auch
der des *Werthers* vergleicht: Die Auratisierung gerade der Person des Dichters soll möglicherweise die Umstrittenheit oder
Mißachtung seines literarischen Werks kompensieren. Die
Goethesche Selbststilisierung zum Olympier, so beträchtlich
ihre späte Wirkung gewesen sein mag, bestimmt allerdings
nicht bzw. nicht dominant seine Rezeption zu Lebzeiten:
Diese sowohl als ihr weiterer Verlauf nach seinem Tode, der
für die Rezeption keinen bedeutenden Einschnitt zu markieren schien (vgl. Mandelkow 1980, 27), verlief sehr viel differenzierter und auch in Abhängigkeit von politischer Geschichte und unterschiedlichen ästhetischen Konzeptionen.
Und die überwältigende, wenn auch kontroverse Aufnahme
und Wirkung des Goetheschen Frühwerks – viel stärker als
die frühe Lyrik das Drama und der Roman des Sturm und
Drang – haben noch gar nichts zu tun mit der späteren
Selbstauratisierung; allenfalls die Tatsache, daß Goethe noch
lange fast ausschließlich als Dichter des *Werthers* Geltung hat-

te, wobei alles spätere nur als Abklatsch dieses dichterischen Höhepunktes abgewertet wurde (vgl. Mandelkow 1980, 43f.).

1. Rezeption als Mode und Nachahmung: Götz, Werther

Gerade das nationale Theaterereignis *Götz von Berlichingen* und vor allem der literarische Welterfolg der *Leiden des jungen Werthers* waren es, die Goethe überhaupt in den Rang eines Dichters von internationalem Ruhm einsetzten. Das Drama traf, im quasi-historischen Gewand der Figur des reichsunmittelbaren Ritters, sehr genau die bürgerliche Kritik an der feudalstaatlichen Gängelei der starken Individualität, politische und individuelle Ansprüche des Bürgertums wurden geschickt vermengt mit dem Angebot eines nationalen Stoffes. Mit den begeisterten Worten Lenz': »Und ich möchte dem ganzen Publikum [...] zuruffen: Sammt und sonders ahmt Götzen nach, lernt erst wieder denken, empfinden, handeln [...], lasst uns den Charakter dieses antiken deutschen Mannes erst mit erhitzter Seele erwägen und wenn wir ihn gutfinden, uns eigen machen, damit wir wieder Deutsche werden« (zit.n. P. Müller 1969, 116f.). Der nationale Stoff und seine naturhafte, ungekünstelte Bearbeitung fanden nicht nur ein begeistertes Publikum, sondern auch die allmähliche Zustimmung ästhetisch avancierterer Kritiker, die das französisierende Trauerspielwesen leid waren:

»Ein Stück, worinn alle drey Einheiten auf das grausamste gemißhandelt werden, das weder Lust- noch Trauerspiel ist: und doch das schönste interessanteste Monstrum, gegen welches wir hundert von unsern komisch-weinerlichen Schauspielen austauschen möchten, deren Verf. dafür sorgen, daß der Puls ihrer Leser nicht aus seinem gewöhnlichen Gange gebracht, und ihre Nerven von keinem fieberhaften Anfalle schauernder Empfindung ergriffen werden.« (Ch. H. Schmid im *Teutschen Merkur* Sept. 1773, zit.n. P. Müller 1969, 74).

Hier wird, trotz der Bedenken gegen die Aufgabe der klassizistisch-aufgeklärten Dramenform, die wesentlichste Wirkung des Dramas herausgehoben: seine emotionalisierende und anstachelnde Kraft – implizit eine Absage an die ans kritische Räsonnement des Zuschauers gebundene aufgeklärte Forderung nach kathartischer Reinigung der Affekte (Lessing). Literaturgeschichtliche Wirkung hatte der *Götz* überdies, indem er in einer schier unendlichen Reihe von ästhetisch meist fragwürdigen Ritterstücken modische Nachahmer fand.

Die *Werther*-Rezeption stellt in ihrer divergierenden Fülle zwischen Begeisterung und Veröffentlichungsverbot gewiß den Höhepunkt der empfindsamen literarischen Kultur dar und markiert gleichzeitig das Ende einer aufklärerisch-didaktischen Literatur- und Lese-Epoche. Der unmittelbar einsetzende Erfolg des *Werthers*, anfänglich unterstützt durch die frühesten Rezensionen, die den Roman durchweg lobten (vgl. Jäger 1974, 394f.; vgl. Müller 1969, 193ff.) schlug sich in ganz unterschiedlichen Rezeptionsformen nieder. Zu unterscheiden sind einerseits emphatisch-begeistertes ›Wertherfieber‹, das sich zu einer ›Werthermode‹ steigerte, und die aufgeklärt-sachfragenbezogene Diskussion des Romans und seiner Wirkung (zu dieser Unterscheidung vgl. Jäger 1974, 394f. u. 401ff.), andererseits aber die restriktive Verbotsverordnung gegen den Roman (etwa in Leipzig) wie auch die Fülle der aufgeklärten Anti-Werther-Romane, der Fortsetzungen, Parodien und Travestien. Kein literarischer Text des 18. Jahrhunderts machte die rechtlich problematische Situation von Schriftsteller und Text auf dem Markt evidenter: Zwischen der Erstveröffentlichung 1774 und der »Zweyten ächten Auflage 1775« liegt eine Fülle von Raub- und nicht autorisierten Nachdrucken, die sich die Popularität des Werkes ökonomisch zunutze machten.

Die Gründe für die überragende Wirkung des Textes sieht Scherpe (1970) in der Ignoranz des Romans gegenüber dem »durchschnittlichen Erwartungshorizont des bürgerlichen Publikums [...], indem er die Erwartung der jungen Generation – Nonkonformismus als Rebellion der Gefühle – erfüllte« (16). Der Werther-Konflikt wird also interpretiert als Konflikt der jungen, empfindsamen Lesergeneration mit der Elterngeneration, die noch auf bürgerlichen »moralischen Qualitäten wie Aufrichtigkeit, Gelassenheit, Großmut, Redlichkeit und Fleiß« (18) und der einsinnigen Glücksverheißung innerhalb der bürgerlichen Familie (vgl. 20) beharrte. Das Literaturverständnis der älteren Generation war zudem durch die andeutend empfindsamen, doch immer von aufgeklärtem Pathos durchdrungenen Romane etwa Gellerts geprägt – literarische Rezeption war vernunftgeleitete Bildung und Erbauung (vgl. 22f.).

Dieser These entsprechend war das Zielpublikum des Romans also vor allem die junge Generation, für die der Reiz des Textes gewiß auch in seinem Affront-Charakter lag: »Goethes

Romans störte auf das empfindlichste die Erwartung des bürgerlichen Publikums, das gewohnt war, in seiner Romanlektüre Nutzen und Vergnügen angenehm verbunden zu finden. Nicht nur als Störer des Ehefriedens, vielmehr als Störfaktor der bürgerlichen Wertvorstellungen überhaupt, erregte der Werther Anstoß« (Scherpe 1970, 15). Mit guten Gründen widerspricht Mandelkow der Argumentation Scherpes: Der *Werther* habe »den Erwartungen eines bürgerlichen Publikums in einer geradezu idealen Weise entsprochen« (Mandelkow 1980, 37). Scherpes Unterstellung eines rein aufklärerisch verfaßten Literaturverständnisses von prodesse et delectare sei viel zu spät angesetzt, die Entwicklung der empfindsamen Literatur und ihrer Ästhetik habe die aufklärerische Literaturdiskussion längst um die Konzeption der ›herzrührenden Schreibart‹ bereichert. »Im Lichte dieser Bestimmungen erscheint Goethes Roman geradezu als gelungene Probe aufs Exempel der Wirkungsästhetik der aufklärerischen Popularphilosophie« (Mandelkow 1980, 37). Problematisch wird angesichts des *Werthers* nämlich die bei der aufgeklärt-empfindsamen Literatur noch funktionierende Koppelung von »sinnlicher Gemütserregung« und »der Ratio des Rezipienten«, die jene durchschauen und analysieren können muß (vgl. 38). Die neue Textform des Romans jedoch überfordert den zeitgenössischen Leser völlig: die Herausgebervorrede personalisiert den Bezug des Lesers auf das Werk als Seelenfreundschaft, der monoperspektivische Briefroman enthält implizit Identifikationsangebote, die die ästhetische Distanz zu ihm aufgehoben werden lassen (vgl. Jäger 1974, 395f.). Der Roman enthielt »verdeckt das Angebot, sich im rezeptiven Nachvollzug von jenen Handlungsantrieben kathartisch zu befreien, die der Roman so suggestiv zur Nachahmung anbot. Damit aber war ein Publikum überfordert, das diese kathartische Rezeptionshaltung bisher nur im schützenden Kollektiv des Theaters eingeübt hatte« (Mandelkow 1980, 39).

Sowohl das ›Wertherfieber‹ als auch die radikale moralische Ablehnung des Romans lassen sich durch die konstatierte Überforderung des Publikums und seiner Lesegewohnheiten erklären. Die Werthermode vor allem in der jüngeren gebildeten Lesergeneration – natürlich auch angestachelt durch »die moralisierende Kritik der Pädagogen, Theologen und Geschmacksrichter« (Scherpe 1970, 100) – nahm ungeheure Ausmaße an:

»Werthers Eigenschaften, seine Kleidung und Spruchweisheiten wurden als empfindsame Tändelei modisch in Gebrauch genommen. Werthers exzentrische Sprache wird verplaudert: Sie taugt zur Umgangssprache der Liebenden und versichert sie der Außerordentlichkeit ihrer zarten Beziehungen. Wird ein Mitmensch als ›Herr Albert‹ tituliert, so liegt darin der ganze Abscheu der Seelenfreunde vor der bürgerlich-vernünftigen Kanaille. [...] Im Geniegebaren an der Universität und im privaten Freundeskreis glaubten die zur Juristerei oder Theologie bestimmten Jünglinge eine Art überbürgerliches Dasein zu erleben. Wer die Wertherrolle spielte, zählte sich zum Kreis der Auserwählten, geadelt durch Seelentiefe und die Stärke der Empfindung. [...] Die Identifikation mit dem Vorbild nutzt sich ab und taugt nur noch zur Befriedigung des eigenen Bedürfnisses, sich durch poetische Übung und Zurschaustellung bekannter Wertherkennzeichen von der Einförmigkeit und den steifen Sitten des bürgerlichen Alltags abzusetzen.« (Scherpe 1970, 100ff.; Scherpe gibt nebenbei ausführlich die Quellen für seine Darstellung der Werthermode an)

Darüber hinaus wird in Erziehungsanstalten der Illuminaten der *Werther* an die Stelle mönchischer Meditationen gesetzt. Der Roman bekommt in den Kreisen seiner quasi-religiösen Nachahmer und Verehrer die Funktion einer Märtyrer-Legende, »der Held erscheint als Nachfolge heischende Heiligenfigur. Der Roman wird zur Legende« (Jäger 1974, 403). Die Werthermode – zu den Kennzeichen gehörten etwa Werthers (von seinem Vorbild Jerusalem geerbten) Kleidungsstücke des blauen Rocks zur gelben Weste – stellt die radikalisierte und zum Teil säkularisierte Steigerung der religiösen Verehrung eines Klopstock, wie es Goethes Roman selbst thematisiert, dar – und gleichzeitig deren teilweisen Absturz ins scheinhaft Individuelle und Geniehafte seiner Nachahmer. Gleichwohl muß ein bestimmender Anteil der Artikulation von neuartiger Subjektivität, Naturgefühl, Liebesempfinden und Gesellschaftsverdruß als Grund für die große Wirkung des Romans ernstgenommen werden (vgl. dazu etwa Lenz' *Briefe über die Moralität der Leiden des jungen Werthers*, Müller 1969, 216ff.).

Das Wertherfieber wurde schnell zum Angriffsziel bürgerlicher, theologischer wie auch aufklärerischer Moralisierer – und damit zu einem bestimmenden Grund für deren Gegnerschaft gegenüber dem Roman. Damit versucht die Aufklärung nunmehr, der nicht mehr durch die vernunftgemäße Applikation kontrollierten Rezeption eines radikalisiert empfindsamen Textes durch außerästhetische Mittel wieder Herr zu werden. Kritik erging gegen die Angriffe des Romans auf die zentralen integrierenden Institutionen der christlich-bürgerlichen Gesellschaft: Ehe und Familie (vgl. Scherpe 1970, 15). Die Hauptkritik jedoch, erstmals im Frühjahr 1775 angestimmt vom Hamburger Hauptpastor Goeze (vgl. Müller 1969, 119-126), erachtete den Roman grundsätzlich als eine Apologie des Selbstmordes. Diese Einstufung als jugendgefährdende Schrift mündete in verschiedene Verbote des Textes: Die theologische Fakultät der Universität Leipzig setzte sich am 30.1.1775 mit einem Verbotsantrag gegen den *Werther* durch (vgl. Müller 1969, 129f.; vgl. zur Unterdrückung insgesamt Scherpe 1970, 72ff.). Neben dieser rigiden Unterdrückungsrezeption existierte allerdings eine breite moralisch räsonierende Leser- und Kritikergruppe, die an moralischen oder ästhetischen Sachfragen orientiert den Roman diskutierte: Idealbeispiel ist die Rezension des ersten deutschsprachigen Theoretikers des modernen Romans, Blanckenburg, der versucht, die Katharsislehre der Tragödie für den Roman nutzbar zu machen – und somit seine katastrophal erscheinende Wirkung didaktisch umzudeuten (vgl. Mandelkow 1980, 40; Jäger 1974, 404ff.).

Werthermode und Wertherkritik schlagen sich nicht nur in Jugendkultur, Literaturkritik, -diskussion und Veröffentlichungsverboten nieder, sondern auch in einer Flut von »Pamphleten, Satiren, Spottgedichten, moralisierenden Wertherepisteln und vor allem in der Schwemme von Romanen, Dramen, Elegien und Oden, die am Wertherstoff zustimmend oder ablehnend weiterdichteten« (Scherpe 1970, 14f.). Aus der Masse dieser sehr unterschiedlichen literarischen Produkte seien nur einige genannt, um die breite Wirkung des *Werthers* zu dokumentieren: Bereits 1775 erscheint anonym die didaktisch-dialogisierte Erörterung der *Werther*-Moral in den *Gesprächen Ueber die Leiden des jungen Werthers* (Verf.: Johann Christian Ribbe); ebenso didaktisieren die *Briefe an eine Freundin über die Leiden des jungen Werthers*, die Joh. August Schlettwein ebenfalls 1775 veröffentlicht; reine Polemik gegen die Ausgeburten des »schief-gedrückten Gehirns eines Schriftstellers« ist die Schrift *Schwacher jedoch wohlgemeynter Tritt vor dem Riß, neben oder hinter Pastor Goeze, gegen die Leiden des jungen Werthers und dessen ruchlose Anhänger* (1775), »eine zweifelhafte Apologie Goezes« (Scherpe 1970, 8); im selben Jahre liefert August Cornelius Stockmann *Die Leiden der jungen Wertherin*, das narrative Pendant zum Roman aus Lottes Perspektive; die Elegie *Lotte bey Werthers Grab* mit dem fiktionalisierenden Erscheinungsort »Wahlheim 1775« versucht ebenfalls, die Perspektive Lottes auszunutzen; berühmteste aufgeklärte Überar beitung und Fortsetzung des Romans ist wohl Friedrich Nicolais *Freuden des jungen Werthers. Leiden und Freuden Werthers des Mannes* (1775), das zunächst ein philanthropisches Gespräch über den Helden enthält, sodann aber die ›bessere‹ Fortsetzung von Goethes Roman: die Pistolen sind lediglich mit Blutpatronen gefüllt, Albert verzichtet auf Lotte, der zweite Teil kann sodann die Leiden und Freuden von Werthers Familienleben darstellen (vgl. zu Goethe/Nicolai v.a. Meyer-Krentler 1982). In der Parodie *Und er erschoß sich – nicht* (1778) hebt der anonyme Verfasser auf die Privilegien Werthers ab, seine Schwärmerei wird als Resultat des behüteten Müßiganges abgetan; ähnlich argumentiert auch Ernst Aug. von Göchhausens theatralische Aufarbeitung *Das Werther=Fieber, ein unvollendetes Familienstück* (1776); 1788 läßt Wilhelm Fr. H. Reinwald *Lottens Briefe an eine Freundin während ihrer Bekanntschaft mit Werthern*, die 1786 zunächst in England erschienen waren, in Übersetzung drucken; bis in die Form des Briefromans lehnt sich Carl Philipp de Bonafonts *Der Neue Werther oder Gefühl und Liebe* (1804) an sein Vorbild an. Neben diesen aufgeklärt-lehrhaften Umdichtungsversuchen, Fortsetzungen, Parodien, Umarbeitungen oder stofflichen wie formalen Adaptationen des *Werthers* steht noch eine Reihe radikal empfindsamer Romane, die sich inhaltlich ganz vom *Werther*-Stoff entfernen, aber den sprachlichen Gestus des Goetheschen Romans zu ihrem Stilideal machen und so in seine Nachfolge gehören: Joh. Martin Millers *Siegwart. Eine Klostergeschichte* gehört gewiß ebenso in diese Reihe wie Joh. Heinrich Jung-Stillings quasi-autobiographischer Roman *Henrich Stillings Jugend*.

2. Rezeption als Auratisierung: Iphigenie

Im Gegensatz zur Wertherwirkung stellt die frühe Rezeption der *Iphigenie auf Tauris* einen radikal andersartigen Rezeptionstypus dar. Schon in der Prosafassung von 1779 zeigt das Schauspiel sowohl auf seiten seiner Produktion (vgl. oben Kap. II.2) und zunächst seiner unmittelbaren Rezeption die vollendete Enthebung der Kunst aus der Sphäre des Wirklichen, Gesellschaftlichen, im Gegensatz zu *Götz* und *Werther*, die noch direkt auf gesellschaftliche Wirkung hinzielten.

Goethe hatte eine Aufführung seiner *Iphigenie* direkt nach ihrer Fertigstellung abgelehnt, bis 1802 blieb die Aufführung der Weimarer Liebhaberbühne – eine höfische Festlichkeit unter vielen – die einzige. Vor der Aufführung fand ein Bankett statt, nachher ein großer Ball, das Drama war eingebunden in ein Zeremoniell höfischer Geselligkeit, in einen höfisch geprägten Verstehens- und Rezeptionsmodus, völlig ausgeklammert und abgekoppelt von dem Bürgertum, der Schicht, die es im 19. und 20. Jahrhundert so emphatisch mißverstand. Für die unmittelbare und an den Hof gebundene Rezeption der ersten Aufführung der Prosafassung 1779 stehen nicht inhaltliche Kriterien im Vordergrund. Die *Iphigenie* bleibt dort ein »Ausstattungstück, an dem man, da sein Gehalt sich der Funktion, Teil der höfischen Festveranstaltung zu sein, nicht fügen will, die faszinierende Fremdartigkeit der griechischen Kostüme bewundert« (Chr. Bürger 1977, 193). Das Hoffräulein von Göchhausen etwa schreibt an Goethes Mutter: »Ich will mich also alles Geschwätzes darüber enthalten und nur so viel sagen daß er [Goethe] seinen Orest meisterhaft gespielt hat. Sein Kleid so wie des Pylades seins war Grigisch, und ich hab' ihm in meinem Leben noch nicht so schön gesehn« (zit. nach Chr. Bürger 1977, 193f.).

»Den Grund für die unangemessene Rezeptionshaltung des Weimarer Hofes gibt, von einem dezidiert bürgerlichen Standpunkt aus, Karoline Herder an: Einer höfischen Institutionalisierung von Kunst, die diese als Teil der höfischen Lebenspraxis versteht, widerstreiten alle gesellschaftliche Erfahrungen verarbeitenden Gehalte: ›In der fürstlichen Loge wußte man nicht, was daraus [...] zu machen sei. Sie hatten den ruhigen Sinn nicht für den Geist und die Simplizität dieses Stücks.‹« (Chr. Bürger 1977, 199; Bürger zitiert Karoline Herder nach Bode 1918 I, 756; die Äußerung bezieht sich auf eine Aufführung der *Natürlichen Tochter*, läßt sich aber problemlos auf die *Iphigenie*-Rezeption am Hofe übertragen)

Sowohl den zeitgenössischen bürgerlichen wie höfischen Rezipienten wird durch die »Abgehobenheit des Kunstwerks von der gesellschaftlichen Wirklichkeit« (Chr. Bürger 1977, 200) das Verständnis der *Iphigenie* erschwert. In einem Umkehrschluß aber wird mit der vor allem nach der Reichsgründung 1871 stattfindenden Institutionalisierung von Kunst als eines abgehobenen Bereichs der bürgerlichen Gesellschaft die Abtrennung von der Wirklichkeit, die die *Iphigenie* konstituiert, realisiert. »Zu Versatzstücken einer affirmativen Kultur herabgekommen, dienen die abstrakt gewordenen bürgerlichen Ideale [für die *Iphigenie* Wahrheit und Humanität] einem bürgerlichen Publikum zur Erbauung in Stunden feierlicher Erholung, in eben dem Maße, wie dieses zu einer authentischen Rezeption von Kunstwerken nicht mehr fähig ist« (Chr. Bürger 1977, 203).

Mit Goethes *Iphigenie auf Tauris* findet eine neuartige Institutionalisierung der Kunst statt, die als typisch für und in der bürgerlichen Gesellschaft gelten kann: Die gesellschaftliche Realität soll durch den Schein des Schönen negiert werden, Autonomie von Kunst ist hier auch die ästhetische Versöhnung mit der falschen Realität, erst ermöglicht durch ein Stück, das dem Rezipienten anscheinend die Möglichkeit gibt, ebendiese Realität zu fliehen in Richtung allgemeiner Wahrheiten und hehrer Humanitätsideale. Das Stück gab den Bürgerlichen die Möglichkeit, die klassizistisch geglättete Humanität der Hauptfigur als Schleier von Schönheit über der verderbten Welt zu rezipieren und zu mißbrauchen. Rezeption als Realitätsflucht vollzieht also die Abtrennung nach, die schon die Produktion des Textes Goethe abzuverlangen schien. Gekoppelt mit diesem Zerfall der »bürgerlich-aufklärerischen Institution Literatur« ist eine Interessenverschiebung der Publikums- und Literaturwissenschaftswahrnehmung auf die Person des Autors, auf die »Rezeption einer unter Vorrang der Autorpersönlichkeit vorgenommenen auratisierten Leben-Werk-Einheit« (Chr. Bürger 1977, 101).

3. Rezeption als Dichter- und Textkult: *Wanderers Nachtlied. Ein Gleiches*

Der literatur-›wissenschaftlichen‹ Wertschätzung von Goethes *Wanderers Nachtlied. Ein Gleiches* als »eines der reinsten Beispiele lyrischen Stils« (Staiger 1952, 13) ging ein Prozeß der Verkultung des Textes, seines Entstehungsortes und damit seines Autors einher, der angesichts eines so kleinen lyrischen Textes als Ausnahmeerscheinung angesehen werden muß: Der Weg von einer angemessenen Rezeption eines Textes zur Auratisierung seines Autors ist damit beschritten.

Goethe schrieb *Ein Gleiches* auf einsamer Wanderung auf dem Kickelhahn bei Ilmenau. Dort ritzte er es in der Nacht vom 6. auf den 7. September 1780 in eine Wand der dort stehenden Jagdhütte. Diese Jagdhütte ist schnell Zielpunkt eines Massentourismus geworden, was den Anfang der unvergleichlichen rezeptionsgeschichtlichen Karriere des Gedichtes bildete. Zunächst wußten zwar nur Kenner von dem Häuschen auf dem Kickelhahn, 1838 aber wurde es auf Wanderkarten als »Goethehäuschen« angegeben (vgl. Segebrecht 1978, 39ff.), Goethes Schrift wurde nachgezogen, wenn sie undeutlich zu werden drohte, schließlich wurde sie photographiert (1869), nachdem angeblich ein Engländer versucht hatte, das Brett mit Goethes Handschrift auszusägen und ehe das Häuschen 1871 abbrannte. Doch auch der Nachbau (!) von 1874 erfreute sich derselben Beliebtheit und blieb Goethe-Kultstätte. Das Gedicht wurde schnell zum wohl berühmtesten Goethe-Gedicht, es wurde weit über hundertmal vertont (vgl. Segebrecht 1978, 45), zum ersten Mal durch Goethes Freund Zelter im Jahre 1814, und in alle Kultursprachen und viele Dialekte übersetzt. Es wurde ebenfalls vielfach Vorlage und Modell für jüngere Gedichte, wurde unzählige Male parodiert und in den unterschiedlichsten Zusammenhängen bis zur politischen Karikatur, zu Werbung und Comic verwendet (vgl. Segebrecht 1978, 53f. und 198f.). Es ist damit einerseits zur allgemein bekannten Vorlage für Gebrauchs- wie für lyrische Texte geworden, andererseits repräsentiert es durch die Art und Weise seiner Rezeption wie kein anderes das Paradigma des Klassischen, genauer: des Klassiker- und Goethekultes – wie spätestens Brechts bittere Parodie *Liturgie vom Hauch* (1924) anzeigt.

4. Rezeption als Mythologisierung von Text und Autor: Faust

Goethes *Faust* ist, schon vor Erscheinen der endgültigen Fassung des ersten (1808) und des zweiten Teils (1832), eine ungeheuerliche Glorifizierung und Nationalisierung widerfahren, die mit der Heroisierung des dramatischen Helden und der seines Autors einherging. Für Hegel und Schelling illustrierte *Faust* zentrale Annahmen des jeweiligen philosophischen Systems – Faust wurde Beispielfigur einer neuen Mythologie am Ende der Menschheitsgeschichte (Schelling), oder veranschaulichte bei Hegel, aufs Ganze des Dramas gesehen, die »Bewegung des Weltgeistes in einer Reihe seiner Gestaltungen und zugleich deren Vollzug selbst« (Scholz 1983, 11). Die Identifikation von Faustfigur und -stoff mit den höchsten Prinzipien der philosophischen Systeme des deutschen Idealismus begründete die für die Faustdeutung bestimmende Auffassung des Werkes als »Weltbibel« (Gervinus 1842 II, 116; vgl. Steiner

1902; Bab 1926), als poetisches Drama der Gattung Mensch – und löste es damit weitgehend aus seiner historischen Situiertheit: Die Tradition der *Faust*-Deutung ist bis in die 2. Hälfte dieses Jahrhunderts derart ahistorisch geblieben (vgl. Scholz 1983, 35ff., 45ff. u.ö.).

Bei Schelling begann zudem die nationale Hypostasierung des Fauststoffes: Faust wird hier zu »unserer mythologischen Hauptperson« stilisiert, die »wir Deutschen« »ganz für uns allein« hätten, eine Figur, so »recht aus der Mitte des deutschen Charakters und seiner Grundphysiognomie herausgeschnitten« (Schelling [1802/03] 1859 I.5, 437f.). Gerade diese nationalistische Mythologisierung des *Faust* bestimmte zu einem Gutteil die *Faust*-Deutung des folgenden Jahrhunderts. Bei Düntzer (1850, 142) etwa heißt es, *Faust* sei »die deutscheste Schöpfung des deutschesten aller unserer Dichter«, »alle Seiten der deutschen Natur, deutschen Gemütlichkeit, deutscher Tiefsinn und deutsche Spekulation, deutsche Begeisterung für wahre Menschenwürde, deutsche Ausdauer und Thatkraft, das ganze deutsche Leben [würden] in einem so reichen Bilde gespiegelt« (vgl. auch Witkowski 1906, Traumann 1913/14 u.v.a.m.). Faust wird als mythologische Figuration »deutschen Lebens« über alle historischen Figuren gestellt (vgl. Grimm 1876, 218f.). Vor allem nach der Reichsgründung 1871 wird die Identifikation der neu errungenen scheinbaren eigenen Größe mit dem ›Faustischen‹ Bestandteil des nationalistischen Pathos:

»Das imperiale Reichsdenken hatte von *Faust* Besitz ergriffen. Der nationale Aufschwung und Ausgriff wurde ›faustisch‹ interpretiert – und umgekehrt: ›faustisch‹ wurde ein ›visionäres‹ Leitwort nationalen Selbstbewußtseins und ideologischer Selbstberuhigung und Selbstverherrlichung, bis in die Schützengräben des Ersten Weltkrieges, bis in die nationalen Manifeste der Weimarer Zeit und noch in die des Nationalsozialismus hinein. [...] Die nationale Ideologie hatte das heimlich vorbereitet stehende Fahrzeug des ›Faustischen‹ gekapert und segelte in ihm mit breit schwellenden Segeln auf dem scheinbar so glatten Meer geschichtlicher Zukunft und Sendung.« (Schwerte 1962, 148f.; zusätzlich zum glänzenden ideologiekritischen Band von Schwerte vgl. zur Faustrezeption im Kaiserreich auch Scholz 1983 und Mandelkow 1980, 240-261)

Diese Hauptlinie der *Faust*-Deutung mündet unmittelbar in die faschistische Hypostasierung Fausts als mythologischer Führerfigur (vgl. Korff 1923, 1938; Kühnemann 1930; Grützmacher 1936; Gabler 1938) und Herrenmensch-Präfiguration (vgl. Bertram 1939; Buchwald 1942) bis hin zur Ausdeutung des ›freien Volks auf freiem Grunde‹ im letzten Monolog Fausts als Durchhalteparole im 2. Weltkrieg (Volkelt 1944). Bereits mit Emrichs symbolorientierter *Faust*-Deutung (1943) auf der Grundlage eines kenntnisreichen Verständnisses des Goetheschen Gesamtwerks wurde allerdings dem faschistischen Faustbild ein philologisches entgegengesetzt – das allerdings in den Versuch mündet, »die Ergebnisse seiner Goethedeutung zur Norm einer allgemeinen Poetik zu machen« (Mandelkow 1989, 116). Goethe wird damit zum unhintergehbaren wie unerreichbaren Repräsentanten einer normativen Poetik gemacht, an dem alle Literatur sich messen lassen müsse.

Die Stilisierung des Textes, in seiner frühesten Rezeption bei Schelling und Hegel, zu einem poetisch umgesetzten Philosophem des deutschen Idealismus implizierte zusätzlich die Heroisierung seines Autors: Dieser wurde, als Sager und Künder einer philosophischen und metaphysischen Welt- und Geschichtswahrheit, als Teilhaber am Absoluten bzw. am Weltgeist, bis zur Gottähnlichkeit auratisiert, zu einem »der größten und göttlichsten Menschen [...], und was von göttlicher Weisheit in ihm war und in seinen Werken niedergelegt ist, vor allem in seinem *Faust*, wird auf die Menschheit, sie veredelnd und emporhebend, weiterwirken, so lange sie existiert« (Türck 1921, 238). Diese enge Verbindung zwischen Autor und Text begünstigte sowohl biographistischen Positivismus (vgl. etwa Düntzer 1850; Collin 1896) wie auch lebensphilosophische und neomystizistische Einfühlungsästhetik. Dilthey ([1905] 1991, 151 ff.) deutet von der quasi-religiösen Sonderstellung des Dichters aus, für Steiner (1902, 1931) wird *Faust* zur Bibel, die eine neue mystische Religion verkünde, zum Mysterienspiel um das »Geheimnis des Überganges der Menschheit vor dem Mysterium vor Golgatha« (Steiner [1931] 1974, 178); für Steiners anthroposophischen Schüler Hartmann (1957, 10) wird der Text zur »tiefversiegelten esoterischen Geheimschrift, die den Schlüssel zu wichtigeren Problemen der gegenwärtigen und zukünftigen Menschheit enthält« (vgl. auch Franz 1953); noch Bayer (1978, 224) liest *Faust* als Mysterienspiel des »freischaffenden, Jahrtausende verknüpfenden Genies Goethe«. Darüber hinaus resultierte aus der Identifikation des *Faust* mit dem Goetheschen Weltbild die wohl bestimmendste Forschungstradition – zu der auch biographischer Positivismus, Lebensphilosophie und Anthroposophie gehören – die zur Deutung nur text- oder gesamtwerk-immanente Kategorien heranzieht: *Faust* wird mit *Faust* oder allenfalls mit Goethe erklärt (in ›neuerer‹ Zeit und mit zudem äußerst ergiebigen Resultaten gehören hierzu Lohmeyer 1940, Emrich 1943, Kommerell 1944, Trunz HA 3, Diener 1961, Binder (1968). Goethes Weltbild als Folie der Interpretation wird allerdings zuweilen durch die Projektion des eigenen Weltbildes, das als Goethes ausgegeben wird, ersetzt (vgl. v.a. Steiner 1902 u.ö.; Staiger 1952/56/59).

5. Rezeption als Nichtbeachtung: *Wahlverwandtschaften, Divan u.a.*

Der fünfte Rezeptionstypus von Goethes Texten bestimmt sich einerseits durch die Nichtbeachtung späterer literarischer Produktion durch das literarische Publikum, andererseits durch die Ignorierung des Publikums durch den Autor. Für Hans Mayers *Goethe. Ein Versuch über den Erfolg* (1973), das zur Stilisierung des umfassenden Goetheschen Mißerfolgs tendiert und damit eine radikale Anti-Biographie darstellt, sind die beiden Hauptwerke nach Schillers Tod, die *Wahlverwandtschaften* und der *West-östliche Divan*, für lange Zeit nach ihrem Ersterscheinen »erschreckliche Mißerfolge«: »Bände der Erstausgabe des Romans von 1809 konnte man zu Beginn des 20. Jahrhunderts jederzeit erwerben. Die lagen noch da und waren unverkäuflich« (Mayer 1973, 75). Natürlich hat es eine zeitgenössische Rezeption des Romans unmittelbar nach seinem Erscheinen gegeben, die meist begeisterten Reaktionen stammen aber weitgehend von Personen aus dem engeren Umkreis Goethes – das literarische Publikum ignoriert Text wie Dichter. Darüber hinaus gibt es natürlich eine mißverstehende christlich-moralische Kritik des Romans, von der etwa Benjamin in seinem berühmten Essay berichtet (Benjamin [1928] 1980, 165).

Wie die *Wahlverwandtschaften* kennzeichne auch den *Divan*, so Mayer weiter, eine nach Schillers Tod neuerwachte dichterische Produktivität Goethes, »die freigesetzt (und freilich auch erkauft) wurde durch den Entschluß des Urhebers, gleichsam ohne Adressaten zu produzieren: wenn nicht gar – fast provokatorisch – gegen das vorhandene Publikum« (82). Die Ignoranz des zeitgenössischen Publikums entspricht komplementär der Negation der Öffentlichkeit des literarischen

Marktes auf seiten Goethes. Schon bei *Iphigenie* konnte beobachtet werden, wie das Schauspiel eben nicht dem Lese- und Theaterpublikum übereignet wurde; es blieb allein einem kleinen und ausgesuchten Zuhörer- und Zuschauerkreis vorbehalten. »Diese Kanalisierung der Rezeption in den privaten Raum eines die Öffentlichkeit negierenden ›idealen‹ Dialogs [mit einem oder wenigen persönlich bekannten Rezipienten, im Idealfall etwa Schiller, BJ] barg auch Gefahren der Isolation in sich« (Mandelkow 1980, 32), der Schillers Anregung zur öffentlichen literarischen und ästhetischen Auseinandersetzung (*Xenien, Horen, Propyläen*) nur vorübergehend abhelfen sollte. Das Scheitern des klassizistischen Erziehungsprojektes der *Propyläen* sowie der Tod des Hauptmitstreiters Schiller ließen Goethe spätestens in den *Sonetten* (1807/08) und den *Wahlverwandtschaften* den resignierten »erneuten Rückzug in den Wirkungsraum des kleinen-elitären Kreises« antreten (Mandelkow 1980, 33). Das Publikum einer literarischen Öffentlichkeit im bürgerlichen Sinne verschwindet aus Goethes Wirkungsperspektive: »Die Wahlverwandtschaften schickte ich eigentlich als ein Zirkular an meine Freunde, damit sie meiner wieder einmal an manchen Orten und Enden gedächten. Wenn die Menge dieses Werkchen nebenher auch liest, so kann es mir ganz recht sein. Ich weiß zu wem ich eigentlich gesprochen habe, und wo ich nicht mißverstanden werde« (31.12.1809 an Reinhard; HAB 3, 117). Die ›Menge‹ las das ›Werkchen‹ zumeist nicht, und wenn, mißverstand sie es häufig. Zum *Divan* wurden die erläuternden *Noten zum besseren Verständnis* hinzugefügt, ohne daß allerdings daraus ein besseres Verständnis erwuchs – im Gegenteil: Die scheinbare Selbstauslegung von ›Erlebnislyrik‹ wurde dem Ganzen als Schwäche angerechnet, »auch der *Divan* wurde ein Mißerfolg. Das ganze Jahrhundert hindurch sprach man davon wie von einer Verlegenheit« (Mayer 1973, 83). Die Entfremdung zwischen Goethe und einem bürgerlichen Lesepublikum wirkt bis in die Irritationen über die gefälschte und Goethe unterschobene Fortsetzung des *Wilhelm Meister* durch Pustkuchen (1821) und vor allem in die als Provokation posthum geplante Veröffentlichung des Zweiten *Faust* hinein (vgl. zu Goethes Verhältnis zum Publikum v.a. Mandelkow 1980, 27-34).

6. Goethebilder

Neben der typenhaften Rezeptionsweise von Goethes literarischen Texten existiert eine ebenso typologische Wahrnehmung seiner Person, die unter anderem aus der Selbststilisierung Goethes bzw. aus der Heroisierung des *Faust*-Autors resultierte. Um die Auratisierung Goethes, die Grade seiner Verherrlichung und seine unterschiedliche politische oder pädagogische Inanspruchnahme zumindest zwischen Kaiserreich und Nationalsozialismus ein wenig anschaulicher werden zu lassen, sollen im folgenden Goethe-Biographien oder Gesamtdarstellungen in knappsten Auszügen zitiert und kommentiert werden. Die Behauptung der Universalität Goethes, die für die Vorstellung von der Ganzheitlichkeit des Menschenideals, das er darstellte, unhintergehbar war, läßt zuweilen skurrile Argumente hervortreten, die auch noch auf den entlegensten Begründungszusammenhang zurückgreifen.

Karl Heinemann etwa beginnt sein 1891 erstmals erschienenes Buch über *Goethes Mutter* mit folgenden Worten:

»Man liebt es zur Zeit, die Charaktereigenschaften großer Männer bei ihren Vorfahren so weit als möglich zurück zu verfolgen und nachzuweisen. Kant, Klopstock, Lessing, Norddeutsche vom Scheitel bis zur Sohle, weisen auch in den ältesten Ahnen auf kein anderes Land hin. Schiller und Wieland sind echte Kinder des Südens. Unser größter Dichter ist auch darin universell, daß er in der Abstammung seiner Vorfahren den Norden und Süden vereinigt.« (Heinemann [1891]1900, 3)

Albert Bielschowsky identifiziert in seiner Goethe-Biographie von 1895 Goethes Universalität nach Maßgabe des Goetheschen Symbol-, Typus- und Morphologie-Begriffes. Das Allgemeine, Gesetzliche, Wesenhafte des Allgemein-Menschlichen findet im idealen Naturkörper Goethe seine unübertroffene Darstellung:

»Goethe hat von allem Menschlichen eine Dosis empfangen und war darum der ›menschlichste aller Menschen‹. Seine Gestalt hat ein großartig typisches Gepräge. Sie war ein potenziertes Abbild der Menschheit an sich. Demgemäß hatten auch alle, die ihm näher traten, den Eindruck, als ob sie noch nie einen so ganzen Menschen gesehen hätten.« (Bielschowsky [1895] 1922, 1)

Und in Gundolfs 1916 erstmals erschienenem epochemachenden Goethebuch wird die Universalität einerseits nationalisiert und andererseits differenzierend ausgeweitet auf Moderne, Künstlertum, Dämonisches und gleichzeitig auf die gewaltige

Kraft des Genies der Bewältigung der eigenen Epoche in Richtung aufs Kunstwerk:

»Das nachfolgende Buch ist betitelt ›Goethe‹, ohne weiteren Zusatz. – Es ist daraus schon zu entnehmen worauf es wesentlich ankommt: auf die Darstellung von Goethes gesamter Gestalt, der größten Einheit, worin deutscher Geist sich verkörpert hat. […|…] Goethe ist das größte verewigte Beispiel der modernen Welt, das die bildnerische Kraft eines Menschen, mag sie als Instinkt oder als bewußter Wille wirken, den gesamten Umfang seiner Existenz durchdrungen hat. […|…] So ist denn auch Goethes bildnerische Kraft und das Dämonische das über seinem Leben waltete untrennbar, es sind zwei Formen der einen Kraft […], jener einen Kraft die aus seiner Zeit alles ihn Hemmende, Verkümmernde ausschied und wählerisch umbildete, daß aus fremden Zufällen Goethische Schicksale werden, und aus seinem Raum, seinem Wirkungskreis, alles Widerspenstige, Stockige, Unreine ausschied und wählerisch umbildete, so daß daraus Gestalt und Form wurde.« (Gundolf [1916] 1930, 1ff.)

In Emil Ludwigs 1920 erstmalig erschienen, 10 Jahre später bereits in hundertster Auflage vorliegender Gesamtdarstellung *Goethe* heißt es von der primären Goethe-Erfahrung des Autors:

»Deutlich bewegte sich vor mir ein vulkanischer Mensch, getrieben von Leidenschaften, bis fünfundzwanzig im Begriff zu zerschellen, mit Ende Dreissig verzweifelt, mit Fünfzig bürgerlich breit, mit Sechzig verjüngt, mit Siebzig aufs neue brausend und noch mit Achtzig zuweilen so von Stürmen geschüttelt, daß der Zuschauer zittert. […] Gab es in der Welt einen willkommeneren Führer? Zwischen Gestaltung und Tätigkeit schwankend, suchte ich einen Weg, ein Vorbild, wie diese Triebe auszugleichen wären. Denn da ich jedem System widerstrebe, durch Erziehung ohne Religion, durch Abneigung ohne Philosophie herangewachsen bin, brauchte ich in meinem entschiedenen Sinne für Verehrung und Größe die leibhaftige Gestalt eines Propheten, den ich erst jetzt und hier mit all seinem Irren vor mir sah, um seine Siege doppelt zu bewundern.« (Ludwig [1920] [100]1931, 7)

Hier wird idealtypisch der gloriose ›Führer‹ und ›Prophet‹ Goethe beschworen. Seine Funktion der Leitung der Jugend in einer orientierungslosen Zeit und gleichzeitig seine hellscheinende Heiligkeit bestimmen auch Max Kommerells *Jugend ohne Goethe* (1931) und *Der Dichter als Führer in der deutschen Klassik* (1928). – Ähnlich auratisierend verfährt die Goethe-Biographie des Jesuiten Friedrich Muckermann (1931), der, Goethe mit dem Heiligen Albert dem Großen vergleichend, schwärmt: »Goethe ist Universalität im endlosen Bemühen um den Einklang der Welt. Auch er ist an die Wende gewaltiger Epochen gestellt worden, auch sein Werk eine Summa alles Wissens seiner Zeit, auch sein Ringen in den unendlichen Räumen von Gott und Natur« (Muckermann 1931, 6). Der lebens-umfassende, werkhafte und metaphysische Kampf Goethes um Universalität als Idealtypus der Verkörperung des Makrokosmos im Mikrokosmos läßt Muckermann im folgenden erwägen, ob nicht Goethe der Heiligenschein Alberts des Großen ebenso gebühre – augenfälliger kann die bis in die unmittelbar religiöse Stilisierung reichende Auratisierung Goethes nicht fortgetrieben werden: Der Heiligenschein ist lat. *aura*!

Eine faschisierte Goethebiographie, die die bei Gundolf schon sichtbare Nationalisierung des Goetheschen Geistes radikalisiert aufgreift, stellt Lily Hohensteins *Goethe. Wuchs und Schöpfung* (1942) dar:

»Dem äußeren Lebenskampf, in dem andere ihre besten Kräfte freudlos zermürben, ist er von vornherein enthoben, und nie wird die Sorge um Brot eine Minute seines Lebens füllen. Die kleinliche Not hat ihm das Schicksal aus dem Weg geräumt, um ihn rein und ungehemmt der großen, der erhabenen Not anheimzugeben, in der er leidend und kämpfend die Widersprüche seines Wesens zu einem Ganzen, zu einer blühenden und fruchtbaren Welt sammeln und ordnen soll. Wenn dies gigantische Werk getan sein wird, nach zweiundachtzig Jahren, dann hat ein blutender Sieger Grenzen ermessen und abgesteckt, von denen in der Stunde seiner Geburt kein Mensch den weltenfernen Umriß ahnte. Dann hat ein Eroberer den Lebensraum der deutschen Seele aufgeschlossen.« (Hohenstein 1942, 10f.)

Wie unschwer zu erkennen ist, entstammen die Metaphern des Kampfes aus dem sozialdarwinistischen Weltbild des Nationalsozialismus – ein Kampf, den der privilegierte Goethe als »blutender Sieger« gegen sich selbst und auf dem Felde des Geistes focht; die Schlußmetapher des ›Lebensraums der deutschen Seele‹ usurpiert Goethe unmittelbar im Sinne der ›Volk ohne Raum‹-Ideologie, allerdings mit erzwungenermaßen gewaltsamer Übertragung, da sich zum Leidwesen der Nationalsozialisten sein Werk eigentlich nicht gut zur Indienstnahme anbot.

7. Zur Geschichte der Goetherezeption

Die wachsende Entfremdung zwischen der literarischen Öffentlichkeit und dem vornehmlich durch sein dramatisches wie episches Frühwerk bekanntgewordenen Dichter bildet nur die eine Seite der zeitgenössischen Goethewahrnehmung (die folgende Darstellung lehnt sich in großen Teilen an das epochale Werk von Karl Robert Mandelkow *Goethe in Deutschland. Rezeption eines Klassikers*, 1980/1989 an, dessen Differenziertheit unübertroffen ist und dessen Argumentationsgang hier nur annähernd wiedergegeben werden kann). Daneben existierten seit der Frühromantik unterschiedliche Parteiungen der Goetheverehrer und -apologeten und der vehementesten Goethekritiker bzw. -gegner. Die Identität und Stoßrichtung dieser Gruppierungen wurde auch durch den Einschnitt von Goethes Tod nicht nachhaltig beeinflußt. Während die Frühromantiker – stellvertretend für sie etwa Novalis' Diktum, Goethe sei der »wahre Statthalter des poetischen Geistes auf Erden« (1798) und damit Garant der Wiederherstellung antiken Geistes in der Poesie – mit ihrer Interpretation vor allem von *Herrmann und Dorothea* und der *Lehrjahre* den Goethe des klassischen Jahrzehnts zum Ideal erhoben, wandten die Begleiter aus der Zeit des Sturm und Drang, Lavater, Jacobi, Herder u.a., sich distanzierend von ihm ab. Nach der Jahrhundertwende schlägt die romantische Goetheverehrung im Namen einer metaphysisch-religiösen Literaturvorstellung um in eine vehemente Kritik der Autonomie-Konzeption klassischer Literatur und eine »Absage an die vermeintlich leere Allgemeinheit des antiken Humanitätsideals« (Mandelkow 1980, 58). Aus diesem Impuls speist sich fast bis zu Goethes Tod die nachromantische »religiöse und die national-burschenschaftliche Goetheopposition« (61). Für das erste Drittel des 19. Jahrhunderts sind die bestimmenden Vorgänge »einer immer größere Schichten und Kreise des Publikums erfassenden Kanonisierung und Mythisierung Goethes« als Person zu konstatieren (65) – was der Nichtbeachtung seiner Texte nicht widersprechen muß, sondern ihrer Abgehobenheit von der gesellschaftlichen Realität entspricht (vgl. Chr. Bürger 1977, 101). Goethe und Schiller werden zu Heilsbringern nationalkulturellen Selbstbewußtseins stilisiert, Goethes angebliche Universalität und gelebt-organische Ganzheit wird der Gruppierung der ›Goetheaner‹ zum Gegenbild des »geistigen und kulturellen Verfalls einer Zeit, die sich von den Ideen und Idealen des großen klassischen Jahrzehnts losgesagt habe« (Mandelkow 1980, 70). Damit beginnt die Stilisierung Goethes zum Olympier – er fungierte hier als Bild des Bürgers, der war und konnte, was man selber nicht (sein) konnte, der dem Wunschbild nach personaler Ganzheit entsprach, die einem selbst unter den Bedingungen zunehmender Entfremdung in den Zusammenhängen bürgerlicher Ökonomie und feudalistischer Abhängigkeiten abging (vgl. dazu auch das mythische Goethebild Carus': Mandelkow 1980, 141ff.).

Die Epoche zwischen Goethes Tod und der deutschen Reichsgründung 1871 wird, so Mandelkow, gewöhnlich »als Epoche der Goetheferne und Goethefeindschaft kritisiert« (85) – eine Einschätzung, der zumindest die Differenziertheit der Auseinandersetzung um den Weimarer Schriftsteller widerspricht. Die ›Hinterbliebenen‹ der Weimarer Bekanntschaft und Mitarbeiterschaft Goethes (Riemer, Eckermann, von Müller, H. Meyer u.v.a.m.) sind als Weimarische Kunstfreunde die selbsternannten Nachlaßverwalter. Heldische Verehrung, Verteidigung gegen jede Kritik sowie ›sektiererische Züge‹ treten neben die Sichtung, die Ordnung, Archivierung und teilweise Herausgabe des schriftlichen und häuslichen Nachlasses (vgl. 89ff.). Während die hegelianische Goethe-Kritik weitgehend die Übereinstimmungen zwischen den Werken der beiden ›Meister‹ herausstellt, wird Goethe für Heine einerseits zum unerreichten Bild eines »naturwüchsigen, ganzheitlichen Dichtertyps« (79), andererseits aber auch zur Folie seiner eigenen Autonomie-Konzeption von Literatur, die er gegen platt-politische Vormärzliteratur setzt (vgl. 105). Der Literaturwissenschaftler Gervinus formuliert 1842 in seiner Literaturgeschichte die Formel von Goethe und Schiller als ›doppelseitigem Wesen‹ der deutschen Klassik, die nur zusammen »die Totalität künstlerischer und menschlicher Möglichkeiten« repräsentierten (123).

»Mit seinem Synthesemodell hat Gervinus den Totalitätsanspruch der Weimarer Klassik begründet, die jede nur denkbare Möglichkeit künstlerischer Aussage umgreift und in der jede vorhandene und künftige Polarität künstlerischer Tätigkeit aufgehoben ist. Die gesamte nachklassische Produktion (auch und vor allem die Goethesche!) mußte demzufolge ein Abfall von diesem durch eine glückliche Konstellation einmal erreichten und musterhaft realisierten Ideal sein.« (123)

Das 1861 nach Berlin einberufene Goethekolloquium beginnt die Tradition der literaturwissenschaftlichen Goethephilologie, die allerdings noch Nebenbeschäftigung einiger Goetheverehrer blieb. Erst die Reichsgründung 1871 führte zu einer explosionsartigen Erweiterung der philologischen Bemühungen um Goethes Leben, literarische Texte, Briefe, Tagebücher, Notizen und Schemata, um die gesamte materiale Hinterlassenschaft seines Lebens. Hintergrund dieser Expansion der Goethe-Philologie ist die eindeutige Heroisierung Goethes (und Schillers) zum Olympier im Kaiserreich. Das nationale Selbstbewußtsein nach 1871 und das imperialistische Sendungsbewußtsein des Bürgers in der ersten Blüte des Kapitalismus in Deutschland bedurfte anscheinend leuchtender Leitfiguren: Neben Bismarck und Krupp traten die Namen Goethes und Schillers, neben die neue politische Reichshauptstadt die geistige Kapitale Weimar (vgl. Mandelkow 1980, 205ff.). Die dichterische Leistung Goethes und Schillers – wenn sie überhaupt noch wahrgenommen wurde – wurde einseitig überhöht, das Leben beider harmonisiert, alles Problematische und Disparate weggeleugnet, sogar scheinbar widerlegt. Von der vermeintlich heldischen Biographie der Olympier wurde auf die Werke projiziert, was irgend kompatibel erschien – meist die krude und stumpf-biedermännliche Weltsicht der Interpreten selbst.

Der Literaturunterricht an deutschen Gymnasien war dienstbarer Multiplikator dieses Goethe-Kults: Ohne vernünftiges Grundlagenwissen betrieben, bildeten Klassikerlektüre und Erlebnisaufsatz eine schier unendliche Kette aufeinanderfolgender Mißinterpretationen und Text-Mißhandlungen – die schulsatirischen Romane des Kaiserreichs, etwa H. Manns *Professor Unrat*, beschreiben »die Abtötung der ästhetischen, affektiven und moralischen Qualitäten – und damit der Wirkung von klassischer Literatur durch ihre unterrichtliche Mißhandlung« (Vogt 1982, 10). Den Universitäten des Kaiserreiches muß man dementgegen – obgleich die inhaltliche Tendenz gewiß vergleichbar war – einräumen, daß sie auf sehr intensive Weise Grundlagenforschung betrieben: »Goethephilologie als Lebensform« (Mandelkow 1980, 212). Literaturwissenschaftlicher Positivismus förderte nachgerade alles über Goethes Leben – und sämtliche materialen Details seiner Werke zu Tage. Als achtbare und immer noch unverzichtbare Resultate dürfen die 143-bändige vollständige Sophien-Ausgabe der Werke mit den Unmengen an Paralipomena, Skizzen, Lesarten usf. (1887ff.) sowie die Jubiläumsausgabe angesehen werden (40 Bde., 1902ff.), darüber hinaus die Ausgaben der Gespräche Goethes (von Biedermann 1889-1896) und der Äußerungen

Goethes zu seinen Werken (Gräf 1901-1914; vgl. die kommentierte Bibliographie im Materialteil dieses Bandes). Wirkmächtigste Statthalterin der konservativen Grundlagenforschung zu Leben und Werk Goethes – weit über das Kaiserreich hinaus bis zur Umorientierung in den 1970er Jahren (vgl. Mandelkow 1989, 170) – ist die 1885 gegründete Goethe-Gesellschaft geworden, die das Weimarer Wohnhaus Goethes als ›Goethe-Nationalmuseum‹ zu ihrem Hauptsitz hat.

Die ganz auf der Auratisierung des Olympiers Goethe aufbauende Philologie des Kaiserreichs fand in der Forschung der Weimarer Republik einerseits ihre ungebrochene Fortsetzung. Repräsentativ dafür steht August Herrmann Korffs *Geist der Goethezeit* (1923-1953), in dem »Goethe als der neue Christus einer diesseitigen, faustischen Weltfrömmigkeit« heiliggesprochen wird (Mandelkow 1989, 26). Gegen Korffs (u.a.) Fortsetzung der Goethe-Verkultung stehen andererseits Beiträge des frühen Materialismus der zwanziger Jahre, etwa Benjamins Goethe-Artikel für eine sowjetische Enzyklopädie (1928/29), darüber hinaus das neue und differenzierte wissenschaftliche Interesse vor allem am lange vernachlässigten Goetheschen Spätwerk. Im Gymnasialunterricht der Weimarer Republik fand dementgegen keine Neuorientierung statt, die Vergötterung oder Auratisierung der Olympier Schiller und Goethe ging weiter – bis in den Faschismus hinein. Die Indienstnahme Goethes für den Nationalsozialismus ist etwa am Beispiel des *Faust* oben schon angedeutet worden.

Die Germanistik und der Deutschunterricht der Nachkriegszeit restaurieren unter der Maßgabe der Entpolitisierung – eine Reaktion auf ihre extreme Dienstbarmachung durch den Nationalsozialismus ist die Werkimmanenz – die alten Bildungskonzepte. Die personelle Kontinuität in Lehre und Forschung über den Faschismus hinweg bis in die BRD hinein sichert die Weiterführung der traditionellen Goethe-Verkultung. Emil Staigers dreibändige Goethe-Nachempfindung (1952/56/59) ist der Höhepunkt dieser Tradition. Vor allem der Gymnasialunterricht setzt unproblematisiert die eingängige Deutung der letzten einhundert Jahre fort. Sichtbarstes Symbol der Restauration des traditionellen, musealen Goethe- und Klassikerbildes ist gewiß der Wiederaufbau des im Kriege zerstörten Goethe-Hauses in Frankfurt. Die scharf geführte Kontroverse um diesen Wiederaufbau läßt sich typologisieren: Auf der einen Seite stehen die Verfechter des Wiederaufbaus, die warnen, »den Aschenplatz als Schandmal unserer Zeit liegen zu lassen«, auf der anderen Seite diejenigen, unter ihnen Walter Dirks, Reinhold Schneider und Walter Muschg, die dafür eintreten, die in der Ruine sichtbare »kulturelle Zerstörung als Folge politischen Versagens bewußt wahrzunehmen und hinzunehmen« (Vogt 1982, 16; eine ausführliche Dokumentation und Darstellung der Debatte um den Wiederaufbau und der damit indizierten Restauration eines auch musealen Goethebildes vor allem in Westdeutschland und sein Gegenbild in der Goethe-Verehrung der DDR liefert B. Meier 1989). Die Feiern zum 200. Geburtstag Goethes 1949 stellten den absoluten Höhepunkt der Wiederherstellung des kultischen Goethe-Bildes dar:

»Ganz Deutschland feierte Goethe. Ausführliche Festschriften und Programme legen davon Zeugnis ab, wie sehr er das kulturelle Leben in West- und Ost-, Nord- und Süddeutschland beherrschte. Die Feiern konzentrierten sich zumeist auf die letzten Tage und Wochen im August und fanden ihren natürlichen Höhepunkt in einem Festakt zum 28. August. Nahezu identisch war bei fast allen Feiern das Programmangebot. So finden sich in stetem Wechsel Goethe-Reden, Konzerte, Rezitationsabende, Liederabende und Aufführungen der Goetheschen Werke. Bei den Goethe-Aufführungen stand – dem allgemeinen Trend zur Verherrlichung des ›alten‹ Goethe gemäß – der *Faust* im Mittelpunkt der Bemühungen.« (Meier 1989, 86)

Die Goethe-Feiern in Westdeutschland und der SBZ können als Versuch interpretiert werden, nach der Niederlage von 1945 auf einem internationalen wie unpolitisch erscheinenden Forum die eigene kulturelle Identität neu aufzuwerten und zu behaupten. Gleichzeitig findet die eintretende staatliche Teilung Deutschlands darin Ausdruck, daß »jeder der beiden Staaten das alleinige Erbrecht [auf das Werk und die Person Goethes, BJ] beansprucht« (Nutz 1983, 463; vgl. auch Nägele 1977). Das Auftreten Th. Manns als Festredner und jeweiliger Goethepreisträger in beiden Staaten wird für die jeweiligen politischen Interessen zum ideologischen Angriffsmoment gegen die andere Seite (vgl. Meier 1989, 116ff.). In den Feiern wird die unterschiedliche Ausrichtung der Goethe-Instrumentalisierung in BRD und SBZ grundgelegt: zum entpolitisierten Kultbild auf der einen und zum Leitbild des ›kulturellen Erbes‹ für eine sozialistische Nationalkultur auf der anderen Seite (ein differenzierteres Bild über die Unterschiede zwischen der traditionellen und neueren Goethe-Forschung in der BRD und dem Verlauf seiner Deutung in der DDR geben die ausführlichen Literaturberichte zu den literarischen Texten im vorliegenden Band).

Neben der schulischen oder gar universitären Goetherezeption mit einem zumindest mittlerweile einigermaßen hohen Anteil an kritischer Selbstreflexion existiert bis in die Gegenwart hinein eine völlig von der Textkenntnis entfernte Goethe-Verehrung. Sie äußert sich einerseits in einer Fülle von alltäglichen und alltagssprachlichen Goethe-Zitaten und -Anspielungen, die gewiß als Restbestand des Klassiker-Unterrichts früherer Jahrzehnte gelten darf. In noch nie dagewesenem Maße ›erfreuen‹ sich die zentralen Gedenkstätten des Goetheanismus in Frankfurt und Weimar eines nicht abbrechenden Besucherstroms aus aller Welt – dessen auratisierendem Enthusiasmus der museale Neubau in Frankfurt keinen Abbruch tut. Immerhin sind hier, neben dem originalen Mobilar, noch zwei Stufen der ursprünglichen Treppe vorhanden, auf denen »ER als Kind noch wandelte«: ohne Kenntnis seiner Texte wird Goethe schlicht mit der kulturellen Identität der Deutschen als ›Volk der Dichter und Denker‹ in eins gesetzt. Kaum ein Vertreter der deutschen Literatur muß sein Porträt so oft für Annoncen für alle erdenklichen Produkte hergeben: Zum Goethejahr 1932 werden Zigarren, je nach Größe und Preis als »Mignon« (10 Pfg.) über »Iphigenie« zu »Egmont« (40 Pfg.) verkauft (vgl. Jeziorkowski 1987, 13), für Unternehmensberatungen oder ganzheitliche Erziehungskonzepte wird mit Goethes Bild geworben, Verballhornungen von Goethe-Zitaten dienen als Anzeigentext (vgl. Segebrecht 1978).

Zu dieser alltagskulturellen Ebene der Goethe-Verkultung paßt ein beträchtlicher Anteil der sogenannten Forschungsliteratur zu Goethe. Die Jahres-Bibliographien des *Goethe-Jahrbuchs* weisen alljährlich eine große Menge Publikationen aus, die sich mit singulären Lebensumständen Goethes oder seiner Familie, den Umständen seiner juristischen Promotion, den verschiedensten Gedenkstätten der Goetheverehrung, auch einiger Gasthäuser etwa, in denen Goethe auf einer seiner Reisen etwa einkehrte, mit dem einfühlenden Nacherleben Goethescher Reisen oder mit zu Devotionalien gewordenen alltäglichen Gegenständen seines Lebens befassen. Zu nennen sind hier etwa die kleinlichen Kritteleien des Bandes *Hier irrt Goethe von A-Z* (Eberle 1973), *Alte Kochbücher aus Frankfurt* (Horn 1973), *Warum Goethe Wolfenbüttel mied* (Meyer-Rotermund 1974), *Seifendose mit Widmung* (Gerig 1979; ein Goethe geschenktes und gewidmetes Necessaire betreffend), *Goethe im Fichtelgebirge* (Braun 1982), *Hätschelhans. Goethe als Liebhaber* (Huber 1982), *Goethe in und über Lippe* (Detering 1982), *Das*

Lächeln des Olympiers. Anekdoten um Johann Wolfgang von Goethe (Carstenssen 1984), *Charlotte von Stein. Goethes unerfüllte Passion* (Nobel 1985), *J. W. v. Goethe in Duderstadt* (Otto 1984), *Goethe als Eisläufer* (Gassner 1984) und viele andere mehr. Die unendlich fortsetzbare Liste zeigt, wie weit die nach wie vor existente und äußerst ergiebige Goethe-Verkultung einerseits zu touristischer Attraktion und Kunstgewerbe verkommen ist, andererseits aber durchaus eine ideologische Funktionszuweisung an Goethe realisiert, die als – natürlich nur vermeintliche – Stiftung nationaler kultureller Identität zu beschreiben ist.

Sowohl gegen die ideologischen Implikationen dieses ›Dichter-und-Denker‹-Kultes als auch gegen die Rekanonisierung Goethes in Germanistik und Literaturunterricht in der BRD wie gegen das einfühlende Goethebild vor allem Staigers artikulierten das schon zitierte Buch zum ›Faustischen‹ von Hans Schwerte (1962) und Richard Friedenthals *Goethe. Sein Leben und seine Zeit* (1963) erste Einsprüche. Erst die Dynamisierung aber, die mit der Studentenbewegung aufbrach, entlarvte den Klassikerkult als Ideologem der bürgerlichen Machtsicherung – und mit dem Kult verschwanden zumindest auf seiten bildungspolitischer Programmatik die Klassiker Goethe und Schiller für fast anderthalb Jahrzehnte aus dem Kanon für die jüngere Generation.

Seit dem Beginn der achtziger Jahre findet einerseits eine neokonservative Rückkehr zu den literarischen Kanones von vor 1968 statt – das epochenorientierte Literaturstudium etwa in der gymnasialen Oberstufe verpflichtet zur ›Interpretation‹ wenigstens der *Iphigenie*, möglicherweise des *Werthers* oder gar des *Faust*, die Problematisierungen des Klassikerbildes aus den Siebzigern scheinen hier nicht angekommen zu sein. Gleichzeitig und durchaus konträr dazu kommt es in den frühen achtziger Jahren zu einer reflektierten Rückkehr zu den Texten Goethes, die zumindest in Teilen nicht in alte Denkmuster zurückfällt, ja die Geschichte der traditionellen Denkmuster der Goetheforschung, -lektüre und -auratisierung aufzuarbeiten versucht, wie es beispielhaft Mandelkows zweibändiges Werk *Goethe in Deutschland* (1980/89) vorführt (vgl. dazu auch die Ausführungen von Vogt 1982, 19ff.), ähnlich die reflektierte Lebens- und Werkdarstellung Conradys (*Goethe. Leben und Werk.* 1982/85). Gerade die anderthalb Jahrzehnte während ›Entfremdung‹ von Goethe scheint eine Wiederannäherung ermöglicht zu haben, die, relativ befreit von traditionellen ideologischen Denkmustern und Lektürevorgaben, den Texten neue ästhetische und gesellschaftliche Qualität abgewinnen kann.

VII. Abkürzungsverzeichnis (Zeitschriftentitel)

DD	Diskussion Deutsch
DU (Ost)	Der Deutschunterricht (DDR)
DU (West)	Der Deutschunterricht (BRD)
DVjs	Deutsche Vierteljahresschrift für Literaturwissenschaft und Geistesgeschichte
EG	Etudes Germaniques
GJb	Goethe Jahrbuch
GLL	German Life and Letters
GQ	German Quarterly
GR	Germanic Review
GRM	Germanisch-Romanische Monatsschrift
GYb	Goethe-Yearbook
JbDSG	Jahrbuch der deutschen Schillergesellschaft
JbFDH	Jahrbuch des Freien Deutschen Hochstifts
JbGG	Jahrbuch der Goethe-Gesellschaft
JbWGV	Jahrbuch des Wiener Goethe-Vereins
LfL	Literatur für Leser
LiLi	Zeitschrift für Literaturwissenschaft und Linguistik
LWU	Literatur in Wissenschaft und Unterricht
LYb	Lessing-Yearbook
MfdU	Mitteilungen für den Unterricht
MLQ	Modern Language Quarterly
NDH	Neue Deutsche Hefte
NR	Neue Rundschau
OGS	Oxford German Society
PEGS	Publications of the English Goethe Society
PMLA	Publications of the Modern Language Association of America
RG	Recherches Germaniques
WB	Weimarer Beiträge
WW	Wirkendes Wort
ZfdPh	Zeitschrift für deutsche Philologie
ZfdU	Zeitschrift für den deutschen Unterricht
ZfG	Zeitschrift für Germanistik

VIII. Bibliographie

Die Bibliographie führt, neben Ausgaben, Bibliographien, Handbüchern und Biographien, die Forschungsliteratur auf, auf die der vorliegende Band zurückgreift. Die Bibliographie ist der Kapitelgliederung des Bandes entsprechend aufgeteilt. Um Mehrfachnennungen einzelner Texte weitgehend zu vermeiden, finden sich manche Titel nicht in den betreffenden Abschnitten, sondern entweder in den allgemeinen Teilen zu den literarischen Gattungen bzw. unter »Biographien, Gesamtdarstellungen, Allgemeines«.

1. Ausgaben

Weimarer oder *Sophienausgabe* (WA)
Werke. Hrsg. im Auftrage der Großherzogin Sophie von Sachsen. VI Abtheilungen. 133 Bde. in 143 Teilen. Weimar 1887-1919. Photomech. Nachdruck bei dtv, München 1987.

> Die WA stellt die bisher an Vollständigkeit nicht übertroffene Gesamtausgabe der schriftstellerischen Werke, Briefe, Tagebücher, Annalen usf. dar; darüber hinaus bietet sie die Fülle der Schemata, Paralipomena, Skizzen und Materialien zu den einzelnen Werken. Die Ausgabe ist das Ergebnis der detaillierten wie besessenen Goethephilologie im letzten Drittel des 19. Jahrhunderts und muß zu praktisch jeder vertiefenden Forschungsarbeit konsultiert werden. Gleichwohl sind die editorischen Grundentscheidungen, etwa grundsätzlich die Textgestalt nach der ›Ausgabe letzter Hand‹ zu Goethes letztwillig autorisiertem Text zu erklären, problematisch. So weichen viele Texte von denen der späteren historisch-kritischen Ausgaben ab, auch die Anordnung der Texte folgt Goethes angeblichem letzten Willen. Die WA verzichtet ganz auf Einleitungen in die einzelnen Bände und auf Kommentare.

Jubiläums-Ausgabe (JA)
Sämtliche Werke. Jubiläumsausgabe in 40 Bänden. Hrsg. von Eduard von der Hellen u.a. Stuttgart 1902-1907.

> Von zum Teil den gleichen Bearbeitern wie bei der WA wird in der JA, vielleicht der schönsten Werkausgabe überhaupt, die Lücke der fehlenden Einführungen und Kommentare geschlossen. Die Textgestalt orientiert sich z.T. nicht mehr an der ›Ausgabe letzter Hand‹,

sondern greift auf frühe Drucke und Handschriften zurück. Die Textauswahl ist umfassend, darüber hinaus leistet der 1912 erschienene Band mit Personen- und Sachregister zur gesamten Edition unschätzbare Dienste bei der Arbeit an den Texten. Die JA stellte für lange Zeit die Textbasis für weitere Werkeditionen dar.

Gedenkausgabe (GA)
Artemis-Gedankausgabe der Werke, Briefe und Gespräche. 24 Bde. Hrsg. von Ernst Beutler. Zürich 1948-1954. 3 Ergänzungsbände 1960-1971.

Schön gestaltete und umfassende Studienausgabe. Die GA orientiert sich in Textgestalt und Textkritik an unterschiedlichen älteren Vorlageeditionen und verzichtet auf Editionskommentar und Erläuterungen zu den Texten, jedem einzelnen Band wird aber eine kleine Einführung beigegeben. Die Integration der Briefe und vor allem der Gespräche Goethes in die Studienausgabe macht ihren besonderen Wert aus.

Hamburger Ausgabe (HA)
Werke. In 14 Bänden. Hrsg. von Erich Trunz. Hamburg 1948-60. Neubearb. München 1981 und München (dtv) 1982.

Die HA stellt ›die‹ Studienausgabe schlechthin dar, vor allem nach der Modernisierung der Erläuterungen, Kommentare und bibliographischen Anhänge in der neubearbeiteten Auflage von 1981 und der Taschenbuch-Kassette bei dtv ist sie die gängigste und für die wissenschaftliche Arbeit gebräuchlichste textkritische Edition. Den meist auf der Basis ihrer Letztfassungen edierten Texten werden im Anhang gegebenenfalls Abweichungen der Erst- oder früheren Druckfassung gegenübergestellt, die Entstehungsgeschichte der Texte wird ausführlich erläutert. Die interpretativen Passagen der Kommentare jedoch können ihre Herkunft aus der Goethe-Philologie der vierziger und fünfziger Jahre nicht verschleiern, sind aber als kritisch zu lesende Basisinformation durchaus nützlich; darüber hinaus bietet der Kommentarteil Auszüge aus einschlägigen (älteren) Werken der Forschungsliteratur. Die Textgestalt wird in der HA ein wenig zu rigide modernisiert, d.h. die Abweichungen von der originalen Orthographie und Interpunktion sind z.T. schwerwiegend.

Berliner Ausgabe (BA)
Poetische Werke. Kunsttheoretische Schriften und Übersetzungen. Hrsg. von einem Bearbeiterkollektiv unter Leitung von Siegfried Seidel. 22 Bde. Berlin, Weimar 1960-1978.

Diese große Werkausgabe der DDR-Goetheforschung basiert auf der Textgestalt der WA. Ein ausführlicher Anhang bietet nützliche Erläuterungen zu einzelnen Passagen, v.a. die Einbeziehung vieler Paralipomena aus der WA erweist sich als sinnvolle Ergänzung zu den Texten.

Frankfurter Ausgabe (FA)
Sämtliche Werke. Briefe, Tagebücher und Gespräche. Hrsg. von Dieter Borchmeyer u.a. 40 Bde., 2 Abt. Frankfurt/M. 1985ff.

Die im Deutschen Klassiker Verlag erscheinende kostbare Ausgabe stellt den Versuch dar, hinsichtlich der Vollständigkeit an die JA anzuschließen. Die Edition der Texte erfolgt nach strengsten philologischen Gesichtspunkten, Interpunktion, Orthographie und Textgestalt von Handschriften, Erst- und späteren Drucken werden gegeneinandergehalten, die editorischen Entscheidungen in einem ausführlichen Kommentar dokumentiert und begründet. Die Kommentarteile (bzw. -bände) bieten darüber hinaus eine Fülle sinnvoller Einführungen, Erläuterungen und Hinweisen zur Deutung der Werke bzw. einzelner Passagen.

Münchner Ausgabe (MA)
Sämtliche Werke nach Epochen seines Schaffens. Hrsg. von Karl Richter. 20 Bde. in 25 Teilen. München 1985ff.

Die MA stellt den erstmaligen Versuch dar, in einer großangelegten Ausgabe die Werke nicht nach Werkgruppen oder gar der Anordnung Goethes folgend zu edieren, sondern streng nach der Chronologie ihrer Entstehung. Der Vorteil dieses Editionsverfahrens ist einerseits, daß die verschiedenen Fassungen einzelner Werke vollständig abgedruckt sind, dem Leser also tiefere Vergleichsmöglichkeiten anbieten, andererseits, daß die Textgestalt sehr eng an Handschriften, frühen Drucken usf. orientiert werden kann. Ähnlich wie in der FA, wenngleich nicht mit derselben Ausführlichkeit, bieten die Kommentare und Erläuterungen der MA viele nützliche Informationen und Deutungshilfen.

Goethe. Die Schriften zur Naturwissenschaft. Leopoldina-Ausgabe (LA)
Vollständige mit Erläuterungen versehene Ausgabe im Auftrage der Deutschen Akademie der Naturforscher Leopoldina. Weimar 1947ff.

Goethes Briefe. Hamburger Ausgabe (HAB)
Textkritisch durchgesehen und mit Anmerkungen versehen von Karl Robert Mandelkow. 4 Bde. Hamburg 1962-67. Ergänzungsbände: *Briefe an Goethe.* 2 Bde. Hrsg.v. K.R.M. München 1965-69. Zusammen als *Briefe von und an Goethe.* 6 Bde. München 1988.

Neben der 50 Bände umfassenden »Briefe-Abteilung« der WA lange Zeit die ausführlichste und sorgfältigste Brief-Edition.

Goethe über seine Dichtungen (Gräf)
Versuch einer Sammlung aller Äußerungen des Dichters über seine poetischen Werke, von Hans Gerhard Gräf. 3 Teile in 9 Bänden. Frankfurt/M. 1901-1914.

2. Bibliographien, Hand- und Wörterbücher

Goethe-Bibliographie. Auswahlbibliographie 1832-1964. Begr. von Hans Pyritz, fortgef. von Heinz Nicolai und Gerhard Burckhardt. 2 Bde. Heidelberg 1965, 1968.

Jahresbibliographie im Goethe-Jahrbuch. Von 1952/53 bis 1971 zusammengestellt von Heinz Nicolai, seit 1972 von Hans Henning. Jeweils im *GJb.*

Goethe-Bibliographie. Literatur zum dichterischen Werk. Zusammengestellt von Helmut G. Hermann. Stuttgart 1991.

Goethe-Handbuch. Hrsg.v. Julius Zeitler. 3 Bde. Stuttgart 1916-1918. Von der 2., vollkommen neugestalteten Auflage erschienen nur Bd. 1. Stuttgart 1961, Bd. 4. Stuttgart 1955. Das *Handbuch* wird derzeit erneut völlig überarbeitet.

Goethe-Wörterbuch. Hrsg. von der Akademie der Wissenschaften der DDR, der Akademie der Wissenschaften in Göttingen und der Heidelberger Akademie der Wissenschaften. Bd. 1: Berlin/Stuttgart 1978, Bd. 2: Stuttgart, Berlin, Köln, Mainz 1989; Bd. 3 bisher 5 Teillieferungen.

3. Biographien, Gesamtdarstellungen, Allgemeines

Benjamin, Walter: »Goethe. Enzyklopädieartikel«. [1928/29] In: W.B.: Gesammelte Schriften II.2 (werkausgabe 5). Frankfurt/M. 1980, 705-739.

Beutler, Ernst: *Essays um Goethe.* Leipzig 1941.

Biedrzynski, Effi: *Goethes Weimar. Das Lexikon der Personen und Schauplätze.* Zürich 1992.

Börner, Peter: *Johann Wolfgang von Goethe in Selbstzeugnissen und Bilddokumenten.* Reinbek bei Hamburg 1964.

Chronik von Goethes Leben. Zusammengestellt von Franz Götting. [1949] Frankfurt/M. 1963.

Conrady, Karl Otto: *Goethe. Leben und Werk.* 2 Bde. Königstein/Ts. 1980, 1985.

Dilthey, Wilhelm: *Das Erlebnis und die Dichtung. Lessing, Goethe, Novalis, Hölderlin.* [1905] Leipzig 1991.

Eissler, Kurt Robert: *Goethe. Eine psychoanalytische Studie.* [1963] Bd. I. Basel 1983; Bd. 2. Basel 1985.

Friedenthal, Richard. *Goethe. Sein Leben und seine Zeit.* [1963] München 1983.

Goethes Leben von Tag zu Tag. Eine dokumentarische Chronik. Von Robert Steiger. Bd. 1ff. Zürich 1982ff. (bisher 4 Bde.).

Gundolf, Friedrich: *Goethe.* [1916] Berlin ¹³1930.

Hölscher-Lohmeyer, Dorothea: *Johann Wolfgang Goethe.* Autorenbuch 623. München 1991.

Korff, Hermann August: *Geist der Goethezeit. Versuch einer ideellen Entwicklung der klassisch-romantischen Literaturgeschichte.* I. Teil: *Sturm und Drang,* Leipzig 1923; II. Teil: *Klassik,* Leipzig 1930; III. Teil: *Romantik: Frühromantik,* Leipzig 1940; IV. Teil: *Hochromantik,* Leipzig 1953.

Kreutzer, Leo. *Mein Gott Goethe. Essays.* Reinbek bei Hamburg 1980.

Kühnemann, Eugen: *Goethe.* 2 Bde. Leipzig 1930.

Ludwig, Emil: *Goethe.* [1920] Berlin, Wien, Leipzig [100]1931.

Lukács, Georg: *Goethe und seine Zeit.* Bern 1947.

Mann, Thomas: »Goethe als Repräsentant des bürgerlichen Zeitalters«. [1932] In: Th.M.: *Leiden und Größe der Meister.* Frankfurt/M. 1982, 145-180.

Mayer, Hans: *Goethe. Ein Versuch über den Erfolg.* Frankfurt/M. 1973.

Mayer, Hans (Hrsg.): *Goethe im XX. Jahrhundert. Spiegelungen und Deutungen.* Hamburg 1967.

Michel, Christoph (Hrsg.): *Goethe. Sein Leben in Bildern und Texten.* Frankfurt 1982.

Mommsen, Wilhelm. *Die politischen Anschauungen Goethes.* Stuttgart 1948.

Müller, Günther: *Kleine Goethebiographie.* Bonn 1947.

Muschg, Adolf: *Goethe als Emigrant. Auf der Suche nach dem Grünen bei einem alten Dichter.* Frankfurt/M. 1986.

Staiger, Emil. *Goethe.* 3 Bde. Zürich 1952, 1956, 1959.

Viëtor, Karl: *Goethe. Dichtung, Wissenschaft, Weltbild.* München 1949.

Zimmermann, Rolf-Christian: *Das Weltbild des jungen Goethe.* 2 Bde. München 1969, 1979.

4. Forschungsliteratur

Lyrik

Biese, Alfred: *Zur Erfassung und Deutung lyrischer Gedichte.* Neuwied 1913.

Closs, August: »Goethe«. In: A.C.: *Die Freien Rhythmen in der deutschen Lyrik. Versuch einer übersichtlichen Zusammenfassung ihrer entwicklungsgeschichtlichen Eigengesetzlichkeit.* Bern 1947, 26-95.

Dilthey, Wilhelm: *Das Erlebnis und die Dichtung.* [1905] Leipzig 1991.

Ermatinger, Emil: »Goethe«. In: E.E.: *Die deutsche Lyrik seit Herder. Erster Band: Von Herder zu Goethe.* [1920] Leipzig und Berlin 1925, 99-310.

Killy, Walter: »›Das Wort ist ein Fächer‹ – Erfahrungen mit Goethe-Gedichten«. In: W.K.: *Schreibweisen – Leseweisen.* München 1982, 98-111.

Kommerell, Max: *Gedanken über Gedichte.* [1943] Frankfurt/M. 1985.

Martini, Fritz: »Sänger und Gesang – Mythos, Poetik und Geschichte. Ein Kapitel deutscher Lyrikgeschichte zwischen Klopstock und Heine«. *GJb* 101 (1984), 139-161.

May, Kurt: *Form und Bedeutung*. Stuttgart 1957.
Müller, Joachim: »›Tageszeiten, Jahreslauf, Lebensalter in Goethes Lyrik«. In: J.M.: *Neue Goethe-Studien*. Halle/Saale 1969, 27-49.
Pehnt, Wolfgang: *Zeiterlebnis und Zeitdeutung in Goethes Lyrik*. Tübingen 1957.
Richter, Karl: »Morphologie und Stilwandel. Ein Beitrag zu Goethes Lyrik«. *JbDSG* 21 (1977), 192-215.
Trunz, Erich: »Die Formen der deutschen Lyrik in der Goethezeit«. *DU (West)* 16/6 (1964), 17-32.
Trunz, Erich: »Goethes lyrische Kurzgedichte 1771-1832«. In: *GJb* NF 26 (1964), 1-37.
Wiegand, Julius: »Goethe«. In: J.W.: *Zur lyrischen Kunst Walthers, Klopstocks und Goethes*. Tübingen 1956, 80-152.

Sturm und Drang

Boyle, Nicholas: »›Maifest‹ und ›Auf dem See‹«. *GLL* 36 (1982/83), 18-34.
Blumenberg, Hans: »Die Entfrevelung des Feuerraubs«. In: H.B.: *Arbeit am Mythos*. [1979] Frankfurt/M. ⁵1990, 327-431.
Braemer, Edith: *Goethes ›Prometheus‹ und die Grundpositionen des Sturm und Drang*. Weimar 1959.
Brandt, Helmut: »Goethes Sesenheimer Gedichte als lyrischer Neubeginn«. *GJb* 108 (1991), 31-46.
Conrady, Karl Otto: »Johann Wolfgang von Goethe: Prometheus«. In: Wiese, Benno von (Hrsg.): *Die deutsche Lyrik. Form und Geschichte*. Düsseldorf 1956, 214-226.
Conrady, Karl Otto: »Zur Bedeutung von Goethes Lyrik im Sturm und Drang«. In: Hinck, Walter (Hrsg.): *Sturm und Drang. Ein literaturwissenschaftliches Arbeitsbuch*. Kronberg/Ts. 1978, 97-116.
Feldt, Michael: »Erlebnislyrik bei Goethe«. In: M.F.: *Lyrik als Erlebnislyrik. Zur Geschichte eines Literatur- und Mentalitätstypus zwischen 1600 und 1900*. Heidelberg 1990, 169-195.
Fischer-Lamberg, Hanna: »Die Minervagestalt in Goethes Prometheus«. In: Grumach, Ernst (Hrsg.): *Beiträge zur Goetheforschung*. Berlin 1959, 128-138.
Gnüg, Hiltrud: »Lyrische Subjektivität als Ausdruck der Innerlichkeit. Exemplarische Analyse ausgewählter Gedichte des jungen Goethe«. In: H.G.: *Entstehung und Krise lyrischer Subjektivität*. Stuttgart 1983, 51-78.
Hölscher-Lohmeyer, Dorothea: »Die Entwicklung des Goetheschen Naturdenkens im Spiegel seiner Lyrik – am Beispiel der Gedichte *Mailied – Selige Sehnsucht – Eins und Alles*«. *GJb* 99 (1982), 11-31.
Hubig, Christoph: »›Genie‹ – Typus oder Original. Vom Paradigma der Kreativität zum Kult des Individuums«. In: *Propyläen Geschichte der Literatur. Literatur und Gesellschaft der westlichen Welt*. Bd. 4: *Aufklärung und Romantik. 1700-1830*. Berlin 1988, 187-210.
Kaiser, Gerhard: »Was ist ein Erlebnisgedicht? Johann Wolfgang Goethe: ›Es schlug mein Herz‹«. In: G.K.: *Augenblicke deutscher Lyrik. Ge-*

dichte von Martin Luther bis Paul Celan. Frankfurt/M. 1987, 117-144.

Kaiser, Gerhard: »Goethes Naturlyrik«. *GJb* 108 (1991), 61-73.

Keller, Werner: »Goethes ›Ganymed‹. Mythisches Modell und odische Metamorphose«. In: Polheim, Karl Kurt (Hrsg.): *Sinn und Symbol. Festschrift für Josef Strelka.* Bern 1987, 67-85.

Laufhütte, Hartmut: »Volkslied und Ballade«. *GJb* 108 (1991), 85-100.

Leistner, Bernd: »Urfassung und klassische Aneignung«. In: Löser, Christian (Hrsg.): *Lesarten. Texte zu Gedichten.* Berlin und Weimar 1982, 54-62.

Matzen, Raymond: *Das Sesenheimer Liebesidyll. Friederike Brion in Goethes Liedern und Schriften.* Kehl, Strasbourg, Basel ³1986.

Metscher, Thomas: »›Prometheus‹. Zum Verhältnis von bürgerlicher Literatur und materieller Produktion«. In: Lutz, Bernd (Hrsg.): *Literaturwissenschaft und Sozialwissenschaften 3. Deutsches Bürgertum und literarische Intelligenz 1750-1800.* Stuttgart 1974, 385-453.

Meyer-Krentler, Eckhardt: *Willkomm und Abschied. Herzschlag und Peitschenhieb. Goethe – Mörike – Heine.* München 1987.

Michelsen, Peter: »›Willkomm und Abschied‹. Beobachtungen und Überlegungen zu einem Gedicht des jungen Goethe«. *Sprachkunst* 4 (1973), 6-20.

Müller, Joachim: »Goethes Hymnen ›Prometheus‹ und ›Ganymed‹« [1959]. In: J.M.: *Neue Goethe-Studien.* Halle/Saale 1969, 52-67.

Müller, Peter: »Goethes ›Prometheus‹«. *WB* 22/3 (1976), 52-82.

Pietzker, Carl: »Goethes Prometheus-Ode«. In: C.P.: *Trauma, Wunsch und Abwehr. Psychoanalytische Studien zu Goethe, Jean Paul, Brecht, zur Atomliteratur und zur literarischen Form.* Würzburg 1985, 9-64.

Pietzker, Carl: »Johann Wolfgang Goethe: ›Mailied‹«. *WW* 19 (1969), 15-28.

Reinhardt, Hartmut: »Prometheus und die Folgen«. *GJb* 108 (1991), 137-168.

Richter, Julius: »Zur Deutung der Goetheschen Prometheusdichtung«. *JbFDH* 1928, 65-104.

Segebrecht, Wulf: »Goethes Erneuerung des Gelegenheitsgedichts«. *GJb* 108 (1991), 129-138.

Segebrecht, Wulf: »Goethes Theorie und Praxis des Gelegenheitsgedichtes«. In: W.S.: *Das Gelegenheitsgedicht. Ein Beitrag zur Geschichte und Poetik der deutschen Lyrik.* Stuttgart 1977, 287-328.

Sorg, Bernhard: *Das lyrische Ich. Untersuchungen zu deutschen Gedichten von Gryphius bis Benn.* Tübingen 1984 (zu Goethe v.a. 52-90).

Träger, Claus: »Prometheus in Frankreich und Deutschland – unmittelbare und mittelbare Erzeugung der Geschichte«. In: Bahner, Werner (Hrsg.): *Literaturgeschichte als geschichtlicher Auftrag. Werner Krauss zum 60. Geburtstag.* Berlin 1961, 187-225 u. 275-294.

Von der Hellen, Eduard: *Kommentar zu Prometheus.* JA (1902) II, 291.

Walzel, Oskar: *Das Prometheus-Symbol von Shaftesbury zu Goethe.* München 1910.

Wertheim, Ursula: »Das Volkslied in Theorie und Praxis bei Herder und Goethe«. In: U.W.: *Goethe-Studien*. Berlin 1968, 9-35.

Wruck, Peter: »Die gottverlassene Welt des Prometheus. Gattungsparodie und Glaubenskonflikt in Goethes Gedicht«. *ZfG* 8/1 (1987), 517-531.

Zimmermann, Rolf Christian: »›Ganymed‹, ›Prometheus‹ und ›Prometheus‹-Fragment«. In: R.Chr.Z.: *Das Weltbild des jungen Goethe*. Bd. II. München 1979, 119-166.

Frühe Weimarer Jahre

Adorno, Theodor W.: »Rede zu Lyrik und Gesellschaft«. [1957] In: Th.W.A.: *Noten zur Literatur*. Frankfurt/M. 1981, 49-68.

Bleisch, P. (Hrsg.): *Bilder aus Ilmenaus Vergangenheit*. Ilmenau 1910.

Düntzer, Heinrich. »Goethes Gedichte ›Auf Miedings Tod‹ und ›Ilmenau‹«. *ZfdPh* 27 (1894), 64-109.

Engelhardt, Wolf von: »Goethes ›Harzreise im Winter‹ 1777«. *GJb* 104 (1987), 192-211.

Heller, Peter: »Gedanken zu einem Gedicht von Goethe«. In: Dürr, Volker (Hrsg.): *Versuche zu Goethe. Festschrift für Erich Heller*. Heidelberg 1976, 76-120.

Henel, Heinrich: »Der Wanderer in der Not: Goethes ›Wandrers Sturmlied‹ und ›Harzreise im Winter‹«. [1973] In: H.H.: *Goethezeit*. Frankfurt/M. 1980, 349-355.

Immig, Rudolf: »Ilmenau am 3. September 1783 – Interpretation«. *Die Pädagogische Provinz* 9 (1955), 609-618.

Johnson, L.P.: »Wanderers Nachtlied«. *GLL* 36 (1982/83), 35-48.

Kraft, Werner. »Über allen Gipfeln«. [1932] In: W.K.: *Goethe. Wiederholte Spiegelungen aus fünf Jahrzehnten*. München 1986, 253-276.

Lauffs, Manfred: »›Er war mir August und Mäzen‹. Annäherung an ein Gedicht über soziale Verhältnisse und ein freundschaftliches Verhältnis«. In: Arnold, Heinz Ludwig (Hrsg.): *Goethe. text und kritik Sonderheft*. München 1982, 54-83.

Lehmann, Johann August: *Goethe's Liebe und Liebesgedichte*. Berlin o.J.

Leistner, Bernd: »Goethes Gedicht ›Harzreise im Winter‹«. *Impulse* 4 (1982), 70-117.

Müller, Joachim: »Goethes Ilmenau-Gedicht«. [1964] In: J.M.: *Neue Goethe-Studien*. Halle/Saale 1969, 69-90.

Neumann, Friedrich: »Wanderers Nachtlied. Rhythmus und Sprache«. *Muttersprache* 59 (1949), 207-221.

Segebrecht, Wulf: *Johann Wolfgang Goethes Gedicht ›Über allen Gipfel ist Ruh‹ und seine Folgen. Zum Gebrauchswert klassischer Lyrik. Text, Materialien, Kommentar*. München 1978.

Schmidt, Jochen: »Goethes Bestimmung der dichterischen Existenz im Übergang zur Klassik: ›Harzreise im Winter‹«. *DVjs* 57 (1983), 613-635.

Schober, Rita: »Zu Goethes ›Wanderers Nachtlied‹. Ein Gedicht, seine Entstehung und seine Wandlung in anderen Sprachen«. *ZfG* 8 (1987), 261-274.

Schöne, Albrecht: »Götterzeichen: ›Harzreise im Winter‹«. In: A.S.: *Götterzeichen, Liebeszauber, Satanskult. Neue Einblicke in alte Goethetexte.* München 1982, 13-52.

Storz, Gerhard: »Vier Gedichte von Goethe«. In: Hirschenauer, Rupert/ Weber, Albrecht (Hrsg.): *Wege zum Gedicht.* Bd. I. München und Zürich 1962, 119-129.

Suphan, Bernhard: »Ilmenau«. *Deutsche Rundschau* 77 (1893), 272-287.

Tümmler, Hans: *Aus Goethes staatspolitischem Wirken. Historische Studien.* Essen 1952.

Tümmler, Hans: *Goethe der Kollege. Sein Leben und Wirken mit Christian Gottlob von Voigt.* Köln, Wien 1970.

Tümmler, Hans: *Carl August von Weimar, Goethes Freund. Eine vorwiegend politische Biographie.* Stuttgart 1978.

Weigand, Hermann J.: Goethe's ›Harzreise im Winter‹. A Structural Analysis with an Excursus on Variant Readings«. *LYb* 6 (1974), 197-220.

Wellbury, David/Weimar, Klaus: *Goethe: ›Harzreise im Winter‹. Eine Deutungskontroverse.* Paderborn 1984.

Die Zeit des Klassizismus

Beissner, Friedrich: »Vorläufer der klassischen Elegie. Die klassische Elegie«. In: F.B.: *Geschichte der deutschen Elegie.* [1941] ³1965, 115-190.

Bronner, Ferdinand: »Goethes ›Römische Elegien‹ und ihre Quellen«. *Neue Jahrbücher für Philologie und Pädagogik* 148 (1893), 38-50, 102-112, 145-150, 247-265, 305-316, 367-371, 440-469, 525-541, 572-588.

Dietze, Walter: »Libellus Epigrammatum«. In: Brandt, Helmut (Hrsg.): *Ansichten der deutschen Klassik. Festschrift für Ursula Wertheim.* Berlin 1981, 182-208.

Gfrereis, Heike: »Die Einweihung ins Gewöhnliche. Goethes Venetianische Epigramme«. *GJb* 110 (1993), 227-242.

Groos, Helmut: »Goethes 66. Venetianisches Epigramm«. *GJb* 105 (1988), 306-315.

Hahn, Karl-Heinz: »Der Augenblick ist Ewigkeit. Goethes ›Römische Elegien‹«. *GJb* 105 (1988), 165-180.

Heller, Heinrich Justus: »Die antiken Quellen von Goethe's elegischen Dichtungen«. *Neue Jahrbücher für Philologie und Pädagogik* 88 (1863), 300-312, 351-371, 401-426, 451-471, 493-519.

Heselhaus, Clemens: »Metamorphose-Dichtungen und Metamorphose-Anschauungen«. *Euphorion* 47 (1953), 121-146.

Jarislowski, Johanna: »Der Aufbau in Goethes ›Venetianischen Epigrammen‹«. *JbGG* 13 (1927), 87-95.

Jost, Dominik: *Deutsche Klassik. Goethes ›Römische Elegien‹. Einführung, Text, Kommentar.* Pullach 1974.

Kaiser, Gerhard: »Wandrer und Idylle. Ein Zugang zur zyklischen Ordnung der ›Römischen Elegien‹«. [1965] In: G.K.: *Wanderer und Idylle. Goethe und die Phänomenologie der Natur in der deutschen Dichtung von Geßner bis Gottfried Keller.* Göttingen 1977, 148-174.

Liebmann, Giuli: »Fleisch und Marmor in den ›Römischen Elegien‹«. *Studii germanici* 21/22 (1983/84), 61-85.

Müller, Günther: »Goethes Elegie ›Die Metamorphose der Pflanzen‹«. *DVjs* 21 (1943), 67-98.

Nußberger, Max: »Goethes ›Venetianische Epigramme‹ und ihr Erlebnis«. *ZfdPh* 55 (1930), 379-389.

Oettinger, Klaus: »Unschuldige Hochzeit. Zu Goethes Elegie ›Die Metamorphose der Pflanzen‹«. *DU (West)* 38/1 (1986), 69-78.

Prange, Klaus: »Das anthropologisch-pädagogische Motiv der Naturauffassung Goethes in dem Lehrgedicht ›Metamorphose der Pflanzen‹«. *LWU* 8 (1975), 123-133.

Richter, Karl: »Wissenschaft und Poesie auf ›höherer Stelle‹. Goethes Elegie ›Die Metamorphose der Pflanzen‹«. In: Segebrecht, Wulf: (Hrsg.): *Gedichte und Interpretationen*. Bd. 3: *Klassik und Romantik*. Stuttgart 1984, 156-168.

Riedl, Gerda: »›Klassische‹ Literaturproduktion als Entwurf und Provokation. Eine vergleichende Betrachtung zur VI. Römischen Elegie Goethes und Properz II, 29B«. *GJb* 109 (1992), 45-55.

Rüdiger, Horst: »Goethes ›Römische Elegien‹ und die antike Tradition«. *GJb* 95 (1978), 174-198.

Segebrecht, Wulf: »Sinnliche Wahrnehmung Roms. Zu Goethes ›Römischen Elegien‹, unter besonderer Berücksichtigung der ›Fünften Elegie‹«. In: W.S. (Hrsg.): *Gedichte und Interpretationen*. Bd. 3: *Klassik und Romantik*. Stuttgart 1984, 49-59.

Sengle, Friedrich: *Das Genie und sein Fürst. Die Geschichte der Lebensgemeinschaft Goethes mit dem Herzog Carl August von Sachsen-Weimar-Eisenach. Ein Beitrag zum Spätfeudalismus und zu einem vernachlässigten Thema der Goethe-Forschung.* Stuttgart, Weimar 1993.

Balladen

Bauer, G.: »Die unsterbliche Ballade. Bemühungen um einen Ladenhüter der wieder einmal anberaumten ›Klassik‹«. *DD* 76 (1984), 145-162.

Bertelsmann, Richard: »Goethes ›Erlkönig‹ – psychoanalytisch«. *Acta Germanica* 18 (1985), 65-97.

Beyer, Valentin: *Die Begründung der ernsten Ballade durch G.A. Bürger.* Straßburg 1905.

Elschenbroich, Adalbert: »Anfänge einer Theorie der Ballade im Sturm und Drang«. *JbFDH* 1982, 1-56.

Falk, Walter: »Die Anfänge der deutsche Kunstballade«. *DVjs* 44 (1970), 670-686.

Freund, W.: *Die deutsche Ballade. Theorie, Analysen, Didaktik.* Paderborn 1978.

Fritsch, Gerolf: *Die deutsche Ballade zwischen Herders naturaler Theorie und später Industriegesellschaft.* Stuttgart 1976.

Hinck, Walter: *Die deutsche Ballade von Bürger bis Brecht. Kritik und Versuch einer Neuorientierung.* Göttingen 1968.

Hirschenauer, Rupert: »Johann Wolfgang Goethe. Erlkönig«. In: R.H.

(Hrsg.): *Wege zum Gedicht*. Bd. 2: *Interpretation von Balladen*. München 1963, 159-168.

Kayser, Wolfgang: *Geschichte der deutschen Ballade*. Berlin 1936.

Laufhütte, Hartmut: *Die deutsche Kunstballade. Grundlegung einer Gattungsgeschichte*. Heidelberg 1979.

Laufhütte, Hartmut: »Volkslied und Ballade«. *GJb* 108 (1991), 85-100.

Merkelbach, Valentin: »Goethes ›Erlkönig‹ – museales Erbstück oder was sonst noch? Ästhetische, ideologische und didaktische Aspekte eines Balladen-Evergreens«. *DD* 16 (1985), 313-326.

Müller-Seidel, Walter: »Die deutsche Balade. Umriß ihrer Geschichte«. In: Hirschenauer, Rupert: (Hrsg.): *Wege zum Gedicht*. Bd. 2: *Interpretation von Balladen*. München 1963, 17-83.

Müller-Waldeck, Gunnar: »›Der Erlkönig‹ – ›Der Fischer‹. Zur Gestaltung des Phantastischen in zwei Goethe-Balladen«. *Wissenschaftliche Zeitschrift der Ernst-Moritz-Arndt-Universität Greifswald* 32/3-4 (1983), 30-34.

Segebrecht, Wulf: »Naturphänomen und Kunstidee. Goethe und Schiller in ihrer Zusammenarbeit als Balladendichter, dargestellt am Beispiel der ›Kraniche des Ibykus‹«. In: Richter, Karl/Schönert, Jörg (Hrsg.): *Klassik und Moderne. Die Weimarer Klassik als historisches Ereignis und Herausforderung im kulturgeschichtlichen Prozeß. Walter Müller-Seidel zum 65. Geburtstag*. Stuttgart 1983, 194-206.

Ueding, Gert: »Vermählung mit der Natur. Zu Goethes ›Erlkönig‹«. In: Grimm, Gunter E. (Hrsg.): *Gedichte und Interpretationen. Deutsche Balladen*. Stuttgart 1988, 92-107.

Zons, Raimar S.: »Ein Familienzentrum: Goethes ›Erlkönig‹«. In: Frank, Manfred/Kittler, Friedrich A./Weber, Samuel (Hrsg.): *Fugen. Deutsch-Französisches Jahrbuch für Text-Analytik*. Olten 1980, 125-131.

Späte Lyrik

Sonette

Hankamer, Paul: *Spiel der Mächte. Ein Kapitel aus Goethes Welt*. Tübingen 1943.

Kaiser, Gerhard: »Literatur und Leben. Goethes Sonettenzyklus von 1807/08«. *JbFDH* 1982, 57-81.

Müller, Joachim: *Goethes Sonette – lyrische Epoche und motivische Kontinuität*. Berlin 1966.

Reithmeyer, Elisabeth: *Studien zum Problem der Gedichtsammlungen Goethes und Tiecks*. Bern 1935.

Schlütter, Hans Jürgen: *Goethes ›Sonette‹. Anregung, Entstehung, Intention*. Bad Homburg 1969.

Wolff, Hans M.: *Goethe in der Periode der ›Wahlverwandtschaften‹. 1802-1809*. Bern 1952.

West-östlicher Divan

Atkins, Stuart: »Zum besseren Verständnis einiger Gedichte des ›West-östlichen Divans‹. *Euphorion* 59 (1965), 178-206.

Bahr, Ehrhard: »»Personenverwechslung‹ in Goethes ›West-östlichem Divan‹«. *JbWGV* 73 (1969), 117-125.

Becker, Carl: »Das Buch Suleika als Zyklus«. [1952] In: Lohner, Edgar (Hrsg.): *Studien zum West-östlichen Divan Goethes*. Darmstadt 1971, 391-430.

Braginski, J.S.: »Die west-östliche Synthese im ›Diwan‹ Goethes und die klassische altpersische Dichtung«. *WB* 14/1 (1968), 385-392.

Debon, Günther: »Das Brunnengedicht des ›Divan‹«. *Euphorion* 74 (1980), 198-212.

Debon, Günther. »Die Frauen im ›Buch der Liebe‹. *GJb* 101 (1984), 234-243.

Fritz, Walter-Helmut: »Der ›west-östliche Divan‹ – gedichtete Liebe«. *GJb* 97 (1980), 64-81.

Hass, Hans-Egon: »Johann Wolfgang Goethe. West-östlicher Divan«. In: Wiese, Benno von (Hrsg.): *Die deutsche Lyrik. Form und Geschichte. Interpretationen. Vom Mittelalter bis zur Frühromantik.* Düsseldorf 1956, 290-317.

Hass, Hans-Egon: »Über die strukturelle Einheit des ›West-östlichen Divans‹. In: Böckmann, Paul (Hrsg.): *Stil- und Formprobleme in der Literatur.* Heidelberg 1959, 309-318.

Heine, Sigrid: »Zur Gestalt des Dichters in Goethes ›West-östlichem Divan‹«. *GJb* 101 (1984), 205-217.

Hillmann, Ingeborg: *Dichtung als Gegenstand der Dichtung. Zum Problem der Einheit des ›west-östlichen Divan‹.* Bonn 1965.

Hillmann, Ingeborg: »Das Ganze im Kleinsten. Spiegelungen der Gesamtstruktur in kleinen Strukturelementen«. [1965] In: Lohner, Edgar (Hrsg.): *Studien zum West-östlichen Divan Goethes.* Darmstadt 1971, 445-466.

Kahn-Wallerstein, Carmen: *Marianne von Willemer – Goethes Suleika.* Frankfurt/M. 1961.

Kayser, Wolfgang: »Beobachtungen zur Verskunst des West-östlichen Divans«. *PEGS* N.S. 23 (1954), 74-96.

Krolop, Kurt: »Lebens- und Welterfahrung in Goethes ›West-östlichem Divan‹. *WB* 10 (1982), 106-124.

Krolow, Karl: »Die Masken des ›Divan‹. Goethes Alterslyrik«. *Deutsche Akademie für Sprache und Dichtung. Jahrbuch* 1982, 67-76.

Lee, David: »Zur Textüberlieferung des ›West-östlichen Divans‹«. *GYb* 4 (1988), 275-323.

Lohner, Edgar (Hrsg.): *Studien zum West-östlichen Divan Goethes.* Darmstadt 1971.

Mommsen, Katharina: »»West-östlicher Divan‹ und ›Chinesisch-deutsche Jahres- und Tageszeiten‹«. *GJb* 108 (1991), 169-178.

Mommsen, Momme: *Studien zum West-östlichen Divan.* Berlin 1962.

Mommsen, Momme: »Zur Entstehungsgeschichte des Buchs der Sprüche«. [1962] In: Lohner, Edgar (Hrsg.): *Studien zum West-östlichen Divan Goethes.* Darmstadt 1971, 107-135.

Neumann, Gerhard: »»Laßt mich weinen...‹. Die Schrift der Tränen in Goethes ›West-östlichem Divan‹«. *OGS* 15 (1984), 48-76.

Pyritz, Hans: *Goethe und Marianne von Willemer*. Stuttgart 1941.

Reuter, Hans-Heinrich: »Dichters Lande im Reiche der Geschichte. Goethes historische Studien zum ›west-östlichen Divan«. In: H.H.R.: *Dichters Lande im Reich der Geschichte. Aufsätze zur deutschen Literatur des 18. und 19. Jahrhunderts*. Berlin 1983, 161-200.

Richter, Karl: »Ein Ost-West-Dialog der Goethezeit. Aspekte einer Kulturtheorie in Goethes ›Divan‹-Lyrik«. In: Finck, A. (Hrsg.): *Germanistik aus interkultureller Perspektive. Festschrift für Gonthier-Louis Fink*. Straßbourg 1989, 215-225.

Schlaffer, Hannelore: »Gedichtete Theorie. Die ›Noten und Abhandlungen‹ zum ›west-östlichen Divan‹«. *GJb* 101 (1984), 218-233.

Schrader, F. Otto: »›Selige Sehnsucht‹. Ein Bekenntnis zur Seelenwanderung«. *Euphorion* 46 (1952), 48-58.

Solms, Wilhelm: »Des Reimes ›holder Lustgebrauch‹. Zur Reimlehre des ›west-östlichen Divans‹«. *GJb* 99 (1982), 195-229.

Stöcklein, Paul: »Hofmannswaldau und Goethe. ›Vergänglichkeit‹ im Liebesgedicht. ›Suleika spricht‹«. In: Hirschenauer, Rupert (Hrsg.): *Wege zum Gedicht*. München 1956, 84-96.

Wertheim, Ursula. *Von Tasso zu Hafis. Probleme von Lyrik und Prosa des ›West-östlichen Divans‹*. Berlin und Weimar 1983.

Urworte. Orphisch

Dietze, Walter. »›Urworte‹, nicht sonderlich orphisch«. *GJb* 94 (1977), 11-37.

Flitner, Wilhelm: »Elpis. Betrachtungen über Goethes ›Urworte‹«. *GJb* N.F. 4 (1939), 128-147.

Hübscher, Arthur: »Das fünfte Urwort«. In: Dürr, Volker (Hrsg.): *Versuche zu Goethe. Festschrift für Erich Heller*. Heidelberg 1976, 133-140.

Kraft, Werner: »Urworte. Orphisch«. In: W.K. *Goethe. Wiederholte Spiegelungen aus fünf Jahrzehnten*. München 1986, 193-202.

Piper, Otto A.: »Goethes orphische ›Urworte‹ und die biblischen Urgestalten«. *Zeitschrift für systematische Theologie* 2 (1934), 19-62.

Um Mitternacht

Hof, Walter: »Goethe und Charlotte von Stein im Alter«. *Euphorion* 45 (1950/51), 50-82.

Korff, Hermann August: »Vom Wesen Goethescher Gedichte«. *JbFDH* 1927, 1-14.

Krolop, Kurt: »Späte Gedichte Goethes«. *GJb* 97 (1980), 38-63.

Lange, Victor: »›Wie du bist, wie du warst, und wie der Mensch sein soll‹. Goethes ›Um Mitternacht‹«. In: Gillespie, Gerald/Lohner, Edgar (Hrsg.): *Herkommen und Erneuerung. Essays für Oskar Seidlin*. Tübingen 1976, 125-142.

Schrimpf, Hans Joachim: »Ein Lebenslied. Goethes Gedicht ›Um Mitternacht‹«. *Castrum Peregrini* 155, Amsterdam 1982, 52-55.

Viëtor, Karl: »Goethes Altersgedichte«. [1932] In: Schillemeit, Jost

(Hsrg.): *Deutsche Lyrik von Weckherlin bis Benn. Interpretationen I.* Frankfurt/M. 1965, 65-98.

Trilogie der Leidenschaft

Heller, Erich: »Die ›Marienbader Elegie‹. Über das Verstummen und das Sagen, die Erfahrung und das Gedicht«. [1967] In: E.H.: *Essays über Goethe.* Frankfurt 1970, 111-162.

Llewellyn, R.T.: »Trilogie der Leidenschaft: The Exemplary Goethe?«. *GLL* 36 (1982/83), 99-115.

Mayer, Matthias: »Dichten zwischen Paradies und Hölle. Anmerkungen zur poetologischen Struktur von Goethes ›Elegie‹ von Marienbad«. *ZfdPh* 105 (1986), 234-256.

Müller, Joachim: »Goethes ›Trilogie der Leidenschaft‹ – Lyrische Tragödie und ›aussöhnende Abrundung‹. Versuch einer genetischen Interpretation«. *JbFDH* 1978, 85-159.

Nollendorfs, Valter: »Goethe's ›Elegie‹. A Non-Biographical Approach«. *GR* 40 (1965), 75-86.

Wilkinson, Elizabeth M.: *Goethes ›Trilogie der Leidenschaft‹ als Beitrag zur Frage der Katharsis.* Frankfurt/M. 1957.

Wünsch, Marianne: »Zeichen – Bedeutung – Sinn. Zu den Problemen der späten Lyrik Goethes am Beispiel der ›Trilogie der Leidenschaft‹«. *GJb* 108 (1991), 179-190.

Dramatik

Fischer-Lichte, Erika: *Geschichte des Dramas. Epochen der Identität auf dem Theater von der Antike bis zur Gegenwart.* Bd. I. *Von der Antike bis zur deutschen Klassik.* Tübingen 1990.

Glaser, Horst Albert: »Drama des Sturm und Drang«. In: H.A.G. (Hrsg.): *Deutsche Literatur. Eine Sozialgeschichte.* Bd. 4: Wuthenow, Ralph-Rainer (Hrsg.): *Zwischen Absolutismus und Aufklärung: Rationalismus, Empfindsamkeit, Sturm und Drang.* Reinbek 1980, 299-322.

Glaser, Horst Albert: »Klassisches und romantisches Drama«. In: H.A.G. (Hrsg.): *Deutsche Literatur. Eine Sozialgeschichte.* Bd. 5: *Zwischen Revolution und Restauration: Klassik, Romantik 1786-1814.* Reinbek 1980, 276-312.

Hinck, Walter: »Zur Poetik des Geschichtsdramas«. In: W.H. (Hrsg.): *Geschichte als Schauspiel. Deutsche Geschichtsdramen. Interpretationen.* Frankfurt/M. 1981, 7-21.

Hinderer, Walter (Hrsg.): *Goethes Dramen. Neue Interpretationen.* Stuttgart 1980.

Huysen, Andreas: *Drama des Sturm und Drang.* München 1980.

Kaiser, Gerhard: *Aufklärung. Empfindsamkeit. Sturm und Drang. Geschichte der deutschen Literatur Band 3.* München ²1976.

Keller, Werner: »Das Drama Goethes«. In: Hinck, Walter (Hrsg.): *Handbuch des deutschen Dramas.* Düsseldorf 1980, 133-156.

May, Kurt: »Die Struktur des Dramas im Sturm und Drang«. In: K.M.:

Form und Bedeutung. Interpretationen deutscher Dichter des 18. und 19. Jahrhunderts. Stuttgart 1957, 45-59.

Meyer, Richard M.: »Goethes italienische Dramen«. *GJb* 26 (1905), 126-132.

Niebuhr, Ilse (Hrsg.): *Geschichtsdrama.* Darmstadt 1980.

Preisendanz, Wolfgang: »Das Schäferspiel ›Die Laune des Verliebten‹ und das Lustspiel ›Die Mitschuldigen‹«. In: Hinderer, Walter (Hrsg.): *Goethes Dramen. Neue Interpretationen.* Stuttgart 1980, 11-22.

Schanze, Helmut: *Goethes Dramatik. Theater der Erinnerung.* Tübingen 1989.

Schulte-Sasse, Jochen: »Drama«. In: Grimminger, Rolf (Hrsg.): *Hansers Sozialgeschichte der deutschen Literatur. Bd. 3: Deutsche Aufklärung bis zur Französischen Revolution 1680-1789.* 2. Teilband. München 1980, 423-499.

Sengle, Friedrich: *Das historische Drama in Deutschland.* [1952: *Das deutsche Geschichtsdrama. Geschichte eines literarischen Mythos*] Stuttgart ²1969.

Wiese, Benno von: *Die deutsche Tragödie von Lessing bis Hebbel.* [1948] Hamburg ⁸1973.

Götz von Berlichingen

Appelbaum-Graham, Ilse: »Götz von Berlichingen's Right Hand«. *GLL* 16 (1962/63), 212-228.

Buck, Theo: Goethes Erneuerung des Dramas. ›Götz von Berlichingen‹ in heutiger Sicht«. In: Arnold, Heinz Ludwig (Hrsg.): *Goethe. text und kritik Sonderheft.* München 1982, 33-42.

Bürger, Christa: »Goethes ›Götz von Berlichingen‹ und die Jugendrevolte von 1770«. In: Kimpel, Dieter (Hrsg.): *Allerhand Goethe. Seine wissenschaftliche Sendung, aus Anlaß des 150. Todestages.* Bern 1985, 207-220.

Gerstenberg, Ekkehard: »Recht und Unrecht in Goethes ›Götz von Berlichingen‹«. *GJb* N.F. 16 (1954), 258-271.

Graham, Ilse: »Vom ›Urgötz‹ zum ›Götz‹. Neufassung oder Neuschöpfung? Ein Versuch morphologischer Kritik«. *JbDSG* 9 (1965), 245-282.

Martini, Fritz: »Goethes ›Götz von Berlichingen‹. Charakterdrama und Gesellschaftsdrama«. [1972] In: F.M.: *Geschichte im Drama, Drama in der Geschichte.* Stuttgart 1979, 104-128.

McInnes, Edward: »Moral, Politik und Geschichte in Goethes ›Götz von Berlichingen‹«. Sonderheft *ZfdPh* 103 (1984), 2-20.

Müller, Günther: *Kleine Goethebiographie.* Bonn 1947.

Müller, Peter: »Aber die Geschichte schweigt nicht. Goethes ›Geschichte Gottfriedens von Berlichingen mit der eisernen Hand, dramatisiert‹ als Beginn der deutschen Geschichtsdramatik«. *ZfG* 8 (1987), 141-159.

Nägele, Rainer: »Götz von Berlichingen«. In: Hinderer, Walter (Hrsg.): *Goethes Dramen. Neue Interpretationen.* Stuttgart 1980, 65-77.

Neuhaus, Volker: »Johann Wolfgang Goethe: ›Götz von Berlichingen‹«. In: Hinck, Walter (Hrsg.): *Geschichte als Schauspiel. Deutsche Geschichtsdramen. Interpretationen.* Frankfurt/M. 1981, 82-100.

Ryder, Frank: »Towards a Revaluation of Goethe's ›Götz‹. The Protagonist«. *PMLA* 79 (1964), 58-66.

Schröder, Jürgen: »Individualität und Geschichte im Drama des jungen Goethe«. In: Hinck, Walter (Hrsg.): *Sturm und Drang.* Kronberg 1978, 192-212.

Zimmermann, Rolf Christian: »Götz von Berlichingen«. In: R.Chr.Z.: *Das Weltbild des jungen Goethe.* Band II. München 1979, 39-76.

Egmont

Böckmann, Paul: »Die Freiheit des Wortes in Goethes ›Egmont‹«. [1958] In: P.B.: *Formensprache. Studien zur Literarästhetik und Dichtungsinterpretation.* Hamburg 1966, 126-146.

Borchmeyer, Dieter: *Die Weimarer Klassik. Eine Einführung.* Königstein/Ts. 1980.

Braemer, Edith: »Goethes ›Egmont‹ und die Konzeption des Dämonischen«. *WB* 6 (1960), 1011-1028.

Braunbehrens, Volkmar: *Goethes ›Egmont‹. Text, Geschichte, Interpretation.* Habil. Osnabrück 1982.

Braunbehrens, Volkmar: »›Egmont‹, das lange vertrödelte Stück«. In: Arnold, Heinz Ludwig (Hrsg.): *Goethe. text und kritik Sonderheft.* München 1982, 84-100.

Brüggemann, Fritz: »Goethes ›Egmont‹, die Tragödie des versagenden Bürgertums«. *JbGG* 11 (1925), 151-172

Burger, Heinz-Otto (Hrsg.): *Begriffsbestimmung der Klassik und des Klassischen.* Darmstadt 1972.

Clairmont, Heinrich: »Die Figur des Machiavell in Goethes *Egmont.* Prolegomena zu einer Interpretation«. *Poetica* 15 (1983), 289-313.

Dahnke, Hans-Dietrich: »Geschichtsprozeß und Individualitätsverwirklichung in Goethes ›Egmont‹«. In: Thalheim, Hans-Günther/Wertheim, Ursula (Hrsg.): *Studien zur Literaturgeschichte und Literaturtheorie.* Berlin 1970, 58-100.

Fehr, Wolfgang: »›... daß sich das nicht auf einmal herauslesen läßt‹. Dramaturgie des Trauerspiels und Geschichte. Neue Annäherungen an Goethes ›Egmont‹«. *LfL* 1988, 237-250.

Fuchs, Albert: »Egmont«. In: A.F.: *Goethe-Studien.* Berlin 1968, 16-25.

Haile, Harry G.: »Goethe's Political thinking and ›Egmont‹«. *GR* 42 (1967), 96-107.

Hartmann, Horst: »Goethes ›Egmont‹. Eine Analyse«. *WB* 13 (1967), 48-75.

Hartmann, Horst: *Egmont. Geschichte und Dichtung.* Berlin 1972.

Henel, Heinrich: »Goethe's ›Egmont‹ Original and Revised«. *GR* 38 (1963), 7-26.

Hinck, Walter (Hrsg.): *Sturm und Drang. Ein literaturwissenschaftliches Arbeitsbuch.* Kronberg/Ts. 1978.

Jeßing, Benedikt: »»Wir wollen nicht verachtet noch gedruckt sein, so
gutherzige Narren wir auch sind‹ – Die Hinwendung zum Volk in
der Dramatik des *Sturm und Drang*. Eine Kritik«. In: Csobadi, Peter/
Müller, Klaus (Hrsg.): *Weine, weine, du armes Volk. Das unterdrückte
Volk auf der Bühne. Vorträge des Salzburger Symposiums August 1994.*
Salzburg 1995, i.Dr.

Keferstein, Georg: »Die Tragödie des Unpolitischen. Zum politischen
Sinn des ›Egmont‹«. *DVjs* 15 (1937), 331-361.

Michelsen, Peter: »Egmonts Freiheit«. *Euphorion* 65 (1971), 274-297.

Pascal, Roy: *Sturm und Drang*. Stuttgart 1963.

Reinhardt, Hartmut: »Egmont«. In: Hinderer, Walter (Hrsg.): *Goethes
Dramen. Neue Interpretationen*. Stuttgart 1980, 122-143.

Saviane, Renato: »Egmont, ein politischer Held«. *GJb* 104 (1987), 47-
71.

Schaum, Konrad: »Dämonie und Schicksal in Goethes ›Egmont‹«. *GRM*
N.F. 10 (1960), 139-157.

Schröder, Jürgen: »Poetische Erlösung der Geschichte – Goethes ›Egmont‹«. In: Hinck, Walter (Hrsg.): *Geschichte als Schauspiel. Deutsche
Geschichtsdramen. Interpretationen*. Frankfurt/M. 1981, 101-115.

Schwan, Werner: »Egmonts Glücksphantasien und Verblendung. Eine
Studie zu Goethes Drama ›Egmont‹«. *JbFDH* 1986, 609-644.

Streisand, Joachim: »Die niederländische Revolution im Geschichtsbild
der deutschen Klassik«. *Zeitschrift für Geschichtswissenschaft* 23
(1975), 295-303.

Wilkinson, Elizabeth M.: »Sprachliche Feinstruktur in Goethes ›Egmont‹«. [1949] In: Burger, Heinz-Otto (Hrsg.): *Begriffsbestimmung
der Klassik und des Klassischen*. Darmstadt 1972, 353-390.

Ziegler, Klaus: »Goethes ›Egmont‹ als politisches Drama«. In: Schwart-
länder, Johannes (Hrsg.): *Verstehen und Vertrauen. Otto Friedrich Boll-
now zum 65. Geburtstag*. Stuttgart 1968, 272-292.

Iphigenie auf Tauris

Adorno, Theodor W.: »Zur Klassizität von Goethes ›Iphigenie‹«. [1967]
In: Th.W.A.: *Noten zur Literatur*. Frankfurt/M. 1981, 495-514.

Borchmeyer, Dieter: »Johann Wolfgang Goethe: ›Iphigenie auf Tauris«.
In: Müller-Michaels, Harro (Hrsg.): *Deutsche Dramen*. Bd. 1. Königs-
stein/Ts. 1981, 52-86.

Brown, Kathryn & Stephens, Anthony: »»… hinübergehen und unser
Haus entsühnen‹. Die Ökonomie des Mythischen in Goethes ›Iphigenie‹«. *JbDSG* 32 (1988), 94-115.

Bürger, Christa: *Der Ursprung der bürgerlichen Institution Kunst im höfischen Weimar. Literatursoziologische Untersuchungen zum klassischen
Goethe*. Frankfurt/M. 1977.

Dahnke, Hans-Dietrich: »Im Schnittpunkt von Menschheitserfahrung
und Realitätserfahrung. ›Iphigenie auf Tauris‹«. In: Arnold, Heinz
Ludwig (Hrsg.): *Goethe. text und kritik Sonderheft*. München 1982,
110-129.

Dencker, Peter: »Zur Entstehungsgeschichte von Goethes ›Iphigenie auf Tauris‹«. *JbWGV* 71 (1967), 69-82.

Emrich, Wilhelm: »Goethes Tragödie des Genius. Von ›Götz‹ bis zur ›Natürlichen Tochter‹«. *JbDSG* 26 (1982), 144-162.

Eppelsheimer, Rudolf: *Tragik und Metamorphose. Die tragische Grundstruktur in Goethes Dichtung.* München 1958.

Fischer-Lichte, Erika: »Goethes ›Iphigenie‹ – Reflexion auf die Grundwidersprüche der bürgerlichen Gesellschaft. Zur Kontroverse Ivo/Lorenz«. *DD* 6 (1975), 1-25.

Günther, Vincent J.: »Johann Wolfgang von Goethe«. In: Wiese, Benno von (Hrsg.): *Dichter des 18. Jahrhunderts.* Berlin 1977, 702-710.

Hackert, Fritz: »Iphigenie auf Tauris«. In: Hinderer, Walter (Hrsg.): *Goethes Dramen. Neue Interpretationen.* Stuttgart 1980, 144-168.

Hartmann, Horst: »Zum Problem des Utopismus bei der Gestaltung der Perspektive im klassischen deutschen Drama«. *DU (Ost)* 9 (1966).

Henkel, Arthur: »Die ›verteufelt humane‹ Iphigenie. Ein Vortrag«. *Euphorion* 59 (1965), 1-18.

Hodler, Werner: »Zur Erklärung von Goethes ›Iphigenie‹«. *GRM* N.F. 10 (1960), 158-164.

Jauss, Hans Robert: »Racines und Goethes Iphigenie. Mit einem Nachwort über die Partialität der rezeptionsästhetischen Methode«. *Neue Hefte für Philosophie* 4, 1-46.

Kimpel, Dieter: »Ethos und Nomos als poetologische Kategorien bei Platon-Aristoteles und das Problem der substantiellen Sittlichkeit in Goethes ›Iphigenie auf Tauris‹«. *GRM* 64 [NF 33] (1983), 367-393.

Lehmann, Rudolf: »Goethes Lyrik und die Goethe-Philologie«. *GJb* 26 (1909), 133-158.

Liesegang, Rolf: »Über den Umgang mit ›Iphigenie‹«. *LfL* 1986, 17-23.

Lindenau, Herbert: »Die geistesgeschichtlichen Voraussetzungen von Goethes ›Iphigenie‹. Zur Geschichte der Säkularisierung christlicher Denkformen in der deutschen Dichtung des 18. Jahrhunderts«. *ZfdPh* 75 (1956), 113-153.

Lorenz, Rolf: »Utopie contra Entfremdung. Eine Entgegnung auf H. Ivos Versuch, Goethes ›Iphigenie‹ politisch zu verstehen«. *DD* 5 (1974), 181-192.

Mayer, Hans: »Der eliminierte Mythos in Goethes ›Iphigenie auf Tauris‹«. In: H.M.: *Das unglückliche Bewußtsein. Zur deutschen Literaturgeschichte von Lessing bis Heine.* Frankfurt am Main 1986, 246-254.

Müller, Joachim: »Das Wagnis der Humanität – Goethes ›Iphigenie‹«. In: J.M.: *Neue Goethe Studien.* Halle/Saale 1969, 7-25.

Neubauer, John: »Sprache und Distanz in Goethes ›Iphigenie‹«. In: Wittkowski, Wolfgang (Hrsg.): *Verlorene Klassik? Ein Symposium.* Tübingen 1986, 27-36.

Pestalozzi, Karl: »Goethes ›Iphigenie‹ als Antwort an Lavater betrachtet«. *GJb* 98 (1981), 113-130.

Pfaff, Peter: »Die Stimme des Gewissens. Über Goethes Versuch zu einer

Genealogie der Moral, vor allem in der ›Iphigenie‹«. *Euphorion* 72 (1978), 20-42.

Rasch, Wolfdietrich: *Goethes ›Iphigenie auf Tauris‹ als Drama der Autonomie*. München 1979.

Reiss, Gunter: »Dramaturgie der Gewalt. Der Verhör als kommunikative Figur in der Geschichte und im Drama des 20. Jh.« In: Richter, Karl/ Schönert, Jörg (Hrsg.): *Klassik und Moderne. Die Weimarer Klassik als historisches Ereignis und Herausforderung im kulturgeschichtlichen Prozeß*. Stuttgart 1983, 600-617.

Segebrecht, Ursula: »Götter, Helden und Goethe. Zur Geschichtsdeutung in Goethes ›Iphigenie auf Tauris‹«. In: Richter, Karl/Schönert, Jörg (Hrsg.): *Klassik und Moderne. Die Weimarer Klassik als historisches Ereignis und Herausforderung im kulturgeschichtlichen Prozeß*. Stuttgart 1983, 175-193.

Seidlin, Oskar: »Goethes ›Iphigenie‹ – ›verteufelt human‹?«. *WW* 5 (1954/55), 272-280.

Sheldon, Ulrike: »Mösers Urteil über Goethes ›Iphigenie‹ (3. Fassung)«. *GJb* 91 (1974), 256-265.

Storz, Gerhard: »Goethes ›Iphigenie‹«. [1947/48] In: G.S.: *Goethe-Vigilien, oder Versuche in der Kunst, Dichtung zu verstehen*. Stuttgart 1953, 5-18.

Villwock, Jörg: »Zu einigen Entsprechungen zwischen Goethes ›Iphigenie‹ und der Gebetsrhetorik des Origines«. *Euphorion* 81 (1987), 189-216.

Werner, Hans-Georg: »Antinomien der Humanitätskonzeption in Goethes ›Iphigenie‹«. *WB* 14 (1968), 361-383.

Wierlacher, Alois: »Ent-Fremdete Fremde. Goethes ›Iphigenie auf Tauris‹ als Drama des Völkerrechts«. *ZfdPh* 102 (1983), 161-180.

Wittkowski, Wolfgang: »Tradition der Moderne als Tradition der Antike. Klassische Humanität in Goethes ›Iphigenie‹ und Schillers ›Braut von Messina‹«. In: Elm, Theo/Hemmerich, Gerd (Hrsg.): *Zur Geschichtlichkeit der Moderne. Der Begriff der literarische Moderne in Theorie und Deutung*. München 1982, 113-134.

Wittkowski, Wolfgang: »›Bei Ehren bleiben die Orakel und gerettet sind die Götter‹ Goethes ›Iphigenie‹: Autonome Humanität und Autorität der Religion im aufgeklärten Absolutismus«. *GJb* 101 (1984), 250-268.

Woesler, Winfried: »Goethes ›Iphigenie‹ 1779-1787«. *Jahrbuch für internationale Germanistik. Reihe A: Kongreßberichte* 11 (1981), 97-110.

Torquato Tasso

Borchmeyer, Dieter: *Höfische Gesellschaft und französische Revolution bei Goethe. Adliges und bürgerliches Wertsystem im Urteil der Weimarer Klassik*. Kronberg/Ts. 1977.

Borchmeyer, Dieter: »Goethes Katharsis in Italien und die neue Existenz in Weimar«. In: D.B.: *Die Weimarer Klassik*. Königstein/Ts. 1980, 90-130.

Borchmeyer, Dieter:»Tasso oder das Unglück Dichter zu sein«. In: Kimpel, Dieter (Hrsg.): *Allerhand Goethe. Seine wissenschaftliche Sendung aus Anlaß seines 150. Todestages*. Bern 1985, 67-88.

Blumenthal, Lieselotte: »Arkadien in Goethes ›Tasso‹«. *GJb* N.F. 21 (1959), 1-24.

Bürger, Christa: »Der bürgerliche Schriftsteller im höfischen Mäzenat. Literatursoziologische Bemerkungen zu Goethes ›Tasso‹«. In: Conrady, Karl Otto (Hrsg.): *Deutsche Literatur zur Zeit der Klassik*. Stuttgart 1977, 141-153.

Girschner, Gabriele: »Zum Verhältnis zwischen Dichter und Gesellschaft in Goethes ›Torquato Tasso‹«. *GJb* 101 (1984), 162-186.

Grimm, Reinhold: »Dichter-Helden: Tasso, Empedokles und die Folgen«. *Basis* 7 (1977), 7-25; 225-227.

Hayashi, Mutsumi: »Goethes Krise und Wandlung in ›Torquato Tasso‹«. *WB* 28/10 (1982), 152-156.

Hinderer, Walter: »Torquato Tasso«. In: W.H. (Hrsg.): *Goethes Dramen. Neue Interpretationen*. Stuttgart 1980, 169-196.

Kaiser, Gerhard: »Der Dichter und die Gesellschaft in Goethes ›Torquato Tasso‹«. In: G.K.: *Wanderer und Idylle. Goethe und die Phänomenologie der Natur in der deutschen Dichtung von Geßner bis Gottfried Keller*. Göttingen 1977, 175-208.

Kraft, Herbert: »Goethes ›Tasso‹«. *GJb* 104 (1987), 84-95.

Martin, Günther: »Tasso oder der Augenblick – Goethe und die Zeit«. *GJb* 101 (1984), 187-204.

Merkl, Helmut: »Spiel zum Abschied. Betrachtung zur Kunst des Leidens in Goethes ›Torquato Tasso‹«. *Euphorion* 82 (1988), 1-24.

Muschg, Walter: »Goethes Glaube an das Dämonische«. *DVjs* 32 (1958), 321-344.

Nahler, Horst: »Dichtertum und Moralität in Goethes ›Torquato Tasso‹«. In: Holtzhauer, Helmut/Zeller, Bernhard (Hrsg.): *Studien zur Goethezeit. Festschrift für Lieselotte Blumenthal*. Weimar 1968, 285-301.

Neumann, Gerhard: *Konfiguration. Studien zu Goethes ›Torquato Tasso‹*. München 1965.

Rasch, Wolfdietrich: *Goethes ›Torquato Tasso‹. Die Tragödie des Dichters*. Stuttgart 1954.

Ryan, Lawrence: »Die Tragödie des Dichters in Goethes ›Torquato Tasso‹. *JbDSG* 9 (1965), 283-322.

Sengle, Friedrich: »Wieland und Goethe«. In: Burger, Heinz Otto (Hrsg.): *Begriffsbestimmung der Klassik und des Klassischen*. Darmstadt 1972, 251-271.

Schulz, Gerhard: *Goethes und Goldonis ›Tasso‹*. Frankfurt/M., Bern 1986.

Vaget, Hans Rudolf: »Um einen Tasso von außen bittend. Kunst und Dilettantismus am Musenhof von Ferrara«. *DVjs* 54 (1980), 232-258.

Wertheim, Ursula: *Von Tasso zu Hafis*. Berlin 1965.

Wiese, Benno von: »Goethes Torquato Tasso«. In: Schillemeit, Jost (Hrsg.): *Interpretationen II. Deutsche Dramen von Gryphius bis Brecht*. Frankfurt/M. 1965, 61-75.

Wilkinson, Elizabeth M.: »Torquato Tasso«. In: Wiese, Benno von

(Hrsg.): *Das deutsche Drama vom Barock bis zur Gegenwart.* Bd. 1. Düsseldorf 1958, 193-214.

Faust

Atkins, Stuart: *Goethe's Faust. A Literary Analysis.* Cambridge Mass. 1958.

Bab, Julius: *Faust. Das Werk des Goetheschen Lebens.* Stuttgart, Berlin, Leipzig 1926.

Baron, Frank: *Faustus. Geschichte, Sage,* Dichtung. [1978] München 1982.

Bayer, Hans: »Goethes ›Faust‹. Religiös-ethische Quellen und Sinndeutung«. *JbFDH* 1978, 173-224.

Bertram, Johannes: *Faust im Blickfeld des XX. Jahrhunderts. Eine weltanschauliche Deutung.* [1939] Hamburg 1963.

Beutler, Ernst (Hrsg. u. Kommentar): *Faust und Urfaust.* Leipzig 1940.

Boerner, Peter/Johnson, Sidney (Hrsg.): *Faust through four Centuries. Retrospect and Analysis.* Tübingen 1989.

Buchwald, Reinhard: *Führer durch Goethes Faustdichtung. Erklärung des Werkes und Geschichte seiner Entstehung.* Stuttgart 1942.

Burdach, Konrad: »Faust und Sorge«. *DVjs* 1 (1923), 1-60.

Burdach, Konrad: »Das religiöse Problem in Goethes Faust«. *Euphorion* 33 (1932), 3-83.

Collin, Josef: *Goethes Faust in seiner ältesten Gestalt.* Frankfurt/M. 1896.

Dietze, Walter: »Tradition, Gegenwart und Zukunft in Goethes ›Faust‹«. *DU (Ost)* 24 (1971), 267-285.

Düntzer, Heinrich: *Goethe's ›Faust‹. Erster und Zweiter Theil. Zum erstenmal vollständig erläutert.* 2 Theile. Leipzig 1850/51.

Eppelsheimer, Rudolf: *Goethes ›Faust‹. Das Drama im Doppelreich. Versuch einer Deutung im Geiste des Dichters.* Stuttgart 1982.

Franz, Erich: *Mensch und Dämon. Goethes Faust als menschliche Tragödie, ironische Weltschau und religiöses Mysterienspiel.* Tübingen 1953.

Gabler, Karl: *Faust-Mephisto der deutsche Mensch. Mit erläuternder Darlegung des romantischen und des Realinhalts von Goethes ›Faust‹.* Berlin 1938.

Gerhard, Melitta: »›Faust‹ – Die Tragödie des ›neueren‹ Menschen«. *JbFDH* 1978, 160-164.

Gervinus, Georg Gottfried: *Neuere Geschichte der poetischen Nationalliteratur der Deutschen. Zweiter Theil. Von Goethes Jugend bis zur Zeit der Befreiungskriege.* Leipzig 1842.

Gille, Klaus F.: »»wer immer strebend sich bemüht...‹. Überlegungen zur Faustrezeption«. *Neophilologus* 68 (1984), 105-120.

Grimm, Hermann: »Vorlesungen zu Goethes Faust«. [1873/74] In: H.G.: *Goethe.* Vorlesungen, gehalten an der Königlichen Universität zu Berlin. 2 Bde. Berlin 1903, II 200-258.

Grützmacher, Richard H.: *Goethes Faust. Ein deutscher Mythus.* Berlin 1936.

Haffner, Paul Leopold: *Goethe's Faust als Wahrzeichen moderner Cultur.* Frankfurt/M. 1880.

Hamm, Heinz: *Goethes ›Faust‹. Werkgeschichte und Textanalyse.* [1978] Berlin ⁵1988.

Hartmann, Horst: *Faustgestalt, Faustsage, Faustdichtung.* Berlin 1979.

Hartmann, Otto Julius: *Faust. Der moderne Mensch in der Begegnung mit dem Bösen.* Freiburg 1957.

Henkel, Arthur: »Das Ärgernis Faust«. In: A.H.: *Goethe-Erfahrungen. Studien und Vorträge.* Stuttgart 1982, 163-179.

Holesowsky, Hanne Weill: »Heinrich Faust. Zur Abweichung von der Tradition bei Goethe«. *JbFDH* 1978, 165-172.

Holtzhauer, Helmut: »Faust. Signatur des Jahrhunderts. Eine Analyse der Welt- und Menschenansicht Goethes in seinem Hauptwerk«. *GJb* N.F. 32 (1970), 1-28.

Hucke, Karl-Heinz: *Figuren der Unruhe. Faustdichtungen.* Tübingen 1992.

Kaiser, Gerhard: »Goethes ›Faust‹ und die Bibel«. *DVjs* 58 (1984), 391-413.

Kern, Franz: *Drei Charakterbilder aus Goethes Faust. Faust, Gretchen, Wagner.* [1882] Berlin 1885.

Korff, Hermann August: *Faustischer Glaube. Versuch über das Problem humaner Lebenshaltung.* Leipzig 1938.

Kreuzer, Helmut: »Zur Geschichte der literarischen Faust-Figur«. *LiLi* Heft 66: *Faust und Satan – multimedial* (1987), 9-28.

Lukács, Georg: »Fauststudien«. In: G.L.: *Goethe und seine Zeit.* Bern 1947, 127-207.

Mayer, Hans: *Doktor Faust und Don Juan.* Frankfurt/M. 1979.

Müller-Seidel, Walter: »Komik und Komödie in Goethes ›Faust‹«. In: Steffen, Hans (Hrsg.): *Das deutsche Lustspiel.* Teil 1. Göttingen 1968, 94-119.

Metscher, Thomas: »Faust und die Ökonomie. Ein literarhistorischer Essay«. *Das Argument.* Sonderband 3: *Vom Faustus bis Karl Valentin.* Berlin 1976, 28-155.

Schanze, Helmut: »Szenen, Schema, Schwammfamilie. Goethes Arbeitsweise und die Frage der Struktureinheit von ›Faust‹ I und II«. *Euphorion* 78 (1984), 383-400.

Scheibe, Siegfried: »Bemerkungen zur Entstehungsgeschichte des frühen ›Faust‹«. *GJb* N.F. 32 (1970), 61-71.

Schelling, Friedrich Wilhelm Joseph: »Philosophie der Kunst«. In: F.W.J.S.: *Gesammelte Werke.* Berlin 1859 I.5, 357-736.

Schiller, Dieter: »Zum Figuren- und Handlungsaufbau im ›Faust‹«. *WB* 26/5 (1980), 40-59.

Schöne, Albrecht (Hrsg. und Kommentar): *Goethe. Faust.* Bd. I.: Text. Band II. Kommentar. Frankfurt/M. 1994.

Scholz, Gerhard: *Faust-Gespräche.* Berlin 1967.

Scholz, Rüdiger: *Goethes ›Faust‹ in der wissenschaftlichen Interpretation von Schelling und Hegel bis heute. Ein einführender Forschungsbericht.* Rheinfelden 1983.

Schwerte, Hans: *Faust und das Faustische. Ein Kapitel deutscher Ideologie.* Stuttgart 1962.

Steiner, Rudolf: *Goethes Geistesart in ihrer Offenbarung durch seinen Faust und durch das Märchen ›Von der Schlange und der Lilie‹*. Berlin 1902.

Steiner, Rudolf: *Geisteswissenschaftliche Erläuterungen zu Goethes Faust*. Bd. I: *Faust, der strebende Mensch*. Bd. II: *Das Faust-Problem. Die romantische und die klassische Walpurgisnacht*. [1931] Dornach 1974.

Türck, Hermann: *Goethe und sein Faust*. Leipzig 1921.

Traumann, Ernst: *Goethes Faust. Nach Entstehung und Inhalt erklärt*. 2 Bde. München 1913/14.

Valentin, Veit: *Goethes Faustdichtungen in ihrer künstlerischen Einheit dargestellt*. Berlin 1894.

Völker, Klaus: *Faust. Ein deutscher Mann. Die Geburt einer Legende und ihr Fortleben in den Köpfen. Ein Lesebuch*. [1975] Berlin 1991.

Volkelt, Hans: *›Auf freiem Grund mit freiem Volke stehn‹. Goethes Faust – und Deutschlands Lebensanspruch*. Leipzig 1944.

Voßkamp, Wilhelm: »›Höchstes Exemplar des utopischen Menschen‹. Ernst Bloch und Goethes ›Faust‹«. *DVjs* 59 (1985), 676-687.

Wiese, Benno von: *Faust als Tragödie*. Stuttgart 1946.

Witkowski, Georg (Hrsg.): *Faust*. 1. Bd.: Text; 2. Bd. Erläuterungen, Kommentare, Abbildungen. Leipzig 1906.

Faust I

Atkins, Stuart: »Neue Überlegungen zu einigen mißverstandenen Passagen der ›Gretchen- Tragödie‹ in Goethes ›Faust‹«. [1953] In: Keller, Werner (Hrsg.): *Aufsätze zu ›Faust I‹*. Darmstadt 1974, 496-520.

Bartscherer, Agnes: *Paracelsus, Paracelsisten und Goethes Faust. Eine Quellenstudie*. Dortmund 1911.

Baumgart, Hermann: *Goethes Faust als einheitliche Dichtung*. 2. Bde. Königsberg 1893 u. 1902.

Binder, Alwin: »Hexenpoesie. Die ›Hexenküche‹ in Goethes ›Faust‹ als Poetologie«. *GJb* 97 (1980), 140-197.

Binder, Alwin: »›Seiner Rede Zauberfluß‹. Uneigentliches Sprechen und Gewalt als Gegenstand der ›Faust‹-Szene ›Wald und Höhle‹«. *GJb* 106 (1989), 211-229.

Binder, Alwin: »Es irrt der Mensch so lang er strebt. Der ›Prolog im Himmel‹ in Goethes ›Faust‹ als satirische ›Homodizee‹«. *GJb* 110 (1993), 242-260.

Binder, Wolfgang: »Goethes klassische ›Faust‹-Konzeption«. *DVjs* 42 (1968), 55-88.

Brandt, Helmut: »Der widersprüchliche Held. Goethes Faustgestalt im Lichte der Gretchentragödie«. In: Brandt, Helmut/Beyer, Manfred (Hrsg.): *Ansichten der deutschen Klassik*. Berlin, Weimar 1981, 119-147.

Browning, Robert M.: »On the Structure of the ›Urfaust‹«. *PMLA* 68 (1953), 458-495.

Bruns, Friedrich: »Die Hexenküche«. *Monatshefte* 46 (1954), 260-266.

Dietze, Walter: »Der ›Walpurgisnachtstraum‹ in Goethes ›Faust‹: Entwurf, Gestaltung, Funktion«. *PMLA* 84 (1969), 476-491.

Düntzer, Heinrich: »Fausterläuterungen. 1. Die Hexenküche in Goethes Faust«. *DVjs* 2 (1889), 288-295.

Emrich, Wilhelm: »Genesis des Bösen in Goethes ›Faust I‹«. In: W.E.: *Poetische Wirklichkeit. Studien zur Klassik und Moderne.* Wiesbaden 1979, 73-87.

Fairley, Barker: *A Study of Goethe.* Oxford 1947.

Fischer, Ernst: »Goethe der große Humanist«. In: E.F.: *Dichtung und Deutung. Beiträge zur Literaturbetrachtung.* Wien 1949.

Fischer, Kuno: *Goethes Faust.* 4 Bde. Heidelberg 1901.

Fischer, Matthias-Johannes: »Mythos und Aufklärung. Die Wette in Goethes ›Faust I‹«. In: Arnold, Heinz Ludwig (Hrsg.): *Goethe. text und kritik Sonderheft.* München 1982, 173-177.

Forster, Leonard: »Faust und die ›acedia‹. Mephisto und die ›superbia‹«. In: Lange, Victor/Roloff, Hans-Gert (Hrsg.): *Dichtung, Sprache, Gesellschaft. Akten des IV. Internationalen Germanisten-Kongresses 1970 in Princeton.* Frankfurt/M. 1971, 307-319.

Friedrich, Theodor/Scheithauer, Lothar J.: *Kommentar zu Goethes Faust.* Stuttgart 1959.

Fuchs, Albert: »Mephistopheles. Wesen, Charakterzüge, Intelligenz. Seine geheime Tragödie. Das Problem seiner Rettung«. [1968] In: Keller, Werner (Hrsg.): *Aufsätze zu ›Faust I‹.* Darmstadt 1974, 348-361.

Fuchs, Albert: »Zur Theorie und Praxis der Textinterpretation: ›Gretchens Stube. Gretchen am Spinnrade allein‹«. In: *Deutsche Weltliteratur. Von Goethe bis Ingeborg Bachmann.* Tübingen 1972, 28-44.

Goebel, Julius: »Goethes Quelle für die Erdgeistszene«. *The Journal of English and German Philology* 8 (1909), 1-17.

Görner, Rüdiger: »Vom Wort zur Tat in Goethes ›Faust‹ – Paradigmenwechsel oder Metamorphose?«. *GJb* 106 (1989), 119-132.

Grumach, Ernst: »Prolog und Epilog im Faustplan von 1797«. *GJb* N.F. 13 (1951), 63-107.

Grumach, Ernst: »Zur Erdgeistszene«. *GJb* N.F. 14/15 (1952/53), 92-104.

Hamm, Heinz: »Der Einfluß der Französischen Revolution auf Goethes Arbeit am ›Faust‹ von 1797 bis 1801«. *GJb* 107 (1990), 169-178.

Hohlfeld, Alexander Rudolph: »Pakt und Wetten in Goethes ›Faust‹«. [1920/21] In: Keller, Werner (Hrsg.): *Aufsätze zu ›Faust I‹.* Darmstadt 1974, 380-409.

Jaeger, Hans: »Der ›Wald-und-Höhle‹-Monolog im ›Faust‹«. [1949]. In: Keller, Werner (Hrsg.): *Aufsätze zu ›Faust I‹.* Darmstadt 1974, 428-442.

Jantz, Harold: »The Function of the ›Walpurgis Night's Dream‹ in the Faust Drama«. *Monatshefte* 44 (1952), 397-408.

Kaiser, Gerhard: »Die Phänomenologie des Idyllischen in der deutschen Literatur«. In: G.K.: *Wanderer und Idylle. Goethe und die Phänomenologie der Natur in der deutschen Dichtung von Geßner bis Gottfried Keller.* Göttingen 1977, 11-106.

Kaufmann, Hans: *Goethes ›Faust‹ oder Stirb und werde.* Berlin und Weimar 1991.

Keller, Werner: »Der Dichter in der ›Zueignung‹ und im ›Vorspiel auf dem Theater‹«. In: W.K. (Hrsg.): *Aufsätze zu ›Faust I‹.* Darmstadt 1974, 151-191.

Keller, Werner (Hrsg.): *Aufsätze zu ›Faust I‹.* Darmstadt 1974.

Keller, Werner: »Der klassische Goethe und sein nichtklassischer ›Faust‹«. *GJb* 95 (1978), 9-28.

Keller, Werner: »Faust. Eine Tragödie (1808)«. In: Hinderer, Walter (Hrsg.): *Goethes Dramen. Neue Interpretationen.* Stuttgart 1980, 244-280.

Landsberg, E./Kohler, J.: »Fausts Pakt mit Mephistopheles in juristischer Beleuchtung«. *GJb* 24 (1903), 113-131.

Lorentz, Paul: »Die Idee der Liebe in Goethes ›Faust‹«. *GJb* N.F. 5 (1940), 286-296.

Marotzki, Winfried: »Der Bildungsprozeß des Menschen in Hegels ›Phänomenologie des Geistes‹ und Goethes ›Faust‹«. *GJb* 104 (1987), 128-156.

Michelsen, Peter: »Der Einzelne und sein Geselle: Fausts Osterspaziergang«. *Euphorion* 72 (1978), 43-67.

Möbus, Frank: »Heinrich! Heinrich! Goethes ›Faust‹. Genetisches, Genealogisches«. *Euphorion* 83 (1989), 337-363.

Molnár, Géza von: »Die Fragwürdigkeit des Fragezeichens. Einige Überlegungen zur Paktszene«. *GJb* 96 (1979), 270-279.

Mommsen, Momme: »Zur Entstehung und Datierung einiger Faustszenen um 1800«. *Euphorion* 47 (1953), 295-330.

Morris, Max: »Mephistopheles«. *GJb* 22 (1901), 150-191; 23 (1902), 138-176.

Müller, Günther: »Die organische Seele im ›Faust I‹. Ein Beitrag zur Einheitsfrage«. *Euphorion* 34 (1933), 153-194.

Müller, Joachim: »Prolog und Epilog in Goethes Faustdichtung«. [1969] In: Keller, Werner (Hrsg.): *Aufsätze zu ›Faust I‹.* Darmstadt 1974, 215-246.

Pilz, Georg: *Deutsche Kindesmordtragödien: Wagner, Goethe, Hebbel, Hauptmann.* München 1982.

Politzer, Heinz: »Gretchen im ›Urfaust‹«. [1957] In: H.P.: *Das Schweigen der Sirenen.* Stuttgart 1968, 312-338.

Reichl, Anton: »Goethes Faust und Agrippa von Nettesheim«. *Euphorion* 4 (1897), 287-301.

Resenhöfft, Wilhelm: *Goethes Rätseldichtungen im ›Faust‹ (mit Hexenküche und Hexen-Einmal-Eins) in soziologischer Sicht.* Bern 1972.

Requadt, Paul: *Goethes ›Faust I‹. Leitmotivik und Architektur.* München 1972.

Rickert, Heinrich: »Die Einheit des Faustischen Charakters. Eine Studie zu Goethes Faustdichtung«. [1925] In: Keller, Werner (Hrsg.): *Aufsätze zu ›Faust I‹.* Darmstadt 1974, 247-309.

Rickert, Heinrich: *Goethes ›Faust‹. Die dramatische Einheit der Dichtung.* Tübingen 1932.

Romero, Christiane Zehl: »Die ›Gretchentragödie‹. Ein Neuansatz«. *Carleton Germanic Papers* 4 (1976), 64-74.

Roß, Werner: »›Vorspiel auf dem Theater‹ und ›Prolog im Himmel‹. Eine Anleitung zum genauen Lesen«. *WW* 12 (1962), 237-243.

Saran, Franz: »Die Einheit des erstes Faustmonologs«. *ZfdPh* 30 (1898), 508-548.

Schillemeit, Jost: »Das ›Vorspiel auf dem Theater‹ zu Goethes ›Faust‹: Entstehungszusammenhänge und Folgerungen für sein Verständnis«. *Euphorion* 80 (1986), 149-166.

Schöne, Albrecht: »Satanskult: Walpurgisnacht«. In: A.S.: *Götterzeichen, Liebeszauber, Satanskult. Neue Einblicke in alte Goethetexte*. München 1982, 107-220.

Schulze, Horst: »Das bezifferte Faustschema von 1797«. *GJb* N.F. 32 (1970), 72-90.

Schwerte, Hans: »›Umfass' euch mit der Liebe holden Schranken‹. Zum ›Faust‹-Prolog, Vers 347«. *Euphorion* 74 (1980), 417-426.

Seidlin, Oskar: »Das Etwas und das Nichts. Versuch zur Neuinterpretation einer ›Faust‹-Stelle«. [1944] In: Keller, Werner (Hrsg.): *Aufsätze zu ›Faust I‹*. Darmstadt 1974, 362-368.

Seidlin, Oskar: »Ist das ›Vorspiel auf dem Theater‹ ein Vorspiel zum ›Faust‹?«. *Euphorion* 46 (1952), 307-314.

Seidlin, Oskar: »Warum der Darsteller des Faust es nicht so schwer haben sollte, die Paktszene richtig zu sprechen«. In: Dürr, Volker/ Molnár, Géza von (Hrsg.): *Versuche zu Goethe. Festschrift für Erich Heller*. Heidelberg 1976, 269-281.

Steffensen, Steffen: Makrokosmoszeichen und Erdgeist in Goethes ›Faust‹«. *Kopenhagener Germanistische Studien* 1 (1969), 186-197.

Streicher, Wolfgang: *Die dramatische Einheit von Goethes ›Faust‹. Betrachtet unter den Kategorien Substantialität und Funktionalität*. Tübingen 1966.

Streller, Siegfried: »Glasperlenspiele Goethes«. *Sinn und Form* 9 (1957), 1042-1054.

Trendelenburg, Adolf: *Goethes Faust erklärt. Der Tragödie erster Teil*. Berlin, Leipzig 1922.

Wachsmuth, Andreas: »Die Magia naturalis im Weltbilde Goethes. Zur Frage ihrer Nachwirkungen«. *GJb* 19 (1957), 1-27.

Weigand, Hermann: »Wetten und Pakt in Goethes ›Faust‹«. [1961] In: Keller, Werner (Hrsg.): *Aufsätze zu ›Faust I‹*. Darmstadt 1974, 410-427.

Wertheim, Ursula: »Klassisches in ›Faust – der Tragödie erster Teil‹«. *GJb* 95 (1978), 112-149.

Wilkinson, Elizabeth M: »Faust in der Logosszene – Willkürlicher Übersetzer oder geschulter Exeget?«. In: *Dichtung. Sprache. Gesellschaft. Akten des IV. Internat. Germanistenkongresses 1970 in Princeton*. Frankfurt/M. 1971, 116-124.

Wilkinson, Elizabeth M: »Theologischer Stoff und dichterischer Gehalt in Fausts sogenanntem Credo«. [1972] In: Keller, Werner (Hrsg.): *Aufsätze zu ›Faust I‹*. Darmstadt 1974, 551-571.

Woods, Barbara Allen: »Goethe and the Poodle Motif«. *Fabula* 1 (1958), 59-75.

Zeschwitz, Eberhard von: *Komödienperspektive in Goethes Faust I. Dramengeschichtliche Integration eines Sturm-undDrang-Fragments in den Ideenzusammenhang der Klassik.* Frankfurt/M, N.Y. 1985.

Zimmermann, Rolf Christian. »Urfaust«. In: R.Chr.Z.: *Das Weltbild des jungen Goethe.* 2. Bd. München 1979, 235-286.

Faust II

Adorno, Theodor W.: »Zur Schlußszene des ›Faust‹«. [1959] In: Th.W.A.: *Noten zur Literatur.* Frankfurt/M. 1981, 129-138.

Arens, Hans: *Kommentar zu Goethes Faust II.* Heidelberg 1989.

Beutler, Ernst: »Der Frankfurter Faust«. *JbFDH* 1936/40, 594-686.

Bietak, Wilhelm: »Homunculus und die Entelechie«. *JbWGV* 76 (1972), 12-28.

Binswanger, Hans Christoph: *Geld und Magie. Deutung und Kritik der modernen Wirtschaft anhand von Goethes ›Faust‹.* Stuttgart 1985.

Binswanger, Hans Christoph: »Der Mensch als Herr der Zeit. Eine Deutung von Goethes Faust II unter dem Aspekt von Wirtschaft und Alchemie«. *DU (West)* 39/4 (1987), 25-37.

Birk, Manfred: »Goethes Typologie der Epochenschwelle im vierten Akt des ›Faust II‹«. [1989] In: Keller, Werner (Hrsg.): *Aufsätze zu Goethes ›Faust II‹.* Darmstadt 1992, 243-266.

Boyle, Nicholas: »The Politics of ›Faust II‹. Another Look at the Stratum of 1831«. *PEGS* N.S. 52 (1983). 4-43.

Büchner, Wilhelm: *Fauststudien.* Darmstadt/Weimar 1908.

Busch, Ernst: »Die Transzendenz der Gottheit und der naturmystische Gottesbegriff im Mütter-Symbol«. [1949] In: Keller, Werner (Hrsg.): *Aufsätze zu Goethes ›Faust II‹.* Darmstadt 1992, 70-79.

Diener, Gottfried: *Fausts Weg zu Helena. Urphänomen und Archetypus. Darstellung und Deutung einer symbolischen Szenenfolge aus Goethes Faust.* Stuttgart 1961.

Döring, Hellmut: »Der Schöngestalt bedenkliche Begleiter. Betrachtung zu ‹Faust II, 3‹«. *WB* 12 (1966), 261-277.

Dshinoria, Otar: »Die Beschwörung der Helena in Goethes ›Faust‹«. *GJb* N.F. 32 (1970), 91-114.

Emrich, Wilhelm: *Die Symbolik von Faust II. Sinn und Vorformen.* Berlin 1943.

Emrich, Wilhelm: »Das Rätsel der ›Faust-II‹-Dichtung. Versuch einer Lösung«. [1960] In: Keller, Werner (Hrsg.): *Aufsätze zu Goethes ›Faust II‹.* Darmstadt 1992, 26-54.

Emrich, Wilhelm: »Genesis des Bösen in Goethes ›Faust I‹«. In: W.E.: *Poetische Wirklichkeit. Studien zur Klassik und Moderne.* Wiesbaden 1979, 73-87.

Gelzer, Thomas: »Das Fest der ›Klassischen Walpurgisnacht‹«. [1990] In: Keller, Werner (Hrsg.): *Aufsätze zu Goethes ›Faust II‹.* Darmstadt 1992, 123-137.

Graham, Ilse: »Kompromittierung und Wiedergutmachung. Ein Versuch zu Fausts Schlußmonolog«. *JbDSG* 26 (1982), 163-203.

Grappin, Pierre: »Zur Gestalt des Kaiser in ›Faust II‹«. *GJb* 91 (1974), 107-116.

Hahn, Karl-Heinz: »Faust und Helena oder die Aufhebung des Zwiespalts zwischen Klassikern und Romantikern. Ein Beitrag zur Romantikkritik Goethes im Spiegel der Faustdichtung«. *GJb* N.F. 32 (1970), 115-141.

Hamm, Heinz: »Zum Symbolbegriff im zweiten Teil des ›Faust‹«. *GJb* N.F. 32 (1970), 142-150.

Hamm, Heinz: »Julirevolution, Saint-Simonismus und Goethes abschließende Arbeit am Faust«. [1982] In: Keller, Werner (Hrsg.): *Aufsätze zu Goethes ›Faust II‹*. Darmstadt 1992, 267-277.

Herrmann, Helene: »Faust, der Tragödie zweiter Teil: Studien zur inneren Form des Werkes«. *ZfÄsth* 12 (1916/17), 86-137, 161-178, 321-337.

Hertz, Wilhelm: *Goethes Naturphilosophie im Faust*. Berlin 1913.

Höfler, Otto: *Homunculus – eine Satire auf A.W. Schlegel. Goethe und die Romantik*. Wien und Köln 1972.

Höhle, Thomas/Hamm, Heinz: »Faust. Der Tragödie Zweiter Teil«. *WB* 20 (1974), 49-89.

Hölscher-Lohmeyer, Dorothea: »Auf dem Hochgebirg. ›Faust II‹ – Die erste Szene des vierten Aktes«. *JbDSG* 25 (1981), 249-284.

Hölscher-Lohmeyer, Dorothea: »Natur und Gedächtnis. Reflexionen über die klassische Walpurgisnacht«. *JbFDH* 1987, 85-113.

Jakoby, Günther: *Herder als Faust*. Leipzig 1911.

Jantz, Harold: *The Mothers in ›Faust‹. The Myth of Time and Creativity*. Baltimore 1969.

Kalmbach, Heide: *Bildung und Dramenform in Goethes ›Faust‹*. Göppingen 1974.

Keller, Werner: »Größe und Elend, Schuld und Gnade: Fausts Ende in wiederholter Spiegelung«. In: W.K. (Hrsg.): *Aufsätze zu Goethes ›Faust II‹*. Darmstadt 1992, 316-344.

Keller, Werner (Hrsg.): *Aufsätze zu Goethes ›Faust II‹*. Darmstadt 1992.

Kerényi, Karl: »Das Ägäische Fest. Die Meergötterszene in Goethes ›Faust II‹«. [1941] In: Keller, Werner (Hrsg.): *Aufsätze zu Goethes ›Faust II‹*. Darmstadt 1992, 160-189.

Kommerell, Max: *Geist und Buchstabe der Dichtung. Goethe, Schiller, Kleist, Hölderlin*. [1940] Frankfurt/M. 1991.

Kommerell, Max: »Vielheit der Formen im Helena-Akt«. [1940] In: Keller, Werner (Hrsg.): *Aufsätze zu Goethes ›Faust II‹*. Darmstadt 1992, 190-194.

Lange, Victor: »Faust. Der Tragödie Zweiter Teil«. In: Hinderer, Walter (Hrsg.): *Goethes Dramen. Neue Interpretationen*. Stuttgart 1980, 281-312.

Linden, Walther: »Faust und Wilhelm Meister«. *GRM* 20 (1932), 255-267.

Lohmeyer, Dorothea: *Faust und die Welt. Der zweite Teil der Dichtung. Eine Anleitung zum Lesen des Textes*. [1940] München 1975.

Mahl, Bernd: »Goethes ›Faust‹ – höllischer Ausbeuter oder himmelsstrebender Tatmensch? Zur Deutung der ökonomischen Motive in ›Der Tragödie Zweitem Teil‹«. *Faust-Blätter* 36 (1978), 1478-1507.

Martinson, Steven D.: »Error and the Problem of ›Bildung‹ in Goethe's ›Faust‹«. *Euphorion* 82 (1988), 104-115.

May, Kurt: *›Faust II. Teil‹, in der Sprachform gedeutet.* Berlin 1936.

Mayer, Hans: *Unendliche Kette. Goethe-Studien.* Dresden 1949.

Meissinger, Karl August: *Helena. Schillers Anteil am ›Faust‹.* Frankfurt/M. 1935.

Metzner, Max: »Goethes Wirtschaftsauffassung«. *Zeitschrift für Betriebswirtschaft* 25 (1955), 449-453.

Meyer, Hermann: *Diese sehr ernsten Scherze. Eine Studie zu Faust II.* Heidelberg 1970.

Michelsen, Peter: »Fausts Erblindung«. *DVjs* 36 (1962), 26-35.

Mieth, Günther: »Fausts letzter Monolog. Poetische Strukturen einer geschichtlichen Vision«. *GJb* 97 (1980), 90-102.

Mommsen, Katharina: *Goethe und 1001 Nacht.* Berlin 1960.

Mommsen, Katharina: »Homunculus und Helena«. [1968] In: Keller, Werner (Hrsg.): *Aufsätze zu Goethes ›Faust II‹.* Darmstadt 1992, 138-159.

Müller, Joachim: »Die Figur des Homunculus in der Faustdichtung«. In: J.M.: *Neue Goethe-Studien.* Halle/S. 1969, 189-207.

Müller, Joachim: »›Meiner Wolke Tragewerk‹. Fausts Abschied von Helena«. In: J.M.: *Neue Goethe-Studien.* Halle/S. 1969, 209-224.

Müller, Joachim: »Die tragische Aktion: Zum Geschehen im 5. Akt von ›Faust II‹ bis zum Tode Fausts«. *GJb* 94 (1977), 188-205.

Müller, Joachim: »Faust und Helena. Der arkadische Traum. Genese und dramatisches Medium«. *JbWGV* 86/87/88 (1982/83/84), 199-227.

Müller-Seidel, Walter: »Lynkeus. Lyrik und Tragik in Goethes ›Faust‹«. In: Frühwald, Wolfgang/Niggl, Günter (Hrsg.): *Sprache und Bekenntnis. Hermann Kunisch zum 70. Geburtstag.* Berlin 1971, 79-100.

Neuland, Brunhild: »Faust, die drei Gewaltigen und die Lemuren. Zur Beziehung von Mythos und Geschichte im Faust II«. In: Brandt, Helmut/Beyer, Manfred (Hrsg.): *Ansichten der deutschen Klassik. Festschrift für Ursula Wertheim.* Berlin und Weimar 1981, 276-297.

Neumann, Michael: »Faust und Helena«. [1985/90] In: Keller, Werner (Hrsg.): *Aufsätze zu Goethes ›Faust II‹.* Darmstadt 1992, 227-242.

Reinhardt, Karl: »Die klassische Walpurgisnacht. Entstehung und Bedeutung«. *Antike und Abendland* 1 (1945), 133-162.

Requadt, Paul: »Die Figur des Kaisers im ›Faust II‹«. *JbDSG* 8 (1964), 153-171.

Schlaffer, Heinz: »Fausts Ende«. *Das Argument* 18/99 (1976), 772-779.

Schlaffer, Heinz: *Faust Zweiter Teil. Die Allegorie des neunzehnten Jahrhunderts.* Stuttgart 1981.

Schlaffer, Heinz: »Der Aufzug der Allegorien. Zur Mummenschanz«. [1981] In: Keller, Werner (Hrsg.): *Aufsätze zu Goethes ›Faust II‹.* Darmstadt 1992, 55-69.

Schmidt, Jochen: »Die ›katholische Mythologie‹ und ihre mystische Ent-mythologisierung in der Schluß-Szene des ›Faust II‹«. In: Keller, Werner (Hrsg.): *Aufsätze zu Goethes ›Faust II‹*. Darmstadt 1992, 384-417.

Scholz, Gerhard: »Artikelserie über ›Faust‹ in Form von Gesprächen«. *Forum* 9 (1965).

Scholz, Rüdiger: *Die beschädigte Seele des großen Mannes. Goethes ›Faust‹ und die bürgerliche Gesellschaft*. Rheinfelden 1982.

Segeberg, Harro: »Die ›ganz unberechenbaren Resultate‹ der Technik. Zur Modernität vormoderner Technik in Goethes Faust«. In: Lohr, Stephan (Hrsg.): *Goethe in Ökonomie, Technik und Politik*. Velber 1987, 11-24 (*DU* 39/4).

Seidler, Herbert: »Die Klassische Walpurgisnacht«. In: *JbWGV* 73 (1969), 18-38.

Seidlin, Oskar: »Helena. Vom Mythos zur Person«. [1963] In: Keller, Werner (Hrsg.): *Aufsätze zu Goethes ›Faust II‹*. Darmstadt 1992, 195-226.

Spengler, Oswald: *Der Untergang des Abendlandes*. [1923] München 1972.

Steinen, Wolfram von den: »Faust und die Technik«. *Neue Schweizer Rundschau* N.F. 17 (1949/50), 241-248.

Vaget, Hans-Rudolf: »Faust, der Feudalismus und die Restauration«. In: Rupp, Heinz/Roloff, Hans-Gert (Hrsg.): *Akten des VI. Internationalen Germanisten-Kongresses Basel 1980*. Teil 4. (=*Jahrbuch für Internationale Germanistik* A 8) Bern, Frankfurt/M. Las Vegas 1981, 345-351.

Valentin, Veit: »Homunculus und Helena«. *GJb* 16 (1895), 127-148.

Williams, John R.: »Die Deutung geschichtlicher Epochen im zweiten Teil des ›Faust‹«. *GJb* 110 (1993), 89-103.

Wittkowski, Wolfgang: »Faust und der Kaiser. Goethes letztes Wort zum ›Faust‹«. *DVjs* 43 (1969), 631-651.

Wittkowski, Wolfgang: »Unausgleichbarkeit und Ausgleichung in Goethes Tragödie ›Faust‹«. *JbWGV* 86/87/88 (1982/83/84), 173-198.

Wolf, Heinz: »Fausts Schlußmonolog als Beispiel einer Perspektivgestaltung im klassischen Drama«. *DU (Ost)* 21 (1968), 631-342.

Prosa

Blessin, Stefan: *Die Romane Goethes*. Königstein/Ts. 1979.

Lillyman, William J. (Hrsg.): *Goethe's Narrative Fiction*. Berlin, New York 1983.

Lützeler, Paul Michael (Hrsg.): *Goethes Erzählwerk. Interpretationen*. Stuttgart 1985.

Reiss, Hans S.: *Goethes Romane*. Bern 1963.

Die Leiden des jungen Werthers

Alewyn, Richard: »Klopstock!«. *Euphorion* 73 (1979), 357-364.

Atkins, Stuart: »J.C. Lavater and Goethe. Problems of Psychology and Theology in ›Die Leiden des jungen Werthers‹«. *PMLA* 63 (1948), 520-576.

Beutler, Ernst: Nachwort zum ›Werther‹. Stuttgart 1969.

Busch, Hans Christoph (Hrsg.): *Die Leiden des jungen Werther, neu hrsg. mit Dokumenten und Materialien.* Berlin 1982.

Doke, Tadamichi: »Zur literarischen Methode der ›Leiden des jungen Werther‹«. *GJb* 91 (1974), 11-23.

Eissler, Kurt Robert: »Cornelia«. In: K.R.E.: *Goethe. Eine psychoanalytische Studie.* [1963] Bd. I. Basel 1983, 74-174.

Engel, Ingrid: *Werther und die Wertheriaden. Ein Beitrag zur Wirkungsgeschichte.* St. Ingbert 1986.

Feise, Ernst: »Goethes Werther als nervöser Charakter«. *GR* 1 (1926), 185-253.

Fittbogen, Gottfried: »Die Charaktere in den beiden Fassungen von Werthers Leiden«. *Euphorion* 17 (1910), 556-582.

Flaschka, Horst: *Goethes ›Werther‹. Werkkontextuelle Deskription und Analyse.* München 1987.

Graber, Gustav: »Goethes Werther. Versuch einer tiefenpsychologischen Pathographie«. *Acta psychotherapeutica, psychosomatica et orthopaedagogica* 6 (1958), 120-136.

Grathoff, Dirk: »Der Pflug, die Nußbäume und der Bauernbursche. Natur im thematischen Gefüge des Werther-Romans«. *GJb* 102 (1985), 184-198.

Herrmann, Hans-Peter: »Landschaft in Goethes Werther. Zum Brief vom 18. August«. In: Clasen, Thomas/Leibfried, Erwin (Hrsg.): *Goethe. Vorträge aus Anlaß seines 150. Todestages.* Frankfurt/M., Bern, New York 1984, 77-100.

Hirsch, Arnold: »Die Leiden des jungen Werthers. Ein bürgerliches Schicksal im absolutistischen Staat.« *EG* 13 (1958), 229-250

Hohendahl, Peter Uwe: *Der europäische Roman der Empfindsamkeit.* Wiesbaden 1977.

Hübner, Klaus: *Alltag im literarischen Werk. Eine literatursoziologische Studie zu Goethes ›Werther‹.* Heidelberg 1982.

Kayser, Wolfgang: »Die Entstehung von Goethes ›Werther‹«. *DVjs* 19 (1941), 430-457.

Kreutzer, Eberhard: »Die Entstehung des Romans in England«. In: *Propyläen Geschichte der Literatur. Literatur und Gesellschaft der westlichen Welt. Bd. 4: Aufklärung und Romantik. 1700-1830.* Berlin 1988, 211-236.

Lange, Victor: »Die Sprache als Erzählform in Goethes ›Werther‹«. In: Müller-Seidel, Walter (Hrsg.): *Formenwandel. Festschrift für Paul Böckmann.* Hamburg 1964, 261-272.

Lauterbach, Martin: *Das Verhältnis der zweiten zur ersten Ausgabe von ›Werthers Leiden‹.* Straßburg 1910.

Lukács, Georg: »Die Leiden des jungen Werther«. [1936] In: G.L.: *Goethe und seine Zeit*. Berlin 1947, 17-30.

Mahoney, Dennis F.: *Der Roman der Goethezeit (1774-1829)*. Stuttgart 1988.

Mandelkow, Karl Robert: »Der deutsche Briefroman. Zum Problem der Polyperspektive im Epischen«. *Neophilologus* 1960, 200-208.

Mann, Thomas: »Goethe's Werther«. [1941] In: Th.M.: *Gesammelte Werke in 12 Bänden*. Frankfurt/M. 1960, IX 640-655.

Martin, Günther: »Werthers problematische Natur«. *NDH* 29 (1982), 725-735.

Mattenklott, Gert/Scherpe, Klaus (Hrsg.): *Westberliner Projekt. Grundkurs 18. Jahrhundert*. 2 Bde. Kronberg/Ts. 1974.

Meyer-Kalkus, Reinhard: »Werthers Krankheit zum Tode. Pathologie und Familie in der Empfindsamkeit«. In: Kittler, Friedrich A./Turk, Horst (Hrsg.): *Urszenen*. Frankfurt/M. 1977, 76-138.

Miller, Norbert: »Goethes ›Werther‹ und der Briefroman«. In: N.M.: *Der empfindsame Erzähler. Untersuchungen an Romananfängen des 18. Jahrhunderts*. München 1968, 138-214.

Moritz, Karl Philipp: »Über ein poetisches Gemälde von Goethe. 6. Vorlesung über den Stil«. [1792] In: K.Ph.M.: *Werke*. Bd. III. Frankfurt 1981, 622-629.

Müller, Peter: *Zeitkritik und Utopie in Goethes ›Werther‹*. Berlin/DDR 1969.

Nolan, Erika: »Goethes ›Die Leiden des jungen Werthers‹. Absicht und Methode«. *JbDSG* 28 (1984), 191-222.

Oettinger, Klaus: »›Eine Krankheit zum Tode‹. Zum Skandal um Werthers Selbstmord«. *DU (West)* 28/2 (1976), 55-74.

Pascal, Roy: *Sturm und Drang*. Stuttgart 1963.

Picard, Hans Rudolf: »Die Illusion der Wirklichkeit im Briefroman des 18. Jahrhunderts«. *Studia Romanica. H. 23*, Heidelberg 1971.

Pütz, Peter: »Werthers Leiden an der Literatur«. In: Lillyman, William J. (Hrsg.): *Goethes Narrative Fiction. The Irvine Goethe Symposium*. Berlin, New York 1983, 55-68.

Renner, Karl N.: »›...Laß das Büchlein deinen Freund seyn.‹ Goethes Roman ›Die Leiden des jungen Werther‹ und die Diätetik der Aufklärung«. In: Häntzschel, Günther (Hrsg.): *Zur Sozialgeschichte der deutschen Literatur von der Aufklärung bis zur Jahrhundertwende*. Tübingen 1985, 1-20.

Reuter, Hans-Heinrich: »Der gekreuzigte Prometheus: Goethes Romans ›Die Leiden des jungen Werthers‹«. *GJb 89* (1972), 86-115.

Ritter, Joachim: »Landschaft. Zur Funktion des Ästhetischen in der modernen Gesellschaft«. In: J.R.: *Subjektivität*. Frankfurt 1974, 141-190.

Sauder, Gerhard. »Subjektivität und Empfindsamkeit im Roman«. In: Hinck, Walter (Hrsg.): *Sturm und Drang. Ein literaturwissenschaftliches Arbeitsbuch*. Kronberg/Ts. 1978, 163-175.

Scherpe, Klaus: *Werther und Wertherwirkung. Zum Syndrom bürgerlicher Gesellschaftsordnung im 18. Jahrhundert*. Bad Homburg 1970.

Schmiedt, Helmut: »Woran scheitert Werther?«. *Poetica* 11 (1979), 83-104.

Schmiedt, Helmut (Hrsg.): ›*Wie froh bin ich, daß ich weg bin!*‹ *Goethes Roman* ›*Die Leiden des jungen Werthers*‹ *in literaturpsychologischer Sicht*. Würzburg 1989.

Schöffler, Herbert: »Die Leiden des jungen Werther. Ihr geistesgeschichtlicher Hintergrund«. [1938] In: H.S.: *Deutscher Geist im 18. Jahrhundert*. Göttingen 1967, 155-181.

Siegrist, Christoph: »Aufklärung und Sturm und Drang: Gegeneinander oder Nebeneinander«. In: Hinck, Walter (Hrsg.): *Sturm und Drang. Ein literaturwissenschaftliches Arbeitsbuch*. Kronberg/Ts. 1978, 1-14.

Stückrath, Jörn: »Johann Wolfgang Goethe: ›Die Leiden des jungen Werther‹«. In: Lehmann, Jakob (Hrsg.): *Deutsche Romane von Grimmelshausen bis Walser*. Königstein/Ts. 1982, 27-47.

Vaget, Hans Rudolf: »Die Leiden des jungen Werthers (1774)«. In: Lützeler, Paul Michael (Hrsg.): *Goethes Erzählwerk. Interpretationen*. Stuttgart 1985, 37-72.

Voss, Ernst Theodor: *Erzählprobleme des Briefromans, dargestellt an vier Beispielen des 18. Jahrhunderts*. Bonn 1960.

Voßkamp, Wilhelm: »Dialogische Vergegenwärtigung beim Lesen und Schreiben. Zur Poetik des Briefromans im 18. Jahrhundert.« *DVjs* 45 (1971), 80-116.

Wagenknecht, Christian: »Werthers Leiden. Der Roman als Krankengeschichte«. *Text und Kontext* 5/2 (1977), 3-14.

Waniek, Erdmann: »›Werther‹ lesen und Werther als Leser«. *GYb* 1 (1982), 51-92.

Welz, Dieter: *Der Weimarer* ›*Werther*‹. *Studien zur Sinnstruktur der 2. Fassung des* ›*Werther*‹-*Romans*. Bonn 1973.

Würzbach, Natascha: *Die Struktur des Briefromans und seine Entstehung in England*. München 1964.

Zimmermann, Rolf Christian: »Die Leiden des jungen Werthers«. In: R.Chr.Z.: *Das Weltbild des jungen Goethe*. Bd. II. München 1979, 167-212.

Zons, Raimar S.: »Ein Riß durch die Ewigkeit. Landschaften in ›Werther‹ und ›Lenz‹«. *LfL* 1989, 65-78.

Die Zeit der Klassik

Wilhelm Meisters Lehrjahre

Ammerlahn, Helmut: »Mignon – ein offenbares Rätsel. Name, Gestalt, Symbol, Wesen und Werden«. *DVjs* 42 (1968), 89-116

Ammerlahn, Helmut: »Mignons nachgetragene Vorgeschichte und das Inzestmotiv: Zur Genese und Symbolik der Goetheschen Geniusgestalten«. *MfdU* 64/1 (1972), 14-24.

Ammerlahn, Helmut: »Goethe und Wilhelm Meister, Shakespeare und Natalie: Die klassische Heilung des kranken Königssohns«. *JbFDH* 1978, 47-84.

Beck, Adolf: »Der ›Geist der Reinheit‹ und die ›Idee des Reinen‹. Deutsches und Frühgriechisches in Goethes Humanitätsideal«. *GJb* N.F. 7 (1942), 160-169; 8 (1943), 19-57.

Berger, Albert: *Ästhetik und Bildungsroman. Goethes ›Wilhelm Meisters Lehrjahre‹*. Wien 1977

Berghahn, Klaus /Pinkerneil, Beate (Hrsg.): *Am Beispiel Wilhelm Meister. Einführung in die Wissenschaftsgeschichte der Germanistik*. Bd. 1: Darstellung, Bd. 2: Dokumente. Königstein 1980.

Blessin, Stefan: »Die radikal-liberale Konzeption von ›Wilhelm Meisters Lehrjahren‹«. *DVjs* 49 (1975), Sonderheft 18. Jahrhundert; 190-225.

Bruford, Walter H.: »Goethes ›Wilhelm Meister‹ als Bild und Kritik der Gesellschaft«. [1933] In: Berghahn, Klaus /Pinkerneil, Beate (Hrsg.): *Am Beispiel Wilhelm Meister. Einführung in die Wissenschaftsgeschichte der Germanistik*. Bd. 1: Darstellung, Bd. 2: Dokumente. Königstein 1980, 211-232.

Catholy, Eckehard: *K.Ph. Moritz und die Ursprünge der deutschen Theaterleidenschaft*. Tübingen 1962.

Dilthey, Wilhelm: »Der Bildungsroman«. In: Selbmann, Rolf (Hrsg.): *Zur Geschichte des deutschen Bildungsromans*. Darmstadt 1988, 120-122.

Eigler, Friederike: »Wer hat ›Wilhelm Schüler‹ zum ›Wilhelm Meister‹ gebildet? Wilhelm Meisters Lehrjahre und die Aussparung einer hermeneutischen Verstehens- und Bildungspraxis«. *GYb* 3 (1986), 93-119.

Ermann, Kurt: *Goethes Shakespeare-Bild*. Tübingen 1983.

Fick, Monika: »Mignon. Psychologie und Morphologie der Geniusallegorese in ›Wilhelm Meisters Lehrjahren‹«. *Sprachkunst* 13/1 (1982), 3-49.

Fink, Gonthier-Louis: »Die Bildung des Bürgers zum ›Bürger‹. Individuum und Gesellschaft in ›Wilhelm Meisters Lehrjahren‹«. *RG* 2 (1972), 3-37.

Gerhard, Melitta: *Der deutsche Entwicklungsroman bis zu Goethes ›Wilhelm Meister‹*. Halle 1926.

Gille, Klaus F.: *Goethes ›Wilhelm Meister‹. Zur Rezeptionsgeschichte der ›Lehr-‹ und ›Wanderjahre‹*. Königstein/Ts. 1979.

Graham, Ilse: »An Eye for the World: Stages of Realisation in ›Wilhelm Meister‹«. In: I.G.: *Goethe. Portrait of the Artist*. Berlin, New York 1977, 182-226.

Greiner, Bernhard: »Puppenspiel und Hamlet-Nachfolge. Wilhelm Meisters ›Aufgabe‹ der theatralischen Sendung«. *Euphorion* 83 (1989), 281-296.

Grimminger, Rolf: »Löcher in der Ordnung der Dinge: ›Wilhelm Meisters Lehr- und Wanderjahre‹«. In: R.G.: *Die Ordnung, das Chaos und die Kunst*. Frankfurt/M. 1986, 203-244.

Grimminger, Rolf: »Wilhelm Meister und die Lehrjahre der Moderne«. *DU (West)* 39/4 (1987), 83-91.

Haas, Rosemarie: *Die Turmgesellschaft in ›Wilhelm Meisters Lehrjahren‹. Zur Geschichte des Geheimbundromans und der Romantheorie im 18. Jahrhundert*. Diss. Kiel 1964. Bern 1975.

Habermas, Jürgen: »Das Ende der repräsentativen Öffentlichkeit, illustriert am Beispiel Wilhelm Meister«. In: J.H.: *Strukturwandel der Öffentlichkeit*. Neuwied 1962, 25-28.

Hahn, Karl-Heinz: »Adel und Bürgertum im Spiegel Goethescher Dichtungen zwischen 1790 und 1810 unter besonderer Berücksichtigung von ›Wilhelm Meisters Lehrjahren‹«. *GJb* 95 (1978), 150-162.

Hahn, Karl-Heinz: »Zeitgeschichte in Goethes Roman ›Wilhelm Meisters Lehrjahre‹«. In: Chiarini, Paolo/Dietze, Walter (Hrsg.): *Deutsche Klassik und Revolution*. Rom 1981, 169-194.

Hass, Hans-Egon: »Goethe: ›Wilhelm Meisters Lehrjahre‹«. In: Wiese, Benno von (Hrsg.): *Der deutsche Roman. Vom Barock bis zur Gegenwart*. Bd. 1. Düsseldorf 1963, 132-210.

Henkel, Arthur: »Versuch über ›Wilhelm Meisters Lehrjahre‹«. [1962] In: A.H.: *Goethe-Erfahrungen*. Stuttgart 1982, 103-115.

Janz, Rolf-Peter: »Zum sozialen Gehalt der ›Lehrjahre‹«. In: Arntzen, Helmut (Hrsg.): *Literaturwissenschaft und Geschichtsphilosophie. Festschrift für Wilhelm Emrich*. Berlin, New York 1975, 320-340.

Kayser, Wolfgang: *Das sprachliche Kunstwerk*. Bern 1948.

Keferstein, Georg: *Bürgertum und Bürgerlichkeit bei Goethe*. Weimar 1933

Kieß, Marianne: *Poesie und Prosa. Die Lieder in ›Wilhelm Meister Lehrjahren‹*. Frankfurt/M. 1987.

Kittler, Friedrich A.: »Über die Sozialisation Wilhelm Meisters«. In: Kaiser, Gerhard/F.A.K.: *Dichtung als Sozialisationsspiel*. Göttingen 1978, 13-124.

Klingenberg, Anneliese: »Das Verhältnis von Individuum und Gesellschaft in seiner Entwicklung von den ›Lehr-‹ zu den ›Wanderjahren‹«. *WB* 28/10 (1982), 142-145.

Klingenberg, Anneliese: »Die Bedeutung der Goetheschen Naturauffassung für Gehalt und Struktur seines Romans ›Wilhelm Meisters Lehrjahre‹«. In: Brandt, Helmut (Hrsg.): *Goethe und die Wissenschaften*. Jena 1984, 217-222.

Köhn, Lothar: *Entwicklungs- und Bildungsroman. Ein Forschungsbericht*. Stuttgart 1969.

König, Julia: *Das Leben im Kunstwerk. Studien zu Goethes Mignon und ihrer Rezeption*. Frankfurt/M., Bern 1991.

Kommerell, Max: »Wilhelm Meister«. In: M.K.: *Essays, Notizen, Poetische Fragmente. Aus dem Nachlaß hrsg. von Inge Jens*. Olten 1969, 81-186.

Koopmann, Helmut: »Wilhelm Meisters Lehrjahre«. In: Lützeler, Paul Michael (Hrsg.): *Goethes Erzählwerk. Interpretationen*. Stuttgart 1985, 168-191.

Koopmann, Helmut: »Dramatisches in ›Wilhelm Meisters Lehrjahre‹?«. In: Polheim, Karl Kurt (Hrsg.): *Sinn und Symbol. Festschrift für Josef Strelka*. Bern 1987, 95-112.

Kraft, Werner: »Goethes Sehnsuchtslied«. [1959] In: W.K.: *Goethe. Wiederholte Spiegelungen aus fünf Jahrzehnten*. München 1986, 66-74.

Kühl, Hans-Ulrich: »›Wilhelm Meister‹ – Individuum und Gesellschaft«. *WB* 28 (1982), 133-141.

Kühl, Hans-Ulrich: »Das Poetische in Goethes ›Wilhelm Meisters Lehrjahre‹«. *GJb* 101 (1984), 129-134.

Ladendorff, Ingrid: *Zwischen Tradition und Revolution. Die Frauengestalten in ›Wilhelm Meisters Lehrjahre‹ und ihr Verhältnis zu deutschen Originalromanen des 18. Jahrhunderts.* Frankfurt/M., Bern 1990.

Lukács, Georg: *Die Theorie des Romans. Ein geschichtsphilosophischer Versuch über die Formen der großen Epik.* [1916] Neuwied 1963.

Lukács, Georg: »Wilhelm Meisters Lehrjahre«. [1936] In: G.L.: *Goethe und seine Zeit.* Bern 1947, 31-47.

Mannack, Eberhard: »Der Roman zur Zeit der Klassik: ›Wilhelm Meisters Lehrjahre‹«. In: Conrady, Karl Otto (Hrsg.): *Deutsche Literatur zur Zeit der Klassik.* Stuttgart 1977, 211-225.

Martini, Fritz: »Der Bildungsroman. Zur Geschichte des Wortes und der Theorie«. *DVjs* 35 (1963), 44-63.

May, Kurt: »›Wilhelm Meisters Lehrjahre‹. Ein Bildungsroman«. *DVjs* 31 (1957), 1-37

Mayer, Gerhart: »Wilhelm Meisters Lehrjahre. Gestaltbegriff und Werkstruktur«. *GJb* 92 (1975), 140-164.

Mayer, Mathias: *Selbstbewußte Illusion. Selbstreflexion und Legitimation der Dichtung im ›Wilhelm Meister‹.* Heidelberg 1989.

McInnes, Edward: »Zwischen ›Wilhelm Meister‹ und ›Die Ritter vom Geist‹: Zur Auseinandersetzung zwischen Bildungsroman und Sozialroman im 19. Jahrhundert«. *DVjs* 43 (1969), 487-514.

Meyer, Herman: »Mignons Italienlied und das Wesen der Verseinlage im ›Wilhelm Meister‹«. *Euphorion* 46 (1952), 149-169.

Morgenstern, Karl: »Ueber das Wesen des Bildungsromans«. In: Selbmann, Rolf (Hrsg.): *Zur Geschichte des deutschen Bildungsromans.* Darmstadt 1988, S. 55-72.

Müller, Günther: *Gestaltung-Umgestaltung in ›Wilhelm Meisters Lehrjahren‹.* Halle 1948

Øhrgaard, Per: *Die Genesung des Narcissus. Eine Studie zu Goethe: ›Wilhelm Meisters Lehrjahre‹.* Kopenhagen 1978.

Pfaff, Peter: »Plädoyer für eine typologische Interpretation von ›Wilhelm Meisters Lehrjahren‹«. *Text und Kontext* 5/2 (1977), 37-58.

Pütz, Peter: »Der Roman der Klassik«. In: Koopmann, Helmut (Hrsg.): *Handbuch des deutschen Romans.* Düsseldorf 1983, 244-249

Rasch, Wolfdietrich: »Die klassische Erzählkunst Goethes«. In: H. Steffen (Hrsg.): *Formkräfte der deutschen Dichtung vom Barock bis zur Gegenwart.* Göttingen 1963, 81-99

Reed, Terence James: »Revolution und Rücknahme. ›Wilhelm Meisters Lehrjahre‹ im Kontext der französischen Revolution«. *GJb* 107 (1990), 27-43.

Reiss, Hans: »Lustspielhaftes in ›Wilhelm Meisters Lehrjahre‹«. In: Hoffmeister, Gerhart (Hrsg.): *Goethezeit. Studien zur Erkenntnis und Rezeption Goethes und seiner Zeitgenossen. Festschrift für Stuart Atkins.* Bern, München 1981, 129-144.

Roberts, David: *The Indirections of Desire. Hamlet in Goethes ›Wilhelm Meister‹*. Heidelberg 1980.

Röder, Gerda: *Glück und glückliches Ende im deutschen Bildungsroman. Eine Studie zu Goethes ›Wilhelm Meister‹*. München 1968.

Ross, Werner: »›Kennst du das Land, wo die Zitronen blühn?‹ Zur Vorgeschichte einer Goethe-Strophe«. *GRM* N.F. 2 (1951/52), 172-188.

Ruprecht, Erich: »Das Problem der Bildung in Goethes Wilhelm Meister«. In: E.R.: *Die Botschaft der Dichter*. Stuttgart 1947, 183-209.

Sagmo, Ivar: *Bildungsroman und Geschichtsphilosophie. Eine Studie zu Goethes Roman ›Wilhelm Meisters Lehrjahre‹*. Bonn 1982.

Saine, Thomas P.: »Über Wilhelm Meisters Bildung«. In: Sammons, Jeffrey/Schürer, Ernst (Hrsg.): *Lebendige Form. Festschrift für Heinrich Henel*. München 1970, 63-81

Saße, Günther: »Die Sozialisation des Fremden. Mignon oder: Das Kommensurable des Inkommensurablen in ›Wilhelm Meisters Lehrjahren‹«. In: Iwasaki, Eijirô (Hrsg.): *Begegnung mit dem Fremden. Grenzen, Traditionen, Vergleiche. Akten des VIII. Int. Germ.Kongr. Tokyo 1990*. München 1991, 103-112.

Schings, Hans-Jürgen: »Wilhelm Meisters Geselle Laertes«. *Euphorion* 77 (1983), 419-437.

Schings, Hans-Jürgen: »›Agathon‹, ›Anton Reiser‹, ›Wilhelm Meister‹ – zur Pathologie des modernen Subjekts im Bildungsroman«. In: Wittkowski, Wolfgang (Hrsg.): *Goethe im Kontext. Kunst und Humanität, Naturwissenschaft und Politik von der Aufklärung bis zur Restauration*. Tübingen 1984, 42-68.

Schlaffer, Hannelore: *›Wilhelm Meister‹. Das Ende der Kunst und die Wiederkehr des Mythos*. Stuttgart 1980.

Schlaffer, Heinz: »Exoterik und Esoterik in Goethes Romanen«. *GJb* 95 (1978), 212-216.

Schlechta, Karl: *Goethes Wilhelm Meister*. Frankfurt 1953.

Segeberg, Harro: »Deutsche Literatur und Französische Revolution«. In: Conrady, Karl Otto (Hrsg.): *Deutsche Literatur zur Zeit der Klassik*. Stuttgart 1977, 243-266.

Selbmann, Rolf (Hrsg.): *Zur Geschichte des deutschen Bildungsromans*. Darmstadt 1988.

Stadler, Ulrich: »Wilhelm Meisters unterlassene Revolte«. *Euphorion* 74 (1980), 360-374.

Steinecke, Hartmut: »›Wilhelm Meister‹ und die Folgen. Goethes Roman und die Entwicklung der Gattung im 19. Jahrhundert«. In: Wittkowski, Wolfgang (Hrsg.): *Goethe im Kontext. Kunst und Humanität, Naturwissenschaft und Politik von der Aufklärung bis zur Restauration*. Tübingen 1984, 89-111.

Strack, Friedrich: »Selbst-Erfahrung oder Selbst-Entsagung. Goethes Deutung und Kritik des Pietismus in ›Wilhelm Meisters Lehrjahre‹«. In: Wittkowski, Wolfgang (Hrsg.): *Verlorene Klassik?* Tübingen 1986, 52-73.

Storz, Gerhard: »Die Lieder aus ›Wilhelm Meister‹«. [1948/49] In: G.S.: *Goethe-Vigilien*. Stuttgart 1953, 104-125.

Storz, Gerhard: »Mignons Bestattung«. In: G.S.: *Goethe-Vigilien*. Stuttgart 1953, 136-148.

Storz, Gerhard: »Wilhelm Meisters Lehrjahre«. In: G.S.: *Goethe-Vigilien*. Stuttgart 1953, 61-103.

Storz, Gerhard: »Zur Komposition von Wilhelm Meisters Lehrjahren«. In: *Das Altertum und jedes neue Gute. Festschrift für Wolfgang Schadewaldt*. Stuttgart, Berlin, Köln, Mainz 1970, 157-166.

Thüsen, Joachim von der: »Der Romananfang in ›Wilhelm Meister‹«. *DVjs* 43 (1969), 622-630.

Tunner, Erika: »›L'Esprit de Mignon‹. Mignon-Bilder von der Klassik bis zur Gegenwart«. *GJb* 106 (1989), 11-21.

Vaget, Hans Rudolf: »Liebe und Grundeigentum in ›Wilhelm Meisters Lehrjahren‹. Zur Physiognomie des Adels bei Goethe«. *Literaturwissenschaft und Sozialwissenschaften* 11 (1979), 137-157.

Viëtor, Karl: »Goethe. Wilhelm Meisters Lehrjahre«. In: Schillemeit, Jost (Hrsg.): *Interpretationen III. Deutsche Romane von Grimmelshausen bis Musil*. Frankfurt/M. 1966, 30-48.

Voßkamp, Wilhelm: »Utopie und Utopiekritik in Goethes Romanen ›Wilhelm Meisters Lehrjahre‹ und ›Wilhelm Meisters Wanderjahre‹«. In: W.V. (Hrsg.): *Utopieforschung*. Frankfurt ²1985, 227-249.

Voßkamp, Wilhelm: »Der Bildungsroman als literarisch-soziale Institution. Begriffs- und funktionsgeschichtliche Überlegungen zum deutschen Bildungsroman am Ende des 18. und Beginn des 19. Jahrhunderts«. In: Wagenknecht, Christian (Hrsg.): *Zur Terminologie der Literaturwissenschaft. Akten des IX. Germanistischen Symposiums der Deutschen Forschungsgemeinschaft Würzburg 1986*. Stuttgart 1989, 337-352.

Wittich, Werner: »Der soziale Gehalt von Goethes Roman ›Wilhelm Meisters Lehrjahre‹«. In: Palyi, Melchior (Hrsg.): *Hauptprobleme der Soziologie. Erinnerungsgabe für Max Weber*. Bd. 2. München 1923, 277-306.

Wundt, Max: *Goethes Wilhelm Meister und die Entwicklung des modernen Lebensideals*. Berlin 1913.

Zantop, Susanne: »Eigenes Selbst und fremde Formen. Goethes ›Bekenntnisse einer schönen Seele‹«. *GYb* 3 (1986), 73-92.

Zimmermann, Bernhard: »Ideen ästhetischer Erziehung und die Ausbildung des Bildungsromans als ›nationale Form der deutschen Prosaepopöe‹«. In: *Propyläen Geschichte der Literatur. Literatur und Gesellschaft der westlichen Welt*. Bd. 4: *Aufklärung und Romantik. 1700-1830*. Berlin 1988, 367-391.

Hermann und Dorothea

Böschenstein-Schäfer, Renate: *Idylle*. Stuttgart 1967.

Cape, Ruth I.: *Das französische Ungewitter – Goethes Bildersprache zur Französischen Revolution*. Heidelberg 1991.

Elsaghe, Yahya A.: *Untersuchungen zu ›Hermann und Dorothea‹*. Bern 1990.

Loohuis, Wilhelmus J.M.: *Analyse von ›Kabale und Liebe‹ und ›Hermann und Dorothea‹ – Interpretation für die Praxis.* Bad Honnef 1977.

Lützeler, Paul Michael: *Geschichte in der Literatur – Studien zu Werken von Lessing bis Hebbel.* München 1987.

Schiller, Friedrich: »Über naive und sentimentalische Dichtung«. In: F.S.: *Werke in drei Bänden.* München 1966, Bd. II, 540-606.

Schneider, Helmut J. (Hrsg.): *Deutsche Idyllentheorien im 18. Jahrhundert.* Tübingen 1988.

Spätwerk

Die Wahlverwandtschaften

Adler, Jeremy: *›Eine fast magische Anziehungskraft‹. Goethes Wahlverwandtschaften und die Chemie seiner Zeit.* München 1987.

Allemann, Beda: »Zur Funktion der chemischen Gleichnisrede in Goethes ›Wahlverwandtschaften‹«. In: Günther, Vincent J. (Hrsg.): *Untersuchungen zur Literatur als Geschichte. Festschrift für Benno von Wiese.* Berlin 1973, 199-218.

Allemann, Beda: »Goethes ›Wahlverwandtschaften‹ als Transzendentalroman«. In: Mähl, Hans-Joachim (Hrsg.): *Studien zur Goethezeit. Festschrift für Erich Trunz.* Heidelberg 1981, 9-32.

Ammann, Peter: *Schicksal und Liebe in Goethes ›Wahlverwandtschaften‹.* Bern 1962.

Atkins, Stuart: »»Die Wahlverwandtschaften‹. Novel of German Classicism«. *GQ* 53 (1980), 1-45.

Aulhorn, Edith: »Der Aufbau von Goethes ›Wahlverwandtschaften‹«. *ZfdU* 32 (1918), 337-355.

Barnes, Harry G.: »Bildhafte Darstellung in den ›Wahlverwandtschaften‹«. *DVjs* 30 (1956), 41-70.

Barnes, Harry G.: *Goethe's Wahlverwandtschaften. A Literary Interpretation.* Oxford 1967.

Benjamin, Walter: »Goethes ›Wahlverwandtschaften‹«. [1925] In: W.B.: Gesammelte Schriften I (werkausgabe 1). Frankfurt/M. 1980, 123-201.

Binder, Wolfgang: »Zum Ironieproblem in den ›Wahlverwandtschaften‹«. In: *Esoterik und Exoterik der Philosophie.* Basel, Stuttgart 1977, 237-252.

Blessin, Stefan: *Erzählerstruktur und Leserhandlung. Zur Theorie der literarischen Kommunikation am Beispiel von Goethes ›Wahlverwandtschaften‹.* Heidelberg 1974.

Bolz, Norbert W. (Hrsg.): *Goethes ›Wahlverwandtschaften‹. Kritische Modelle und Diskursanalysen zum Mythos Literatur.* Hildesheim 1981.

Buschendorf, Bernhard: *Goethes mythische Denkform. Zur Ikonographie der ›Wahlverwandtschaften‹.* Frankfurt/M. 1986.

Dettmering, Peter: »Reglose und entfesselte Natur in Goethes ›Wahlverwandtschaften«. In: P.D.: *Dichtung und Psychoanalyse II.* München 1974, 33-68.

Dickson, Keith: »The Temporal Structure of ›Die Wahlverwandtschaften‹«. *GR* 41 (1966), 170-185.

Drewitz, Ingeborg: »Goethes ›Wahlverwandtschaften‹: ein emanzipatorischer Roman?« In: Barner, Wilfried (Hrsg.): *Literatur in der Demokratie. Für Walter Jens zum 60. Geburtstag.* München 1983, 294-304.

Ehwald, Rudolf: *Wesen und Bedeutung Ottiliens in den Wahlverwandtschaften.* Würzburg 1941.

Elm, Theo: *Johann Wolfgang Goethe: ›Die Wahlverwandtschaften‹.* Frankfurt am Main 1991.

Farrelly, Dan: »Die Gestalt einer Heiligen. Zur Figur der Ottilie in Goethes Roman ›Die Wahlverwandtschaften‹«. *ZfG* N.F. 1/2 (1991), 364-378.

Fink, Gonthier-Louis: »Les ›Wahlverwandtschaften‹ de Goethe. Structure du roman et aspects du temps«. *RG* 1 (1971), 58-100.

Geerdts, Hans Jürgen: *Goethes Roman ›Die Wahlverwandtschaften‹. Eine Analyse seiner künstlerischen Struktur, seiner historischen Bezogenheiten und seines Ideengehaltes.* Weimar 1958.

Graham, Ilse: »Wintermärchen. Goethes Roman ›Die Wahlverwandtschaften‹«. *GJb* 99 (1982), 41-75.

Grothe, Wolfgang: »Ironie, Präfiguration und Ambiguität im Roman ›Die Wahlverwandtschaften‹«. *Studia Neophilologica* 42 (1970), 211-224.

Guntermann, Georg: »›Wiederholte Spiegelungen‹ in Goethes ›Wahlverwandtschaften‹. Noch einmal zum Verhältnis von Roman und Novelle«. *GJb* 109 (1992), 77-89.

Hajek, Siegfried: »Goethes ›Wahlverwandtschaften‹«. *DU (West)* 11/4 (1959), 37-49.

Hankamer, Paul: »Zur Genesis von Goethes ›Wahlverwandtschaften‹«. In: Enders, Carl (Hrsg.): *Festschrift für Berthold Litzmann.* Berlin 1921, 36-62.

Hankamer, Paul: »Goethes ›Wahlverwandtschaften‹«. [1921] In: Schillemeit, Jost (Hrsg.): *Interpretationen III. Deutsche Romane von Grimmelshausen bis Musil.* Frankfurt/M. 1966, 49-81.

Helbig, Louis Ferdinand: *Der Einzelne und die Gesellschaft in Goethes ›Wahlverwandtschaften‹.* Bonn 1972.

Henkel, Arthur: »Beim Wiederlesen von Goethes ›Wahlverwandtschaften‹«. *JbFDH* 1985, 1-20.

Hettner, Hermann (Hrsg. v. Johannes Anderegg): [1850] *Literaturgeschichte der Goethezeit.* München 1975.

Hochheimer, Wolfgang: »Zur Psychologie von Goethes ›Wahlverwandtschaften‹«. *Psyche* 7 (1953), 32-54.

Hörisch, Jochen: »›Die Begierde zu retten‹. Zeit und Bedeutung in Goethes ›Die Wahlverwandtschaften‹«. In: Hörisch, Jochen/Tholen, Georg Christoph (Hrsg.): *Eingebildete Texte. Affairen zwischen Psychoanalyse und Literaturwissenschaft.* München 1985, 78-90.

Hoffmann, Christoph: »›Zeitalter der Revolutionen‹. Goethes ›Wahlverwandtschaften‹ im Fokus des chemischen Paradigmenwechsels«. *DVjs* 67 (1993), 417-450.

Jockers, E.: »Soziale Polarität in Goethes Klassik«. In: E.J.: *Mit Goethe. Gesammelte Aufsätze.* Heidelberg 1957, 48-89.

Killy, Walter: »Wirklichkeit und Kunstcharakter. Über die ›Wahlverwandtschaften‹ Goethes«. *NR* 72 (1961), 636-650.

Killy, Walther: »Wirklichkeit und Kunstcharakter. Über die ›Wahlverwandtschaften‹ Goethes«. In: W.K.: *Wirklichkeit und Kunstcharakter. Neun Romane des 19. Jahrhunderts.* München 1963, 19-35.

Kittler, Friedrich A.: »Ottilie Hauptmann«. In: Bolz, Norbert W. (Hrsg.): *Goethes ›Wahlverwandtschaften‹. Kritische Modelle und Diskursanalysen zum Mythos Literatur.* Hildesheim 1981, 260-275.

Klingmann, Ulrich: »Recht der Einbildungskraft und Recht des Wirklichen. Goethes ›Wahlverwandtschaften‹ aus poststrukturalistischer Sicht«. *Monatshefte* 80 (1988), 172-186.

Kolbe, Jürgen: *Goethes ›Wahlverwandtschaften‹ und der Roman des 19. Jahrhunderts.* Stuttgart 1968.

Kuhn, Isabella: *Goethes ›Wahlverwandtschaften‹ oder das sogenannte Böse. Im besonderen Hinblick auf W. Benjamin.* Frankfurt am Main, Bern 1990.

Kunz, Josef: »Ottilie in Goethes ›Wahlverwandtschaften‹ als tragische Gestalt«. In: Hartmann, Sieglinde (Hrsg.): *Deutsch-französische Germanistik. Festschrift für G. Zink.* Göppingen 1984, 227-247.

Lange, Victor: »Zur Entstehungsgeschichte von Goethes ›Wahlverwandtschaften‹«. *GLL* 23 (1969) 47-54.

Lillyman, W.J.: »Affinity, Innocence and Tragedy: The Narrator and Ottilie in Goethe's ›Die Wahlverwandtschaften‹«. *GQ* 53 (1980), 46-63.

Loeb, Ernst: »Liebe und Ehe in Goethes ›Wahlverwandtschaften‹«. *WB* 16/8 (1970), 163-180.

Mann, Thomas: »Zu Goethes ›Wahlverwandtschaften‹«. *NR* 36/1 (1925), 391-401.

Mannack, Eberhard: *Raumdarstellung und Realitätsbezug in Goethes epischer Dichtung.* Frankfurt/M. 1972.

Marahrens, Gerwin: »Narrator and Narrative in ›Die Wahlverwandtschaften‹«. In: Batts, M.S./Stankiewicz, M.G. (Hrsg.): *Essays on German Literature in Honour of Joyce Hallamore.* Toronto 1968, 94-127.

May, Kurt: »Die ›Wahlverwandtschaften‹ als tragischer Roman«. *JbFDH* 1936-40, 139-158.

Millful, John: »The ›Idea‹ of the ›Wahlverwandtschaften‹«. *GR* 47 (1972), 83-94.

Nemec, Friedrich: *Die Ökonomie der Wahlverwandtschaften.* München 1973.

Neumeyer, Eva Maria: »The Landscape Garden as a Symbol in Rousseau, Goethe and Flaubert«. *Journal of the History of Ideas* 8 (1947), 187-217.

Niedermayer, Michael: »Goethes Roman ›Die Wahlverwandtschaften‹: ›Es wandelt niemand ungestraft unter Palmen...‹«. *WB* 34 (1988), 723-745.

Nolan, Erika: »Das wahre Kind der Natur? Zur Gestalt der Ottilie in Goethes Roman ›Die Wahlverwandtschaften‹«. *JbFDH* 1982, 82-96.

Oellers, Norbert: »Warum eigentlich Eduard? Zur Namensgebung in Goethes ›Wahlverwandtschaften‹«. In: Kuhn, Dorothea (Hrsg.): *Genius huius loci.* Köln 1982, 215-234.

Pollmann, L.: *Aus der Werkstatt des Romans. Arithmetische Romanformeln.* Stuttgart, Berlin 1969

Pütz, Peter: »Der Roman der Klassik«. In: Koopmann, Helmut (Hrsg.): *Handbuch des deutschen Romans.* Düsseldorf 1983, 244-259.

Reiss, Hans: »Mehrdeutigkeit in Goethes ›Wahlverwandtschaften‹«. *Jb-DSG* 14 (1970), 366-396.

Rösch, Ewald (Hrsg.): *Goethes Roman ›Die Wahlverwandtschaften‹.* Darmstadt 1975.

Schelling-Schär, Esther: *Die Gestalt der Ottilie. Zu Goethes ›Wahlverwandtschaften‹.* Zürich 1969.

Schlaffer, Heinz: »Namen und Buchstaben in Goethes ›Wahlverwandtschaften‹«. [1972] In: Bolz, Norbert W. (Hrsg.): *Goethes ›Wahlverwandtschaften‹. Kritische Modelle und Diskursanalysen zum Mythos Literatur.* Hildesheim 1981, 211-229.

Schwan, Werner: *Goethes ›Wahlverwandtschaften‹: Das Nicht erreichte Soziale.* München 1983.

Seibt, Gustav/Scholz, Oliver: »Zur Funktion des Mythos in ›Die Wahlverwandtschaften‹«. *DVjs* 59 (1985), 609-630.

Seifert, Walter: »Johann Wolfgang Goethe: ›Die Wahrverwandtschaften«. In: Lehman, Jakob (Hrsg.): *Deutsche Romane von Grimmelshausen bis Walser.* Königstein/Ts. 1982, 49-66.

Staroste, Wolfgang: »Raumgestalt und Raumsymbolik in Goethes ›Wahlverwandtschaften‹«. *EG* 16 (1961), 209-222.

Stöcklein, Paul: »Stil und Geist der ›Wahlverwandtschaften‹«. [1949] In: P.S.: *Wege zum späten Goethe. Dichtung. Gedanke. Zeichnung. Interpretationen um ein Thema.* Hamburg ²1960, 9-80.

Turk, Horst: »Goethes ›Wahlverwandtschaften‹: der ›doppelte Ehebruch durch Phantasie‹«. In: Kittler, Friedrich A./Turk, Horst (Hrsg.): *Urszenen.* Frankfurt 1977, 202-222.

Vaget, Hans Rudolf: »Ein reicher Baron. Zum sozialgeschichtlichen Gehalt der ›Wahlverwandtschaften‹«. *JbDSG* 24 (1980), 123-161.

Walzel, Oskar: »Goethes ›Wahlverwandtschaften‹ im Rahmen ihrer Zeit«. [1906] In: O.W.: *Vom Geistesleben alter und neuer Zeit.* Leipzig 1922, 390-439.

Weizsäcker, Carl Friedrich von: »Natur und Moral im Lichte der Kunst. Eine Notiz zu Goethes ›Wahlverwandtschaften‹«. In: Mähl, Hans-Joachim (Hrsg.): *Studien zur Goethezeit. Festschrift für Erich Trunz.* Heidelberg 1981, 281-292.

Wellbery, David: »Die Wahlverwandtschaften«. In: Lützeler, Paul Michael (Hrsg.): *Goethes Erzählwerk. Interpretationen.* Stuttgart 1985, 291-318.

Wiese, Benno von: *Der Mensch und die Dichtung.* Düsseldorf 1958.

Wiethölter, Waltraud: »Legenden. Zur Mythologie von Goethes ›Wahlverwandtschaften‹«. *DVjs* 56 (1982), 1-64.

Wille, Peter: *Verkennen und Versehen. Zur Wirkungsgeschichte von Goethes Roman ›Die Wahlverwandtschaften‹.* Diss. Bern 1988.

Wolff, Hans M.: *Goethe in der Periode der ›Wahlverwandtschaften‹.* Bern 1952.

Zons, Raimar S.: »Ein Denkmal voriger Zeiten. Über die Wahlverwandtschaften«. In: Bolz, Norbert W. (Hrsg.): *Goethes ›Wahlverwandtschaften‹. Kritische Modelle und Diskursanalysen zum Mythos Literatur.* Hildesheim 1981, 323-352.

Wilhelm Meisters Wanderjahre

Adler, Jeremy: »›Die Sonne stand noch hoch...‹ Zu Landschaft und Bildung in ›Wilhelm Meisters Wanderjahre‹«. In: Arnold, Heinz Ludwig (Hrsg.): *Goethe. text und kritik Sonderheft.* München 1982, 222-239.

Bahr, Ehrhard: »Goethe's ›Wanderjahre‹ as an Experimental Novel«. *Mosaic* 5/3 (1972), 61-71.

Bahr, Eberhard: »Realismus und Totalität: ›Wilhelm Meisters Wanderjahre‹ als Roman des 19. Jahrhunderts«. In: *Formen realistischer Erzählkunst. Festschrift für Charlotte Jolles.* Nottingham 1979, 88-92.

Bahr, Ehrhard: »Wilhelm Meisters Wanderjahre«. In: Lützeler, Paul Michael (Hrsg.): *Goethes Erzählwerk. Interpretationen.* Stuttgart 1985, 363-395.

Bastian, Hans-Jürgen: *Die Gesellschaftsproblematik in Goethes Roman ›Wilhelm Meisters Wanderjahre oder die Entsagenden‹.* Diss. Halle 1966.

Bastian, Hans-Jürgen: »Zum Menschenbild des späten Goethe. Eine Interpretation seiner Erzählung ›Sankt Joseph der Zweite‹ aus ›Wilhelm Meisters Wanderjahren‹«. *WB* 12 (1966), 471-488.

Beutler, Ernst: »Von der Ilm zum Susquehanna«. In: E.B.: *Essays um Goethe.* Leipzig 1941, 396-450.

Beutler, Ernst: »Die vierfache Ehrfurcht«. *MLQ* 10 (1949), 259-263.

Böckmann, Paul: »Voraussetzungen der zyklischen Erzählform in ›Wilhelm Meisters Wanderjahren‹«. In: Schmitt, Albert R.: *Festschrift für Detlev W. Schumann zum 70. Geburtstag.* München 1970, 130-144.

Borchmeyer, Dieter: »Spätstil in zweierlei Gestalt. Goethes ›Der Mann von funfzig Jahren‹ und Stifters ›Der fromme Spruch‹. In: Finck, A. (Hrsg.): *Germanistik aus interkultureller Perspektive. Festschrift für Gonthier-Louis Fink.* Straßbourg 1989, 239-251.

Dürr, Volker: »Geheimnis und Aufklärung. Zur pädagogischen Funktion des Kästchens in ›Wilhelm Meisters Wanderjahren‹«. *Monatshefte* 74 (1982), 11-19.

Emrich, Wilhelm: »Das Problem der Symbolinterpretation im Hinblick auf Goethes ›Wanderjahre‹«. *DVjs* 26 (1952), 331-352.

Feilchenfeld, W.: »Pestalozzi, Goethe, Lavater«. *DVjs* 3 (1925), 431-443.

Fink, Gonthier-Louis: »Goethes ›Neue Melusine‹ und die Elementargeister. Entstehungs- und Quellengeschichte«. *GJb* N.F. 21 (1959), 140-151.

Fink, Gonthier-Louis: »Die Auseinandersetzung mit der Tradition in ›Wilhelm Meisters Wanderjahren‹«. *RG* 5 (1975), 89-142.

Fink, Gonthier-Louis: »Tagebuch, Redaktor und Autor. Erzählinstanz und Struktur in Goethes ›Wilhelm Meisters Wanderjahre‹«. *RG* 16 (1986), 7-54.

Geulen, Hans: »Goethes Kunstmärchen ›Der neue Paris‹ und ›Die neue Melusine‹. Ihre poetologischen Imaginationen und Spielformen«. *DVjs* 59 (1989), 79-92.

Gidion, Heidi: *Zur Darstellungsweise von Goethes ›Wilhelm Meisters Wanderjahre‹*. Göttingen 1969.

Gilg, André: *›Wilhelm Meisters Wanderjahre‹ und ihre Symbole*. Zürich 1954.

Gregorovius, Ferdinand: *Göthe's ›Wilhelm Meister‹ in seinen socialistischen Elementen entwickelt*. Königsberg 1849.

Guggisberg, K.: *Ph.E.v. Fellenberg und sein Erziehungsstaat*. 2. Bde. Bern 1953.

Henkel, Arthur: *Entsagung. Eine Studie zu Goethes Altersroman*. [1954] Tübingen 1964.

Henkel, Arthur: »Wilhelm Meisters Wanderjahre. Zeitkritik und Prognose«. In: A.H.: *Goethe-Erfahrungen. Studien und Vorträge*. Stuttgart 1982, 117-135.

Jantz, Harold: »Die Ehrfurchten in Goethes ›Wilhelm Meister‹. Ursprung und Bedeutung«. *Euphorion* 48 (1954), 1-18.

Jeßing, Benedikt: *Konstruktion und Eingedenken. Zur Vermittlung von gesellschaftlicher Praxis und literarischer Form in Goethes ›Wilhelm Meisters Wanderjahre‹ und Johnsons ›Mutmassungen über Jakob‹*. Wiesbaden 1991.

Karnick, Manfred: *›Wilhelm Meisters Wanderjahre‹ oder die Kunst des Mittelbaren. Studien zum Problem der Verständigung in Goethes Altersepoche*. München 1968.

Klingenberg, Anneliese: »Zur ökonomischen Theorie Goethes in den ›Wanderjahren‹«. *GJb* N.F. 32 (1970), 207-220.

Klingenberg, Anneliese: *Goethes Roman ›Wilhelm Meisters Wanderjahre‹. Quellen und Komposition*. Berlin 1972.

Klingenberg, Anneliese: »Das Verhältnis von Individuum und Gesellschaft in seiner Entwicklung von den ›Lehr-‹ zu den ›Wanderjahren‹«. *WB* 28/10 (1982), 142-145.

Klüncker, Wolf-Ulrich: *Goethes Idee der Erziehung zur Ehrfurcht – die Pädagogische Provinz in dem Roman ›Wilhelm Meisters Wanderjahre oder die Entsagenden‹*. Diss. Göttingen 1988.

Lange, Victor: »Zur Entstehungsgeschichte von Goethes ›Wanderjahren‹«. *GLL* 23 (1969/70), 47-54.

Maierhofer, Waltraud: *›Wilhelm Meisters Wanderjahre‹ und der Roman des Nebeneinander*. Bielefeld 1990.

Mann, Thomas: *Briefe 1937-1947*. Hrsg. von Erika Mann. Frankfurt/M. 1963.

Mann, Thomas: *Briefe 1948-1955*. Hrsg. von Erika Mann. Frankfurt/M. 1965.

Monroy, Ernst Friedrich: »Zur Form der Novelle in ›Wilhelm Meisters Wanderjahre‹«. *GRM* 31 (1943), 1-19.

Müller, Klaus-Detlev: »Lenardos Tagebuch. Zum Romanbegriff in Goethes ›Wilhelm Meisters Wanderjahre‹«. *DVjs* 53 (1979), 275-299.

Muschg, Adolf: »Der Mann von funfzig Jahren«. [1985] In: A.M.: *Goethe als Emigrant. Auf der Suche nach dem Grünen bei einem alten Dichter.* Frankfurt/M. 1986, 144-169.

Muthesius, Karl: »Neue Quellen zu Goethes Pädagogischer Provinz«. *Die deutsche Schule* 27 (1923), 448-454.

Neuhaus, Volker: »Die Archivfiktion in ›Wilhelm Meisters Wanderjahren‹«. *Euphorion* 62 (1968), 13-27.

Neuhaus, Volker: *Typen multiperspektivischen Erzählens.* Köln, Wien 1971.

Oellers, Norbert: »Goethes Novelle ›Die pilgernde Törin‹ und ihre französische Quelle«. *GJb* 102 (1985), 88-104.

Ohly, Friedrich: »Goethes ›Erfurchten‹ – ein ›ordo caritatis‹«. *Euphorion* 55 (1961), 113-145, 405-448.

Ohly, Friedrich: »Zum Kästchen in Goethes ›Wanderjahren‹«. *ZfdA* 91 (1962), 255-262.

Peschken, Bernd: *Entsagung in ›Wilhelm Meisters Wanderjahren‹.* Bonn 1969.

Reiss, Hans S.: »›Wilhelm Meisters Wanderjahre‹: Der Weg von der ersten zur zweiten Fassung«. *DVjs* 39 (1965), 34-57.

Schings, Hans-Jürgen: »Symbolik des Glücks. Zu Wilhelm Meisters Bildergeschichte«. In: Goebel, Ulrich/Zyla, Wolodymyr T. (Hrsg.): *Johann Wolfgang von Goethe. One hundred and fifty years of continuing vitality.* Lubbock/ Texas 1984, 157-177.

Schings, Hans-Jürgen: »›Gedenke zu Wandern‹. Wilhelm Meisters Lebensreise«. In: Hardin, James/Jungmayr, Jörg (Hrsg.): *›Der Buchstab tödt – der Geist macht lebendig‹. Festschrift zum 60. Geburtstag von Hans-Gert Roloff von Freunden, Schülern und Kollegen.* Bern 1992, 1029-1044.

Schlaffer, Hannelore: *›Wilhelm Meister‹. Das Ende der Kunst und die Wiederkehr des Mythos.* Stuttgart 1980.

Schlaffer, Heinz: »Exoterik und Esoterik in Goethes Romanen«. *GJb* 95 (1978), 212-216.

Schmitz-Emans, Monika: »Vom Spiel mit dem Mythos. Zu Goethes Märchen ›Die neue Melusine‹«. *GJb* 105 (1988), 316-332.

Schulz, Gerhard: »Gesellschaftsbild und Romanform. Zum Deutschen in Goethes ›Wanderjahren‹«. In: Brummack, Jürgen (Hrsg.): *Literaturwissenschaft und Geistesgeschichte. Festschrift für R. Brinkmann.* Tübingen 1981, 258-282.

Sommerhage, Klaus: »Familie Tantalos. Über Mythos und Psychologie in Goethes Novelle ›Der Mann von funfzig Jahren‹«. *ZfdPh* 103 (Sonderheft 1984), 78-105.

Trunz, Erich: »Die ›Wanderjahre‹ als ›Hauptgeschäft‹ im Winterhalbjahr 1828/29«. In: E.T.: *Studien zu Goethes Alterswerken.* Frankfurt/M. 1971, 99-121.

Vaget, Hans Rudolf: »Johann Wolfgang Goethe: ›Wilhelm Meisters

Wanderjahre'«. In: Lützeler, Paul Michael (Hrsg.): *Romane und Erzählungen zwischen Romantik und Realismus.* Stuttgart 1983, 136-164.

Wagenknecht, Christian: »Goethes ›Ehrfurchten und die Symbolik der Loge«. *ZfdPh* 84 (1965), 34-57.

Wergin, Ulrich: *Einzelnes und Allgemeines. Die ästhetische Virulenz eines geschichtsphilosophischen Problems. Untersucht am Sprachstil von Goethes Roman ›Wilhelm Meisters Wanderjahre oder die Entsagenden.* Heidelberg 1980.

Wiese, Benno von: »Johann Wolfgang von Goethe, ›Der Mann von funfzig Jahren‹«. In: B.v.W.: *Die deutsche Novelle von Goethe bis Kafka.* Bd. 2. Düsseldorf 1962, 26-52.

Wundt, Max: *Goethes Wilhelm Meister und die Entwicklung des modernen Lebensideals.* Berlin 1913.

Zimmermann, Rolf Christian: »Franz von Baader und Goethes vier Ehrfurchten«. *GRM* N.F. 14 (1964), 267-279.

Naturwissenschaftliche Schriften

Binder, Wolfgang: »Goethes Vierheiten«. In: Sonderegger, Stefan (Hrsg.): *Typologia litterarum. Festschrift für Max Wehrli.* Zürich, Freiburg i.Br. 1969, 311-323.

Böhler, Michael: »Naturwissenschaft und Dichtung bei Goethe«. In: Wittkowski, Wolfgang (Hrsg.): *Goethe im Kontext.* Tübingen 1984, 313-340.

Böhme, Hartmut: »Lebendige Natur – Wissenschaftskritik, Naturforschung und allegorische Hermeneutik bei Goethe«. *DVjs* 60/2 (1986), 249-272.

Bollacher, Martin: *Der junge Goethe und Spinoza. Studien zur Geschichte des Spinozismus in der Epoche des Sturm und Drangs.* Tübingen 1969.

Bräuning-Octavio, Hermann: *Vom Zwischenkieferknochen zur Idee des Typus. Goethe als Naturforscher in den Jahren 1780-1786.* Leipzig 1956.

Bräuning-Oktavio, Hermann: »Goethes naturwissenschaftliche Schriften und die Freiheit von Forschung und Lehre«. *JbFDH* 1982, 110-215.

Butterfass, Theodor: »Goethe und die Wissenschaft von der Pflanze«. In: Kimpel, Dieter/Pompetzki, Jörg (Hrsg.): *Allerhand Goethe.* Frankfurt/M. Bern, New York 1985, 165-180.

Erpenbeck, John: »»…die Gegenstände der Natur an sich selbst…‹. Subjekt und Objekt in Goethes naturwissenschaftlichem Denken seit der italienischen Reise«. *GJb* 105 (1988), 212-233.

Förster, Wolfgang: »Die Entwicklungsidee in der deutschen Naturphilosophie am Ausgang des 18. und zu Beginn des 19. Jahrhunderts«. In: Stiehler, Gottfried (Hrsg.): *Veränderung und Entwicklung. Studien zur vormarxistischen Dialektik.* Berlin 1974, 171-210.

Gerhard, Melitta: »Die Gesetzmäßigkeit alles Lebens als Erkenntnis und Forderung Goethes«. *JbFDH* 1969, 194-214.

Göres, Jörn: »Polarität und Harmonie bei Goethe«. In: Conrady, Karl Otto (Hrsg.): *Deutsche Literatur zur Zeit der Klassik.* Stuttgart 1977,

93-113.

Hamm, Heinz: *Der Theoretiker Goethe*. Berlin ²1980.

Hecht, Wolfgang: »Zu Goethes methodologischen Grundsätzen der Naturwissenschaft«. *Wissenschaftliche Zeitschrift der Ernst-Moritz-Arndt-Universität Greifswald*. Gesellsch.- und sprachwiss. Reihe 21/3 (1972), 213-215.

Heitler, Walter: »Die Naturwissenschaft Goethes. Eine Gegenüberstellung Goethescher und modern-exakter Naturwissenschaft«. In: Borck, Karl Heinz/Henss, Rudolf (Hrsg.): *Der Berliner Germanistentag 1968. Vorträge und Berichte*. Heidelberg 1970, 13-23.

Heller, Erich: »Die Idee der wissenschaftlichen Wahrheit«. In: E.H.: *Essays über Goethe*. Frankfurt/M. 1970, 7-45.

Holtzhauer, Helmut: *Goethe-Museum. Werk, Leben und Zeit Goethes in Dokumenten*. Berlin, Weimar 1969.

Kleinschnieder, Manfred: *Goethes Naturstudien. Wissenschaftstheoretische und geschichtliche Untersuchungen*. Bonn 1971.

Kreutzer, Leo: »›Wie herrlich leuchtet uns die Natur‹? Der Naturwissenschaftler Goethe – Porträt eines Verlierers, daher aus erstaunlicher Nähe«. *Akzente* 25/4 (1978), 381-390.

Kuhn, Dorothea: »Goethes Geschichte der Farbenlehre als Werk und Form«. *DVjs* 34 (1960), 356-377.

Kuhn, Dorothea: »Über den Grund von Goethes Beschäftigung mit der Natur und ihrer wissenschaftlichen Erkenntnis«. *JbDSG* 15 (1971), 157-173.

Kuhn, Dorothea: »Grundzüge der Goetheschen Morphologie«. *GJb* 95 (1978), 199-211.

Kuhn, Dorothea: »Selbst, Natur, Welt. Modelle der Natur bei Goethe und seinen Zeitgenossen«. In: Kimpel, Dieter/Pompetzki, Jörg (Hrsg.): *Allerhand Goethe*. Frankfurt/M. Bern, New York 1985, 31-44.

Lötschert, Wilhelm: »Goethe und die Pflanze«. *JbFDH* 1982, 216-230.

Markl, Hubert: »Goethe und Darwin. Ökonomie oder Harmonie der Natur«. *JbFDH* 1984, 88-112.

Matthei, Rupprecht (Hrsg.): *Farbenlehre*. [Text und Kommentar] Ravensburg 1971.

Müller, Günther: »Goethes Morphologie in ihrer Bedeutung für die Dichtungskunde«. [1951] In: G.M.: *Morphologische Poetik. Gesammelte Aufsätze*. Darmstadt 1968, 287-298.

Müller-Seidel, Walter: »Naturforschung und deutsche Klassik«. In: Wiese, Benno von (Hrsg.): *Untersuchungen zur Literatur als Geschichte*. Berlin 1973, 61-78.

Nisbeth, Hugh: »Goethe und die naturwissenschaftliche Tradition«. In: Reiss, Hans (Hrsg.): *Goethe und die Tradition*. Frankfurt/M. 1972, 212-241.

Richter, Karl: »Das ›Regellose‹ und das ›Gesetz‹. Die Auseinandersetzung des Naturwissenschaftlers Goethe mit der Französischen Revolution«. *GJb* 107 (1990), 127-143.

Schöne, Albrecht: *Goethes Farbentheologie*. München 1987.

Schwedes, Hannelore. »Goethe contra Newton«. *Westermanns pädagogische Beiträge* 27/2 (1975), 63-73.

Steiner, Rudolf: *Goethes naturwissenschaftliche Schriften.* Dornach [3]1973.

Wenzel, Manfred: »Goethe und Darwin. Der Streit um Goethes Stellung zum Darwinismus in der Rezeptionsgeschichte der morphologischen Schriften«. *GJb* 100 (1983), 145-158.

Autobiographische Schriften

Aichinger, Ingrid: *Künstlerische Selbstdarstellung: Goethes ›Dichtung und Wahrheit‹ und die Autobiographie der Folgezeit.* Bern 1977.

Barner, Wilfried: »Goethes Bild von der deutschen Literatur der Aufklärung: Zum siebten Buch von ›Dichtung und Wahrheit‹«. In: Frühwald, Wolfgang (Hrsg.): *Zwischen Aufklärung und Restauration. Sozialer Wandel in der deutschen Literatur.* Tübingen 1989, 283-305.

Becker, Karl Wolfgang: »Denn man lebt mit Lebendigen. Über Goethes ›Dichtung und Wahrheit‹«. In: Holtzhauer, Helmut/Zeller, Bernhard (Hrsg.): *Studien zur Goethezeit. Festschrift für Lieselotte Blumenthal.* Weimar 1968, 9-29.

Blumenberg, Hans: »Gegen einen Gott nur ein Gott«. In: H.B.: *Arbeit am Mythos.* [1979] Frankfurt/M. [5]1990, 433-604.

Boyle, Nicholas: »Geschichtsschreibung und Autobiographik bei Goethe«. *GJb* 110 (1993), 163-172.

Goodman, Kay: »Autobiographie und deutsche Nation. Goethe und Herder«. In: Wittkowski, Wolfgang (Hrsg.): *Goethe im Kontext.* Tübingen 1984, 260-282.

Grappin, Pierre: »›Dichtung und Wahrheit‹ – 10. und 11. Buch: Verfahren und Ziele autobiographischer Stilisierung«. *GJb* 97 (1980), 103-113.

Grappin, Pierre: »Goethe und Napoleon«. In: *GJb* 107 (1990), 71-80.

Henrich, Dieter: »Die Französische Revolution und die klassische deutsche Philologie. Überlegungen zur Bestimmung ihres Verhältnisses«. *GJb* 107 (1990), 102-114.

Hippe, Robert: »Der kosmologische Mythos am Ende des 8. Buches von ›Dichtung und Wahrheit‹«. *GJb* 96 (1979), 75-83.

Kiesel, Helmuth: »Legitimationsprobleme eines ›Hofpoeten‹: Zu den ›Versen für und gegen den Hof‹ in Goethes Autobiographie«. *GRM* 29/4 (1979), 390-415.

Kronsbein, Joachim: *Autobiographisches Erzählen. Die narrativen Strukturen der Autobiographie.* München 1984 [34-47 zu Goethe]

Leistner, Bernd: »Johann Wolfgang Goethe – Lebensanspruch und poetische Konzeption«. *WB* 28/10 (1982), 28-44.

Lüders, Detlev: »Goethes ›Dichtung und Wahrheit‹«. *JbFDH* 1977, 401-411.

Müller, Klaus-Detlev: *Autobiographie und Roman. Studien zur literarischen Autobiographie der Goethezeit.* Tübingen 1976.

Niggl, Günter: *Geschichte der deutschen Autobiographie im 18. Jahrhundert.* Stuttgart 1977.

Pascal, Roy: *Die Autobiographie. Gehalt und Gestalt.* Stuttgart 1965.

Schadewaldt, Wolfgang: »Goethes Knabenmärchen ›Der neue Paris‹. Eine Deutung«. In: W.S.: *Goethestudien. Natur und Altertum.* Zürich 1963, 263-282.

Schanze, Helmut: »Goethe: ›Dichtung und Wahrheit‹, 7. Buch. Prinzipien und Probleme einer Literaturgeschichte des 18. Jahrhunderts«. *GRM* N.F. 24 (1974), 44-56.

Scheibe, Siegfried: »Der vierte Teil von Dichtung und Wahrheit«. *GJb* 30 (1968), 87-115.

Schnur, Harald: »Identität und autobiographische Darstellung in Goethes ›Dichtung und Wahrheit‹«. *JbFDH* 1990, 28-93.

Weber, Heinz-Dieter: »Ästhetische Identität. Über das Fiktive in Dichtung und Wahrheit«. *DU* 41/2 (1989), 21-36.

Weber, Peter: »Von Rom nach Venedig. Bestätigung und Korrektur ›klassischer‹ Positionen durch den Ausbruch der Französischen Revolution«. *GJb* 107 (1990), 44-55.

Werner, Hans-Georg: »Revolution in Frankreich – Goethe und die Literatur in Deutschland«. *GJb* 107 (1990), 11-26.

Wertheim, Ursula: »Zu den Problemen von Biographie und Autobiographie in Goethes Ästhetik«. In: U.W.: *Goethe-Studien.* Berlin 1968, 89-126.

Rezeption

Bielschowsky, Albert: *Goethe.* [1895] München 1922.

Bürger, Christa: *Der Ursprung der bürgerlichen Institution Kunst im höfischen Weimar. Literatursoziologische Untersuchungen zum klassischen Goethe.* Frankfurt/M. 1977.

Wolfgang Goetz: *Goethe.* Berlin 1938.

Heinemann, Karl: *Goethes Mutter.* [1891] Leipzig, Berlin [6]1900.

Hohenstein, Lily: *Goethe. Wuchs und Schöpfung.* Berlin 1942.

Jäger, Georg: »Die Wertherwirkung. Ein rezeptionsästhetischer Modellfall«. In: Müller-Seidel, Walter (Hrsg.): *Historizität in Sprach- und Literaturwissenschaft.* München 1974, 411-421.

Jeziorkowski, Klaus: *Eine Iphigenie rauchend. Aufsätze und Feuilletons zur deutschen Tradition.* Frankfurt/M. 1987.

Kommerell, Max: *Der Dichter als Führer in der deutschen Klassik.* Berlin 1928.

Kommerell, Max: *Jugend ohne Goethe.* Frankfurt/M. 1931.

Mandelkow, Karl Robert (Hrsg.): *Goethe im Urteil seiner Kritiker. Dokumente zur Wirkungsgeschichte Goethes in Deutschland. 1773-1982.* 4 Bde. München 1975-1984.

Mandelkow, Karl Robert: »Wandlungen des Klassikbildes in Deutschland im Lichte gegenwärtiger Klassikkritik«. In: Conrady, Karl Otto (Hrsg.): *Deutsche Literatur zur Zeit der Klassik.* Stuttgart 1977, 423-439.

Mandelkow, Karl Robert: *Goethe in Deutschland. Rezeptionsgeschichte eines Klassikers.* 2 Bde. München 1980, 1989.

Mattenklott, Gert/Scherpe, Klaus (Hrsg.): *Westberliner Projekt. Grundkurs 18. Jahrhundert*. 2 Bde. Kronberg/Ts. 1974.

Meier, Bettina: *Goethe in Trümmern. Zur Rezeption eines Klassikers in der Nachkriegszeit*. Wiesbaden 1989.

Meyer-Krentler, Eckhardt: »›Kalte Abstraktion‹ gegen ›versengte Einbildung‹. Destruktion und Restauration aufklärerischer Harmoniemodelle in Goethes ›Leiden‹ und Nicolais ›Freuden des jungen Werthers‹«. *DVjs* 56 (1982), 65-91.

Muckermann, Friedrich: *Goethe*. Bonn 1931.

Müller, Peter (Hrsg.): *Der junge Goethe im zeitgenössischen Urteil*. Berlin 1969.

Muschg, Adolf: »Goethe der Einzige, Goethe das Beispiel«. Vorwort zu: Michel, Christoph (Hrsg.): *Goethe. Sein Leben in Bildern und Texten*. Frankfurt 1982, 9-14.

Nägele, Rainer: »Die Goethe-Feiern von 1932 und 1949«. In: Grimm, Reinhold/Hermand, Jost (Hrsg.): *Deutsche Feiern*. Wiesbaden 1977, 97-122.

Nutz, Maximilian: »Restauration und Zukunft des Humanen. Zur westdeutschen Goethe-Rezeption von 1945 bis 1949«. In: Richter, Karl/ Schönert, Jörg (Hrsg.): *Klassik und Moderne. Die Weimarer Klassik als historisches Ereignis und Herausforderung im kulturgeschichtlichen Prozeß*. Stuttgart 1983, 457-481.

Scherpe, Klaus: *Werther und Wertherwirkung. Zum Syndrom bürgerlicher Gesellschaftsordnung im 18. Jahrhundert*. Bad Homburg 1970.

Schlaffer, Hannelore: ›*Wilhelm Meister‹. Das Ende der Kunst und die Wiederkehr des Mythos*. Stuttgart 1980.

Scholz, Rüdiger: *Goethes ›Faust‹ in der wissenschaftlichen Interpretation von Schelling und Hegel bis heute. Ein einführender Forschungsbericht*. Rheinfelden 1983.

Schuchard, Jutta: »›Goethe auf dem Postament‹ – Goethe-Denkmäler«. *GJb* 106 (1989), 278-308.

Schwerte, Hans: *Faust und das Faustische. Ein Kapitel deutscher Ideologie*. Stuttgart 1962.

Segebrecht, Wulf: *Johann Wolfgang Goethes Gedicht ›Über allen Gipfeln ist Ruh‹ und seine Folgen. Zum Gebrauchswert klassischer Lyrik. Text, Materialien, Kommentar*. München 1978.

Vogt, Jochen: »Goethe aus der Ferne?«. In: Arnold, Heinz Ludwig (Hrsg.): *Goethe. text und kritik Sonderheft*. München 1982, 5-26.

VIII. Personenregister

Angaben zum Autor

Benedikt Jeßing, Studium an der Universität GH Essen; 1991 Promotion; seit 1993 Assistent am Germanistischen Institut der Ruhr-Universität Bochum.

Sammlung Metzler